2026 사회복지사 1급 기본 핵심 이론서

이수천 편저

1교시 사회복지기초

인간행동과 사회환경
사회복지조사론

최신 법령
최신 정책
출제 기준
반영

독학으로
합격이
가능한
필수교재

합격에
필요한
핵심이론
완벽정리

단원별
실전
기출문제
수록

 MAINEDU

사회복지사 1급은 사회복지사들이 가장 꿈꾸는 자격증이다. 사회복지사로서 최상의 자격을 국가가 인정하는 것이기에 자랑스러운 마음을 가져도 되는 자격증이다. 수많은 사회복지사들이 이를 꿈꾸지만 시간의 여유가 없었기에 주저하게 되고 어떻게 준비해야 할지 몰라 막막해 하는 것도 사실이다. 전부 한 번씩은 공부해 본 과목이지만 이미 오래 되어 시험을 치르기에는 부족함을 느끼게 된다. 더욱이 현장에서 시험을 치르는 걸 모두 아는데 행여 떨어지기라도 하면 부끄러움을 피하기도 어렵다. 그래서 소리 없이 혼자 몰래 준비하는 사회복지사들도 많다.

사회복지사 1급 시험이 결코 어려운 것은 아니다. 다만, 일반상식을 가지고 풀기에는 전문적인 내용이 많아서 가능하지 않는 것도 사실이다. 오랜 기간 현장에 있다 보면 주어진 직무에만 관심을 갖기 마련이다. 오래 전에 공부한 기억을 되살려보지만 어느새 전문적인 개념과 지식은 다 사라지고 상식밖에 남아있지 않는 걸 발견하게 된다. 그래도 상식으로는 합격하기가 어렵기에 상식을 넘어서 다시금 전문개념에 대한 인식의 확장이 이루어져야 한다. 1급 시험이 어렵지 않다고 하는 부분이 바로 이 지점이다. 전혀 새로운 과목을 새롭게 공부해서 시험을 치르는 게 아니라 대부분 이미 학습했던 교과들을 다시 한 번씩 점검하는 정도로 공부하면 된다. 물론 합격을 기준으로 해서 말하는 것이다. 공부를 진행하다 보면 예전에 공부했던 기억들이 새롭게 떠오르기도 한다. 분명한 것은 처음 접하는 과목들이 아니라는 점에서 사회복지사로 일하고 있는 사람이라면 누구나 조금의 관심과 노력을 기울이면 사회복지사 최고의 국가자격을 취득할 수 있다.

그런데 조금 공부한다는 게 또한 말처럼 쉽지는 않다. 실천현장에서 정신없이 직무를 감당하다 보면 좀처럼 공부할 엄두가 나지 않기 때문이다. 또한 혼자서 그렇게 공부해도 되겠거니 하면서 시작했다가 시간 관리를 잘 하지 못해서 낭패를 보기도 한다. 필자는 여러분이 대단한 의지력을 가졌다면 혼자서 공부하는 것을 반대하지 않는다. 문제는 대부분 혼자서 의욕적으로 공부하기엔 실천현장의 직무가 너무 과중하다는 점과 계획적이지 못해서 시간만 보내기 일쑤라는 점이다.

필자는 오랜 경험으로 전체적으로 개략적인 설명을 해주는 강의를 선택해 볼 것을 권한다. 너무 세세하게 공부하는 것은 과목의 수가 너무 많아 추천하고 싶지 않다. 또한 자격검증의 경우 군이 우등생이 될 필요가 있는 건 아니기에 더욱 그렇다. 과목마다 전체적인 내용을 개략적으로 이해하는 것이 오히려 도움이 된다. 그러면서도 핵심적인 부분은 반드시 다뤄야 한다. 그래야 공부하면서 얻는 것도 있고 합격도 보장되기 때문이다. 본서와 함께 제공되는 동영상 강의는 이런 점에서 활용가치가 높다. 우수하고 경험이 많은 교수가 각 과목에 대해서 개략적이면서도 핵심적인 부분을 잘 선정하여 전체이해와 더불어 출제경향에 맞춘 수업을 진행하기 때문이다. 또한 매 과목마다 적정 수준의 강의안이 구축되어 있어 시간계획에도 도움이 된다. 다만, 필자가 더하여 이야기하고 싶은 것은 '인간행동과 사회환경'은 실천론, 실철기술론, 지역사회복지론과도 연결되기 때문에 먼저 조금 더 신경 써서 공부할 필요가 있다는 점이다. 사회복지조사론의 경우 학생들은 주로 포기 과목으로 손을 꼽는데 개념 이해만 한다면 오히려 고득점이 나올 수 있는 과목이라는 점에서 조금만 더 신경을 써서 공부하길 당부한다. 정책론과 행정론은 정책론을 먼저 공부하고 이어 행정론을 공부하는 것이 효율성이 높다고 제안하고 싶다. 제시한 과목들에 주안점을 두고 공부하다 보면 합격뿐만 아니라 고득점도 가능하다.

앞으로 사회복지사 관련자격에 대해서 변화가 있다는 소문이 무성하다. 가령 전문 자격증 체제로 전환한다는 소문도 있는 것이 사실이다. 그런데 어떤 형태로 자격제도가 변한다 하더라도 기존 최고 자격인 1급에 대해서 무시하는 방향으로 나갈 수는 없다. 따라서 자격증 제도가 변하기 전에 1급을 취득하는 것이 더 지혜로운 방법이다. 법제와 실천에서 공부하겠지만 '기득권 우선의 법칙'이 있다. 기존에 최고의 자격을 무시하면서 새로운 자격으로 전환할 수는 없는 것이다. 이 교재를 통하여 시험을 준비하는 모든 사회복지사들에게 최고의 사회복지사로서의 인정이 자격증으로 뿐만 아니라 실천현장에서도 자자하게 일어나길 기원한다.

편저자 이수천

1. 시험일정 : 매년 1회 시행

○ 시험일정은 한국산업인력공단 홈페이지(www.Q-Net.or.kr/site/welfare/) 참조

2. 응시자격

1. 고등교육법에 따른 대학원에서 사회복지학 또는 사회사업학을 전공하고 석사학위 또는 박사학위를 취득한 자
   ※ 시험 시행연도 2월28일까지 학위를 취득한 자 포함
   ※ 다만, 대학에서 사회복지학 또는 사회사업학을 전공하지 아니하고 동 석사학위를 취득한 자는 보건복지부령이 정하는 사회복지학 전공 교과목과 사회복지 관련 교과목 중 사회복지현장실습을 포함한(2004. 07. 31 이후 입학생부터 해당) 필수과목 6과목 이상(대학에서 이수한 교과목을 포함하되, 대학원에서 4과목 이상을 이수하여야 한다), 선택과목 2과목 이상을 각각 이수하여야 한다.

2. 「고등교육법」에 따른 대학에서 보건복지부령이 정하는 사회복지학 전공 교과목과 사회복지 관련 교과목을 이수하고 학사학위를 취득한 자
   ※ 시행연도 2월28일까지 학사학위를 취득한 자 포함

3. 법령에서 「고등교육법」에 따른 대학을 졸업한 자와 동등 이상의 학력이 있다고 인정하는 자로서 보건복지부령으로 정하는 사회복지학 전공 교과목과 사회복지 관련 교과목을 이수한 자
   ※ 시행연도 2월28일까지 동등 학력 취득자 포함

4. 외국의 대학 또는 대학원(단, 보건복지부장관이 인정한 대학 또는 대학원)에서 사회복지학 또는 사회사업학을 전공하고 학사학위 이상을 취득한 자로서 "제1호" 및 "제2호"의 자격과 동등하다고 보건복지부장관이 인정하는 자

5. 다음에 해당하는 자로서 **사회복지사 2급 자격증을 취득한 자 중에서, 그 자격증을 취득한 날부터 시험일까지의 기간 동안 1년(2,080시간) 이상 사회복지사업의 실무경험**이 있는 자

   1) 「고등교육법」에 의한 전문대학에서 보건복지부령이 정하는 사회복지학 전공교과목과 사회복지관련 교과목을 이수하고 졸업한 자
   2) 법령에서 「고등교육법」에 따른 전문대학을 졸업한 자와 동등 이상의 학력이 있다고 인정하는 자로서 보건복지부령이 정하는 사회복지학 전공교과목과 사회복지관련 교과목을 이수한 자
   3) 종전의 「사회복지사업법」(법률 제14923호로 개정되기 전의 것을 말한다)에 따라 사회복지사 3급 자격증을 취득한 이후 3년 이상 사회복지사업의 실무경험이 있는 자

6. **결격사유**

   1) **다음 각 호의 어느 하나에 해당하는 자는 사회복지사가 될 수 없다.**
      (사회복지사업법 제11조의2)

      1. 피성년후견인 또는 피한정후견인
      2. 금고 이상의 형을 선고받고 그 집행이 끝나지 아니하였거나 그 집행을 받지 아니하기로 확정되지 아니한 사람
      3. 법원의 판결에 따라 자격이 상실되거나 정지된 사람
      4. 마약 · 대마 또는 향정신성의약품의 중독자
      5. 「정신건강증진 및 정신질환자 복지서비스 지원에 관한 법률」 제3조제1호에 따른 정신질환자. 다만, 전문의가 사회복지사로서 적합하다고 인정하는 사람은 그러하지 아니하다.

   2) **사회복지사의 자격취소 등** (사회복지사업법 제11조의3)

      ① 보건복지부장관은 사회복지사가 다음 각 호의 어느 하나에 해당하는 경우 그 자격을 취소하거나 1년의 범위에서 정지시킬 수 있다. 다만, 제1호부터 제3호까지에 해당하면 그 자격을 취소하여야 한다.

      1. 거짓이나 그 밖의 부정한 방법으로 자격을 취득한 경우
      2. 제11조의2 각 호의 어느 하나에 해당하게 된 경우
      3. 자격증을 대여 · 양도 또는 위조 · 변조한 경우
      4. 사회복지사의 업무수행 중 그 자격과 관련하여 고의나 중대한 과실로 다른 사람에게 손해를 입힌 경우
      5. 자격정지 처분을 3회 이상 받았거나, 정지 기간 종료 후 3년 이내에 다시 자격정지 처분에 해당하는 행위를 한 경우
      6. 자격정지 처분 기간에 자격증을 사용하여 자격 관련 업무를 수행한 경우

② 보건복지부장관은 제1항제4호에 해당하여 사회복지사의 자격을 취소하거나 정지시키려는 경우에는 제46조에 따른 한국사회복지사협회의 장 등 관계 전문가의 의견을 들을 수 있다.

③ 제1항에 따라 자격이 취소된 사람은 취소된 날부터 15일 내에 자격증을 보건복지부장관에게 반납하여야 한다.

④ 보건복지부장관은 제1항에 따라 자격이 취소된 사람에게는 그 취소된 날부터 2년 이내에 자격증을 재교부하지 못한다.

3. 시험과목 배점 및 합격자 결정기준

1) 시험과목

구분	시험과목(3과목)	시험영역(8영역)	문항수	배점	시험방법
1	사회복지기초 (50문항)	인간행동과 사회환경	25	1점/1문제 (총 50점)	
		사회복지조사론	25		
2	사회복지실천 (75문항)	사회복지실천론	25	1점/1문제 (총 75점)	객관식 5지택일형
		사회복지실천기술론	25		
		지역사회복지론	25		
3	사회복지정책과 제도 (75문항)	사회복지정책론	25	1점/1문제 (총 75점)	
		사회복지행정론	25		
		사회복지법제와 실천	25		

※ 시험관련 법령 등을 적용하여 정답을 구하여야 하는 문제는 당해연도 시험시행일 현재 시행중인 법령을 기준으로 출제함

2) 합격자 결정 방법(「사회복지사업법」 시행령 제3조제5항)

○ 시험의 합격결정에 있어서는 매 과목 4할 이상, 전 과목 총점의 6할 이상을 득점한 자를 합격예정자로 결정

○ 사회복지사 1급 국가시험 합격예정자는 한국사회복지사협회에서 응시자격 서류심사를 실시하며, 응시자격 서류를 정해진 기한 내에 제출하지 않거나 심사결과 부적격자인 경우에는 최종불합격 처리함

○ 최종합격자 발표 후라도 제출된 서류 등의 기재사항이 사실과 다르거나 응시자격 부적격 사유가 발견될 때에는 합격을 취소함

4. 원서접수 안내

1) **접수방법** : 인터넷 접수만 가능
   ○ 큐넷 사회복지사1급 홈페이지(www.Q-Net.or.kr/site/welfare/)에서 접수
   ○ 원서접수 시 **최근 6개월 이내에 촬영**한 여권용 사진(3.5cm×4.5cm)을 파일
     (JPG·JPEG 파일, 사이즈: 150 × 200 이상, 300DPI 권장, 200KB 이하)로 등
     록 (기존 큐넷 회원의 경우 마이페이지에서 사진 수정 등록)
     ※ 인터넷 활용 불가능자의 내방 접수(공단지부 · 지사)를 위해 원서접수 도우
        미 지원 가능하나, 코로나-19 감염 예방을 위하여 방문 자제 요망
     ※ 단체접수는 불가함
   ○ 시험 장소는 수험자가 원서접수 시 직접 선택
   ○ 원서접수 마감시각(접수마감일 18:00)까지 수수료를 결제하고 수험표를 출력
     하여야 접수 완료
   ○ **응시자격 서류심사는 필기시험 실시 후 합격예정자를 대상**으로 하기 때문에
     원서접수 시에는 응시자격 서류를 제출하지 않음
     - 한국사회복지사협회에서 원서접수 전 응시자격 해당여부 사전안내
       (02-786-0845) 실시(사전안내 희망자에 한함)

2) 시험 시행지역: 전국 12개 지역
   ○ 서울, 강원, 부산, 경남, 울산, 대구, 인천, 경기, 광주, 전북, 제주, 대전

3) 응시수수료 : 25,000원
   ○ 납부방법: 전자결제(신용카드, 계좌이체, 가상계좌) 중 택1
     ※ 결제수수료는 공단에서 부담

4) 수험표 교부
   ○ 수험표는 인터넷 원서접수가 정상적으로 처리되면 출력 가능하고, 수험자는
     시험당일 수험표를 지참하여야 함
   ○ 수험표 분실 시 시험당일까지 인터넷으로 재출력 가능
   ○ 수험표에는 시험일시, 입실시간, 시험장 위치(교통편), 수험자 유의사항 등이
     기재되어 있음
     ※「SMART Q-Finder」도입으로 시험전일 18:00부터 시험실을 확인할 수 있
        도록 서비스 제공
   ○ 원서접수 완료(결제완료) 후 접수내용 변경방법 : 원서접수 기간 내에 접수취
     소 후 재접수하여야 하며, 원서접수 마감 이후에는 내용변경 및 재접수 불가

5. 수험자(일반수험자/장애인수험자)는 매년 사회복지사1급 국가시험 시행계획 공고를 통하여 매 과목 시험시간표와 입실시간을 반드시 확인하시어 차질이 없도록 하여 주시기 바랍니다.

6. 사회복지사1급 국가시험 중 시험관련 법령 등을 적용하여 정답을 구하여야 하는 문제는 시험 시행일 현재 시행 중인 법령을 기준으로 출제함

제1영역 인간행동과 사회환경

인간행동과 사회환경은 사회복지를 이해하기 위한 기초과목이다. 과목의 구성은 크게 보았을 때 성격이론, 체계이론, 전생애발달이라고 할 수 있다. 최근의 출제경향은 전체적인 부분에서 고르게 출제되는 경향이 있다. 따라서 어느 부분을 콕 집어서 공부하기가 어려운 과목이다. 최근 2년 동안의 경향만 보더라도 성격이론에서 각 이론에 대해 거의 다 출제되고 있으며, 체계이론에 대해서도 일반체계이론과 생태체계이론을 중심으로 고르게 출제되고 있다. 생애발달의 경우 역시 매년 전생애가 전부 출제되는 것은 아니지만 어느 시기가 많이 출제된다고 이야기할 수 없을 정도로 고르게 출제되고 있다.

이 영역은 다음과 같은 방법으로 준비하는 것이 바람직하다.

먼저 각 성격이론에 대해서 기본개념을 정확하게 파악할 필요가 있다. 최근 출제경향은 단편적인 지식을 묻기보다는 종합적인 사고과정을 묻는 방향으로 출제되고 있다. 그런데 기본개념을 명확하게 이해하고 있으면 같은 종류의 것과 다른 종류의 것을 구분할 수 있게 된다. 따라서 성격이론의 기본개념을 정확하게 이해할 필요가 있다. 특히 성격이론은 뒷부분에서 나오는 생애발달과 연결되므로 정확하게 공부하면 생애발달부분 공부가 한결 수월해지는 특징이 있다. 뿐만 아니라 이 부분은 사회복지실천론과 사회복지실천기술론과도 연결되는 부분이 있으므로 인간행동과 사회환경을 공부할 때 비교적 처절하게 학습하는 것이 전체 시험준비를 위해서도 바람직하다.

둘째, 체계이론 부분에서 체계이론을 다루는 배경에 대한 이해와 체계와 관련된 기본개념을 이해하는 것이 필요하다. 특히 개방체계와 폐쇄체계의 특성을 잘 파악하면 여러 문제들이 해결하는 데 도움이 된다.

셋째, 생애발달 부분은 막연하게 각 발달단계를 암기하는 식으로 접근하기보다는 에릭슨의 심리사회이론을 기본으로 공부할 필요가 있다. 물론 생애발달단계가 연령과 용어 측면에서 반드시 일치하는 것은 아니다. 하지만 에릭슨의 발달과업을 이해하면 각 발달단계의 특성을 이해하는 데 도움이 된다. 에릭슨의 심리사회발달단계를 기본으로 피아제의 발달단계와 콜버그의 발단단계를 필요에 따라 함께 연결해 보는 것이 바람직하다.

제2영역 사회복지조사론

사회복지조사론은 사회복지실천현장에서 사회복지사가 기본적으로 가지고 있어야 할 사회조사능력을 배양하는 과목이다. 그래서 사회복지사 1급 시험에서는 사회복지기초과목으로 편성된다. 하지만 사회복지조사론은 분석과 연결된 과목이기 때문에 전체적으로 다루는 내용이 쉽지 않다. 처음부터 끝까지 매 시간마다 새로운 개념이 나오는 과목이다. 그래서 사회복지사들이 쉽게 포기하는 특성이 있기도 하다. 하지만 사회복지조사론은 구성을 파악하고 철저하게 개념이해 중심으로 학습하면 사실 다른 과목보다 고득점을 받을 수 있는 과목이기도 하다. 사회복지조사론의 과목구성을 크게 분류하면 연구에 대한 기초 이해(과학적인 연구, 사회복지조사의 필요성, 개념화와 조작화 등), 인과관계 설정에 대한 이해(가설, 변수, 측정 등), 실험설계와 비실험설계에 대한 이해, 질문지 구성법에 대한 이해, 질적연구에 대한 이해로 구성된다. 다른 과목은 각 장별로 이해가 가능하지만 조사론은 이것들을 서로 연결해야 이해가 가능하다. 즉 단편적인 암기로는 정복할 수 없는 과목이다. 따라서 이런 구성 하나하나에 대해서 개념을 정확하게 짚어볼 필요가 있다. 최근 사회복지조사론의 출제경향을 보면 다음과 같은 두 가지 특성이 있다.

첫째, 어느 한 곳에 집중되지 않고 전체에서 고르게 출제되고 있다. 본 교재는 26장으로 구성되어 있는데 각 장마다 한 문제씩 출제된다고 이해하면 된다. 둘째, 단순한 지식을 묻는 질문보다는 개념을 정확하게 이해하고 있는지를 묻는 질문들이 출제되고 있다. 따라서 문제는 주로 여러 개념을 조합하여 제시한 후 그 가운데서 묻고자 하는 것은 가려내는 경우가 많다. 그러므로 개념에 대한 이해가 정확하게 이루어져야 문제를 풀 수 있다.

그렇다면 사회복지조사론은 어떻게 준비해야 하는가?

첫째, 매 장 나오는 개념에 대해서 정확하게 이해할 필요가 있다. 사회복지조사론은 암기로 공부하려고 하면 실패하게 된다. 암기할 것이 너무나 많기 때문이다. 정확하게 개념을 이해하다 보면 오히려 암기가 저절로 이루어지는 것을 알 수 있다.

둘째, 정확한 개념이해를 위해서는 교재를 통해서 독학하는 것은 쉽지 않다. 본서의 경우 저자가 직접 설명하는 동영상이 제작되어 있다. 개념에 대한 분명한 이해를 위해서는 본서 중심의 강의를 수강할 필요가 있다.

셋째, 전체적인 이해를 목표로 학습하는 것이 바람직하다. 이미 출제경향에서도 밝혔듯이 출제가 어느 한곳에 집중되지 않는다. 따라서 전체적인 이해가 필요하다. 뿐만 아니라 사회복지조사론의 경우 결국 개념은 서로 연결되어 있다. 어느 한 부분만 이해하려고 하기보다는 전체적으로 이해를 하려고 마음먹을 때 서로 연결되는 재미가 있다. 시간이 충분하다면 전체를 개략적으로 이해하는 공부를 한 번 한 후 다시 한 번 공부한다면 전체적으로 서로 어떻게 연결되는지를 느끼는 공부가 될 수 있다. 설령 시간적인 여유가 없더라도 부분적인 이해로 시험을 준비하기는 어렵다는 점을 밝히는 바이다.

저자의 경험에 의하면 사회복지조사론은 포기할 과목이 아니라 도전할 과목이다. 또한 이해하기 시작하면 어느 과목보다도 재미있고 쉬운 과목이다. 따라서 본 교재와 동영상 강의를 통하여 재미있게 준비하기 바란다.

제1영역 인간행동과 사회환경_ 15

Chapter 01 인간행동 이해에 대한 기초 ·· 17
Chapter 02 프로이트의 정신분석이론Ⅰ ··· 27
Chapter 03 프로이트의 정신분석이론Ⅱ ··· 34
Chapter 04 에릭슨의 심리사회이론 ··· 45
Chapter 05 아들러의 개인심리이론과 융의 분석심리이론 ···················· 54
Chapter 06 피아제의 인지이론 ··· 65
Chapter 07 콜버그의 도덕발달이론 ··· 73
Chapter 08 벡의 인지행동치료이론과 엘리스의 합리정서치료모델 ········· 77
Chapter 09 스키너의 행동주의 ··· 83
Chapter 10 반두라의 사회학습이론 ··· 92
Chapter 11 인본주의이론 ··· 98
Chapter 12 게슈탈트이론과 실존주의적 접근 ······································ 106
Chapter 13 체계이론과 일반체계이론 ··· 111
Chapter 14 사회체계이론과 생태체계이론 ·· 117
Chapter 15 가족체계와 집단체계 ··· 125
Chapter 16 조직체계, 지역사회체계, 문화체계 ···································· 133
Chapter 17 생애주기와 태내기 ··· 142
Chapter 18 영아기와 유아기 ··· 148
Chapter 19 학령전기 ·· 154
Chapter 20 아동기 ··· 160
Chapter 21 청소년기 ·· 166
Chapter 22 성인기 ··· 174
Chapter 23 장년기 ··· 180
Chapter 24 노년기 ··· 187

제2영역 **사회복지조사론_ 195**

Chapter 01 과학과 검증방법 ·· 197
Chapter 02 사회복지조사의 특성 ····································· 209
Chapter 03 문제인식과 조작적 정의 ································· 219
Chapter 04 인과관계와 변수 ·· 226
Chapter 05 가설과 연구주제 ·· 233
Chapter 06 실험설계의 특성이해 ····································· 239
Chapter 07 준실험설계 ·· 245
Chapter 08 전실험설계와 단일사례연구 ····························· 251
Chapter 09 실험설계 시 주의할 점과 비실험설계 ················· 259
Chapter 10 측정과 척도 ·· 267
Chapter 11 타당도 ··· 278
Chapter 12 신뢰도 ··· 284
Chapter 13 질문화 ··· 292
Chapter 14 표본조사 기초이해 ·· 301
Chapter 15 확률표집 ·· 308
Chapter 16 비확률표집 ··· 315
Chapter 17 설문조사의 방법 ·· 320
Chapter 18 조사원 모집과 관리 ······································ 327
Chapter 19 자료의 분석 ·· 333
Chapter 20 보고서 작성과 연구평가 ································· 342
Chapter 21 욕구조사와 평가조사 ····································· 352
Chapter 22 질적연구와 질적연구자 ·································· 362
Chapter 23 질적연구의 종류와 분석방법 ··························· 370

제1영역 인간행동과 사회환경

Chapter 01 인간행동 이해에 대한 기초
Chapter 02 프로이트의 정신분석이론 I
Chapter 03 프로이트의 정신분석이론 II
Chapter 04 에릭슨의 심리사회이론
Chapter 05 아들러의 개인심리이론과 융의 분석심리이론
Chapter 06 피아제의 인지이론
Chapter 07 콜버그의 도덕발달이론
Chapter 08 벡의 인지행동치료이론과 엘리스의 합리정서치료모델
Chapter 09 스키너의 행동주의
Chapter 10 반두라의 사회학습이론
Chapter 11 인본주의이론
Chapter 12 게슈탈트이론과 실존주의적 접근
Chapter 13 체계이론과 일반체계이론
Chapter 14 사회체계이론과 생태체계이론
Chapter 15 가족체계와 집단체계
Chapter 16 조직체계, 지역사회체계, 문화체계
Chapter 17 생애주기와 태내기
Chapter 18 영아기와 유아기
Chapter 19 학령전기
Chapter 20 아동기
Chapter 21 청소년기
Chapter 22 성인기
Chapter 23 장년기
Chapter 24 노년기

인간행동 이해에 대한 기초

학습Key포인트

○ 인간행동을 환경 속 인간이라는 총체적 맥락에서 이해한다.
○ 발달의 개념을 이해하고 유사한 용어를 구분한다.
○ 인간발달의 특성을 설명할 수 있다.

제1절 | 왜 인간행동과 사회환경인가?

'인간행동과 사회환경'은 국제사회복지학 교과목 지침서와 우리나라 사회복지학 교과목 지침서에도 동일하게 포함되어 있다. 왜 이 교과목이 사회복지기초 과목으로 편성되었는지 이해하는 것이 내용을 이해하는 시작점이 될 수 있는 한편 이 교과목을 어떻게 공부해야 하는지를 보여주기도 한다.

1) 인간 행동에 관한 이해의 필요성

① 사회복지의 대상인 '인간'에 대한 이해가 선행되어야 한다. 사회복지사와 사회복지는 인간과 그 인간의 문제에 개입하게 된다. 인간에 대한 이해 없이 개입한다면 인간을 위한 복지를 담보할 수 없게 된다. 그러므로 인간에 대한 기본적인 이해가 전제될 수밖에 없다.

② 인간에 대한 이해는 그 '행동'을 봄으로써 이룰 수 있다. 인간 이해에 있어 가장 기본적인 것은 인간의 행동을 보는 것이다. 인간의 행동은 단순하게 이루어지는 것이 아니다. 겉으로 드러난 행동은 그 사람의 내면에서부터 나온다. 그렇기에 인간 행동을 이해하기 위하여 성격 형성이론 및 발달이론에 대해서 살펴보게 되는 것이다.

③ 인간의 행동을 설명하는 대표적인 성격 및 발달이론에는 정신역동이론, 인지행동이론, 인본주의이론 등이 있다. 정신역동이론은 세부적으로 차이점은 있으나 전체적으로 인간 행동은 어릴 적 형성된 성격에서 기인한다고 제시한다. 문제행동에 대해서도 어릴 적 문제상황을 알려주고 해석함으로써 해결할 수 있다고 본다. 인지행동이론은 인간의 행동은 단순히 인간 무의식에 의해 이루어지기보다는 자신의 인지 작업으로부터 영향

을 받거나 외부에서 주어지는 자극에 영향을 받는다고 본다. 인본주의이론은 앞선 이론들과는 달리 인간을 긍정적이고 잠재력을 가진 존재로 파악하며 자신을 실현해 나갈 수 있는 존재로 보고 있다.

2) 인간 행동이 이루어지는 환경에 관한 이해의 필요성

① 사회복지는 인간을 둘러싸고 있는 '환경'을 빼놓고 이야기할 수 없다. 인간은 그가 관계를 맺고 있는 환경을 떠나서 살 수 없다. 그렇기에 인간에 대한 이해는 반드시 '환경 속의 인간'이라는 맥락에서 이루어져야 한다. '사회환경'을 살펴보는 이유는 결국 인간과 인간 행동에 대해서 더욱 통합적으로 이해하기 위한 것이다. 또한, 환경은 사회복지가 실현되는 장(場)이라는 점에서도 중요성을 갖는다.

② 인간이 놓여 있는 환경에 대한 이해는 '체계이론'을 통하여 접근할 수 있다. 체계이론은 인간을 동떨어져 홀로 있는 존재로 보는 것을 거부한다. 유기체적인 입장에서 서로 연결되어 있고, 서로 관계를 맺고 있는 것을 보여준다. 여러 체계이론은 결국 인간과 인간 행동 이해에 있어 총체성을 제공함으로 환원주의적으로 인간을 보는 것의 약점을 보완해 준다.

> **환원주의**는 인간을 여러 부분으로 나눠서 분절적으로 보는 것을 의미한다. 체계론은 이렇게 부분적으로 이해하는 걸 지양하고 전체적으로 이해하는 것을 지향한다.

또한 체계이론 중 집단, 가족, 지역사회, 문화체계는 결국 인간 이해뿐만 아니라 인간의 삶의 장(場)이 되기 때문에 사회복지를 실천하는 데 있어 방법적인 면에 의미를 더해주는 특성이 있다.

③ 각 체계이론이 제시하는 관점을 정리하면 다음과 같다. 우선 일반체계이론은 체계를 구성하여 사는 인간과 인간관계 및 인간 행동에 대해서 여러 가지 기본적인 이해의 관점을 제공해 준다. 사회체계이론은 문제해결에 있어 각 체계가 어떻게 작용하는지를 나타내 준다. 생태체계이론은 각 체계가 어떤 구조로 존재하면서 서로 어떻게 연결되는지를 보여주고 아울러 그동안 사회복지실천에서 간과하던 거시적인 체계까지 볼 수 있는 안목을 제공해 준다. 특히 생태체계이론의 접목으로 **'환경 속의 인간'**이라는 관점을 명확하게 보게 된다. 집단체계, 가족체계, 조직체계, 지역사회체계, 문화체계에 대한 이론들은 인간 이해뿐만 아니라 사회복지를 실현할 자원이라는 측면에서도 의미가 있다.

> **환경 속의 인간**
> ○ 인간은 환경과 분리될 수 없는 존재이다.
> ○ 인간의 행동도 역시 그가 속한 환경과의 관계에서 보아야 한다.
> ○ 인간의 행동은 외부로 드러나는 행동뿐만 아니라 그의 사고, 감정까지 다 포함한다.
> ○ 인간의 특정 행동은 신체, 심리, 사회적인 다양한 요인들 간의 상호작용으로 보아야 한다.
> ○ 환경 속의 인간은 이런 관점에서 인간을 발달단계에 따른 이해뿐만 아니라 인간이 속해있는

> 집단, 조직, 가족, 지역사회, 문화체계 등 광범위한 체계까지도 고려하여 인간의 행동을 이해
> 하고자 한다.
> ○ 인간을 전체적으로(holistic) 보고자 하는 관점이다.

3) 생애주기에 따른 인간 이해의 필요성

① 인간을 이해하는 데 있어 '생애주기' 전체를 반영하여 이해할 필요가 있다. 성격 이론과 체계이론이 인간 행동 이해에 주요 역할을 하는데 이런 이해를 바탕으로 결국 실천이 이루어져야 한다. 그런데 사회복지실천을 위해서 인간의 전생애를 들여다보아야 한다. 생애주기마다 인간이 어떤 특징을 갖는지 또한 어떤 과업을 이행해야 하는지 정리하면 인간 이해뿐만 아니라 사회복지실천에 관하여 중요한 지점을 발견할 수 있기 때문이다. 또한 앞서 제시한 성격 이론이나 체계이론과 더불어 인생주기별로 인간을 이해하면 인간과 인간의 행동을 보더 과학적으로 알 수 있는 장점이 있다.

② 현재 사회보장은 생애주기별 맞춤형 복지로 나가고 있다는 점도 인간 이해를 생애주기별로 하는 것의 필요성을 역설하고 있다. 사회보장기본법에서 정의하는 사회보장의 일면은 평생사회안정망을 제공하는 것이며 이는 생애주기별로 맞춤형 복지를 시행함으로써 실현된다(사회보장기본법 제3조 제5호). 인간행동과 사회환경에서 생애주기에 따른 인간 이해는 결국 사회복지를 실현하기 위한 기초작업이라고 할 수 있다.

core 인간행동과 사회환경 교과목의 구성

- 전체적으로 3개의 구분을 갖고 있다.
  인간의 성격이론, 인간을 둘러싸고 있는 환경, 생애주기에 따른 인간 이해
- 인간의 성격이론
  인간의 행동을 이해하기 위하여 심리내적인 성격과 발달이론을 이해한다.
  정신역동이론, 인지행동이론. 인본주의이론
  본서 chapter2~chapter12
- 인간을 둘러싸고 있는 환경
  환경 속의 인간을 보게 해준다. 동시에 인간이 행동하는 장을 보여준다.
  체계이론, 일반체계이론, 사회체계이론, 생태체계이론
  각종 체계(집단, 가족, 조직, 지역사회, 문화)
  본서 chapter13~chapter16
- 생애주기에 따른 인간이해
  인간의 한 부분만 이해하는 것이 아니라 전생애를 이해한다.
  각 생애주기별 특성과 발달과제 및 사회복지적 실천에 대해서 이해한다.
  태내기, 유아기, 학령전기, 학령기, 청소년기, 성인기, 장년기, 노년기
  본서 chapter17~chapter24

제2절　인간발달의 이해

인간 행동을 이해하기 위하여 발달에 대한 기본개념을 이해할 필요가 있다. 또한 발달의 일반적 특성에 대해서도 이해할 필요가 있다. 이렇게 발달의 개념과 발달의 일반적 특성을 이해하는 것 자체가 인간과 인간 행동을 이해하는 단초가 된다.

1) 인간발달의 개념 이해

발달이란 체계적인 과정에 따라 일어나는 일련의 변화이다. 인간은 체계적으로 변화를 이루어 나간다. 이런 인간의 발달을 이해하기 위하여 발달과 비슷한 용어들의 정확한 개념을 파악할 필요가 있다. 혼용하여 사용하기 쉬우나 분명히 개념이 서로 다른 것들이다.

① 발달
인간 일생에 걸쳐 점진적으로 일어나는 체계적인 변화를 이른다.
신체, 심리, 사회적인 영역에서 일어나는 **총체적인 변화**이다.
② 성장
신체 크기, 근력증가, 인지확장 등 **양적 확대(size up)**를 의미한다.
신체적인 부분에 국한되어 있다.
출생할 때부터 생리적으로 이미 설계되어 있는 대로 변화한다.
③ 성숙
경험이나 훈련과 관계없이 **유전적 기제**의 작용에 의해서 나타나는 체계적인 변화이다.
생물학적 과정이다.
④ 학습
훈련, 연습, 경험 등으로 일어나는 개인 내적인 변화이다.

2) 인간발달의 특성

유전적 환경은 인간이 가지고 있는 변화나 성장의 한계를 설정한다. 그런데 환경적 요인에 따라서 이런 변화의 잠재성이 극대화되는가 하는 것은 달라질 수 있다. 따라서 **유전과 환경은 상호작용을 통하여 인간발달을 설명**하고 있다. 인간발달은 다음과 같은 특성을 갖는다.

① **발달은 전생애를 걸쳐서 이루어진다.**
발달은 전생애를 거쳐 지속적으로 일어난다. 그러므로 어느 한 시점에서의 발달만이 중요하다고 볼 수 없다. 전생애에 걸쳐서 발달이 이루어지기에 발달이 끝났다는 이야기도

할 수 없다. 발달은 이전 단계의 발달을 기반으로 현재의 경험이 융합되는 것이다. 따라서 인간은 생을 마감할 때까지 이런 변화의 지속성을 갖는다고 할 수 있다.

② **발달에는 결정적인 시기가 있다.**

인간이 발달을 이룰 때 특정 과업에 대해서 이룰 결정적 시기가 있다. 결정적 시기에 발달과업을 이루지 않으면 후에 동일한 정도의 발달을 이루기 위하여 더 많은 투입이 이루어져야 한다. 그렇게 하더라도 적기에 발달하는 것을 따라갈 수 없다. 따라서 발달은 그 과업을 이룰 시기에 성취하는 것이 다른 무엇보다도 중요하다.

③ **발달에는 일정한 방향성이 있다.**

방향		특징
상부 → 하부		갓난아이는 머리가 몸 전체의 1/2이다.
중심부위 → 말초부위		갓 태어났을 때는 중심에 모든 것이 자리 잡고 있으며, 발달단계를 거쳐 세세하게 분화되어 간다.
전체운동 → 특수운동		갓난아이는 사지를 흔들다가 점차 무엇 하나를 잡을 수 있는 특성을 갖는다.
덜 분화된 상태 → 더 분화된 상태		
덜 복잡한 유기체 → 더 복잡한 유기체		
낮은 단계 능력, 기술 → 높은 단계 능력, 기술		

④ **발달은 연속적인 과정이다.**

발달은 전생애에 걸쳐 연결되어 이루어진다.

⑤ **발달에 있어 속도는 일률적이지 않다.**

모든 발달시기가 동일한 속도를 갖는 것은 아니다.

⑥ **발달은 점성적 원리를 따른다.**

발달은 이전 발달을 기반으로 해서 다음 발달이 이루어진다. 그렇기 때문에 어느 단계의 발달과업이 특별히 중요하다고 강조할 수 없다. 다음 단계의 발달은 이전 단계의 발달에서부터 시작하기 때문이다. 이것은 발달에는 결정적 시기가 있다는 점과 더불어 중요하게 보아야 할 부분이다. 인간발달에 있어 '**점성원리**'를 주장한 학자는 **에릭슨**이다.

⑦ **발달에는 개인차가 존재한다.**

각 발달단계는 동일한 속도로 발달하는 것이 아니다. 각 발달 시기마다 시간적 간격은 일정하지 않으며, 각 발달에 대한 속도는 개인마다 차이가 있기 마련이다.

⑧ **발달은 분화와 통합의 과정이다.**

발달은 점진적인 분화를 이루고 또한 전체적인 통합을 이루어 나가는 과정이기도 하다. 분화만 발달이 아니라 통합도 발달이라는 관점을 가져야 한다.

⑨ **발달은 기초성을 갖는다.**

기초성이란 어릴 때 발달이 그 이후 모든 발달의 기초가 된다는 의미이다. 모든 시기의 발달과업이 있지만 어릴 때 발달이 제대로 이루어지지 않으면 그 이후 발달은 원활할 수가 없는 것이다. 따라서 발달관점에서는 어릴 때의 발달에 관심을 갖게 된다.

⑩ **발달은 불가역적인 특성을 갖는다.**

특정한 시기에 이루어야 할 발달이 제대로 완성되지 않을 경우 그 이후에 아무리 충분한 보상과 자극을 주더라도 원래의 발달만큼 회복하지는 못한다. 즉 발달은 거슬러서 이룰 수 있는 것이 아니다. 적기성, 점성의 원리와 더불어 발달의 중요성을 나타내주는 특성이다.

3) 인간발달 단계와 과업

발달단계는 각 단계에서 이루어야 할 과업을 제시하고 있다는 점에서 인간 이해의 좋은 도구가 된다. 발달과업은 해당 발달 시기에 필요한 것이 무엇인지를 보여준다. 한 사람이 어떤 모습을 하고 있는지는 발달과업의 성취와 연결시킬 수 있는 것이다. 아울러 사회복지실천에서 해당 연령에 대한 개입을 할 때 관심을 가져야 할 부분이 되기도 한다.

① 발달단계
- '발달단계'란 발달과정 중 어떤 특정한 과업의 성취와 연결되는 삶의 기간을 의미한다.
- 따라서 각 발달단계는 그 단계에서만 드러나는 고유한 특성을 갖게 된다.
- 앞서 살펴본 발달의 특성은 발달이 연속적으로 이루어지는 과정임을 보여준다. 그리고 이전 단계의 발달은 다음 단계의 발달에 영향을 미친다는 것을 이야기하고 있다.
- 학자들마다 발달단계에 대한 구분은 다르다. 그에 따라 제시하는 과업 역시 어떤 관점에서 보느냐에 따라 다르다. 그러나 동일한 시기에 이루어야 할 과업에 대해서 다르게 이야기하는 것은 아니다.

② 발달과업
- '발달과업'이란 특정 발달 시기에 이루어야 할 과업 또는 과제를 이른다.
- 발달과업은 인간이 환경에 대한 지배를 증가시키는 기술과 능력으로 구성된다.
- 발달과업은 연령에 따라 변화한다.
- 발달과제를 습득하는 데는 생물학적으로 민감한 시기가 존재한다.
- 각 시기마다 이루어야 할 발달과업은 다음과 같다.

발달시기	발달과업	에릭슨의 심리사회적 발달단계
태내기	(유전)	유아기(0~2세), 신뢰 대 불신
영유아기	대상연속성, 애착, 자율성(배변훈련)	초기 아동기(2~4세), 자율성 대 수치심

학령전기	자아의식, 대상연속성 획득, 언어발달	학령전기(4~6세), 주도성 대 죄의식
아동기	구체적 조작, 도덕성 발달	학령기(6~12세), 근면성 대 열등감
청소년기	자아정체감	청소년기(12~20세), 자아정체감 대 혼란
청년기	친밀감, 직업과 결혼의 준비, 가정꾸미기	성인초기(20~24세), 친밀감 대 고립
장년기	사회적 의무 완수, 장년기 위기 극복	성인기(24~65세), 생산성 대 침체기
노년기	역할변화, 자아통합, 삶과 죽음의 수용	노년기(65세 이후), 자아통합 대 절망

제3절 인간행동과 사회복지실천

인간의 행동은 그 자체로 다양한 정보를 갖고 있다. 개인의 욕구와 문제뿐만 아니라 사회의 문제와 욕구까지 다양한 정보를 가지고 있다. 이런 정보는 결국 사회복지실천과 밀접한 관련을 갖게 된다. 인간행동에 대한 이해는 결국 사회복지실천의 시작이라고 할 수 있다. 또한, 인간행동을 이해하기 위하여 성격이론을 살펴보는 이유가 여기에 있다. 성격형성 과정에서 있었던 사건들은 특정한 형태의 성격발달을 이루게 되고 이는 그 사람의 행동양식에 영향을 미치게 된다. 성격이론은 인간의 행동을 이해하여 과학적인 사회복지실천을 이루게 하는 역할을 하고 있다.

1. 인간이해의 단서

① 사회복지는 인간을 대상으로 한 서비스가 주를 이룬다. 그러므로 사회복지현장에서 전문가는 인간을 이해하기 위하여 대상자가 어떤 행동을 보이는지에 초점을 맞추게 된다.

② 이때 사회복지사는 전문가적 관점에서 인간행동을 보아야 한다. 즉 겉으로 드러나는 관찰 가능한 행동뿐만 아니라 그 사람의 감정, 사고, 무의식 등 행동이 나오게 된 동기나 환경까지 모두 보아야 한다. 인간행동은 이런 정보들을 내포하고 있다.

③ 결국 인간행동은 사회복지실천가들에게 인간에 대한 총제적인 이해를 하게 한다.

2. 이상행동에 대한 발견과 개입

① 사회복지실천은 클라이언트의 이상행동에 관심을 갖는다. 개인은 자신이 의식하든 의식하지 못하든 이상행동으로 인하여 사회에 부적응적인 모습을 갖게 된다. 사회복지실천은 클라이언트의 이상행동을 발견하여 이 행동의 변화를 이루고자 하는 것이다.

② 이때 사회복지실천에서 클라이언트는 사회적 기능을 향상시킴으로써 보나 더 기능적이고 사회적응적인 모습을 갖게 하는 데 관심을 갖는다.

③ 따라서 개인, 집단, 가족 등의 수준에서 나타나는 이상행동의 파악은 사회복지실천의 시작점이 된다. 역설적으로 사회복지가 아무 것도 하지 않는 게 가장 이상적인 것이다. 사회복지는 파악된 이상행동에 대해서 적절하게 개입함으로써 보다 나은 상태를 이루는 것이다.

3. 클라이언트 욕구와 문제 파악

① 사회복지실천은 문제와 욕구에 기반한 서비스를 해야 한다. 욕구와 문제에 즉응하는 것이 사회복지의 책무성이라고 할 수 있다. 문제나 욕구를 외면한 실천은 생색을 내는 것에 지나지 않아 클라이언트에게 아무런 도움이 되지 않는다.

② 인간행동은 클라이언트의 문제나 욕구를 파악하는 핵심체가 된다. 따라서 사회복지실천가는 클라이언트의 욕구나 문제를 파악할 때 행동에 관점을 두고 파악해야 한다.

4. 문제행동을 이론적으로 설명

① 성격이론은 특정한 형태의 성격이 형성되는 과정을 설명해 준다. 이 과정에서 특정한 사건이 발생했을 경우 성격형성에 작용을 하게 된다. 그리고 이런 과정을 통하여 형성된 성격은 특별한 양식으로 나타나게 된다. 따라서 성격이론은 인간행동의 문제점을 파악하게 하며, 또한 이런 문제점을 해결하는 데 어떤 방법으로 접근해야 하는지에 대해서 방법을 제공하게 된다.

② 성격이론이 인간행동에 대해서 인과적인 관점을 제공한다. 이런 관점은 그동안 직관적으로 진행하던 사회복지에 과학적 방법에 대한 통찰을 제공하게 된다. 따라서 성격이론은 사회복지실천을 과학적 영역으로 자리매김하는 데 일조하였다고 할 수 있다.

③ 성격이론은 문제행동에 대한 원인을 파악하는 사정, 사정을 통하여 파악된 문제를 해결하기 위하여 개입에 대한 계획을 세우는 일 그리고 계획된 개입으로 문제를 해결하는 과정에서 합리적인 근거를 제공하는 역할을 하게 된다.

5. 전문직 형성의 바탕

① 전문직은 전문적 지식과 기술, 전문가 문화가 있을 때 인정받게 된다. 전문직 형성의 가장 두드러진 특징은 전문직 수행을 밑받침하는 기반이론의 존재이다. 즉 전문직에 있는 사람들은 확고한 기반이론에 의거해서 서비스를 제공한다.

② 성격이론은 사회복지실천가들에게 사정과 개입에 대한 과학적 근거를 갖게 한다. 이로써 기반이론에 근거한 실천을 이룸으로써 사회복지직을 전문직이 되게 하는 역할을 한다.

core	성격이론이 사회복지 전문직에 기여하는 요소

- 과학적인 사정을 하게 한다.
- 원조에 앞서 가설을 세우게 하여 원조하게 한다.
- 원조의 바탕이 과학적인 방법이 되게 한다.

01 인간발달에 관한 설명으로 옳은 것은?

① 긍정적·상승적 변화는 발달로 간주하지만, 부정적·퇴행적 변화는 발달로 보지 않는다.

② 순서대로 진행되고 예측가능하다는 특징이 있다.

③ 인간의 전반적 변화를 다루기 때문에 개인차는 중요하지 않다고 본다.

④ 키·몸무게 등의 질적 변화와 인지특성·정서 등의 양적 변화를 모두 포함하는 개념이다.

⑤ 각 발달단계에서의 발달 속도는 거의 일정한 것으로 알려져 있다.

> **해설** 인간발달은 일정한 순서가 있기에 예측가능성을 가질 수 있다. 키, 몸무게 등의 변화는 발달이 아니라 성장을 의미한다. 발달의 개념을 파악하고, 발달과 유사한 다른 개념의 특성과 구분짓는 훈련이 필요하다.　　　　　　　　　　　　　　　　　　　　　　정답 ②

02 인간발달에 관한 설명으로 옳지 않은 것은?

① 영아기에서 노년기까지 시간 흐름의 과정이다.

② 일정한 순서와 방향성이 있어 예측이 가능하다.

③ 생애 전 과정에 걸쳐 진행되는 환경적, 유전적 상호작용의 결과이다.

④ 각 발달단계별 인간행동의 특성이 있다.

⑤ 발달에는 개인차가 있다.

> **해설** 인간발달은 인간의 전생애에서 일어나는 총체적인 변화를 체계적으로 이르는 개념이지 시간적 흐름을 제시하는 게 아니다. 발달단계가 영아기에서 노년기로 나타나는 것은 맞지만 발달자체가 시간의 흐름은 아니다. 발달의 개념을 유의할 필요가 있다..　　　　　　　정답 ①

Chapter 02 프로이트의 정신분석이론 I

학습Key포인트

○ 정신역동이론의 특성과 사회복지에 기여한 점을 제시할 수 있다.
○ 프로이트 정신분석이론의 인간 이해를 설명할 수 있다.
○ 원초아, 자아, 초자아의 특성을 설명할 수 있다.

제1절 정신역동이론의 특성

인간을 이해하는 데 있어 인간의 행동은 정신 내의 운동과의 상호작용이라는 관점에서 이해하는 이론을 총칭하여 정신역동이론이라고 한다. 인간행동의 원인이 정신 내면에 있다고 보는 점에도 모두 공통점을 갖는다. 정신역동이론에는 대표적으로 프로이트의 정신분석이론, 에릭슨의 심리사회이론, 아들러의 개인심리이론, 융의 분석심리이론이 있다.

1. 정신역동이론

① 정신역동이론은 프로이트를 위시하여 그의 제자나 동료들의 이론을 통칭하여 일컫는 명칭이다. 대부분 정신역동이론 학자들은 프로이트와 공동으로 활동하다가 견해를 달리하여 새로운 주장을 하면서 다른 이론의 창시자가 된다.
② 정신역동이론은 모두 인간의 행동을 정신 내적인 무엇과의 상호작용으로 파악한다. 특히 인간 내면에 있는 **무의식**이 인간행동의 원초적인 동기라고 본다.
③ 그러면서 각 이론가들은 무의식에 관한 생각이나 인간관에 관하여 약간씩 달리 설명하면서 각자 하나의 독특한 이론을 형성하게 된다.

2. 정신역동이론의 특징

① 정신역동이론은 학자들마다 차이는 있지만 대개 **어린 시절의 경험**을 중요시한다. 그래서 치료 시 대부분 어린 시절의 문제점을 찾는데 집중하는 경향이 있다.

② 인간에 대한 관점이 대부분 **결정론적인 입장**이다. 결정론이란 인간의 행동은 이미 결정되었다는 것이다. 프로이트의 경우 정신결정론적인 입장을 확고하고 갖고 있는데, 무의식에 자리하고 있는 어린 시절의 경험에 의하여 이미 행동이 결정된다고 보고 있다.

③ 인간의 행동을 **과학적으로 판단**하는 특성을 갖는다. 인간 행동을 원인에 따른 결과로 보기 때문에 잘못된 원인을 찾아 해결하면 행동이 변한다는 입장을 갖는다. 이런 관점은 과학적인 접근을 하는 장점이 있다. 이는 그동안 인간 행동을 신비롭게만 본 것에서 한층 진일보한 과학적 접근이라고 할 수 있다.

④ 인간의 행동을 **병리적 관점**에서 파악하고자 한다. 인간 행동을 원인에 따른 결과로 본 것은 발전적인 특성이지만, 그 원인에 해당하는 부분을 병리적으로 보았기에 인간 행동을 병리적으로 보는 단점이 있다.

제2절 | 프로이트 정신분석이론의 인간이해

프로이트는 정신역동이론의 창시자라고 할 수 있다. 아들러는 그의 제자였고 융은 그와 오랜 기간 교류를 하였다. 정신역동이론이 대부분 어린 시절의 경험을 중요시하며 인간 내적인 요인에 따른 행동을 본다는 점에서 프로이트의 전통을 따른다고 할 수 있다. 그러므로 프로이트의 정신분석이론을 이해하는 것이 다른 이론을 이해하는 시작이 된다. 정신분석이론은 인간행동을 무의식에 자리 잡고 있는 원초아의 본능과 충동에 의해 이루어진다고 본다.

1. 프로이트의 인간관

1) 수동적 인간관

① 프로이트는 인간을 의식의 영역이 아닌 곳에 존재하는 **무의식**에 의해 지배를 받는 존재로 보았다. 무의식은 말 그대로 인간이 의식하지 못하는 영역이다. 인간 행동 대부분이 이 영역의 영향을 받기 때문에 인간을 수동적이라고 볼 수밖에 없다.

② **무의식에 자리 잡고 있는 본능**이 행동의 주체라고 보는데 이는 인간이 의식적으로 통제할 수 있는 것이 아니다. 그러므로 본능은 **비합리적이고 통제할 수 없는** 특성을 갖는다.

③ 무의식에 있는 본능은 두 가지 속성을 가진다. **성적 본능과 공격적 본능**이다. 인간행동은 결국 이 두 가지에 의해 영향을 받는다. 즉, 인간의 모든 행동, 사고, 감정은 긴장 상태에서 유발되는 무의식적 **성적 본능**과 **공격적 본능**에 의하여 결정된다.

④ 인간은 무의식 속에 있는 본능이 충동적으로 작동하여 긴장 상황에 들어가게 되는데 이런 긴장을 해소하기 위하여 행동을 하게 된다.

2) 결정론적인 인간관

① 인간의 성격구조는 기본적으로 **5세 이전의 경험**에 의해서 결정된다.

② 그리고 이런 성격구조는 **결정론적인 특성**을 갖는다. 즉 변하지 않는다.

③ 따라서 성인기에 나타나는 행동은 이미 어린 시절에 자리 잡은 성격 구조에 의한 것이기에 성인기에 성격 구조를 바꾸는 것은 불가능하다.

④ 인간을 볼 때 결국 **현재보다 과거를 더 중요**하게 본다. 현재의 행동은 현재가 원인이 된 것이 아니라 과거 특히 5세 이전의 경험에 기인한 것이라고 보기 때문이다. 치료적 관계에서도 결국 과거의 경험을 발견하는 것에 집중하게 된다.

3) 투쟁적인 인간관

① 인간은 자신의 행복을 추구하기 위하여 지속적으로 사회에 대항하는 투쟁적인 존재이다.

② **사회는** 사회 자체로서의 의미를 갖는 것이라기보다는 **개인 활동의 산물이다.** 따라서 환경에 대한 관심은 전혀 갖지 않는다.

③ 사회도 개인 활동의 산물이므로 결국 인간을 볼 때 **심리내적인 것을 중요**하게 여긴다.

---

core **"정신결정론"**

① 인간의 정신활동은 무작위 또는 우연히 일어나지 않는다.
② 각 정신적 사건은 이전의 사건과 연결되어 있다.
③ 인간의 성격은 심리성적 발달단계의 결과물이다.
④ 성격 형성은 아동기에 이루어진다.
⑤ 무의식이 행동을 결정한다.

---

2. 지형학적 모형

프로이트는 성격을 이해하는 틀로써 성격의 지형학적 구조를 제시한다. 인간의 정신구조는 의식, 전의식, 무의식이라는 3개의 영역으로 나누어진다. 프로이트가 가장 중요하게 생각하는 영역은 무의식이다.

1) 의식

① 의식은 현재 느끼거나 알 수 있는 경험과 감각을 이른다.

② 이런 의식은 인간의 관심에 있을 때는 현저하게 의식되는 특성을 갖는다. 하지만 관심에서 벗어나면 의식의 정도가 떨어지고 의식되지 않는 경우가 있다. 즉 의식이 관심의 대상에서 벗어나면 전의식의 영역으로 들어가게 된다.

③ 정신생활의 극히 일부만이 의식에 속한다. '빙산이 일각'이라는 말처럼 보이는 것은 극히 일부분이다. 의식은 눈에 보이기에 흔히 전부라고 생각하기 쉽지만 사실은 인간의 정신구조에 있어 의식은 보이지 않는 무의식에 비하면 아무 것도 아닌 것이다.

2) 전의식

① 전의식은 의식과 무의식 사이에 놓이게 된다. **의식과 무의식 사이를 연결**하는 역할을 한다.

② 전의식은 의식 속의 자료들이 저장되는 창고이기도 하다. 의식에서 이루어지는 경험들은 전의식에 저장되게 된다. 전의식에 저장된 자료들은 필요한 경우 의식으로 끌어올릴 수 있는 특징을 갖는다. 조금만 생각하면 의식 영역으로 끌어낼 수 있다.

eg. 저녁에 퇴근할 때 지하주차장에 차를 세우고 들어간다. 아침에 출근할 때 차를 어디에 세웠는지 몰라서 어리둥절할 때가 있다. 그런데 조금만 생각해보면 지난밤에 차를 어디에 세웠는지 알 수 있다.

3) 무의식

① 무의식은 인간의 인지 영역에서 전혀 **의식되지 않는 영역**이다. 현실적으로 경험되거나 의식되지 않기에 무의식이 있다고 생각하면서 살지 않는다.

② 마음을 구성하는 사고, 감정, 본능, 욕구, 동기, 갈등 등의 자료가 저장된 장소이다.

③ 이 영역에 있는 자료들은 **억압이라는 기제를** 통하여 무의식으로 들어가게 된다.

④ 이렇게 억압된 자료들은 자신이 원치 않는 감정이나 행동을 불러일으키도록 자극하는 요인이 된다.

⑤ **인간의 행동은 대부분 의식할 수 없는 무의식에 있는 자료들에 의해 결정**된다.

⑥ 무의식이 있다는 증거로 **말실수, 꿈, 망각 등을** 들 수 있다. 이런 것들이 그냥 나타나는 게 아니라 무의식에 실제로 존재하기 때문에 나타나는 것으로 본다. 특히, 프로이트는 꿈을 무의식에 이르는 왕도로 보았다. 치료방법에 있어서도 꿈과 자유연상법을 활용하게 된다. 전부 무의식에 있는 자료를 끄집어내는 특징이 있다.

3. 구조적 모형(정신지도)

프로이트는 성격을 이루는 3가지 요소를 구조적 모형, 즉 정신지도로 표현하기도 했다. 이는 인간의 행동이 이해하는 기초자료가 된다.

1) 이드(Ide, 원초아)

① 인간의 가장 원초적인 부분이다.
② **무의식에 존재**한다.
③ 타고 나는 것이다.
④ 동물적이고 노골적이다. 시간이 지나도 변하지 않는다.
⑤ **쾌락의 원칙**에 의하여 작동한다.
⑥ **일차적 사고**를 한다.

core

> '일차적 사고'란 신체적 긴장을 완화하는 데 필요한 대상에 대해서 이미지를 만들어 내는 것이다. 일종의 표상 대상을 만드는 것으로 일차적 사고이기 때문에 문제해결이 되지 않는다.
> eg. 배가 고플 때 음식을 먹는 꿈을 꾸거나 상상을 한다. 배고픔에 대한 일시적인 만족은 주지만 근본적인 해결이 되지 못한다.

⑦ **반사작용**을 관할한다. 반사작용은 어떤 감각이 느껴졌을 때 신체가 즉각적으로 반응하여 문제를 해결하는 것이다.
   eg. 재치기, 눈물, 하품 등

2) 자아(Ego)

① 이드(Id)로 하여금 충동을 지연시키고 현실에 맞는 행동을 하게 한다.
② **성격의 집행자 역할**을 한다.
③ **현실원칙**에 지배를 받는다. 즉, 적절한 시기까지 긴장을 방출시키지 않도록 지연시키고 사회에서 수용 가능한 형태로 만족을 얻는 능력이다.
④ **이차적 사고**를 한다. 현실적인 계획을 세울 때까지 만족을 지연시키는 사고과정이다.
   eg. 배가 고프다고 음식 이미지를 떠올리는 것은 현실적인 문제해결이 되지 못한다. 현실적으로 음식을 먹을 수 있는 식당을 찾아가고 그동안 기다릴 줄 안다.
⑤ 현실원칙과 이차적 사고는 Id의 쾌락원칙과 충돌을 일으킨다. 이 사이에는 갈등과 불안이 발생한다. 이런 불안을 다루는 과정에서 '방어기제'가 발달하게 된다.

3) 초자아(Superego)

① 인간 성격에서 가장 늦게 발달하는 부분이다.

② **부모의 사회적 가치와 이상을 동일시함으로** 발달하게 된다.

③ 프로이트는 오이디푸스 갈등을 해결하는 과정에서 초자아(Superego)가 발달한다고 보았다.

④ **도덕적 판단**을 관장하고, 이런 판단은 부모의 상과 벌에 의해 형성된다.

⑤ 자아이상과 양심이라는 두 측면이 있다.

'**자아이상**'은 부모로부터 받은 상(償, image)으로부터 발달하게 된다. 도덕적으로 좋은 것에 대한 판단을 하게 된다.

'**양심**'은 부모에게 받는 벌(罰)로부터 발달한다. 도덕적으로 나쁜 것에 대한 판단을 받게 되면 이를 통해 죄의식을 경험하게 된다.

⑥ 현실보다 **이상**(理想)을 강조한다. 쾌락보다는 **완성**을 강조한다.

---

cf. "오이디푸스 콤플렉스"와 "엘렉트라 콤플렉스"

오이디푸스 콤플렉스는 남아들의 심리특성이다. 남아들은 자신을 어머니의 성적 상대로 생각하게 된다. 어머니의 사랑을 독차지하려고 한다. 경쟁상대는 아버지가 된다. 그런데 아버지가 그런 자신의 사랑을 빼앗으려고 거세할 것이라는 두려움을 갖게 된다. 이런 과정을 거쳐 근친상간에 대한 생각을 버리게 되며 자신을 아버지와 동일시하게 된다.

엘렉트라 콤플렉스는 여아들에게서 나타나는 심리특성이다. 여아들은 아버지의 사랑을 독차지하려고 하고 이때 어머니를 경쟁상대로 인식하게 된다. 아버지에 대한 사랑은 여아들이 갖고 있지 않은 남근 때문이라고 생각하게 되어 남근선망이 나타난다. 현실적으로 남근을 가질 수 없다는 걸 깨달으면서 남근선망을 버리고 어머니와 동일시하여 자신을 발전시킨다.

프로이트는 남아는 아버지를 동일시하면서, 여아는 어머니를 동일시하면서 이상과 가치를 받아들이게 되고 이로써 초자아(Superego)가 발달하게 된다고 하였다.

엘락트라 콤플렉스는 오이디푸스 콤플렉스보다 두드러진 것이 아니므로 흔히 오이디푸스 콤플렉스라고 하면 양자를 모두 언급하는 것으로 여긴다. 다만, 이런 주장 자체는 남성 중심적이라는 비판이 있다.

---

01 프로이트(S. Freud)의 정신분석이론에 관한 설명으로 옳은 것은?

① 인간이 가진 자유의지의 중요성을 강조하였다.
② 거세불안과 남근선망은 주로 생식기(genital stage)에 나타난다.
③ 성격구조를 원초아, 자아, 초자아로 구분하였다.
④ 초자아는 현실원리에 지배되며 성격의 실행자이다.
⑤ 성격의 구조나 발달단계를 제시하지 않았다.

> 해설 프로이트는 성격 구조를 원초아, 자아, 초자아로 설명하였다. 전신분석이론은 인간결정론을 갖
> 는다. 이는 자유의지를 강조하는 것과 거리가 멀다. 거세불안이나 남근선망은 생식기 이전의
> 특징이다. 초자아는 도덕원리에 의하여 지배된다. 현실원리에 지배되는 건 자아이다. 성격구조
> 나 발달단계를 제시한다. 다만, 전생애적인 발달단계를 제시하는 것은 아니다..　　　정답 ③

02 프로이트의 이론에 대한 설명으로 옳은 것은?

① 인간의 발달은 전생에 걸쳐 이루어진다.
② 오이디푸스 콤플렉스의 결과로 이성의 부모를 동일시한다.
③ 인간의 성격형성은 초기 아동기 이후에 이루어진다.
④ 아동 초기 경험으로 성인기에 정신병리의 발생이 가능하다.
⑤ 리비도는 성적 에너지에 국한한다.

> 해설 아동의 초기 경험에 의해서 정신병리가 나타난다고 보는 게 프로이트의 이론이다. 프로이트는
> 초기 아동기의 경험을 강조한다. 프로이트의 심리성적 발달이론은 생식기 이후를 다루지 않는
> 다. 즉 아동기를 넘어서는 다루지 않는다. 오이디푸스 콤플렉스로 동성의 부모를 동일시한다.
> 이는 이성의 부모를 사랑의 대상으로 여겨 동성의 부모가 그(녀)의 사랑의 대상이 되기 때문
> 에 나타나는 현상이다. 이런 동일시로 인하여 초자아가 발달하게 된다. 인간의 성격 완성은
> 아동 초기에 완성되는 것으로 본다. 리비도는 주로 성적인 것을 이르지만 그 외에도 사랑, 쾌
> 락 등에도 적용되는 개념이다.　　　정답 ④

프로이트의 정신분석이론 II

학습Key포인트

○ 리비도와 심리성적 발달단계의 특성을 제시할 수 있다.
○ 방어기제의 개념과 특성을 설명할 수 있다.
○ 정신분석이론이 사회복지실천에서 긍정적인 역할을 하는 것과 부정적인 역할을 하는 것을 구분하여 제시할 수 있다.

제1절 심리성적 발달단계

프로이트의 정신분석을 이해하는 데 있어 중요한 역할을 하는 것은 심리성적 발달단계, 리비도, 방어기제이다. 심리성적 발달단계는 성적 리비도가 어디에 집중되는가에 따라 발달단계가 결정된다. 프로이트는 주로 어린 시절에 국한된 심리성적 발달단계를 제시한다. 사춘기 이후에 대해서는 이야기하지 않는 특성이 있다.

심리성적단계	연령	발달과업
구강기	0~1세	분리, 개별화, 대상관계의 형성
항문기	1~3세	책임성과 통제의 수용, 권위적 인물과의 협상
남근기	3~6세	가족 내에서 자신의 지위와 일치하는 성적 오리엔테이션의 설정, 사회의 가치지향과 윤리를 다룰 수 있는 능력의 표현
잠복기	6~12세	보다 높은 방어기제로의 이동
생식기	12세 이후	일과 사랑

출처 : Greene & Ephross, 1991 참고로 변형 및 수정보완

1. 구강기(0~1세)

① 원초아(Id)에서 작동하는 리비도(Libido)가 입에 집중되는 시기이므로 구강기라고 한다.

> **cf. "Libido"**
> 리비도(Libido)는 인간 성격의 심연인 무의식에 자리에서 활동하는 에너지이다. 프로이트가 이야기하는 리비도는 성적 본능이나 성적 충동을 의미한다. 반면 융은 창조적인 에너지를 이를 때 리비도라는 말을 사용한다.

② 빨기, 삼키기, 깨물기로 쾌감을 느낀다.

③ 구강기는 구순수동적단계(6개월 이전, 빨기)와 구순공격적단계(6개월 이후, 깨물기)로 세분되며, 두 시기 중 어느 시기에 고착되었는가에 따라 성인기에 다른 성격으로 나타난다.
  - **구강수동적 성격**이 형성되면 매사에 **수동적인** 특성을 나타내고 일 처리 하는 것이 **미숙하며** 행동에서 **안정감이 부족**하다. 대인관계에 있어 능동적이지 못하고 **잘 속는 모습**을 보이게 된다.
  - **구강공격적 성격**이 형성되면 매사에 **논쟁적**이고 **비판적**인 모습을 보인다. 다른 삶의 행동이나 말에 대해서 **비꼬기**를 좋아한다. 이용가치가 있는 동안 다른 사람을 이용하는 특성이 나타나 이용가치가 없을 때까지 **다른 사람을 이용하는 모습**을 보이기도 한다.

④ 6개월 되기 이전에는 **대상 부재의 상태**로 자신의 욕구를 만족시켜 주는 사람이 자신과 분리된 다른 사람이라는 것을 인식하지 못한다.

⑤ 6개월이 지나면서 자신의 욕구를 채워주는 대상(어머니)이 존재하는 것을 알게 된다(**개별화**). 그 대상이 보이면 안정감을 느끼지만 보이지 않으면 불안을 느끼게 된다.

⑥ 이유(離乳)가 시작되면서 욕구불만이 생기는 등 최초로 **양가감정**을 느낀다.

⑦ 구순기에 적절한 만족을 얻은 아이는 성인이 되어 낙천적이고, 조바심이 없으며, 음식을 즐기는 성격의 소유자가 되지만 이와 반대의 경우 자라서 의타심이 많고, 비꼬기를 좋아하며, 언쟁을 즐기는 성격의 소유자가 된다.

2. 항문기(1~3세)

① 리비도가 항문에 집중된다. 괄약근을 조절하면서 최후까지 배설을 참아 마지막 방출의 쾌감을 느끼고자 한다. 또한, 배설물에 흥미를 느껴 그것을 가지고 놀려고 한다.

② 처음으로 외적 규제를 느끼게 된다. **배변훈련**을 통하여 Id의 욕구와 부모의 통제 사이에서 갈등을 겪게 된다.

③ 이 시기에 고착되면 폭발적 성격이나 강박적 성격이 형성된다.

- 부모의 지나치고 강압적인 배변훈련과 유아가 여기에 대해 반항할 경우 **폭발적 성격**이 형성되는데 이 경우 성인이 되어 권위에 대한 불만을 무질서, 고집, 인색, 난폭, 분노, 적개심 등으로 표출하게 된다.

- 반면 부모의 규제에 동조하여 순응하는 경우 **강박적 성격**이 형성되는데 이 경우 성인이 되어서 분노감정을 표현하지 못하고 소극적이며 완고한 행동을 하게 된다. 또한, 자신의 계획을 다른 사람에게 강요하고, 검소하며, 깔끔하고 인색한 특징이 나타나게 된다.

④ **이 시기에 고착된 사람은 '반동형성'의 방어기제를 자주 사용하게 된다.**
즉, 자신이 겪는 불합리에 대해 불편함을 느끼지만 행동은 그 반대로 함으로써 철저하게 복종하는 모습을 보이게 된다.

3. 남근기(3~6세)

① 리비도가 성기에 집중되는 시기이다.
② 자신의 성기에 대한 관심이 커지는 시기로 전에 하지 않던 행위를 한다. 즉, 자신의 성기를 만지작거리는 자위행위를 하거나, 부모에게 출산이나 성에 관하여 묻기도 한다.
③ 남아는 **오이디푸스 콤플렉스**를, 여아는 **엘렉트라 콤플렉스**를 갖는다. 이를 통해서 원래 경쟁자로 여기던 동성 부모를 자신의 롤모델로 삼게 된다.
④ 이 시기에 고착되면 남자는 경솔하고, 과장되며, 야심적이고, 항상 남자다움을 나타내려고 한다. 여자는 난잡하고, 유혹하고, 경박한 기질을 가지며, 강하게 자기주장을 하거나 남성을 능가하고자 하는 노력을 한다.

4. 잠복기(6~12세)

① 이 시기에는 리비도가 특정 부위에 집중되지 않는다. 그래서 성적인 부분에서 특별한 징후가 나타나지 않아 잠복기라고 한다.
② 에너지는 신체발육, 지적인 활동, 친구와의 우정 등에 집중된다. 성적 관심이 저하된다.
③ **원초아(Id)보다 자아(Ego)나 초자아(Superego)가 강해진다.**
④ 이 시기에 고착되면 이성에 대한 정상적인 관심을 발달시키지 못하게 된다. 그리고 **동성 간의 우정에 집착하게 된다.**

5. 생식기(12세 이후)

① 호르몬과 생리적 요인으로 그동안 억압되었던 성적 에너지가 다시 직접적으로 표현된다.

② 프로이트는 사춘기 이후의 발달과업을 **부모로부터 자유로워지는 것 곧 독립**이라고 했다.

③ 프로이트는 생식기적인 성격을 **가장 이상적인 성격**이라 하였다. 생식기적인 성격의 사람은 자연스럽게 말하고 사랑할 수 있는 능력이 형성되어 사회적이고 성적인 면에서 인간관계를 원만하고 책임감 있게 실행해 나갈 수 있다고 보았다.

제2절	방어기제와 치료방법

자아(Ego)가 원초아(Id)나 초자아(Super-Ego)의 요구와 부딪칠 때 불편함을 느끼게 되는데 이런 불편함에서 자신을 보호하고자 나타나는 것이 방어기제이다. 방어기제는 무의식적으로 자신을 보호하려고 나타나는 것이다. 즐겨 사용하는 방어기체를 파악하는 것은 결국 자신의 문제를 알게 하고 해결할 수 있는 방법을 알려주는 역할을 한다.

1. 방어기제

1) 방어기제의 개념

① 방어기제는 자아가 어떤 문제에 직면했을 때 또한 심각한 갈등에 봉착했을 때 자기를 보호하기 위하여 **무의식적으로 작동시키는 심리** 기제이다.

② 방어기제는 원초아(Id)의 충동이나 초자아(Superego)의 압력에 대해서 자신을 보호하기 위하여 자신도 모르게 사용하는 일정한 심리 패턴이다.

③ 방어기제에 대한 이론적 확장은 프로이트의 딸인 안나 프로이트에 의해서 이루어졌다.

2) 방어기제의 특징

① 방어기제 자체가 문제가 되는 것은 아니다. 방어기제가 나타나는 것 자체는 **정상적인 것**이다.

② 방어기제는 자아가 느끼는 불안의 정도에 따라 **여러 가지로 나타난다.**

③ 심리 내에서 자존감은 유지하고 실패나 박탈감, 죄책감은 줄이려는 시도이다.

④ 방어기제는 **불안이나 고통에서 개인을 보호하는 역할**을 하는 **긍정적인 면**이 있다.

⑤ **지나치게 방어기제에 의존할 경우 병리적 증상을 초래**하게 된다.

⑥ 치료과정에서 방어기제를 제거하는 것만이 목표는 아니다. 개인이 주어진 상황에서 보다 적응적인 삶을 위하여 필요한 경우 어떤 방어기제는 더욱 강화되기도 한다.

⑦ 한 번에 **한 가지 이상의 방어기제**를 사용하기도 한다.

⑧ 방어기제에는 **위계서열**이 존재한다.

> 투사, 부정, 퇴행 ≫ 억압, 승화

무의식적으로 나타나는 것이기에 자기 자신에게 어떤 것이 가해지도록 하는 것보다는 회피하거나 떼어내려는 성질의 것이 먼저 작동되는 것이다.

3) 방어기제의 종류

① 억압(repression)

가장 중요하고 **초보적이며, 보편적이고 일차적인** 방어기제이다.

고통스럽거나 위협적인 충동, 감정, 사고 등을 **무의식 속으로** 추방하는 것이다.

eg. 고통스러운 것에 대하여 기억을 상실하거나 귀찮은 과제나 약속에 대해서 '깜빡 잊었다'고 하곤 하는 것은 억압을 보여준다.

core "억제" suppression

'억제'는 억압과 비슷하지만 받아들이고 싶지 않은 것을 **의식적으로** 잊으려고 노력하는 것이다. 의식적으로 무언가를 하는 것이기에 방어기제가 아니다.

② 저항(resistance)

억압된 감정들이 의식화되는 것을 방해하는 것이다.

eg. 억압된 내용들은 끄집어내기 위하여 자유연상을 한다. 이때 자유연상으로 여러 가지들이 발현되다가 연상이 단절되거나 당혹감을 느끼게 되는 경우가 있다. 이것은 무의적으로 심리내적으로 저항이 일어나고 있는 것이다.

③ 퇴행(regression)

좌절이나 위협적인 상황을 맞아 불안을 덜 느꼈던 과거 또는 **편했던 예전의 수준**으로 돌아가는 것이다.

eg. 부모의 사랑을 독차지하던 아이가 동생이 생긴 이후 갑자기 배변을 못 가리는 등 과거의 모습으로 돌아가는 경우가 있다. 이는 자신이 받던 사랑을 동생이 차지하면서 나타나는 방어기제이다. 심리적 갈등에서 자기를 보호하려고 심리내적인 기제로써 퇴행이 일어나고 있는 것이다. 중병에 걸린 경우 갑자기 어린 아이처럼 행동하는 것도 심리내적으로 퇴행이라는 방어기제를 사용함으로써 나타나는 특징이다.

④ 반동형성(reaction formation)

용납할 수 없는 충동이 일어날 때 이를 용납할 수 없기에 수용 가능한 그러면서 **충동의 반대되는 행동이나 표현**으로 불안을 감소시키는 것이다. 강박증 환자에게서 많이 나타난다.

eg. '미운 놈에게 떡 하나 더 준다'는 말과 같이 미워하거나 증오하는 대상에게 오히려 더 예의바르게 행동하거나 충성스럽게 보이는 것은 반동형성을 나타내는 것이다.

⑤ 투사(prejection)

스트레스나 불안의 원인을 다른 사람에게 전가시키는 것이다.

eg. 어떤 사람이 자신을 미워했기 때문에 자신도 미워한다고 생각함으로써 죄의식이나 불안을 감소시키는 것이 전형적인 투사이다. 또한 '잘못되면 조상 탓'이라고 무의식적으로 남에게 원인이나 이유를 돌리는 것도 역시 투사이다.

⑥ 내면화(introjection)

애증과 같은 강한 감정을 직접적으로 표현하는 것을 피하기 위해 **외부의 대상을 자기 내면의 자아체계로 받아들이는 것**이다. 투사와 반대되는 개념이다.

eg. 어머니를 미워하는 감정을 받아들일 수 없기에 자기 자신을 미워하는 것으로 대치하는 것은 내면화의 좋은 예이다.

⑦ 합리화(rationalization)

부적응이나 실패를 **정당화함으로써 자기만족**을 얻으려는 것이다. 달리 표현하면 **그럴 듯한 이유**를 만들어 내는 것이다.

eg. 이솝우화 중 '신포도와 여우'가 합리화의 대표적인 예이다. 포도가 높아서 먹지 못하면서 '그깟 신포도를 누가 먹는담!'이라며 스스로 그럴 듯한 이유를 만들어 내서 위안을 삼는 것이다. 또 다른 예로 친구의 잘못을 고자질하는 진짜 이유는 사실 친구가 싫어서인데 그런 사실을 드러낼 수가 없다. 그래서 잘못을 알리는 게 의무라서 어쩔 수 없었다는 그럴 듯한 이유를 내세우는 것이다.

⑧ 동일시(identification)

용납할 수 없는 충동 자체는 부정하고 그 충동을 갖고 있는 사람이나 그 사람의 일면을 동일시하여 받아들이는 것이다. 특히 자신이 우상으로 여기는 사람의 태도나 행동을 자신의 것으로 받아들이는 것이다.

eg. 존경하는 스승의 사상을 무의식적으로 받아들이는 것도 동일시의 하나이다. 아버지를 싫어하면서도 아버지를 닮아가는 것도 동일시의 한 예인데 이런 경우를 **적대적 동일시**라고 한다.

⑨ 보상(compensation)

심리적인 약점이나 제한점이 있는 사람이 이것을 **보충하기 위해 다른 어떤 것에 몰두하여 약점을 상쇄**시키는 것이다.

eg. 키 작은 나폴레옹이나 성적 무능력이 있던 히틀러 등이 더욱 남성적으로 보이려고 공격성과 리더십을 갖는 경우가 보상에 해당한다, '작은 꼬추가 맵다', '빈수레가 요란하다' 등의 말도 보상을 보여주는 예이다.

⑩ 대치(substitution)

정서적으로 아주 중요하지만 심리적으로 수용할 수 없는 대상을 **심리적으로 수용 가능한 특성을 가진 대상으로** 무의식 중에 대치하는 것이다.

eg. 친구의 남편에게 매력을 느낀 여성이 친구의 남편과 교제하는 것은 받아들일 수 없는 일이다. 이럴 경우 사회적으로 받아들일 수 있는 방법을 선택하는데 이 경우 친구의 남편과 비슷한 남성과 교제하는 것이 대치의 전형적인 모습이다.

⑪ 전치(displacement)

실제 대상에게 가졌던 감정 그대로를 다른 대상에게 표현하는 것이다. 이는 본능적 충동이 덜 위협적인 대상으로 옮겨가는 것이다.

eg. 엄마에게 혼나서 화가 난 아이가 엄마에게 화를 낼 수 없으니까 가방을 발로 차며 화를 푸는 것이 전치이다. 또는 자신의 도덕적 타락에 대한 무의식적 죄책감으로 자주 손을 씻는 모습으로 전치가 나타나기도 한다.

---

cf. "대치"와 "전치"

대치와 전치는 비슷한 방어기제이다. 다만, 대치는 대체물이 되는 대상 자체를 강조하는 반면 전치는 대상에 대한 감정에 초점이 있다.

---

⑫ 격리 또는 분리(isolation)

힘든 기억이나 위협적인 충동에서 일어나는 감정을 지적으로 엄격하게 배제함으로써 불안을 갖지 않도록 하는 것이다. 관련된 것에 대해서 아무런 상관이 없는 것처럼 이야기하거나 대하는 것이다. 마치 자신에게 일어나지 않는 것처럼 이야기한다.

eg. 어렸을 적 심한 성적 학대를 받았음에도 불구하고 정서적 동요 없이 아무렇지도 않게 무표정으로 이야기하는 경우 등이다.

⑬ 부정(denial)

현실에서 일어났던 사건을 **일어나지 않는 것처럼 부인함으로써 정신적 고통을 회피**하는 것이다. 격리가 그 사건과 자신을 떼어놓는 것이라면 부정은 아예 그 일이 일어나지 않는 것처럼 행동하는 것이다.

eg. 할아버지가 죽었는데도 마치 살아있는 것처럼 행동하는 것이나 불치병으로 몇 개월 살지 못하는데 미래에 대한 계획을 세우는 것 등이 부정의 전형적인 예이다.

⑭ 승화(sublimation)

사회적으로 수용될 수 없는 충동을 수용할만한 것으로 대체하는 것이다. **가장 능률적**

　이고 창조적인 방어기제이다.

　　eg. 폭력적인 성향을 가진 사람이 권투 챔피언이 되는 경우 승화를 사용한 것이다. 폭력적이고 권위적인 아버지에 대한 분노를 분노의 형태로 표현하지 않고 공부하는 것으로 만족시키는 것도 승화의 전형적인 예이다. 성적 욕구를 예술로 만족하는 것도 승화의 좋은 예이다.

⑮ 취소 또는 원상복구(undoing)

　무의식에서 갖고 있는 자기의 성적 또는 적대적 욕구로 인하여 상대방이 피해를 볼 것이라고 여겨질 때 무의식적으로 원래 상태로 되돌려 놓는 것이다.

　　eg. 동생을 미워하는 누나가 동생을 때린 그 행동을 취소하기 위해 동생에게 뽀뽀하는 경우나 누군가를 저주하는 생각을 하다가 머리를 흔들어 지우려는 노력을 무의식적으로 하는 경우가 취소의 전형적인 예이다.

⑯ 전환 또는 신체화(conversion)

　심리적 갈등이 신체 감각기관이나 수의근 계통의 증상으로 표출되는 것이다.

　　eg. 운동하기 싫은 학생에게 체육시간에 다리 마비 증세가 나타나는 것이 전환(신체화)의 좋은 예이다. 또한 군대에 입대하기 싫은 사람이 입영영장을 받고서 전에 나타나지 않던 시각장애를 일으키는 경우도 전환(신체화)의 좋은 예이다.

⑰ 해리(dissociation)

　문제의 근원이나 성격의 일부가 당사자의 의식의 지배를 벗어나 마치 독립된 하나의 성격처럼 행동하는 것이다.

　　eg. 이중인격, 잠꼬대, 몽유병 등은 해리의 현상이라고 볼 수 있다.

⑱ 지성화(intellectualization)

　고통스러운 감정과 충동을 누르기 위해 그것들을 직접 경험하는 대신 그것들에 대해 많이 생각하는 것이다.

2. 치료방법

1) 정신분석의 치료목표

① 정신분석은 문제를 일으키는 무의식 속의 정서에 대해서 의식 속에서 **표현하게 하여 클라이언트가 자신의 행동에 대해서 통찰력을 얻게 하는 것**이 목표이다.

② 이런 과정을 통해 의식 속에서 카타르시스를 경험하게 하고 문제를 해결하게 한다.

2) 심리적인 문제의 원인

① 트라우마

② 오이디푸스 갈등

③ 발달단계 고착
④ 병적 방어기제

3) 치료방법
① 자유연상법
자유연상법은 무의식에 있는 것들을 끄집어 내기 위해서 아무런 제약 없이 연상되는 것들을 말하게 하는 것이다. 아무런 제약 없이 생각의 꼬리를 물고 생각을 할 때 무의식 속에 있는 자기의 본질적인 모습이 나타나는 것이다. 이를 통해서 통찰력을 얻는 것이 목적이다.
② 해석
해석은 자신의 행동에 대한 통찰력을 얻게 하는 방법으로 사용된다. 해석에는 전이해석, 저항해석 등이 있다. 자신이 무의식적으로 하는 것에 대한 해석을 통하여 자기에 대한 통찰력을 얻게 되는 것이다.
③ 꿈의 분석
프로이트는 꿈을 무의식으로 가는 왕도로 생각했다. 꿈의 분석을 통하여 자신의 무의식에 대해서 통찰력을 얻는 것이 목표이다.
④ 전이(transference)
전이는 **치료과정에서 내담자가 치료자에게 보이는 반응**이다. 전이해석을 통해서 클라이언트의 문제를 클라이언트가 볼 수 있게 해준다.
eg. 어릴 적 어머니에게 학대를 받은 사람이 여성 분석가와 상담을 할 때 자신의 어머니에 대한 분노나 적대감을 분석가에게 나타내는 것이 전이이다.

core   **"역전이"**

분석가가 자신의 어린 시절 중요한 인물에 대한 감정을 내담자에게 전이시키는 것이다. 즉 **치료자가 자신이 가지고 있는 정서문제를 내담자에게 보이는 것**이다. 원래 프로이트학파는 치료자가 역전이를 하는 것은 전문적이지 못하고 내담자에게 혼란을 주는 것으로 생각했으나 후에는 역전이도 치료의 과정에서 사용하는 하나의 방법으로 인식하게 되었다.

⑤ 저항(resistance)
저항은 **치료적 발전을 저해하는 것으로 내담자가 무의식적으로 욕구를 표출하는 것을 방해**하는 것이다. 이는 참을 수 없는 불안에 대하여 내담자가 자아를 방어하려는 목적으로 무의식적으로 일으키는 역동이다. **전이를 일으키는 과정에서** 내담자의 저항이 발생한다.
치료자는 치료를 위하여 내담자가 보이는 저항을 지적하고 해석하여 내담자로 하여금 통찰력을 얻게 한다. 이를 저항해석이라고 한다.

제3절	사회복지실천에 미친 영향

정신분석은 사회복지실천에 있어서 인간과 인간행동에 대해 이해할 수 있는 과학적 토대를 만들어 주었다는 점에서 긍정적인 역할을 하였다. 반면 인간에 대해 기계적 결정론으로 보았다는 점에서 인간 이해의 단편만 보게 하였다는 한계점도 동시에 갖고 있다. 사회복지실천에서는 이를 활용하여 인간을 이해하는 데 도움을 받을 수 있다.

1. 사회복지실천에 미친 긍정적 영향

① 프로이트의 정신분석이론은 사회복지실천의 **과학적 토대**를 만들려고 했던 1920년대 사회복지직의 **이론적 토대**를 제공함으로써 **전문직 제고**에 도움을 주었다.
② 그동안 인간행동에 대한 이해를 직관적으로 했다면 이제부터 인간행동에 대해서 **인과론적으로** 살피게 되었다. 즉 인간과 인간행동에 대해서 과학적으로 이해하는 데 도움을 주었다.
③ **의료적 모델**에 입각한 인과론을 채택함으로써 '시행착오의 예술'로 불리던 사회복지실천을 '과학인 동시에 예술'이라고 불릴 수 있는 지적 기반을 제공했다.
④ 개인을 **개별화**하는 데 일정한 역할을 했다.

2. 한계점

① 무의식과 어린 시절에 한정하여 인간의 성격발달을 보았다는 점에서 **환경의 중요성을 외면**하고 있다. 정신분석에서 이야기하는 결정론적인 인간 이해는 환경에 대한 개념 자체가 나타나지 않는다.
② 정신분석을 습득하는 데는 **오랜 교육과 훈련이 필요하다.** 특히 임상적 경험이 없다면 이해하기 힘든 이론이다. 따라서 사회복지사가 이를 적극적으로 활용하는 데는 한계가 있을 수밖에 없다.
③ **인간을 병리적으로** 보고 있다.
④ **인간을 기계론적으로** 보고 있다.
※ 정신분석이론은 환경적인 면을 도외시하고 인간을 병리적이고 기계적으로 본다는 면에서 사회복지실천에 있어 불균형을 초래했다는 비판도 있지만, 인간의 심리적인 이해 및 여러 심리이론들의 기반이 되기 때문에 기본적으로 이해하여야 할 이론임에는 틀림없다.

01 다음에서 설명하는 방어기제에 해당하는 것은?

> 어떤 대상이나 사물로 향했던 본능적이고 충동적인 감정을 덜 위험하거나 편안한 대상 혹은 사물로 향하게 하여 긴장을 완화시키는 방어기제이다. 아버지에게 혼이 난 아이가 마당의 개를 발로 차버림으로써 화를 푸는 것이 그 예이다.

① 부정(denial) ② 투사(projection)
③ 반동형성(reaction formation) ④ 해리(dissociation)
⑤ 전치(displacement)

해설 전치에 대한 설명과 예이다. 전치와 대치는 비슷한데 대치가 바뀐 대상에 대해서 갖는 기제인 반면 전치는 감정에 초점을 둔다. 즉 친구 남편에 대한 사랑하는 감정을 도덕적으로 이룰 수 없기에 친구 남편과 비슷한 남성과 교제한다면 대치이다. 다만, 본 문제에서 대치는 선택항목으로 주어지지 않았다.   정답 ⑤

02 방어기제와 그 예시로 옳지 않은 것은?

① 합리화(rationalization): 지원한 회사에 불합격한 후 그냥 한번 지원해본 것이며 합격했어도 다니지 않았을 것이라 생각한다..
② 억압(repression): 시험을 망친 후 성적발표 날짜를 아예 잊어버린다..
③ 투사(projection): 자신이 싫어하는 직장 상사에 대해서 상사가 자기를 싫어하기 때문에 사이가 나쁘다고 여긴다.
④ 반동형성(reaction formation): 관심이 가는 이성에게 오히려 짓궂은 말을 하게 된다.
⑤ 전치(displacement): 낮은 성적을 받은 이유를 교수가 중요치 않은 문제만 출제한 탓이라 여긴다.

해설 투사와 전치는 비슷한데 투사는 대상이 포인트이고 전치는 감정이 포인트라는 점을 이해하자. 투사는 스트레스를 다른 사람에게 원인이 있다고 돌리는 것이다. 출제자가 중요하지 않은 문제만 골라 출제해서 성적이 낮다고 하는 건 굳이 따지자면 합리화를 하는 것일 뿐이다.   정답 ⑤

에릭슨의 심리사회이론

학습Key포인트 🔍

○ 에릭슨의 인간관을 설명할 수 있다.
○ 에릭슨의 이론 중 점성적 원리를 설명할 수 있다.
○ 에릭슨의 자아에 대한 관념을 구분하여 정리할 수 있다.
○ 에릭슨의 심리사회발달단계를 위기, 특징, 주요대상을 연결하여 설명할 수 있다.

제1절 | 에릭슨의 심리사회이론

프로이트에서 시작된 정신분석이론은 그의 제자들에 이르러서 신(Neo)정신분석이론으로 발전한다. 이들은 모두 프로이트의 영향을 받아 인간의 어린 시절에 대해 관심을 갖거나 인간행동을 인간 내적인 역동에 의한 것이라고 본 것은 동일하지만 프로이트가 강조한 유아성욕의 중요성과 초기경험의 불가역성보다는 개인 간의 역동과 사회적 요인의 영향을 강조하였다. 특히, 에릭슨은 프로이트가 이드(Id)와 리비도(Libido)에 관심을 가진 것과는 달리 자아의 기능을 강조함으로써 정신분석학에 사회적 관점을 도입하였다.

1. 에릭슨의 인간관

1) 전생애에 관심

① 프로이트는 영유아기 중심으로 인간을 보았고 청소년기 이후에는 별다른 관심을 가지지 않았다. 이에 반하여 에릭슨은 유아기, 초기아동기, 학령전기, 학령기, 청소년, 초기성인기, 장년기, 노년기 등 전생애에 걸쳐 관심을 가졌다.

② 즉, 에릭슨은 **인간의 전생애적 발달**에 처음으로 관심을 갖고 접근한 인물이다.

2) 가변적인 존재

① 에릭슨은 인간을 **가변적인 존재**로 보았다는 점에서 프로이트의 결정론과 달리한다. 전생애에 걸친 발달을 볼 수 있었던 것도 인간을 가변적인 존재로 보았기에 가능한 것이다.

② 즉, 에릭슨은 인간을 유전적 요인에 기반을 두고 **환경적 요구에 적용**하는 존재로 보았다.

3) 창조적이고 합리적인 존재

① 프로이트는 인간을 병리적인 관점에서 보았지만 에릭슨은 인간을 내적 통합성, 좋은 판단력, 성공할 수 있는 능력을 가진 **합리적이고 이성적이고 창조적인 존재**로 보았다.

② 인간을 환경적 어려움에 도전하고 이를 극복하며 생의 의미를 추구할 수 있는 존재로 보았다.

2. 주요개념

1) 자아

① 에릭슨은 자아를 '**일생동안이 심리사회적 발달과정에서 외부환경에 대처하고 적용하면서 형성되는 역동적인 힘**'이라고 하였다(김동배, 권중돈, 2000).

② 자아의 기능은 자율적이며 타고나는 것이다.

③ 자아는 개인과 환경 간의 관계를 중재하고 방어기제를 통하여 불안으로부터 개인을 보호하는 기능을 한다.

④ 자아는 **환경에 대해서 영향력을 행사**하고 나아가 자아가 환경을 지배하고자 한다. 이를 **자아통제**(ego mastery) 역할이라고 하며, 환경과의 관계에서 이 역할이 중요하다고 하였다(조흥식 외, 2010).

⑤ 자아는 신체자아, 자아이상, 자아정체성이라는 세 가지 측면으로 구성된다.
- **신체자아**는 신체에 대한 자기인식이다. 사람들은 자기 몸이 기능에 대해서 만족할 수도 있고 그렇지 않을 수도 있지만 대부분 자신의 몸을 받아들이고 인정한다.
- **자아이상**(ego ideal)은 스스로 확립해 놓은 이상과 비슷하게 자신에 대해서 갖고 있는 이미지이다.
- 자아정체성은 자기 자신에 관한 고유성과 일관성을 인식하고 수용하는 과정으로 보았다. 자아정체감은 발달단계에 따라 변화한다.
- 신체이상과 자아정체감에 대한 만족은 자신의 자아이상에 달려있다.

⑥ 신생아는 성격발달을 이루는 중요한 능력을 갖고 태어나지만 **자아의 많은 부분은 사회로부터 영향을 받는다**.

2) 자아정체감(ego identity)

① 자아정체감은 **시간이 지나면서 여러 모습으로 변했더라도 자기 자신이 이제까지의 자기와 같은 존재라고 지각하는 것**이다(이인정·최혜경, 2007). 언제라도 자신은 자신 그대로라고 생각하고 안정하는 것을 말한다.

② 자아정체감을 찾으려는 노력은 주로 청소년기에 **빠르게** 진행된다. 그런데 자아정체감은 일생동안 지속되는 과정이다.

③ 자아가 자아정체감을 이루는 데 긍정적인 작용을 한다.

3) 점성적 원리

① 인간발달은 성장계획표가 있어서 그것에 의하여 이루어진다.

② 적절한 시기에 각 부분이 발달한다.

③ 먼저 발달한 부분을 바탕으로 다음 단계의 발달이 이루어진다.

④ 인간의 성숙은 사회적 환경과 분리하여 설명할 수 없다.

core	점성의 원리를 주장한 사람

에릭 에릭슨이 인간발달에 있어 점성의 원리를 주장했다는 점은 주요 출제 포인트가 되고 있다. 점성의 원리를 주장한 사람이 에릭슨이라는 점과 더불어 점성의 원리는 이전 단계의 발달을 바탕으로 다음 단계의 발달이 이루어지는 것이라는 기본 개념을 숙지하여야 한다.

4) 치료

① 에릭슨은 정신병리는 심리사회적 발달에서 오는 신체적, 심리사회적 측면에서의 갈등에 적절히 대처하지 못했기 때문에 발생한다고 보았다.

② 따라서 자신의 발달위기에 적절하게 대처하지 못했다는 것을 깨닫는 것을 치료의 1차적 목적이라고 했다. 즉, **통찰력의 증진**이 치료의 1차적 목적이다.

③ 꿈과 전이해석을 사용한다.

④ 내담자가 치료자와 친밀한 관계를 형성하여 중요 증상, 갈등, 일상생활의 중요 측면들의 관련성 등을 스스로 깨달을 수 있게 한다.

⑤ 내담자가 자기 발달사를 거슬러 올라가 통찰력을 얻는 자기분석을 시도했다.

3. 심리사회적 발달단계

단계	연령	심리사회적 위기			특질	사회관계 주대상
		위기	해결	미해결		
infancy (유아기)	0~2세	신뢰감 vs 불신감	욕구만족에 대한 자신감	만족의 불확실성으로 인한 분노	희망/위축	어머니 (주양육자)
early childhood (초기아동기)	2~4세	자율성 vs 수치심 및 의심	자기통제에서 비롯되는 독립심	통제당함으로부터 비롯되는 소원감	의지/ 강박적 행동	가족
play age (학령전기)	4~6세	주도성 vs 죄의식	바람, 욕구, 잠재성을 향산 활동	의식이 추구하는 바를 제한함	목적/억제	또래집단, 가족
school age (학령기)	6~12세	근면성 vs 열등감	도구화된 세상에 적응	부적절한 기술과 상태	능력/무력함	학교친구, 교사
adolescnce (청소년기)	12~20세	자아정체성 vs 정체성 혼란	타인과 비슷하다는 점에 대한 안도감	정체성 확립의 실패	성실/거부	또래집단
young adulthood (초기성인기)	20~24세	친밀감 vs 고립감	타인과 정체성을 융해	친밀한 관계를 맺기 어려움	사랑/배척	이성, 배우자, 파트너
mature adulthood (장년기)	24~65세	생산성 vs 침체	다음 세대를 이끌어 감	성숙과정이 지연됨	배려/거절	다음세대, 사회
old age (노년기)	65세 이후	자아통합 vs 절망	정서의 통합	시간이 없다는 느낌	지혜/경멸	자아

출처 : Allen(2003)과 윤혜미, 김혜래, 신영화(2010)에서 발췌 및 재구성

1) 유아기

① 이 시기의 발달은 양육자인 **어머니**와 관계의 질이 중요하다.

② **어머니가 일관성있고 스스로 확신성 있는 양육 태도**를 보일 때 유아는 **내적 확실성과 외적 예언력**을 갖게 된다. 이로써 **신뢰감**을 성취하게 된다.

③ 어머니의 보살핌이 적절하지 않으면 모호성으로 인하여 아이는 **불신감**을 갖게 된다.

④ 심리사회적 위기인 '심뢰감 vs 불신감'을 잘 극복하면 **희망**이라는 특성을 얻게 되지만 그렇지 않을 경우 **위축**이 나타나 이후의 삶이 낮은 자존감, 우울증 등의 영향을 받게 된다.

2) 초기아동기

① **괄약근**이 발달하는 시기이다.

② **걷기 시작**하면서 자유로워지고 모든 것을 스스로 하겠다고 한다. 이를 바탕으로 **자율성**을 익히게 된다.

③ 이 시기 부모는 유아를 통제하게 된다. 부모가 자율성을 지나치게 통제할 경우 충동을 자제하게 되고 분노가 내면으로 향하게 되어 **수치심**이 생기게 된다.

④ 이 시기의 위기인 '자율성 vs 수치심'을 잘 극복하면 **의지**라는 특질을 갖게 되지만, 위기를 적절히 극복하지 못하면 수치심이 내면화되어 자신의 결정을 믿지 못하고 불안해하는 **강박적 행동**이나 **피해의식**을 갖게 된다.

3) 학령전기

① **신체적, 정신적 능력이 성숙**되어 대범하고, 경쟁적이며, 호기심 많은 행동을 하게 된다.

② 이에 따라 이 시기에는 점차 계획을 세우고, 목표를 설정하며, 그것을 이루고자 한다. 그리고 이런 과정에서 **주도성**이 발달하게 된다.

③ 이 시기에는 신체와 성에 대해서 관심을 갖게 되는데 이에 대해 부모로부터 강한 제재를 받을 경우 **죄책감**을 갖게 된다.

> **cf. "주도성과 죄책감의 이해"**
> 이 시기 남아의 경우 소변 줄기가 멀리 가는 것을 자랑스럽게 생각하는 반면 신체와 성에 대한 관심의 제재를 받으면서 죄책감을 가지게 되기도 한다.

④ 이 시기의 위기인 '주도성 vs 죄책감'을 잘 극복하면 **목적**이라는 특질을 갖게 되지만, 위기를 잘 극복하지 못하면 좌절을 맛봄으로써 자유로운 사고와 표현을 제한하는 **억제**가 나타나게 된다.

4) 학령기

① **인지적, 사회적 기술이 숙달**되면서 자아 성장의 가장 결정적 시기이다.

② **학교생활**에서 지적인 기술을 습득하는 과정에 몰입한다. 이 과정에서 **근면성**이 발달한다.

③ 반면 자신의 학습능력이나 기술이 또래들보다 못하다고 여겨질 때 **열등감**을 갖게 된다.

④ 이 시기의 위기인 '근면성 vs 열등감'을 잘 극복하면 **능력**이라는 특질을 갖게 되지만 그렇지 못하면 생산적인 일을 못하는 **무력감**을 갖게 된다.

5) 청소년기

① 사춘기가 시작되면서 **자아정체감** 형성을 위한 노력을 하게 된다. 그러면서 이 시기는

급격한 신체적 변화로 인하여 정체감의 혼란을 경험하기도 한다. 급격한 성장과 자신 앞에 놓인 무한한 가능성 때문에 오히려 압도당하기도 한다.

② 자아정체감이 확립되지 않아 자신이 속한 집단의 영웅에게 과도하게 동일시할 경우 **역할혼란**을 겪게 된다.

③ 이 시기는 또한 결정해야 할 일은 너무 많은데 결정은 다른 가능성을 줄인다고 생각하는 시기이기도 한다. 이에 따라 결정을 미루는 모습이 나타나기도 한다. 이것을 **심리사회적 유예기**라고 한다. 따라서 청소년은 이런 유예기 기간을 거치면서 다양한 결정과 경험을 해보도록 기회가 주어져야 한다.

④ 이 시기의 위기인 '자아정체성 vs 역할혼란'을 잘 극복하면 **성실**이라는 특질을 얻게 되지만, 위기를 적절히 극복하지 못하면 익숙하지 않은 역할과 가치를 **거부**하게 된다.

6) 초기성인기

① 청소년기에 확립된 자아정체감을 바탕으로 타인과 상호관계를 형성하여 타인에 대한 보살핌과 사랑을 넓혀간다. 이런 과정을 통해서 **친밀감**이 형성된다.

② 이 시기의 친밀감은 성적 사랑을 통해 확고해진다. 하지만 친밀감은 성적인 것뿐만 아니라 우정, 인류애, 사랑을 모두 다 포함한다.

③ 친밀감이 형성되지 못하면 **고립**되어 융통성 없는 삶을 살게 된다.

④ 이 시기의 위기인 '친밀감 vs 고립'을 잘 극복하면 다른 사람과 세상을 **사랑**하는 특질을 얻게 되지만, 위기가 잘 극복되지 않으면 모든 것에 대한 **배척**이 특질로 나타나게 된다.

7) 중년기

① 성인 중기를 넘어서면 자신에 대한 관심뿐만 아니라 다음 세대를 양육하는 것에 관심을 갖는다. 이것을 **생산성**이라고 하는데 이 시기의 가장 중요한 과업이다.

> **cf. "생산성"**
> 자녀를 낳고 기르는 것이 생산성이다. 그런데 비단 자녀를 낳고 기르는 것에만 국한되는 것이 아니라 다음 세대를 위한 헌신, 기여를 모두 포함한다. 이런 생산성은 사회를 존속시키는 원동력이 된다.

② 생산성이 제대로 발현되지 않으면 스스로 결핍되어 **침체**되는 모습을 갖게 된다. 침체는 에너지를 오로지 자기확대와 자기만족만을 위해서 사용하게 되는 것을 이른다.

③ 흔히 이 시기를 **제2의 사춘기**라고도 하는데 이는 자신의 삶을 돌아보면서 어떤 의미가 있는지를 돌아보게 되고 이에 따라 **중년의 위기**를 겪게 된다.

④ 이 시기의 위기인 '생산성 vs 침체'를 잘 극복하면 자아는 타인을 돌보는 능력 곧 **배려**를 얻게 된다. 그러나 위기를 적절히 극복하지 못하면 타인에게 충분한 관심을 표현하지 못하는 **거절**을 경험하게 된다.

8) 노년기

① 노년기는 신체적 기능의 저하가 현격하게 일어나고 사회적 지위나 관계도 점차 줄어드는 변화가 일어나는 시기이다. 따라서 **신체적, 사회적 상실**에 대처해야 한다.

② 이 시기에는 더 이상 과거와 같이 활발하게 활동할 수 없다는 사실을 인지하게 되면서 **자아통합**이라는 과업을 만나게 된다. 자아통합이란 지금까지 자신의 모습을 그대로 받아들여 의미 있는 인생이었다는 생각을 갖는 것이며, 이로 인하여 죽음도 받아들일 수 있는 것을 의미한다.

③ 자아통합이 이루어지지 않으면, 즉 자신의 인생이 의미 있었다는 결론을 내리지 못하게 되면 지나온 생에 대해서 슬퍼하며 후회하는 **절망**에 이르게 된다.

④ 이 시기의 위기인 '자아통합 vs 절망'에 대한 발달과업을 잘 이루면 자아는 삶에 대해 적극적인 관심을 갖는 **지혜**라는 특질을 갖게 되지만, 위기를 적절히 극복하지 못하면 나약함이 나타나 자신에 대하여 **경멸**하기에 이르게 된다.

제2절 | 사회복지실천에 미친 영향

에릭슨의 심리사회이론은 프로이트와는 달리 인간에 대해서 상당히 다른 관점을 제공해 주고 있다. 인간을 보다 창조적인 존재로 보았고 또한 인생발달에 대해서 전생애적인 관점에서 보고 있다. 이로써 사회복지실천에 있어서도 중요한 관점들을 제공받을 수 있게 되었다.

1. 사회복지실천에 미친 긍정적인 영향

① 심리사회이론은 '자아'라는 관점을 중요하게 제시했는데 사회복지실천 역시 인간을 다룰 때 자아를 중요하게 보는 공통점이 있다.

② 개인의 자아를 강화하여 자신을 둘러싸고 있는 환경적인 요소들을 변화시킴으로써 문제를 해결할 수 있다는 관점을 주고 있다. 이는 현재 사회복지 전문직에서도 중요하게 받아들이는 관점이다.

③ 사회복지의 실천을 의료모델에서 벗어나 심리사회적 접근을 하게 하였다.

④ 인간의 전생애에 대해서 발달특성을 보게 하였다.

2. 한계점

① 에릭슨이 제시한 발달단계의 특징은 서구 중심, 백인 중심, 남성 중심으로 이루어져 있다.

② 에릭슨의 발달이론은 과거의 행동을 잘 설명하고 있고 인간 이해를 돕는 것은 사실이지만 프로이트의 이론과 마찬가지로 미래를 예측하기 어렵고 검증하기도 어렵다.

01 에릭슨(E. Erikson)의 이론에 관한 설명으로 옳은 것을 모두 고른 것은?

> ㄱ. 각 단계의 발달은 이전 단계의 발달을 토대로 이루어진다.
> ㄴ. 사회문화적 환경이 성격발달에 영향을 미친다.
> ㄷ. 청소년의 주요 발달과업은 자아정체감 형성이다.
> ㄹ. 인간의 발달은 전 생애에 걸쳐 일어난다.

① ㄱ, ㄴ ② ㄱ, ㄷ
③ ㄷ, ㄹ ④ ㄱ, ㄴ, ㄹ
⑤ ㄱ, ㄴ, ㄷ, ㄹ

해설 ㄱ은 점성의 원리를 이야기하고 있다. ㄴ은 에릭슨의 이론이 심리사회이론인 것을 보면 이해할 수 있다. 프로이트와 달리 에릭슨은 인간을 합리적인 존재로 보고 자아가 놓여 있는 사회와의 관계라는 것으로 설명하고 있다. ㄷ에서 이야기하는 바와 같이 청소년기의 위기는 정체성 확립과 역할혼란이다. ㄹ은 에릭슨 이론의 가장 큰 특징을 이야기하고 있다. 모두 에릭슨의 이론을 잘 설명하고 있다. 　　　　　정답 ⑤

02 에릭슨(E. Erikson)의 심리사회적 발달단계 위기와 성취 덕목(virtue)이 옳게 연결된 것은?

① 근면성 대 열등감 - 성실(fidelity)
② 주도성 대 죄의식 - 목적(purpose)
③ 신뢰 대 불신 - 의지(will)
④ 자율성 대 수치심과 의심 - 능력(competence)
⑤ 정체감 대 정체감 혼란 - 희망(hope)

해설 주도성 대 죄의식은 학령전기의 발달과업을 이른다. 이 시기의 발달을 잘 이루면 목적이나 억제하는 특징을 갖게 된다. 근면성 대 열등감은 학령기 발달과업이며 능력/무력함의 특징과 연결된다. 신뢰 대 불신은 유아기 발달과업이며 희망/위축과 연결된다. 자율성 대 수치심은 초기 아동기로 의지/강박적 행동으로 연결된다. 정체감 대 정체감 혼란은 청소년기이며 성실/거부와 연결된다.. 　　　　　정답 ②

Chapter 05

아들러의 개인심리이론과 융의 분석심리이론

○ 아들러의 인간관을 설명할 수 있다.
○ 아들러의 개인심리이론의 주요개념을 이해하고 그중 창조적 자기, 생활양식, 열등감과 보상에 대해서 설명할 수 있다.
○ 융의 인간관을 설명할 수 있다.
○ 융의 분석심리이론을 이해하고 그중 개성화, 집단무의식, 그림자를 설명할 수 있다.

제1절 아들러의 개인심리이론

아들러는 신(Neo)프로이트학파 중 한 사람이다. 아들러 역시 프로이트와 같이 인간 내부의 역동이 그 사람의 행동과 관계가 있다고 생각했다. 그러나 프로이트가 인간의 성격이 생물학적인 기원을 갖는 무의식적 본능에 의해 결정되는 것이라고 본 것과 달리 아들러는 사회적 요인과 가족적 요인이 개인 성격 형성에 많은 영향을 미친다고 보았다. 아들러의 이론은 인간행동을 보는 데 있어 사회적인 면과 가족과 관련된 면을 보는 독특함을 나타내고 있다.

1. 아들러의 인간관

① 아들러는 총체적인 개인에 관심을 가졌다. 그래서 그의 이론을 개인심리학이라고 한다.

core **"개인"(individual)**

프로이트는 인간의 성격을 이야기할 때 인간 정신구조를 원초아(Id), 자아(Ego), 초자아(Superego)로 구분했다. 이는 인간을 분절하여 보는 특성을 갖는다. 아들러는 인간을 너무 환원적으로 분절하여 보는 것보다는 '개인'을 하나로 보아야 한다고 생각했다. 개인을 뜻하는 'individual'은 어원상으로 '나눌 수 없는'이라는 의미를 갖는 'indivisible'에서 온 것이다. 즉 아들러는 개인을 하나의 통합된 유기체로 본 것이다.

② 아들러의 인간관은 결국 인간을 **통합된 유기체**로 파악한다는 특징을 갖는다. 기존의 이론들 특히 프로이트의 이론은 인간에 대해서 정신기능마저도 지형학적인 구조를 갖는, 즉 철저하게 분리된 것으로 보는데 아들러는 **인간정신, 신체, 정신기능을 나눠서 볼 수 없다**는 견해를 가졌다.

③ 인간은 **역동적으로 완성을 추구**하며 나간다. 즉 개인의 인생 목표를 향하여 전진해 나간다.

④ 개인은 창조적 힘을 갖고 자기 삶을 결정할 수 있다.

⑤ 모든 개인은 서로 협력하고 상호작용하는 관계를 맺을 수 있는 능력을 선천적으로 갖고 태어난다.

⑥ 개인은 자신을 어떻게 주관적으로 인식하느냐에 따라 행동을 결정하게 된다.

⑦ 아들러 역시 프로이트와 같이 과거 사건이 중요하다고 했지만 프로이트는 과거 사건 자체에 관심을 가진 반면 **아들러는 그 사건에 대한 개인의 지각과 해석을 중요하게 생각했다.**

⑧ 출생순위에 대해서 관심을 가졌다.

2. 주요개념

1) 가상의 목표

① 인간을 실현 불가능한 가상의 생각에 의해서 지배된다고 보는 것이다.

② 즉 진실이 아닌 것을 진실이라고 믿는 것에 의해서 동기유발이 된다는 것이다.

③ eg. '모든 사람은 동등하게 태어났다.' '정직이 최상의 정책이다.' '하늘이 무너져도 솟아날 구멍이 있다.' 등의 생각을 믿는 것이 가상의 목표이다.

④ 이런 가상의 목표는 사람들로 하여금 효과적으로 움직이게 한다.

2) 열등감과 보상

① 아들러는 인간은 **열등감과 보상**을 갖고 있으며 이것이 **인간을 발전시키는 원동력**이라고 하였다.

② 열등감이 생기면 그것을 보상하기 위하여 노력을 하고, 그래서 목표했던 수준에 이르면 또 다른 열등감이 생긴다. 이 열등감을 보상하기 위하여 다시 노력을 한다.

eg. 외모가 떨어지는 학생이 외모의 열등감을 보상하기 위하여 열심히 공부를 한다.

③ **병적 열등감**에 빠질 수 있다. 병적 열등감이란 적절한 열등감과 달리 지나치게 자신을 부정적으로 보게 만드는 것이다. 그래서 아무것도 할 수 없다는 생각을 갖게 한다.

eg. 외모에 대한 열등감으로 열심히 공부해서 성적향상으로 보상을 받았다. 그런데 단순히 성적향상이 목표가 아니라 1등이 목표라면 이것을 이루기 위하여 노력을 하지만 노력한다고 이루어지는 게 아니다. 이런 열등감에 과도하게 집착하면 병적 열등감이 되는 것이다.

3) 사회적 관심

① 프로이트는 인간이 성적 충동에 따라 동기화된다고 보았지만, 아들러는 인간이 사회적 충동에 따라 동기화된다고 하였다.

② 개인이 이상적인 공동사회의 목표를 달성하기 위하여 갖는 노력 곧 사회에 공헌하려고 하는 노력을 사회적 관심이라고 한다.

③ 인간은 사회적 동물이므로 기본적으로 사회적 관심은 선천적으로 가지고 있는 것이다.

④ 이런 선천적 사회적 관심은 교육과 훈련으로 더 많이 실현될 수 있다.

4) 우월에 대한 추구

① 우월에 대한 추구는 열등감을 보상하려는 욕구에서 나온다.

② 아들러는 우월에 대한 추구가 인간에게 공통적이고 기본적인 동기라고 보았다.

③ 인간은 열등감을 극복하고 자신이 우선적으로 여기는 목표를 달성하기 위해 노력한다. 이런 과정에서의 우월성은 자아실현으로 간주될 수 있다.

5) 생활양식

① 생활양식이란 개인이 장애를 극복하고 문제를 해결하는 데 있어 어떤 방법으로 나가는지에 관한 것이다.

② 생활양식은 그 사람이 가지고 있는 일종의 성격과 같다. 가상목표나 우월에 대한 추구 또는 열등감을 보상하기 위하여 무엇인가를 하고자 할 때 나타나는 그 사람만의 고유한 모습이다.

③ 즉 자기 또는 자아, 성격, 성격의 통일성, 개성, 문제에 대한 대처방법, 삶에 공헌하려는 소망 등을 표현하는 것이 생활양식이라고 할 수 있다.

④ 아들러는 사람들이 사회적 결핍문제 때문에 잘못된 생활양식을 가진다고 보았다.

⑤ 또한, 잘못된 생활양식에서 정신병리가 발생한다고 보았다.

⑥ 모든 생활양식은 기본적으로 4~5세 경에 형성된다. 이 지점이 프로이트와 마찬가지로 어린 시절을 중요하게 여기는 맥락이다.

⑦ 생활양식의 종류

생활양식	특징
지배형	• 독단적, 공격적, 활동적 • 사회적인 인식이나 관심은 전혀 없음 • 비사회적인 측면에서 활동적 • 타인의 안녕 등에는 아무 관심 없음
획득형	• 기생적인 방법으로 외부와 관계 맺음 • 다른 사람에게 의존하여 대부분 욕구를 충족함
회피형	• 어떤 방법으로든 참여하려는 사회적 관심이 적음 • 어떤 형식으로든 인생에 참여하려는 활동을 거의 하지 않음
사회적으로 유용한 형	• 심리적으로 건강한 사람의 표본 • 사회적 관심이 높음 • 인생과업을 성취하기 위한 활동수준이 높음

6) 창조적 자기

① 인간은 환경에 의해서 영향을 받기도 하지만 스스로 환경에 영향을 미쳐 환경이 자신에게 적절하게 반응하도록 하는 창조적 존재라는 의미이다.

② 인간은 스스로 자기성격을 만든다.

③ 인간에게는 유전과 경험을 사용하여 창조적 자기를 만들어 내는 능력이 있다.

④ 프로이트는 인간을 '병리적'으로 보았는데 아들러는 창조적 자기를 주장함으로써 '인간의 존엄성'을 다시 부활시켰다는 점에서 프로이트와 대비된다.

7) 가족형상과 성격발달

① 아들러는 가족성원 간의 관계와 분위기가 유아기 성격발달에 중요한 역할을 한다고 보았다.

② 가족 간의 정서적 유대, 가족의 크기, 가족의 성적 구성, 출생순위, 가족 역할모델 등 가족형상은 성격발달에 영향을 미친다.

③ 발단단계를 이야기하지는 않았다.

3. 사회복지실천에 미치는 영향

1) 사회복지실천에 미친 긍정적 영향

① 가족형상이 성격발단에 영향을 준다는 주장은 가족치료의 기반이론이 되었다.

② 출생순위에 대해 관심을 갖게 하였다. 사회복지실천에 있어 출생순위에 따라 나타나는

특성에 대한 차이는 사정하는 데 도움이 되는 정보를 제공한다.

③ 열등감이 집단에서 효과적으로 도발되고 극복될 수 있다고 하는데 이것은 집단사회사업에도 영향을 미쳤다.

④ 교육과 훈련의 중요성을 강조한 것도 사회복지실천에 긍정적인 영향을 미쳤다.

2) 한계점

① 여전히 초기아동기에 고착된 관점을 가지고 있다. 프로이트와 마찬가지로 4~5세에 관심을 가졌다.

② 과학적인 입증에 한계가 있다. 다소 철학적이다. 정신분석이론은 모두 과학적 입증이 어려운 특징을 가지고 있다.

> **Cf. "자기심리학"**
>
> 에릭슨과 아들러는 인간(성격)에 대해서 생물학적 요인보다는 사회적 요인이 더 중요하다고 생각하였다. 그리고 이들은 인간을 창조적이고 사회와의 관계에서 능동적으로 움직일 수 있는 존재로 보았다. 그래서 이들을 다른 학자들과 구분하여 자아심리학자(Ego Psychologist)라고도 한다.

제2절　융의 분석심리이론

가난한 목사의 아들로 태어난 융은 까다로운 아버지와 심한 우울증을 겪고 있는 어머니 사이에서 자랐다. 이런 상황은 융으로 하여금 개인 정신 내부에서 이루어지는 성격발달에 대한 관심을 갖게 하였다. 그는 꿈, 종교, 신화, 철학을 통한 정신세계의 이해를 강조하였다. 또한, 그는 정신을 이해하는데 개인적인 면과 사회적인 면의 상호작용에 관심을 가져 내향성과 외향성이라는 관점으로 성격을 설명하였다. 이것은 후에 MBTI로 발전하여 사회복지실천에도 크게 영향을 미치고 있다.

1. 융의 인간관

① 융도 인간의 성격은 부분들의 단순한 집합이 아니라 하나의 전체성을 이루고 있음을 주장하여 프로이트에서 시작했지만 프로이트와 다른 점을 갖고 있는 것을 보여준다.

② 인간은 **전체적 존재로서 역사적**이며 동시에 **미래지향적 존재**이다.

③ 인간은 조상들로부터 타고난 정신적 소양이 있지만 이런 정신적 소양의 발현은 개성화 과정을 거치면서 다르게 나타날 수 있다.

④ 즉, 인간의 정신구조는 **삶의 과정을 통해 후천적으로 변할 수 있다**는 것이다. 이런 관점은 결국 인간을 **가변적인 인간**으로 보는 것이며, 이 지점 또한 **프로이트가 인간을 기계적이고 불변적인 존재**로 본 것과 대조되는 지점이다.

2. 주요개념

1) 정신

① 융에게 있어서 '정신'은 개인 성격 전체를 이른다.

② 정신은 영, 혼, 마음이라는 의미를 모두 포괄하는 것으로 의식 및 무의식적인 모든 사고, 감정, 행동을 포함한다.

③ 융도 프로이트와 마찬가지로 정신을 지형학적으로 제시하였다. 그는 정신을 **의식, 개인무의식, 집단무의식**이라는 세 가지 수준으로 구분하였다.

④ 이것들의 내부구조물로 **자아, 그림자, 아니마, 아니무스, 자기**를 제시했다.

2) 리비도

① 프로이트가 리비도를 성적 충동이나 본능으로 보았다면 융은 리비도를 창조적 생명력으로 보았다.

② 생물학적, 성적, 사회적, 문화적, 창조적인 모든 형태의 활동에너지를 제공하는 전반적인 생명력을 의미한다.

> 리비도를 보는 관점
> 　프로이드 : 성적에너지
> 　융　　　 : 모든 형태의 활동에너지 (생명력)

3) 개성화

① **고유한 자신이 되는 것**으로 개인의 의식이 다른 사람으로부터 분리되는 것을 말한다.

② **의식의 시작이 개성화의 시작**이고 의식이 증가하면 개성화도 증가한다.

4) 자아(Ego)

① 의식의 하위체계이며, **의식의 진정한 주인**으로 의식을 지배한다.

② 의식적인 지각, 사고, 감정 등으로 이루어져 있다.

③ 자아는 의식의 과정에서 생기는 것이다.

④ 인간은 수많은 심리적 현상들과 직면하게 되지만 대부분 이것들이 의식에 도달하기 전 자아에 의해서 배제된다.

⑤ 경험 강도가 강하면 의식화되기 쉬우나 경험 강도가 작은 것은 의식화되기 어렵다.

⑥ 자아가 의식화를 허용하거나 허용하지 않는 것은 자아를 우세하게 지배하는 기능이 무엇인가에 달려있다.

5) 개인 무의식과 집단 무의식

① 융은 무의식이 개인 무의식과 집단 무의식이라는 2개의 층으로 되어 있다고 본다.

② **개인 무의식**

상실된 기억이나 억압되고 불쾌한 여러 표상 등 **의식 위에 이르지 못한 것**을 말한다. 개인 무의식의 자료들은 **자아와 지속적으로 상호작용**을 한다. 이런 개인 무의식은 꿈 등으로 지각된다.

융이 말하는 개인무의식은 프로이트가 이야기하는 전의식과 비슷하다.

③ **집단 무의식**

모든 인류에게 유전되어 오는 잠재된 기억의 저장소이다. 이것은 <u>융이 고유하게 주장하는 것으로 인류가 갖는 보편성에 대한 설명을 가능하게 한다.</u>

eg. 멀리 떨어져 있는 지역에서 상징적인 신화들이 서로 비슷한 면을 보이는 것은 결국 집단무의식을 반영하는 것으로 볼 수 있다.

6) 콤플렉스

① 개인 무의식의 대표적인 하위체계이다.

② 의식의 통제에서 벗어나 격리되어 마음의 어두운 심층에 자리 잡고 있는 심리기제이다.

③ 개인 무의식 속에서 하나의 공통된 주제에 대해 관련되어 있는 여러 가지 감정, 사고, 지각, 기억 등이 강하게 조직되어 있는 것이다.

④ 콤플렉스는 무의식에 속해 있지만 종종 의식의 영역을 침입하기도 하므로 의식의 표면에서 발견되기도 한다.

7) 원형

① **집단 무의식이 조직적으로 구성되어 있는 형태**이다.

② 원형은 모든 인간에게 존재하는 인간정신의 근원적인 핵으로 인류역사를 통해 물려받은 인간의 선험적 조건이면서 반복적 경험이 축적된 정신적 소인이다.

③ 원형은 직접적으로 의식화되지 않지만 인류역사의 산물인 신화, 민속, 예술 등이 지니고 있는 영원한 주제의 현시를 통해 간접적으로 관찰된다.

8) 페르소나

① **자아의 가면**으로 개인이 외부에 보이는 이미지이다.

② 사회가 그에게 부과하는 **역할**이며 사회가 인간에게 감당하기를 기대하는 **배역**이다.

③ 개인 자체가 아니라 타인에게 보이는 개인이다. 즉 겉으로 드러나는 개인의 모습이다.

④ eg. 선생님 앞에서는 모범생인 학생이 친구들 사이에서는 엄청난 얄개인 경우가 있다. 이 경우 모범생 이미지는 그 사람의 본연의 모습이라기보다는 자신에게 요구되는 이미지 곧 페르소나를 보이고 있다.

9) 아니마(Anima)와 아니무스(Animus)

① 인간은 사회적으로 요구하는 모습에 따라 남성성과 여성성을 보인다. 그렇기 때문에 하나의 성적 특성을 갖고 있는 것처럼 보인다. 그러나 개인 무의식 속에는 겉으로 드러나는 것과 다른 성적인 모습도 가지고 있다.

② **남성의 여성성**이 **아니마**(anima)이고, **여성의 남성성**이 **아니무스**(animus)이다.

③ 아니마와 아니무스가 개인 무의식 속에 있어서 이성에 대해 적절히 대응하고 이해할 수 있는 것이다. 또한, 중년기 이후에는 이것이 더욱 발달하게 되어 남성은 여성적인 모습을 나타내고 여성은 남성적인 모습을 나타내게 되는 것이다.

10) 음영

① **개인 무의식** 속에 있다.

② **의식에서 도외시되는 동물적 본성**으로 자신이 용납하기 어려운 특질들과 감정들로 구성되어 있다.

③ 가끔 꿈속에서 나타나기도 한다.

④ 사회생활을 무리 없이 하기 위해서 이런 동물적 본성은 자제되어야 하기 때문에 인간은 페르소나를 발달시키는 것이다.

⑤ 의식에서 불쾌한 생각, 감정, 행동을 일으키는 원인이 된다.

11) 자기(Self)

① **자기는 성격의 중심**이다. 성격의 통일성과 안정성을 제공한다.

② 자아가 의식의 중심 역할을 한다면 자기는 의식과 무의식을 통틀어 모든 정신현상의 중심이다. 그러므로 자기라는 개념이 보다 더 본질적인 개념이라고 할 수 있다.

③ 자아가 '일상적 나', '경험적 나'라면 자기는 '**본래적인 나**', '**선험적인 나**'이다.

④ **자기의 원형은 중년이 될 때까지 거의 드러나지 않는다.** 자기가 드러나기 위해서는 개성화를 통하여 충분히 발달해야 하기 때문이다.

| core | 융의 이론에서 '자아'(ego)와 '자기'(self)의 구분 |

보통 '자아'라는 말과 '자기'라는 말은 특별한 구분 없이 통용되는 경우가 많다. 그런데 융의 분석심리이론에서는 자아와 자기를 구분해야 한다.
자아 = 의식의 주체
자기 = 의식과 무의식을 통틀어 정신의 주체

12) 성격유형

① 성격의 방향성으로 **내향성**(Introversion)과 **외향성**(Extraversion)으로 구분하였다.
  내향성: 망설이며 곰곰 생각한다.
  외향성: 직접적으로 행동으로 참여한다.
② 성격의 심리적 기능으로 **사고, 감정, 감각, 직관** 등 4가지를 제시하고 있다.
  사고 - 관념적이고 지적인 기능. 객관적 진실과 원리원칙에 의한 판단. 논리적, 분석적, 규범적, 분석적.
  감정 - 사물의 가치를 평가하는 것으로 유쾌, 고통, 분노, 비애, 즐거움 등. 대인관계나 보편적 선 등에 관심. 상황적, 우호적.
  감각 - 외계의 구체적인 사실이나 표상. 구체적, 사실적 경험에 초점. 매우 일관되게 현실 수용 추구.
  직관 - 무의식적 과정과 잠재적 내용들에 의한 지각. 미래의 가능성, 육감에 초점. 변화와 다양성.

13) 발달단계

① 성격발달을 **개성화의 과정**을 통한 자기실현 과정으로 보았다.
② 성격발달은 **개성화의 과정을 통하여 전 생애에 걸쳐 이루어진다**고 보았다.

구분		특징
아동기	인생 전반기	• 성격형성의 중요한 시기는 아님 • 본능에 의해 지배되며, 행동의 규율과 통제가 없고 무질서하며 혼란스러운 상태 • 자아가 아직 형성되지 않으므로 심리적인 문제 없음
청소년기 및 성인초기		• 정신적 탄생기: 일정한 성격 형태의 발달 • 외적, 신체적으로 팽창하는 시기: **성숙함에 따라 자아가 발달** • 외향적인 가치와 관계되는 문제와 갈등이 많으며 **외부세계에 적응하는 시기**
중년기	인생 후반기	• 정신적 변화의 시기: 외향적 목표와 야망의 의미가 퇴색되기 시작 • 외부세계의 적응과 정복에 쏟았던 **에너지가 자기 내부로 지향**됨

	• **자기 내부의 잠재력에 깊은 관심의 시기**: 정신적 가치의 실현시기 • 남자들은 여성성의 측면이, 여자들은 남성성의 측면이 나타낸다. → 중년 부부의 갈등
노년기	• 자신에게 진지한 관심의 시기 • 죽음을 향상 정리의 시기: 죽음 앞에서 생의 본질을 정리하려는 시기

출처 : 오창순 외(2017)를 보완

3. 사회복지실천에 미치는 영향

1) 사회복지실천에 미친 긍정적인 영향

① 사회복지실천에서 융의 이론에 대해 직접적인 관심을 가진 적은 없다.

② 그러나 인간발달에 대한 이해의 폭을 넓혀주고 있다.

③ 특히, **중년에 관한 연구**는 생애발달 측면에서 중요한 역할을 하였다.

④ 성격판단에 도움을 준다. 융은 성격의 방향성을 외향성과 내향성 등 두 가지로 제시하였고 성격의 심리적 기능을 사고, 감정, 감각, 직관 등 4가지로 제시하였다. 이를 조합하면 8가지 성격유형으로 구분된다. 이를 발전시켜 외부세계에 대처하는 생활양식 곧 판단과정과 인식과정을 추가하여 성격유형을 구분한 것이 MBTI이다. MBTI는 진로지도, 성격파악 등에 많이 활용되고 있다.

2) 한계점

① 융의 이론은 집단무의식을 제시함으로써 인간 이해에 있어 역사적이면서 유전적인 요소에 대해 설명하는 장점이 있으나 이를 비롯한 여러 개념들이 사실상 명확한 것은 아니다.

② 또한 다른 정신역동이론들과 마찬가지로 검증하는 데 한계가 있다.

01 아들러(A. Adler)의 이론에 관한 설명으로 옳은 것은?

① 성격은 점성원리에 따라 발달한다.
② 개인의 창조성을 부정한다.
③ 무의식적 결정론을 고수하고 있다.
④ 유전적·환경적 요인의 중요성을 배제한다.
⑤ 인간을 목표지향적 존재로 본다.

> **해설** 아들러는 개인을 분절하여 보면 안 된다는 이론을 전개하였고, 인간을 목표지향적인 존재로 보았다는 점에서 프로이트의 정신분석론과 차이가 있다. 또한, 개인의 창조성을 강조하였다. 출생순서를 중요하게 보기도 하였다. 점성원리를 주장한 학자는 에릭슨이다. 무의식적 결정론은 프로이트 학파의 이론이다.
> 정답 ⑤

02 융(C. Jung)의 이론에 관한 설명으로 옳은 것은?

① 정신분석(psychoanalysis)이론이라 불린다.
② 사회적 관심과 활동수준을 기준으로 심리적 유형을 8가지로 구분하였다
③ 발달단계에 관하여 언급하지 않았다는 특징을 지니고 있다.
④ 개성화(individuation)를 통한 자기실현과정을 중요시하였다.
⑤ 성격형성에 있어서 창조적 자기(creative self)의 역할을 강조하였다.

> **해설** 융의 중요한 이론 중 하나는 개성화를 이루는 것이다. 개성화는 전생애를 거쳐 이루어지는 것으로 이를 통하여 자기실현을 이루는 것이다. 사회적 관심과 활동수준에 따라 전생애를 8단계로 구분한 이는 에릭슨이다. 성격 형성에 있어 창조적 자기를 강조한 학자는 아들러이며, 그는 발달단계에 관하여는 언급하지 않았다.
> 정답 ④

피아제의 인지이론

제1절   피아제 이론의 주요개념

인지이론이란 인간행동을 이해하는데 있어서 자신이 가지고 있는 생각(인지)에 따라 행동이 나타난다고 보는 이론이다. 인지를 나타내는 라틴어 Cognito는 '나는 생각한다'라는 의미이다. 정신역동이론이 자기 내부의 무엇인가에 관심을 갖는다면 행동주의는 자극에 관심을 갖는다. 이에 비해 인지이론은 세상에 대하여 의미를 부여하는 방식과 그것이 행동에 미치는 영향에 관심을 갖는다. 인지이론의 대표주자인 피아제는 인지발달에 관심을 가졌으며, 아동이 무엇을 아는가보다는 어떻게 사고하는지에 대해서 관심을 가졌다.

1) 피아제 인지이론의 기본가정

① 피아제는 아동을 백지상태에서 환경을 수동적으로 받아들이는 존재가 아니라 능동적으로 자신의 인지를 구성해 나가는 학습의 주체적인 존재로 보았다.

② 인간은 무의식에 의해 지배받는 충동적인 존재가 아니다. 그보다는 **의식**에 **초점**을 두고 사고하는 **합리적인 존재**이다.

③ 일생을 통해서 인지적 성장과 변화가 일어난다.

④ **인지변화는 행동변화에 영향을 미친다.**

2) 인지

① 일반적으로 사고할 수 있는 능력을 인지라고 한다.

② 그러나 범위를 넓히면 인지는 사고뿐만 아니라 지각, 기억, 지능, 언어 등을 포함하는 정신과정으로 볼 수 있다.

③ 인지발달과정은 정신과정들이 복합적으로 작용하여 이루어지는 것이라고 볼 수 있다.

3) 도식

① 도식은 인지과정에서 **사건이나 자극을 이해하는 틀**이다.

② 도식은 생래적으로 가지고 태어나며, **환경과의 접촉을 통해 반복되는 행동과 경험을 통하여 형성**된다.

> eg. 유아는 빨기 반사와 같은 기본적인 도식을 갖고 태어난다. 그런데 빨기, 잡기 동작을 계속 반복함으로써 기본적으로 빨기도식과 파악도식을 형성하게 되고, 이런 도식의 통합과 분화에 따라 보다 더 복잡하고 고차원적인 도식을 추가하게 된다.

4) 순응과정

① 인지과정은 도식을 어떻게 활용하느냐에 따라 동화, 조절, 적응이라는 순응과정으로 설명될 수 있다.

② 동화

이미 형성되어 있는 도식에 맞춰 새로운 자극을 이해하는 것이다.

새로운 경험을 기존 도식에 통합시키는 과정이다.

> eg. 빨간 것은 사과라는 도식을 가진 아이는 빨간 토마토를 보아도 사과라고 한다. 이는 '빨간 것은 사과이다'라는 기존 도식을 가지고 판단한 것이다.

③ 조절

동화가 적합하지 않을 경우 이를 해결하기 위하여 **기존 도식을 수정하는 과정**을 갖게 된다. 그렇지 않고는 이해를 할 수 없기 때문이다. 이 과정을 조절이라고 한다.

이를 통하여 **새로운 도식이 형성**된다.

> eg. 빨간 것이 사과인 줄 알고 빨간 토마토를 사과라고 했는데(동화) 한 입 베어 물었을 때 이전에 맛보던 사과와는 맛이 달랐다. 따라서 빨간 것만 가지고는 사과라고 받아들일 수 없게 된다. 이럴 경우 '빨갛다'라는 것 이외에 무엇으로 사물을 이해하는 도식이 필요해진다. 따라서 사과와 토마토를 다르게 인지할 수 있는 도식의 필요성을 느끼게 되는데, 이것을 조절이라고 한다.

④ 적응

동화와 조절의 평형화 과정을 통하여 자기 조정적 구조를 갖는다.

평형은 동화와 조절의 균형을 의미한다.

> eg. 빨간 토마토가 사과가 아니라는 것을 깨달아 '빨간 것이 사과'라는 도식이 부족하다는 것을 느끼고 새로운 도식의 필요성이 제기되는 혼란스러운 과정이 조절이다. 이

젠 엄마로부터 '빨갛지만 만지면 딱딱하지 않고 깨물었을 때 액체상태도 더 많이 느낄 수 있는 것은 토마토다'라는 말을 들으면서 새로운 도식을 세운다. 그래서 사과와 토마토를 구분할 수 있는 것이 바로 평형이다.

결국, 동화와 조절의 경험이 인지구조의 발달을 초래하게 된다.

5) 조직화

① **상이한 도식들을 자연스럽게 결합시키는 것이다.**

② 관찰이나 정보의 재구성을 통해 도식들의 논리적 결합을 추구한다.

③ eg. 유아는 어떤 대상을 쳐다보는 도식을 갖고 있다. 유아 초기에는 이 도식으로 세상을 이해한다. 그런데 시기가 지남에 따라 무엇을 만지는 기능이 발달한다. 만지는 것도 사물을 이해하는 하나의 도식이다. 보는 도식과 만지는 도식은 서로 구별되는 별개이지만 이것을 결합하여 새로운 도식을 가질 수 있다. 이렇게 두 도식을 결합하는 것이 조직화이다.

6) 자아개념

① 자아개념은 자신에 대한 신념체계이다.

② 자아의 다양한 도식은 타인과의 상호작용, 물리적 세계에 대한 경험, 지식, 반영과 통찰을 통해 발달한다. 그리고 이런 것들이 유목화되고 계층화되면서 자아개념을 형성하게 된다.

eg. 뚱뚱한 몸매의 소유자인 A가 자신은 돼지처럼 뚱뚱하고 못생겼다고 생각한다.

7) 자아효율성

자아효율성은 특정한 목적을 성취하는 데 필요한 행동노선을 조직화하고 실행에 옮기는 능력에 대한 개인적 판단이다.

제2절 인지발달단계

피아제는 인지발달단계에 대해서 감각운동기, 전조작기, 구체적 조작기, 형식적 조작기로 구분하였다. 이 발달단계는 결국 사고의 획득이 어떻게 이루어지는지를 보여주고 있다. 각 단계는 정해진 순서대로 발달하며, 단계가 높을수록 복잡해진다.

인지발달단계	특징	목표	성취
감각운동기 (0~2세)	감각적 경험에 기초한 지능, **대상연속성의 발달 및 획득**, 목적지향적 행동	대상의 획득	대상연속성
전조작기 (2~7세)	복잡한 언어체계의 시작, 지각에 한정된 사고, 대상연속성의 확립, 자아중심성, 상징놀이, 물활론, 타율적 도덕성(보존개념과 유목화는 형성되지 않음)	상징의 획득	언어
구체적 조작기 (7~12세)	논리적 조작의 발달, 경험에 기초한 사고, **보존개념의 획득**, 탈중심성, 자율적 도덕관, **유목화, 서열화 획득**	현실의 획득	원인과 결과
형식적 조작기 (12세 이상)	형식화한 가설검증, **추상적 사고**, **연역적 추론**, 조합적 사고	사고의 획득	현실과 환상의 구별

1) 감각적 운동기(0~2세)

① 빨기, 쥐기, 때리기 같은 신체적 행동양식을 조직화하기 때문에 감각운동기라고 한다.

② 이 시기에는 **대상영속성을 획득**한다.

③ 목적지향적 행동의 출현에 동반되는 의도성을 획득하게 된다.

④ 감각운동의 발달도 일정한 순서가 있다.

반사기	0~1개월	타고난 반사행동(빨기, 쥐기, 파악반사 등) 가장 우세한 도식은 **빨기도식**
1차 순환 반응기	1~4개월	우연히 한 행동의 좋은 결과 → 반복 감각체계 간 협응
2차 순환 반응기	4~10개월	활동 자체에 대한 흥미에서 벗어나 환경변화에 흥미를 갖고 활동을 반복(딸랑이 흔들기 등)
2차 도식 협응기	10~12개월	의도적이고 목적적인 행동 옷잡기 1차 도식과 다른 것으로 데려가기 2차 **도식의 협응**이 일어남 **대상영속성의 발달 시작**
3차 순환 반응기	12~18개월	친숙한 행동으로 목표에 도달할 수 없을 경우 전략을 수정하여 시행착오적 행동을 함 높은 곳의 물건 내리기 실패 → 의자놓고 내리기
상징적 표상	18~24개월	수단과 목적의 관계에 대한 정신적 조작 가능 존재하지 않더라도 상징을 만들어낼 수 있음

2) 전조작기(2~7세)

① 언어를 사용하면서 사건이나 사물에 대해서 기억하고 표현하는 능력이 가능해진다. 그러나 조작능력에는 한계가 있다.

---

cf. "조작"
수, 액체, 질량의 보존개념에 대해서 논리적으로 이해하는 것을 말한다.

---

② 경험을 논리적으로 환원시키지 못한다.

③ 직접적인 경험으로 사물이나 사건을 이해한다.

④ **보존개념, 동일성, 보상성, 가역성을 갖지 못한다.**

보존개념이란 형태나 모양이 바뀌더라도 양이 바뀌지 않는다는 것을 이해하는 것이다. 이는 동일성, 보상성, 가역성이라는 특성을 통하여 획득되는 것이다. 가령 사과 10개를 1열로 늘어놓은 것과 2열로 늘어놓았을 경우 보존개념을 획득한 사람은 이것이 똑같은 10개의 사과라는 것을 인지한다. 왜냐하면, 변화하는 과정에서 더하거나 뺀 것이 없다면 **동일성**이 무너지지 않기 때문이다. 또한, 1열로 늘어놓았을 때는 길었지만 얇았다는 것을 생각하면 비록 2열로 늘어놓은 것이 길이는 짧아졌지만 굵기가 더 굵어졌다는 것을 알 수 있다. 그러면 양에 대한 변화는 없는 것이다. 이것이 **보상성**이다. 1열이었던 사과를 2열로 늘어놓는 것을 보았다면 그것을 다시 1열로 늘어놓을 수 있다. 그렇게 하면 전과 똑같은 길이(양)가 되는 것을 알 수 있다. 이것이 **가역성**이다. 이렇게 동일성, 보상성, 가역성을 획득하면 보존개념을 이해하게 되는 것이다. 하지만 이 시기의 아동은 보존개념을 알지 못하므로 1열이었던 사과를 2열로 늘어놓은 것을 보고 양이 줄었다고 우는 것이다.

⑤ **유목화를 하지 못한다.** 유목화는 같은 것끼리 짝지어 구분하는 것을 의미한다.

⑥ **자아중심성을 갖는다.** 즉 자신과 대상을 서로 구분하지 못한다. 자신의 관점과 다른 사람의 관점을 구분하지 못한다.

⑦ **상징놀이를 한다.** 가장 발달하는 부분이다. 인형을 아기라고 여기며 업고 다니면서 음식을 먹이는 흉내를 내는 것은 대표적인 상징놀이이다.

⑧ **물활론적 관점을 갖는다.**

물활론이라는 것은 모든 만물을 살아있는 생명체로 생각하는 것이다. 이 시기의 아동은 물활론적인 사고를 하므로 태양을 그려도 반드시 얼굴로 형상화한다. 이는 태양을 살아있는 대상물로 생각하고 있는 것이다.

⑨ **타율적 도덕률을 갖는다.** 또래들과의 놀이를 시작하면서 정해진 규칙과 룰에 따라 노는 특성을 갖는다. 즉 스스로 규율을 바꾸지 못한다. 의도보다 결과를 중요시한다.

⑩ **대상영속성을 확립한다.** 대상영속성은 감각기 때부터 발달하기 시작하는데 이 시기에 이르러 확립하게 된다. 그래서 엄마가 눈앞에서 사라졌다고 해서 엄마가 없다고 생각하지 않는다. 비록 보이지 않지만 엄마가 존재하는 것을 의심하지 않는다.

3) 구체적 조작기(7~12세)

① 전조작기에 발달하기 시작한 인지능력(유목화, 서열화, 보존개념)을 완전히 획득한다.

② 또래들과 관계를 가지며 탈중심성을 갖는다.

③ 규칙은 불변하는 것이 아니라 서로가 동의하면 언제든지 변할 수 있는 것으로 알게 된다. 즉 자율적 도덕관을 갖는다.

④ 조합능력을 획득하게 되어 여러 가능성을 생각하고 가설을 검증할 수 있게 된다. 그러나 다소 시행착오적이다. 어떤 일이 되지 않을 때 다른 방법으로 해보는 것이다. 가능한 경우의 수를 따져서 차례대로 해보는 것이 아니다. 이리 해보고 저리 해보는 것을 의미한다. 즉 추상적인 가설을 설정하고 해결하는 것은 아니다.

4) 형식적 조작기(12세 이상)

① 추상적인 가설도 생각할 수 있다. 즉 직접적으로 경험하지 않아도 추상적으로 생각하고 추론하여 가설을 세워 검증할 수 있다.

② 조합적 분석능력으로 시행착오적인 접근방법이 아니라 체계적으로 가능한 조합을 차례로 시도하게 된다. 즉 가능성 있는 것들을 생각해 보고 그것들을 하나씩 해봄으로써 문제를 해결하게 된다.

제3절 피아제 인지이론에 대한 평가

피아제의 인지이론은 아동의 인지발달에 대해 많은 관점을 제공하고 있다. 이는 아동교육 분야에 많은 시사점을 제공하였다. 그럼에도 불구하고 아동기 이후에 대한 관점에 대해서는 기여 정도가 거의 없다는 한계점도 함께 가지고 있다.

1) 긍정적 평가

① 아동을 능동적인 존재로 보았다.

② 아동은 어른들이 가르치는 대로 배우는 것이 아니라 스스로 방법을 배운다는 관점이다.

③ 아동의 수학적, 과학적 인지가 어떻게 발달하는지를 설명하고 있다.

2) 한계점

① 발달단계를 설명할 때 넘어가는 과정에 대한 설명이 없다.

② 피아제의 주장 자체는 아동의 자발성을 강조하여 어른의 교육이나 훈련에 대해서 간과하고 있으나 현실에서는 오히려 교육과 훈련이 강조되고 있다.

③ 인간의 인지발달이 전생애적이라고 하였으나 실질적으로 사춘기 이후에 대해서 별다른 이야기를 하지 않는다. 그에 비해 학자들에 따라서는 성인기에도 인지발달이 이루어짐을 주장하고 있다.

④ 인지발달에 있어 개인차를 고려하지 않는다.

⑤ 과학적, 수학적 발달에 관하여 설명하고 있지만 사회문화적, 예술적 부분에서의 인지에 대해서는 간과하고 있다.

01 피아제(J. Piaget)의 이론에 관한 설명으로 옳지 않은 것은?

① 인간은 자신과 환경 사이에 조화로운 관계인 평형화(equilibration)를 이루고자 하는 경향성이 있다.

② 감각운동기에 대상영속성(object permanence)을 획득한다.

③ 조절(accommodation)은 새로운 정보를 접했을 때 기존의 도식을 변경하는 것을 말한다.

④ 구체적 조작기에는 추상적 사고가 가능해진다.

⑤ 보존(conservation) 개념 획득을 위해서는 동일성, 가역성, 보상성의 원리를 이해해야 한다.

해설 추상적 사고는 형식적 조작기에 이루어진다. 정답 ④

02 피아제(J. Piaget)의 인지발달이론에서 '구체적 조작기'에 관한 설명으로 옳은 것을 모두 고른 것은?

> ㄱ. 인지적 능력이 급속도로 발전하는 단계이다.
> ㄴ. 비논리적 사고에서 논리적 사고로 전환된다.
> ㄷ. 분류화, 서열화, 탈중심화, 언어기술을 획득한다.
> ㄹ. 대상의 형태와 위치가 변화하면 그 양적 속성도 바뀐다.

① ㄱ, ㄴ   ② ㄱ, ㄷ

③ ㄴ, ㄷ   ④ ㄴ, ㄹ

⑤ ㄷ, ㄹ

해설 구체적 조작기는 논리적 사고를 할 수 있는 단계이다. 따라서 인지적 능력이 급속도로 발전하는 단계이다. 언어기술은 전조작기에 획득하게 된다. 대상의 형태와 위치가 변화하면 그 양적 속성도 변한다고 생각하는 것은 보존개념을 획득하지 못한 것이므로 전조작기적 특성이다. 정답 ①

콜버그의 도덕발달이론

학습Key포인트   🔍

○ 콜버그의 이야기하는 인습적이라는 개념을 설명할 수 있다.

○ 콜버그의 도덕적 발달단계를 6단계로 구분하여 각 단계의 특징을 설명할 수 있다.

○ 콜버그 이론의 장점과 단점을 제시할 수 있다.

제1절   도덕발달이론의 주요개념

정신분석적 관점에 회의를 품고 방황하던 콜버그는 피아제의 인지이론을 접하면서 새로운 가능성을 찾게 된다. 이를 발전시켜 아동과 청소년을 대상으로 도덕성에 대한 면담을 하여 도덕성 발달이론을 발표하게 된다. 그는 피아제가 아이들이 자라면서 인지발달을 이루는 것과 마찬가지로 아동들이 자라면서 특정한 도덕적 발달단계를 거치는 것으로 보았다. 그의 연구는 주로 아동과 청소년에 국한되어 진행되었다.

1) 도덕

① 콜버그는 도덕에 대해 개인이 도덕적 딜레마를 해결하기 위하여 사용하는 의사결정으로 보았다. 또는 도덕적 딜레마를 해결하기 위한 도덕적 판단으로 보았다.

② 그는 정의(justice)의 원리를 도덕으로 규정하였다.

③ 한 개인이 왜 그렇게 행동했는지에 관심을 두었기 때문에 콜버그에게 있어서 도덕발달이란 사고의 방법과 추론의 발달을 의미한다.

2) 방법론

① 도덕적 딜레마 상황을 제시한 후 '예/아니오'가 아니라 딜레마 상황의 주인공이 왜 그런 행동을 했는지 그리고 피험자는 왜 그렇게 생각하는지를 물었다.

② 아동들의 대답을 여러 단계로 구분하고, 단계별로 정리하였다,

③ 자신의 분류가 맞는지 검정하기 위하여 다른 평가자들에게 점수를 매기게 하여 평가자들의 동일한 정도를 계산하였다.

④ 그는 도덕성의 발달단계를 세 시기로 구분하였고, 보다 더 구체적으로는 여섯 시기로 제시하였다. 각 시기는 순차적으로 발달해 나간다는 가정을 하였다.

3) 도덕성 발달단계

도덕성 발달단계		지향	특징
전인습적 도덕기 (4~10세)	1단계	처벌과 복종 지향	행위의 의미나 가치와 상관없이 그 결과로 보상을 받는지 아니면 처벌을 받는지 따라 판단
	2단계	도구적 목적과 교환의 상대주의	자신을 사랑하는 사람을 기쁘게 하고 이익이 되는지에 따라 행동
인습적 도덕기 (10~13세)	3단계	착한아이 지향	다른 사람으로부터 심리적 인정을 받기 위하여 행동
	4단계	권위 지향	법을 준수하는 것이 의무라고 생각
후인습적 도덕기 (13세 이상)	5단계	사회적 계약 지향	개인의 권리를 존중하고 사회전체를 위하여 바람직하고 옳은 것이라는 판단에 따라 행동
	6단계	보편적 도덕성 지향	인권, 보편성, 인간의 존엄성 등

core　"인습적"의 의미

'인습적'이라는 것은 그 사회나 권위자의 규칙, 기대, 관습 등을 준수하고 동조하는 것을 의미한다.

제2절　도덕발달이론의 평가

콜버그는 피아제의 이론을 확장했다는 평가를 받지만, 보편적으로 적용하는 것에 대한 한계를 지적받아 왔다.

1) 긍정적 평가

① 피아제의 이론을 보다 더 다듬고 확장시켰다는 점에서 의의가 있다.

② 아동의 도덕성 발달을 다루었다는 점에서 발달연구에 기여한 바가 크다.

2) 한계점

① 연구대상이 모두 남성이었다. 또한, 미국 중산층 백인의 도덕을 다루었다. 따라서 연구 대상이 한쪽으로 치우쳤음을 부정할 수 있다. 따라서 그가 제시하는 도덕발달단계를 보편적으로 사용할 수 있는가의 문제가 제기될 수 있다.

② 또한, 콜버그는 한 단계를 넘어갈 때 작동하는 인과관계에 대하여 자발적 행동의 결과라고 하였지만 실제로 현장에서는 교육적 효과를 무시할 수 없다.

01 콜버그(L. Kohlberg)이론의 평가로 옳지 않은 것은?

① 모든 문화권에 보편적으로 적용하는 데는 한계가 있다.
② 여성이 남성보다 도덕수준이 낮다는 성차별적 관점을 지닌다.
③ 인간의 자유의지를 부정하고 환경의 자극에 반응하는 존재로 본다.
④ 도덕적 행동에 영향을 미치는 여러 상황적 요인을 고려하지 않는다.
⑤ 도덕적 사고를 지나치게 강조하고 도덕적 행동이나 감정을 무시한다.

> **해설** 인간의 자유의지를 부정하고 환경의 자극에 반응하는 존재로 보는 것은 행동주의의 핵심 내용이다.　　　　　　　　　　　　　　　　　　　　　　정답 ③

02 콜버그(L. Kohlberg)이론에 관한 설명으로 옳은 것은?

① 도덕성 발달은 아동기에 완성된다.
② 도덕성 발달단계의 순서는 가변적이다.
③ 남성만을 연구 대상으로 삼았다는 한계가 있다.
④ 모든 사람이 도달하는 최종적 도덕단계는 동일하다.
⑤ 하위단계에 있는 사람도 상위단계의 도덕적 추론을 능동적으로 표현할 수 있다.

> **해설** 콜버그의 도덕발달이론의 최대 한계점은 남성만 연구하였고, 미국 중상층 백인을 대상으로 연구했다는 점이다.　　　　　　　　　　　　　　　　　정답 ③

Chapter
08 | **벡의 인지행동치료이론과 엘리스의 합리정서치료모델**

제1절 | 벡의 인지행동치료이론

벡은 어머니의 우울증에 대한 깊은 관심으로 우울증을 연구하였다. 그는 정신분석치료보다 효과적인 방법을 발견하기 위하여 현상학, 구조이론, 인지심리학 등을 바탕으로 인지치료를 개발했다. 특히 정신과적 임상에서 인지치료를 도입하여 성과를 보면서 인지치료의 활용도를 인정받게 되었다.

1) 도식(schemas)

① 개인은 자신의 인지구조에 따라 선택적으로 특정 자극에 주의를 기울여 반응하게 된다.
② 이때 어떤 특정 자극을 선택적으로 보게 하는지를 설명할 수 있게 하는 인지구조가 바로 도식이다. 개인은 자신이 가진 도식에 따라 자극을 이해하게 되는 것이다.
③ 도식은 어린 시절부터 형성되는데 그 이후에 인생관이나 신념의 기초가 된다.
④ 인지이론은 인간 문제의 많은 부분이 효과적인 기능을 방해도록 이루어진 도식에서 일어난다고 가정한다. 즉, 인지를 왜곡함으로써 인지에 따라 나타나는 행동 역시 문제가 되도록 하게 한다는 것이다. 결국 문제행동은 개인이 가진 도식에 의하여 왜곡된 인지를 함으로써 발생한다는 견해이다.

2) 자동적 사고

① 어떤 상황이나 자극에 대하여 **즉각적으로 나타나는** 사고이다.

② 자동적 사고는 당위성을 가진 형태로 표현된다.

③ 아무리 비합리적일지라도 비합리적이라고 생각하지 않고 **그대로 믿어지고** 또 **학습된다**.

3) 인지삼제

① 자신, 세계, 미래에 대한 **자기 가치감의 상실**

② **세계에 대한 실망감**

③ **미래에 대한 무망감**

> **인지삼제(Cognitive triad)**
> 벡은 어떤 결과는 선행사건에 대한 인식(신념)에 의해서 이루어진다고 본다. 따라서 어떤 결과가 문제라면 그것은 선행사건이 문제가 아니라 그것을 인식하는 신념이 문제라는 것이다. 그 문제가되는 신념의 크게 세 가지로 구성된다고 하여 '인지삼제'라고 한다. 결국 벡의 행동치료는 이 신념을 바꾸는 것이 된다.

4) 인지적 왜곡의 유형

① 임의적 추론

상황을 판단할 충분한 근거가 없음에도 불구하고 자신의 생각대로 결론을 내리는 것이다. 주로 어떤 상황에게 가장 부정적이거나 비극적인 예측을 하는 것이다.

eg. 의사가 고개를 갸웃거렸을 뿐인데 불치병에 걸렸을 것이라고 확신하고, 의사가 아무리 아니라고 설명을 해도 자신의 결론을 믿는 경우가 임의적 추론에 의한 결과이다.

② 선택적 추상화

긍정적인 것을 여과해 버리고 부정적인 것을 부각하는 것이다.

상황의 전체를 간과하고 일부만을 기초로 결론을 내리는 것이다.

eg. 우울증에 걸린 사람이 자신에게 있는 좋은 것들은 간과하고 사소한 생활상의 문제에만 매달려서 우울한 상태를 벗어나지 못하는 경우가 선택적 추상화의 결과이다.

③ 과일반화

단일한 사건이나 사소한 상황에 기초하여 그와 유사하지 않는 상황에도 부적절하게 적용하는 것이다.

eg. 어떤 특정 지역의 사람에게 사기를 당한 것으로 그 지역 사람만 보면 모두 사기꾼으로 보는 경우가 과일반화로 인하여 나타나는 결과이다.

④ 과장과 축소

자신의 실수나 결점은 최대화하고 강점은 최소화하려는 경향 또는 다른 사람의 단점은 최소화하고 장점은 최대화하는 경향이다.

이것이 지속되면 열등감을 느끼게 된다.

eg. 시험을 치렀는데 점수가 생각만큼 나오지 않았을 때 자신은 공부를 해도 안 된다는 신념을 갖게 되는 반면 점수가 자신보다 잘 나온 사람에 대해서는 조금만 공부해도 이해력이 좋다고 하는 경우가 과장과 축소의 결과이다. 결국 있는 그대로를 보는 게 아니라 자신에게 문제상황이 되도록 인지하는 경향으로 나타난다.

⑤ 개인화

자신과 관련 없는 사건을 인과관계 없이 자신에게 연결시키는 것이다.

eg. 자신과 상관없이 생긴 일에 대해 '이 일은 나 때문에 생긴 거야'라고 인지하는 경우가 대표적인 개인화를 보여주는 사례이다.

⑥ 흑백논리/이분법적 사고

어떤 것에 대해서 대단한 성공이나 완전한 실패처럼 극단적으로 구분하려는 경향을 이른다.

eg. 작은 실패를 가지고 '이번 일은 완전히 끝났어'라고 쉽게 단정을 내리는 것은 이분법적 사고의 전형적인 예이다.

⑦ 정서적 추론

자신의 정서적 감정에 근거하여 실제를 확신하는 것이다.

eg. 스스로를 '능력 없는 사람이다'라고 느낀다. 그래서 스스로는 '쓸모없다'고 추론하는 경우를 이른다.

5) 치료방법

① 우울, 불안, 공황장애 등에 대해 적극적이고, 직접적이며, 시간제한적인 접근방법이다.
② 목표는 클라이언트가 가지고 있는 왜곡된 인지도식을 건설적으로 바꿔주는 데 있다.
③ 이로써 보다 건설적이고 목표지향적으로 사회생활에 참여할 수 있도록 하는 것이다.
④ 결국 개인이 가지고 있는 부정적이고 자동적인 왜곡된 인지를 변화시켜 행동이나 정서에 영향을 미치도록 하는 것이다. 즉 **부정적이고 파괴적인 추론을 변화**시키는 데 있다.
⑤ 치료과정

클라이언트가 가지고 있는 **부정적, 자동적 사고를** 인식하게 한다.
클라이언트가 가지고 있는 **부정적, 자동적 사고가** 감정이나 **행동과** 관계를 맺고 있는 것을 인식하도록 학습한다.
클라이언트가 자신의 부정적, 자동적 사고에 대한 증거들과 **반대되는 상황을 검토**하도록 한다.
왜곡된 부정적 사고를 **현실적인 해석으로 전환**하도록 한다.
상황을 왜곡시키는 **부적절한 믿음이나 규칙을 확인**하고 **변화**시키는 것을 학습한다.

제2절 엘리스의 합리정서치료모델

엘리스는 개인이 세상을 어떻게 인식하는가에 따라 감정과 행동이 달라질 수 있음을 보면서 '합리'와 '정서'라는 용어를 사용하였다. 따라서 이 이론에 의하면 인간의 사고를 합리적으로 변화시키면 정서도 변화된다고 할 수 있다. 인간은 합리적인 사고와 비합리적인 사고를 모두 할 수 있다. 그런데 비합리적인 사고로 인하여 정서적으로 또한 심리적으로 혼란이 온다고 보았다. 따라서 비합리적인 사고를 합리적인 것으로 바꾸는 것이 관건이다.

1) 합리적 신념

① 합리적인 신념을 갖고 있으면 인간의 행동 역시 합리적이고 효과적으로 통제하게 된다.
② 합리적 신념은 객관적인 현실에 근거하고 타인과 불필요한 갈등을 피하며 편안한 감정을 느낄 수 있도록 해주는 역할을 한다.

2) 비합리적 신념

① 비합리적 신념은 일종의 왜곡된 인지이다. 주로 어린 시절 부모나 사회의 문화로부터 영향을 받는다.
② 비합리적 신념은 개인으로 하여금 안정된 삶을 사는 것을 방해하고 개인이 정서적, 사회적으로 많은 문제를 일으키게 한다.

3) 자기언어(self-talk)

① 인간의 모든 정서적 문제는 그 근원에 자기 스스로 말하는 '자기언어'(self-talk)에 달려 있다.
② 사람들은 어떤 일에 마주하면 자동적으로 익숙한 자기언어를 보이게 된다.
③ 이것이 반복되면서 개인의 독특한 태도, 가치, 신념을 형성하게 된다.
④ 더 나아가 이것은 결국 자아개념 형성에 영향을 주고 이러한 자아개념에 따라 개인의 정서와 행동을 결정하는 데 영향을 미친다.
⑤ 이런 일련의 과정을 통하여 '성격'이 형성되는 것이다.

> **cf. 자기언어에서 성격에 이르는 과정**
> 자아언어 → 태도, 가치, 신념 → 자아개념 → 성격

4) ABCDE 치료법

① 행동은 신념에서 나오는 것이다. 왜곡된 신념을 가지고 있으면 신념의 산출로 나오는 행동도 문제를 가질 수밖에 없다.

② 왜곡된 신념을 긍정적인 자기언어로 바꿀 수 있도록 논박이라는 과정을 거치는 것이 특징이다. 신념 자체가 긍정적이어서 문제행동을 보이지 않으면 개입할 필요가 없는 것이다. 그런데 신념이 잘못된 것이어서 그에 따른 행동 역시 문제가 있는 것이면 행동을 수정하기에 앞서 신념을 수정하는 것이다. 그러면 행동은 새로 구성된 신념에 따라 자동적으로 수정된다.

③ 이러한 합리정서행동치료는 각 과정의 첫 문자를 따서 ABCDE 치료법이라고도 한다.

cf. ABCDE

Activating event (선행사건)

Belief system (신념체계) - 합리적인 신념체계, 비합리적인 신념체계

Consequence (결과)

Dispute (논박) - 개입이 일어나는 지점, 합리적인 신념

Effect (효과)

개인은 어떤 사건(A)을 보게 되면 그것을 자신의 신념체계(B)를 통하여 받아들이게 된다. 그리고 그런 신념체계에 받는 결과(C), 즉 행동을 보이게 된다. 그런데 이 행동(C)은 신념체계(B)가 합리적인 경우에는 긍정적인 모습으로 나타날 것이다. 반면 신념체계(B)가 비합리적일 경우에는 부정적인 모습으로 나타날 것이다. 긍정적인 결과를 보였다면 문제가 되지 않지만 부정적인 결과를 보였다면 수정이 필요한 것이다. 그리고 부정적인 결과를 보였다면 신념체계가 합리적이지 못해 나타난 것으로 보아야 한다. 즉 비합리적인 신념체계를 가진 것이다. 이런 비합리적인 신념체계를 수정하기 위하여 논박을 한다(D). 이런 논박으로 신념체계가 합리적인 것으로 바뀌면 이것에 의해서 긍정적인 행동이 나타나게 될 것이다(E).

01 학자와 주요 개념간의 연결이 옳지 않은 것은?

① 벡(A. Beck) - 비합리적 신념
② 에릭슨(E. Erikson) - 자유적 자아(ego)
③ 아들러(A. Adler) - 창조적 자기(self)
④ 파블로프(I. Pavlov) - 반응적 행동
⑤ 로저스(C. Rogers) - 완전히 기능하는 인간

해설 벡은 왜곡된 인지, 도식, 핵심신념에 대해서 이야기하였다. 신념체계는 엘리스의 합리정서치료에서 나오는 개념이다. 신념체계에는 합리적 신념과 비합리적 신념이 있다. 　　정답 ①

02 벡(A. Beck)의 이론을 설명하는 개념으로 옳지 않은 것은?

① 윤리적 판단　　　　② 인지적 왜곡
③ 자동적 사고　　　　④ 도식(schema)
⑤ 핵심신념(믿음)

해설 벡은 인지치료를 주장하였다. 윤리적 판단과는 거리가 멀다. 　　정답 ①

Chapter 09 스키너의 행동주의

학습Key포인트

○ 스키너의 기계적 인간관을 설명할 수 있다.
○ 강화와 처벌의 개념을 구분할 수 있다.
○ 강화스케줄을 간격과 비율, 고정과 가변이라는 4개의 차원으로 구분하여 설명할 수 있다.

제1절 파블로프의 고전적 조건화

　행동주의는 인간행동 대부분을 외적 환경에 의해 학습되고 또한 학습에 의해 수정되는 것으로 본다. 그래서 행동주의를 학습주의라고도 한다. 행동주의는 행동의 내적 요인으로 제기되곤 하는 인지, 감각, 의지, 기억, 신념, 무의식, 꿈 등은 관념적인 것이어서 과학적 연구대상이 될 수 없다고 보았다. 오직 관찰이 가능한 자극(Stimulus)과 그런 자극에 의한 반응(Response)만을 과학적인 대상으로 여겼다. 행동주의의 시작은 파블로프와 스키너라고 할 수 있는데, 파블로프의 조건반사와 조건형성은 정신주의적 심리학에 대한 반동으로 20세기 초 행동주의가 나오게 하였다. 이것을 고전적 조건화라고 한다.

1) 파블로프의 고전적 조건화

　① 개에게 무조건적 자극인 고깃덩어리를 주었을 때 무조건적 반응인 침 흘리기가 나타난다.
　② 무조건적인 자극과 반응을 반복하면서 종소리를 고깃덩어리와 연결시켰다.
　③ 그러면 **종소리가** 무조건적 자극인 고깃덩어리와 연결되어 **조건적 자극이** 된다. 그리고 조건적 자극에 따라 조건적 반응인 침 흘리기가 나타나게 된다.
　④ 이후 무조건적인 자극인 고깃덩어리를 주지 않고 조건적 자극인 종소리만 들려주어도 조건반응 곧 침 흘리기가 나타나게 된다.

2) 행동주의의 대전제

① 파블로프의 고전적 조건화를 비롯하여 대부분 행동주의학자들은 결국 행동의 원인을 인과적으로 보고자 하였다.

② 모든 행동에는 그 행동을 나타나게 하는 자극(stimulus)가 있고, 그 자극으로 인하여 나타나는 반응(response)이 있다고 한다. 결국 자극이 원인이 되고 반응이 결과가 되는 것이다.

> **cf. "S-R이론"**
> 행동주의의 전제가 'S-R이론'이다. 어떤 자극(stimulus)이 주어질 때 그 자극에 의해서 반응(response)이 나타나게 된다는 것이다. 즉 S → R이라는 관계가 설정된다.

제2절   스키너의 행동주의

동물 행동을 연구한 스키너는 '스키너 상자'로 불리는 실험을 하였다. 이를 통하여 조작적 조건화를 이루어 행동이 변하는 것을 밝혔다. 그는 다른 무엇보다도 보상과 강화를 통하여 인간행동이 변화할 수 있다고 주장하였으며 그의 이런 이론은 행동주의 심리학을 확고하게 정립하게 하였다.

1) 행동주의의 인간관

① **인간행동은 보상과 처벌에 의해서 유지**된다. 인간은 보상받은 행동에 대해서는 더 유지 및 발전시키고자 하고, 처벌받은 것에 대해서는 지양하는 특성이 있다는 것이다.

② 인간은 자율적 존재가 아니라 **기계적 존재**이다. S-R이론은 결국 인간행동은 밖에서 주어지는 자극에 의해서 반응으로 나타난다고 보는 것이다. 그러므로 인간을 자율적이라기보다는 밖에서 어떤 자극이 주어지는가에 따라 변화하는 존재로 보았다.

③ 모든 인간의 행동은 법칙적으로 결정되고 조작이 가능하다. 역시 S-R이론이 이를 증명한다. 보상이나 처벌에 의해서 행동이 변화된다고 보았다.

④ 외적 강화 없이는 어떤 행동의 학습이나 수정이 없다.

> **cf. 사람을 원하는 대로 만들 수 있다?**
>
> 행동주의학자들의 의견을 극대화하고 희화하여 이야기한다면 아이 열 명을 주고 원하
> 는 형태의 성인이 있다면 그대로 만들어 줄 수 있다고 한다. 열 명 중 두 명은 정치인
> 이 되게 하고 두 명은 과학자, 두 명은 엔지니어, 두 명은 농사를 짓는 사람, 두 명은
> 강도가 되게 하려고 한다면 어느 누구를 가리지 않고 그렇게 할 수 있다고 한다. 임의
> 로 정해진 역할에 맞는 자극(stimlus)을 지속적으로 주면 그에 맞는 반응(response)을 나
> 타내는 인물이 되게 한다는 것이다. 이와 같이 행동주의는 인간을 외부환경(자극)에 의
> 한 기계적 인간으로 보고 있다.

2) 조작적 조건화

① '스키너 박스'

상자 안에 들어있는 쥐는 자유롭게 움직일 수 있다. 그러다 설치해 놓은 지렛대를 밟을
경우 먹이가 주어진다. 쥐가 처음에는 우연히 지렛대를 밟고 먹이를 먹게 되지만 지렛
대를 밟을 때마다 먹이가 주어지는 경험을 하다 보면 차츰 학습이 되어 먹이를 얻으려
고 지렛대를 밟는 횟수가 늘어난다.

② 인간행동의 초점은 행동의 결과와 그것이 일어나게 하는 **조작적 조건화**에 있다. 스키너
박스는 조작적 조건화를 보여주는 것이다.

③ 조작적 조건화는 인간이 환경적 자극으로 능동적으로 반응하여 나타내는 조작적 행동
을 설명을 한다.

④ 즉 인간의 **행동이 일어난 이후 어떤 결과가 주어지는가** 하는 것이 핵심이다. 행동의 결
과가 자신에게 이롭고 좋은 것이면 그 행동을 계속 유지하려고 한다. 반대로 행동의 결
과 자신에게 유리하지 않는 결과가 주어진다면 그것을 유지하려고 하지 않는다.

⑤ 모든 조건이 동일하다면 **강화된 행동은 반복**되고, **강화를 받지 못하거나 처벌을 받은
행동은 반복되지 않거나 소거**된다.

3) 강화

① 인간은 조작적 조건화에 의하여 변한다고 보았는데 **조작적 조건형성의 중심 원리**는 강
화에 있다.

② **반응을 증진시키기 위해서** 하는 것이다. 강화를 주는 행동은 더욱 증진하게 되어 있다.

③ **정적강화**

정적강화는 **반응의 빈도를 높이기 위하여 긍정적 경험을 제공**하는 것이다. 정적강화물
에는 **칭찬, 음식, 돈** 등이 있다. 어떤 행동을 했을 때 이런 강화물이 주어지는 그 행동
을 더 하게 되는 것이다.

④ 부적강화

부적강화는 **반응의 빈도를 높이기 위하여 불쾌한 경험을 제거**하는 것이다. 요즘 유치원 통학차량에서 아이들이 내린 것을 확인하지 않아 큰 사고가 더러 일어나고 있다. 운전자가 차 안을 한번만 살피면 아이가 죽게 되는 일은 일어나지 않는다. 차 뒤를 한번 더 살피게 하기 위하여(반응의 빈도를 높이기 위하여) 통학차량이 엔진을 멈추면 차 뒷부분에서 삐삐소리를 나게 한다. 운전자는 이것을 끄기 위하여 차 뒤로 가야 한다. 그러다 보면 남아 있는 아이가 있는지 발견하게 된다. 즉 시끄러운 소리를 제거하려고 차를 한번 더 살피는 일을 하도록 하는 것이다.

4) 처벌

① 강화와 달리 처벌은 지금 하고 있는 행동, 즉 **반응을 감소시키기 위해서** 하는 것이다.

② **정적처벌**

정적처벌은 **반응의 빈도를 감소시키기 위하여 혐오자극을 제공**하는 것이다. 가령 어떤 반응을 줄이기 위하여 **체벌**을 했다면 정적처벌인 것이다.

③ **부적처벌**

부적처벌은 반응의 빈도를 감소시키기 위하여 **긍정자극을 제거**하는 것이다. 장난으로 수업에 집중하지 못하는 어린이에게 좋아하는 핸드폰을 뺏음으로써 장난을 치지 못하게 하는 것이 부적처벌이다.

| core | 강화와 처벌 |

강화와 처벌은 다음 네 가지 조합으로 이루어진다.

강화인가? - 반응이 빈도를 높인다. 강화의 목적은 반응빈도를 높이는 것이다.

처벌인가? - 반응의 빈도를 줄인다. 처벌의 목적은 반응빈도를 감소시키는 것이다.

　따라서 어떤 것을 행함으로 행동의 빈도가 늘어났다면 강화를 한 것이고, 행동의 빈도가 줄어들었다면 처벌을 한 것이다.

제공하는가?(정적인가?) - 반응의 변화를 위하여 무엇을 제공했으면 정적이다.

제거하는가?(부적인가?) - 반응의 변화를 위하여 무엇을 제거했으면 부적이다.

　따라서 어떤 변화를 주기 위하여 제공했다고 하면 정적이고, 제거했다고 하면 부적이다. 이때 강화측면에서는 좋은 것을 제공하고 싫은 것을 제거한다. 처벌측면에서는 싫은 것을 제공하고 좋은 것을 제거한다.

		행동의 빈도 변화(목적)	
		강화(+)(늘리기 위하여)	처벌(-)(줄이기 위하여)
조치	정적(+)	정적강화(좋은 것을 준다)	정적처벌(싫은 것을 준다)
	부적(-)	부적강화(싫은 것을 제거한다)	부적처벌(좋은 것을 제거한다)

5) 강화물

① 일차적 강화물

반응의 빈도를 높이기 위하여 주어지는 강화물 중 **무조건적 자극**이 되는 것이 일차적 강화물이다. 이것은 학습이 따로 필요하지 않다. 그냥 주어지면 강화가 일어난다.

eg. **음식, 물, 따뜻함 등**

② 이차적 강화물

반응의 빈도를 높이기 위하여 주어지는 강화물 중 **조건적인 역사를 통하여** 학습되고 개발되는 것은 이차적 강화물이다. 이것은 **행동을 형성하는 데 있어 매우 중요하다.**

eg. **관심, 칭찬, 애정 등**

6) 소거

① 어떤 반응에 대한 강화를 중지하는 것이다.

② 일상생활에서 **이전에 관심 받아 강화되던 특정 행동을 무시하는 형태**이다.

eg. 장난감을 사달라고 떼를 쓰는 아이에게 이전에 주던 관심을 끊고 무시한다. 아이가 떼를 쓰는 행동이 나타나지 않는다.

eg. 파블로프의 고전적 조작화에서 타종을 치며 고기를 주는 강화가 있었다면 타종소리만 들어도 개들은 침을 흘린다. 그런데 타종 소리를 멈추면 침흘리기 또한 멈춘다.

7) 강화스케줄

① 행동증가를 목적으로 강화물을 제시하는 유형을 강화스케줄이라고 한다.

② 지속적인 강화는 반응이 있을 때마다 강화를 주는 것이다.

③ 간헐적인 강화는 빈도와 시간에 따라 그리고 고정적인 것과 가변적인 것에 따라 조합으로 강화를 주는 것이다. 간헐적인 강화는 네 가지 유형이 있다.

④ **고정간격 스케줄** : 특별히 **정해진 시간 간격**에 따라 강화를 준다. 강화를 제공받은 시간에 임박하면 강화를 받기 위해 행동이 극대화되지만 강화를 받은 이후에는 행동이 급격하게 줄어든다.

eg. 공부하는 아이에게 1시간마다 한 번씩 규칙적으로 간식을 제공한다.

⑤ **가변간격 스케줄** : 일정하게 정해진 시간의 한도 내에서 시간 조정을 다양하게 하여 강화를 준다. **평균적인 시간이 지난 후에 강화를 제공하는** 것이다.

eg. 공부하는 아이에게 평균 1시간 안에서 아무 때나 간식을 제공한다.

⑥ **고정비율 스케줄** : **정해진 일정 반응 빈도를 보일 때마다 강화**를 준다.

eg. 판매실적 상승이 다섯 번 일어날 때마다 강화를 준다.

⑦ **가변비율 스케줄** : 반응의 빈도가 고정되지 않은 채 **평균적인 빈도 안에서 강화**를 한다.

eg. 판매실적 상승이 10번 정도 있을 때마다 강화를 주는데 몇 번째에 주는지는 정해지지 않는다.

⑧ 높은 비율의 반응을 발생시키는 강화스케줄은 아래와 같다.

가변비율 스케줄 〉 고정비율 스케줄 〉 가변간격 스케줄 〉 고정간격 스케줄

> **cf. 간격과 비율의 구분**
> 시간은 간격, 빈도는 비율

8) 행동주의의 치료기법

① **이완훈련**
불안에 대처하는 것으로 중요한 근육 부위를 점진적으로 이완할 수 있도록 하는 훈련이다.

② **체계적 둔감법**
불안을 일으키는 어떤 요소에 대해서 그 요소를 위계적으로 구분한다. 이후 하위위계에서 이완훈련을 함으로써 그것을 넘어설 수 있게 하고, 차례대로 점차 상위 위계를 극복하게 하는 방법이다.

③ **토큰경제**
수정하고자 하는 행동이 있을 때 그것을 수정할 수 있는 여러 목록들을 작성한다. 목록에 작성된 행동들에 대해서 부여할 토큰을 결정한다. 그리고 적용되는 행동이 나타날 때마다 정해진 토큰을 준다. 단, 토큰으로 활용되는 것이 현실적으로 어떤 당사자에게 긍정적인 가치교환이 되는 것이어야 한다.

④ **타임아웃**
잘못했을 때 벽 보고 서있기, **생각하는 의자**에 앉기 등은 행동주의 기법을 활용하는 것이다. 전형적인 타임아웃 기법이다.

⑤ **격리, 과잉교정, 반응대가, 혐오기법**
부적절한 행동을 했을 때 **처벌을 사용하여 부적절한 행동을 줄이는 방법**이다.
격리 – 부적절한 행동을 했을 때 긍정적인 강화를 받을 기회를 박탈하는 것이다.
과잉교정 – 부적절한 행동을 한 직후 바로 바람직한 행동을 하도록 하는 것이다.
반응대가 – 부적절한 행동을 했을 때 자신에게 이익이 되는 물건이나 권리를 내놓게 한다.
혐오기법 – 부적절한 행동을 했을 때 고통스러운 혐오자극을 가하는 것이다.

⑥ **자극변별훈련**
부적절한 자극이 있을 때 한 가지 행동에 몰입하는 내담자의 경우 적절한 행동이 있을 때는 강화하고 그렇지 않을 때는 행동을 소거한다.

⑦ 자기주장훈련

자신의 감정이나 의사를 정확하게 표현하게 하는 훈련이다. 분노나 적개심을 표현하지 못하는 사람, 거절하지 못하는 사람, 지나치게 겸손하여 다른 사람에게 이용당하는 사람, 애정표현에 어려움이 있는 사람의 행동수정에 유용한 방법이다. 지시, 환류, 모델링, 행동연습, 사회적 강화, 과제 등을 통하여 자기표현을 강화시킨다.

제3절　행동주의가 사회복지실천에 미친 영향

스키너의 행동주의는 자극과 반응이라는 형태, 즉 인과관계적으로 사건을 보게 함으로써 가설 검증을 비롯한 과학적 연구라는 측면에서 기여하는 바가 크다. 또한 특별히 아동의 행동교정 및 학습이론 발달에 영향을 미쳤다. 반면 인간의 심리적인 부분을 간과한 것과 동물 연구에 치우쳤다는 점에서 한계 또한 분명하다.

1) 사회복지실천에 미친 긍정적인 영향

① 원조의 초점을 정신 내적인 갈등에서 외형적 행동으로 이동시키는 역할을 했다.
② 이것은 인간에게 있어서 환경이 얼마나 중요한가를 생각하게 한다.
③ 학습, 행동교정에 긍정적 영향을 미쳤다.
④ 실질적이고 활용할 수 있는 기법을 개발했다는 점에서 유용성이 크다. 토큰경제법이나 생각하는 의자 등은 비단 극단적인 문제행동 수정뿐만 아니라 일상생활에서도 자녀양육에 유용하게 활용할 수 있는 방법이다.

2) 한계점

① 행동주의는 'S-R이론'에 따라 인간 외부에서 주어지는 무엇에 의하여 인간의 행동이 결정된다는 환경적 요인을 강조하는 장점은 있으나 환경만(외부자극만) 강조하고 인간의 생물학적 요인은 간과하고 있다. 인간은 단지 환경의 자극으로만 변하는 단순한 존재가 아니다.
② 쥐, 비둘기와 같은 동물 중심 연구를 하였다. 인간에 대한 직접적인 연구를 인간행동을 살펴본 것이 아니라 동물실험을 통하여 밝혔기에 인간에게 적용하는 데 한계가 있을 수밖에 없다.
③ 인간의 존엄성과 자유를 무시할 수 있다. 동물실험으로 인간을 본 것도 문제이고, 인간

을 단순히 외부자극에 의하여 변하는 존재로 본 것도 문제가 된다. 기계론적 환경결정론은 결국 인간 이해에 있어서 다양한 면을 도외시하게 한다.

④ 눈에 보이는 행동에만 초점을 둠으로써 절차나 과정에 대한 추론을 어렵게 만들었다.

⑤ 인간을 지나치게 단순화하고 있다.

01 스키너(B. Skinner)의 이론에 관한 설명으로 옳지 않은 것은?

① 강화계획 중 반응율이 가장 높은 것은 가변비율(variable-ratio) 계획이다.

② 정적 강화물의 예시로 음식, 돈, 칭찬 등을 들 수 있다.

③ 인간행동은 예측가능하며 통제될 수 있다고 본다.

④ 인간의 창조성과 자아실현을 강조한다.

⑤ 부적 강화는 바람직한 행동의 빈도를 증가시키는데 초점을 둔다.

해설 스키너의 행동주의는 인간을 기계적으로 본다. 창조성과 자아실현을 강조하는 인간관이 아니다. 강화는 바람직한 행동을 증가시키는 것이고 처벌은 부정적인 행동을 감소시키기는 것이란 점을 구분할 수 있어야 한다. 강화와 처벌 앞에 붙는 정적 또는 부적이라는 개념을 무엇을 더하여 주냐 아니면 제거하냐의 의미를 가질 뿐이다. 정적이든 부적이든 강화의 목적은 바람직한 행동을 증가시키는 것이다.   정답 ④

02 행동주의기법에 해당하지 않는 것은?

① 이완훈련기법   ② 토큰경제기법

③ 정보처리기법   ④ 자기주장훈련

⑤ 타임아웃기법

해설 행동주의에서 사용하는 치료기법으로는 이완훈련, 체계적 둔감법, 토큰경제, 격리, 과잉교정, 반응대가, 혐오기법, 자극변별훈련, 자기주장훈련 등이 있다. 인지적 정보처리 기법은 행동주의 기법이라기보다는 인지주의적 기법이라고 할 수 있다.   정답 ③

반두라의 사회학습이론

학습Key포인트 🔍

○ 반두라의 사회학습이론이 갖는 인간관에 대해서 설명할 수 있다.
○ 관찰학습의 과정을 단계별로 제시할 수 있다.
○ 자기조절, 자기강화, 자기효율성을 구분하여 설명할 수 있다.

제1절 반두라 이론의 주요개념

스키너가 주로 동물을 실험대상으로 삼았다면 반두라는 인간을 대상으로 연구하였다. 이로써 인간의 인지발달에서 사회적, 정서적, 동기적 측면을 고려하여 인지발달에 대한 이해를 넓히는 데 기여했다. 그는 인간은 내면적이 힘에 의해서 행동하는 것이 아니라 행동, 인지, 환경적 영향 력들 사이의 상호작용에 의하여 결정된다는 상호결정론적인 주장을 강조하였다. 전체적으로 행 동주의에 인지적 접근을 추가한 이론이라고 할 수 있는데 이것을 사회학습이론이라고 한다. 사 회학습이론으로 명명한 이유는 행동이나 성격의 결정요인 중 사회적 요소가 중요하기 때문이다. 대부분의 학습이 다른 사람의 행동을 관찰하고 모방한 결과로 일어난다고 인식하는데서 사회학 습이론이 비롯된 것이다.

1) 인간에 대한 이해

① 인간은 환경적 자극에 의해 행동의 동기화를 부여받는다. (전형적인 행동주의적 관점)
② 인간은 **무의식적 정서**에 의해 영향을 받지만 이를 극복할 **인지적 능력**도 갖고 있다.
   (사회학습이론자들의 주장)
③ **환경이 인간에게 영향을 미치지만 인간은 특정한 상황을 피해갈 수 있고, 스스로 물리
   적, 사회적 환경을 조정하면서 자기통제를 할 수 있다**(Feist & Feist, 2006).
④ 인간은 자기효율성을 성취하는 방향으로 행동을 규제할 수 있다.
⑤ 새로운 행동의 학습은 외적 강화 없이도 이루어질 수 있다. (스키너와 다른 점)

외적 강화 없이 모델링이나 대리적 강화를 통해서도 행동을 학습할 수 있음을 물론이고 혁식적인 행동의 창조도 가능하다고 보았다.

2) 모델링(Modeling, 모방)

① 사회학습에 있어 가장 중요한 것은 모델링(모방)이다.

② 모델을 통해서 다음과 같은 것을 얻는다.

모델로부터 **모방적 반응패턴**이 **전달**된다.

모델에 대한 **접촉빈도에 따라** 학습된 반응의 강화되거나 **약화**된다.

모델을 관찰함으로써 이전에 **획득한 반응**이 더욱 **촉발**된다.

> **cf. 모델링에 대한 아동연구 결과**
> • 위대하다고 여겨지는 사람들의 행동이 그렇지 않은 사람의 행동보다 더 많이 모방된다.
> • 동성 모델에 대한 모방이 이성 모델에 대한 모방보다 더 많이 이루어진다.
> • 높은 사회경제적 지위를 지닌 자를 더 많이 모방한다.
> • 자신에게 처벌을 가하거나 벌을 받는 모델은 거의 모방하지 않는다.

3) 인지

① 인간은 언어정보능력이 있으며 또한 모델에 대한 관찰능력을 갖고 있다.

② 언어정보와 모델링을 통하여 사회학습이론이 발달한다. 그리고 결국 이런 과정은 인지적 활동이라고 할 수 있다.

③ 인지적 매개과정은 **대리학습**을 가능하게 한다.

④ 또한 인지적 매개는 행동 이전에 **행동학습에서의 교정을 가능**하게 한다.

4) 관찰학습

① 타인의 행동이 보상이나 처벌을 받는 것을 관찰하면서 학습이 이루어진다. 직접적으로 학습을 받은 것이 아니므로 **대리학습**이라고 한다. 주로 사회적 관계에 놓여 있는 인물을 모방하며 학습이 이루어지기 때문에 **사회학습**이라고도 하며, 모델을 따라하며 학습이 이루어져서 **모델링**이라고도 한다.

② 관찰학습의 과정: **주의집중과정 → 유지과정 → 운동재생과정 → 동기과정**

주의집중 과정	자극에 주의하며 관찰한 행동을 배우면서 중요하지 않은 것은 걸러낸다. eg. 청소년들이 인기스타의 행동을 주의깊게 관찰하여 그들의 행동, 인상 등에서 자신이 선호하는 것을 학습한다.
유지과정 (기억과정)	모델로부터 받은 내용과 현상을 자신의 내면에 오랫동안 기억한다. 상징적인 대상물을 저장하고 회상하는 능력에 있어서 언어발달의 중요성이 제기된다. 기억은 시간이 지나면 사라지기 때문에 기억의 연속성의 중요성도 제기된다.
운동재생 과정	마음에 저장되었거나 상징적으로 부호화된 기억을 행동으로 전환하는 것이다.
동기과정	긍정적인 자극이 주어졌을 때 동기화되고 행동으로 전환된다. 관찰학습과정의 결과를 유지하기 위해 필요하다.

> eg. 관찰학습의 과정
> • 주의집중과정: 학교에서 돌아오니 형이 공부하고 있었고 엄마는 그것을 칭찬하고 있었다. 이 광경이 인상적으로 보였다.
> • 유지과정: 그것을 기억하고 있는다.
> • 운동재생과정: 어느 날 학교에서 돌아와서는 자신도 공부를 해본다.
> • 동기화과정: 엄마는 그 모습을 보고는 칭찬한다. 따라서 생각이 더욱 강화되어 행동의 동기화가 된다.

5) 상호결정론

① 인간의 성격은 **개인, 행동, 환경**의 **상호작용**에 의해 발달한다. 사회학습이론이라고 하는 것 자체가 이런 상호작용을 바탕으로 하고 있음을 생각하게 한다.

② 스키너의 이론은 기계적인 **환경결정론**이고 반두라의 이론은 **상호결정론**이다. 스키너와 반두라를 구분하는 결정적인 지점이 된다.

③ **환경은 사람이 행동하는 상황을 제공**한다. 정신역동이론이 주로 인간이 심리내적인 것에 관심을 가졌다면 인지행동이론은 이것을 벗어나 환경을 그리고 사회적 관계망을 보게 한다는 점에서 의의가 있다.

④ 인간은 인지와 지각을 통해 그 상황을 분석하여 어떤 행동을 할 것인지를 결정한다.

⑤ 행동은 인간의 상황분석과 관련된 정보를 제공하고 그 환경을 수정한다.

⑥ **인간, 행동, 환경**은 서로 영향을 주며, 서로 **상호의존적**이다.

---

cf. 결정론

프로이트 – 정신결정론(인간의 **무의식**이 모든 것을 결정한다.)

스키너 – 환경결정론(인간 외부의 **환경**이 모든 것을 결정한다.)

반두라 – 상호결정론(인간은 **개인자신뿐만** 아니라 **환경**과 **행동**도 상호작용하여 모든

       것을 결정한다.)

---

6) 자기조절/자기규제

① 자신의 행동을 감독하고 스스로 자부심을 갖는 것이다.

② 인간은 주로 자기강화에 의하여 규제된다.

③ 자신의 행동이 자기의 기대나 기준에 얼마나 맞는가에 따라 스스로를 비판하거나 만족하는 반응을 보인다. 바라는 결과를 얻은 후 **자기보상**이나 **자기칭찬**을 하는 것이 자기조절의 핵심적인 부분이다.

　eg. 대학에 갓 진학하여 모든 과목에서 A학점을 받겠다고 결심하고 공부하였다. 그 결과 모든 과목에서 A학점을 받으면 스스로 칭찬을 한다. 반면 그렇지 못하면 스스로 자책을 한다.

7) 자기강화

① **자신이 통제할 수 있는 보상을 스스로에게 주어서 자신의 행동을 유지하거나 변화**시키는 것이다.

② 자기강화는 수행이나 성취와 관련된 내적 기준에 의해서 보상의 여부를 결정한다.

③ 자기강화는 자신이 바람직하다고 여겨지는 행동의 빈도를 더욱 높이는 효과를 가져온다.

　eg. 열심히 공부하여 원하는 대학에 간 자신에게 여행이라는 보상을 스스로에게 준다.

8) 자기효율성/자기효능감

① **자신이 바라는 목적을 이루기 위하여 특정 행동을 성공적으로 해낼 수 있다는 신념**이다.

② 자신이 능력 있는 사람이라고 판단하는 사람은 자신이 수행할 수 있다고 여겨지는 과업에 도전적으로 만날 수 있고, 역경을 맞더라도 잘 대처해 나갈 수 있다.

③ 자기효율성의 결정요인으로는 다음과 같은 것들이 있다.

　실제 수행을 통한 성취가 있다. 어떤 행동을 함으로써 성취를 맛보게 되면 자기 자신에 대해서 목적을 이룰 수 있는 사람이라는 생각을 하게 되는 것이다.

　대리경험이 있다. 모든 것을 전부 경험하여 성취를 맛볼 수는 없다. 대리경험을 통하여 성취되는 것을 보면서 자기효율성에 대해서 긍정적인 생각을 갖게 된다.

　언어적 설득이 있다. 언어정보는 사회학습이론에서 중요하게 보는 요인이다. 언어적 설

득을 통하여 자기 자신에 대해서 긍정적인 모습을 가질 수 있다.

생래적/정서적 상태가 있다. 신체적 또는 정서적 상태는 자기효율성의 영향요인이 된다.

제2절 사회복지실천에 미친 영향

행동주의이론은 전체적으로 행동수정과 학습이론 발전에 기여했다. 스키너의 행동주의도 학습이론에 발전을 주었고, 반두라의 사회학습이론 역시 동일한 효과를 갖는다. 그런데 반두라의 사회학습이론의 경우 단순히 'S-R이론'에 머무르는 게 아니라 인간을 자신과 행동, 환경 간 상호작용을 할 수 있는 존재로 봄으로써 보다 폭넓은 관점을 제공해 주고 있다고 할 수 있다. 인간이 사회적 환경에 얼마나 영향을 받는지를 보여주었다는 점에서 의의가 크다고 할 수 있다. 또한 반두라가 이야기하는 자기효능감은 사회복지실천에 있어서 주요하게 다루는 개념이 되고 있다.

1) 사회복지실천에 미친 긍정적인 영향

① 반두라의 이론은 관찰학습의 중요성을 제공하고 있다.
② 그리고 인간의 행동이 사회환경에 얼마나 영향을 받는지 보여주고 있다.
③ 사회복지사가 클라이언트의 행동을 명확하게 인지하고 이 행동들이 어떻게 연관되는지를 파악하게 하였다.
④ 어떤 행동을 했을 때와 하지 않았을 때 어떻게 다른지 관찰하는 사정의 중요성을 강조한다.
⑤ 모델링 자체는 치료적 세팅에서 직접적으로 활용될 수 있는 기법이 되었다.
⑥ 자기강화와 자기효능감과 같은 개념은 행동주의학습이론을 한층 더 발전시킨 면이 있으며 사회복지실천에서도 직접적으로 사용하는 개념이 되고 있다.

2) 한계점

① 인간의 다양한 연령별 차이에 대해서 간과하고 있다. 즉 인간행동에 있어 외부환경에 대한 중요성을 강조하고 있지만 인간의 생물학적 특성 특히, 발달단계에 따라 어떤 모습으로 학습이 이루어지는지에 대해서는 밝히지 않고 있다.
② 모델링이 어떤 과정을 통하여 인지발달에 도움이 되는지에 대한 내용은 없다.
③ 단지 인간의 공포증과 같은 단순한 행동문제에만 적용된다는 비판이 있다.

01 반두라(A. Bandura)의 이론에 관한 설명으로 옳은 것을 모두 고른 것은?

> ㄱ. 개인의 신념, 기대와 같은 인지적 요인을 중요시 하였다.
> ㄴ. 대리적 강화(vicarious reinforcement)의 중요성을 강조하였다.
> ㄷ. 자기효능감을 높이는 가장 효과적인 방법으로 대리적 경험을 제시하였다.
> ㄹ. 외부로부터 주어지는 강화의 중요성을 강조하는 자기강화(self reinforcement)의 개념을 제시하였다.

① ㄱ   ② ㄴ
③ ㄱ, ㄴ   ④ ㄴ, ㄷ, ㄹ
⑤ ㄱ, ㄴ, ㄷ, ㄹ

해설 사회학습이론(모델링)은 인지적 활동을 전제로 형성된 이론이다. 따라서 개인의 신념, 기대와 같은 인지적 요인을 중요시 한다. 그러면서 대리적 강화의 중요성을 강조하고 있다. 자기효능감을 높이는 방법으로 대리적 경험이 중요하긴 하지만 가장 효과적인 방법은 직접 경험하는 것이라고 할 수 있다. 자기강화는 자신의 내부에서 스스로 강화하는 것이다.   정답 ③

02 반두라(A. Bandura)의 사회학습이론으로 옳은 것은?

① 인간행동에서 외적 영향력보다 내적 영향력을 더 강조한다.
② 인간발달에서 인생 초기의 부정적 경험을 중요시한다.
③ 인간행동발달과 관련된 문화적 배경을 강조한다.
④ 인간행동발달에서 연령별 단계를 제시하고 있다.
⑤ 인간행동은 개인, 행동, 환경의 상호작용으로 발달한다.

해설 반두라는 상호결정론적 입장을 견지하였다. 상호결정론이란 인간의 발달은 개인, 환경, 행동이 서로 상호작용하여 결정된다는 것이다. 내적 영향력을 강조하고 인생 초기 경험을 강조한 것은 정신분석이론이다. 반두라의 사회학습이론은 전 연령에 대한 발달단계를 제시하지 않는다.   정답 ⑤

Chapter 11

인본주의이론

제1절 인본주의이론의 등장

20세기에 접어들면서 정신역동이론과 행동주의이론의 형성은 인간에 대한 이해에 새로운 장을 열어주었다. 특히 정신역동이론은 그동안 인간행동에 대해서 직관적으로 보던 한계를 극복하고 과학적 진단을 이룰 수 있게 하였고, 인지행동주의이론은 인간의 내적 요인뿐만 아니라 인간 외부의 영향력을 볼 수 있게 하였다. 그런데 정신역동이론은 인간을 무의식에 의해 지배하는 인간으로 파악하고 행동주의이론은 인간을 환경에 영향 받는 인간으로 파악하고 있어서 인간 그 자체에 대한 관심은 외면당했다고 할 수 있다. 이제 인간 그 자체에 대해 관심을 갖고 인간의 잠재력에 관심을 갖고 나타난 심리학이 제3의 심리학이라고 불리는 인본주의심리학이다.

1) 심리학의 3가지 혁명

① 정신분석학 - 인간의 무의식에 대한 이해의 지평을 열었다. 어느 누구도 이를 제1의 심리학이라고 하지는 않았지만 인본주의심리학의 등장과 함께 제1의 심리학으로 인정받게 된다.

② 행동주의 - 인간이 환경에 의해서 영향을 받는 존재라는 점을 제시하였다. 이 역시 어느 누구도 제2의 심리학이라고 하지 않았지만 인본주의심리학의 등장과 함께 제2의 심리학이 되었다.

③ 인본주의 - 인간 그 자체에 대해 관심을 가졌다. 앞선 정신분석학이나 행동주의와는 결이 다르다고 하여 흔히 '제3의 심리학'이라고 한다.

2) 인본주의의 특징

① 인간을 **긍정적인 존재**로 보았다.
② 인간을 **잠재력을 지닌 존재**로 보았다.
③ 인간을 **자아실현을 하는 존재**로 보았다.

제2절　로저스의 현상학

정신분석학자들이 주로 인간의 과거 경험에 관심을 가진 반면 로저스는 인간의 현재에 관심을 가졌다. 그는 인간을 가능성을 가진 존재로 보았으며, 무조건적인 존중과 수용으로 그 잠재력을 개발하게 할 수 있다고 보았다. 그의 이론은 심리치료 특히 상담 분야에서 가장 영향력 있는 이론으로 인정받고 있다. 우리나라의 경우 상담학이 들어올 때 역사적 전개 과정에 따른 프로이트의 이론부터 들어온 게 아니라 로저스의 인본주의적 상담이론부터 들어온 경향이 있다. 그만큼 인간을 다루는 학문 분야에서는 중요하게 취급을 받는 이론이다.

1) 로저스 이론의 기본가정

① 로저스 이론의 가장 중요한 가정은 인간을 **성선설의 입장**에서 보고 **자기이해와 자기실현을 위한 잠재력을 지닌 존재**로 보았다는 점이다.
② 인간은 자아실현을 할 수 있는 존재이며 **자아실현은 일생을 통하여 이루어지는 과정**이다.
③ 인간을 병리적으로 보지 않기 때문에 **원조자의 긍정적인 태도**와 효과적인 원조관계 유지가 필요하다.
④ 클라이언트의 주관적 경험을 존중하고 자유와 개인적 책임감, 자율성을 고양하고 선택권을 부여하는 것은 클라이언트의 성장을 촉진시킨다.
⑤ **클라이언트는 자기인식을 할 수 있고, 더욱 적절한 행동을 할 수 있는 능력**을 가지고 있다.
⑥ 실천가는 원조과정에서 'Now & Here'의 행동에 초점을 두어야 한다.
⑦ 진정한 자아에 대해서 아는 것이 원조관계의 목적이다.
⑧ 원조관계의 목적은 클라이언트가 더욱 독립적이고 통합적인 상태로 변화하게 하는 것이다.

2) 현상학적 장(場)(개인의 세계)

① 로저스는 개인이 존재하는 세계를 현상학적 장이라고 하였다. 이는 **경험적 세계 또는 주관적 경험**으로도 불린다.

② 특정 순간에 개인이 **지각하고 경험하는 모든 것**을 의미한다.

③ **같은 현상이라도 개인에 따라 다르게 지각하고 경험하기 때문에 현상학적 장만 존재한다.**

④ 현재 행동을 결정하는 것은 과거 그 자체가 아니라 **과거에 대한 각 개인의 현재에 대한 해석**이라고 할 정도로 현상학적 장을 중시한다.

⑤ 개인은 자신의 현상학적 장에 의해 재구성된 현실에 반응하기 때문에 모든 개인은 서로 독특한 특성을 보인다.

⑥ 인간을 전체적으로 조직화된 체계로 보기 때문에 현상학적인 장에 따라 행동하고 생활할 때 **모든 개인은 조직화된 전체로서 반응**한다.

3) 자기(self)/자아

① 자아개념은 현재 자신이 어떤 존재인가에 대한 개인의 신념으로 **자기 자신에 대한 자아상(self image)**이다.

② **현실자아**는 현재에 대한 자신이 모습에 대한 인식이다.

③ **이상자아**는 앞으로 자신이 어떤 존재가 되어야 하는가에 대한 인식이다.

④ 자아는 유동적이고 새로운 경험에 의해 항상 변한다. 하지만 그렇더라도 **언제나 정형화된 특성을 가진다.** 그래서 자신이 이전과 똑같은 사람이라고 느낄 수 있는 것이다.

  eg. 소극적이던 사람이 대학에 가서 적극적인 사람으로 변했다. 분명 많은 변화가 있었지만 이 사람은 자신을 언제나 자신으로 이해한다.

⑤ 자기는 개인이 경험하는 주관적 세계를 상징화하고 조직화해나가는 역할을 한다.

⑥ 현재의 경험이 자아구조와 일치하지 않을 때 방어기제(왜곡과 부정)를 이용함으로써 위협적인 상황에서 벗어나고자 한다.

  eg. 왜곡 – 성적이 좋지 않아 위협을 느낄 때 '선생님이 잘 못 가르쳐서', '공부할 시간이 없어서' 등과 같이 자신을 합리화한다. 이는 프로이트 이론에서 주장하는 방어기제 중 합리화와 유사하다.

  eg. 부정 – 그동안 결석, 과제물 미제출 등으로 F학점을 받을 것이 뻔한데 시험 치기 전에 교수에게 F학점을 받지 않으려면 어떤 것을 공부해야 하는지 질문하는 것 등과 같이 자기에게 있는 일이 마치 없는 것처럼 행동한다. 역시 프로이트의 방어기제 중 부정이나 억압과 유사하다.

4) 자아실현 경향

① 선천적으로 자신을 유지하거나 향상시키기 위하여 **자신의 능력을 개발하는 경향**을 갖는다.

② **자아실현은 더욱 능력 있는 사람이 되는 과정이다.** 이때 능력이라는 말은 다른 사람과 비교하는 관점에서 이야기하는 것이 아니라 '기능한다'라는 관점에서 이야기하는 것이다. 즉 자기로서 적절하게 기능하는 것을 능력으로 본다.

③ 잠재력을 실현하는 체험과 잠재력을 실현하지 못하는 체험을 구분할 수 있는 **선천적 지혜**를 가지고 태어난다. **(유기체적 평가과정)**

5) 긍정적 지향의 경향

로저스는 인간을 합목적적이고 건설적이며 현실적인 존재로 보았다. 즉 긍정적 지향의 경향을 가지고 있는 존재로 보았다.

6) 긍정적 관심의 욕구

로저스는 인간을 중요한 사람으로부터 따뜻함, 존경, 사랑, 수용을 얻고자 하는 욕구를 가진 존재로 보았다.

7) 무조건적 긍정적 관심

① 건강한 성격발달을 위해서 가장 중요한 것은 무조건적 긍정적 관심이다.

② 어떤 개인에 대해 **조건 없이 있는 그대로 그 사람을 수용하거나 존중**하는 것이다.

③ 사람은 무조건적인 긍정적 관심을 받을 때 자기를 실현할 수 있는 모습을 가진다. 문제 상황을 문제 상황으로만 볼 것이 아니라 이런 무조건적이고 긍정적인 관심을 가질 때 사람은 스스로 변할 수 있는 존재라고 보았다. 따라서 이것은 로저스 이론에 있어서 중요한 치료방법이기도 한다.

8) 완전히 기능하는 사람

① 잠재력을 인식하고 능력과 자질을 발휘하여 자신에 대한 완벽한 이해와 경험을 풍부하게 하는 방향으로 이동해 가는 것을 이른다.

② **자신을 완전히 수용하며 다른 사람에 대해서도 무조건적 긍정적 관심을 보일 수 있다.**

③ 완전히 기능하는 사람은 다음과 같은 다섯 가지 특성을 갖는다(박아청, 2006).

경험에의 개방성(openness)

실존적인 삶(existential life)

자신(one's own organism)에 대한 신뢰

자유감(a sense of freedom)

창조성(creativity)

9) 평가

① 로저스가 제시하는 개인의 존엄과 가치, 자기결정권, 자기결정, 사회적 책임은 사회복지 실천이 추구하는 가치와 일맥상통한다.

② 로저스가 말하는 원조관계는 사회복지실천의 개별사회사업의 핵심이다.

③ 치료자는 치료적 관계에서 진실해야 하고, 일관성이 있어야 하며, 클라이언트에 대한 무조건적 긍정적 관심을 가져야 한다고 하는 것은 사회복지실천에서 실천가가 가져야 할 기본태도이다.

④ 하지만 인간본성을 너무 선하게 보기 때문에 인간이 악한 면이 있다는 것에 대해 설명할 수가 없다. 아무리 무조건적으로 긍정적 관심을 가져도 변한지 않는 인간이 있는 것이 현실이다.

⑤ 완전한 기능, 유기체적 평가 등은 너무 포괄적이고 모호하여 개념은 좋지만 구체적으로 무엇을 이루는 것인지에 대해서 이해하기가 쉽지 않다.

⑥ 성격발달에 대한 이론은 제공하지 못하고 있다.

⑦ 우울증, 수치심과 같은 정서적 문제나 야뇨증, 지나친 음주, 폭력행동과 같은 문제행동이 왜 일어나는지 설명하지 못한다.

제3절 매슬로우의 욕구단계이론

매슬로우는 자신을 정신분석자이며 행동주의자라고 보았다. 하지만 프로이트 방식으로 정신질환자를 연구하거나 행동주의 방식으로 동물을 연구하는 것을 비판하였다. 그의 인간에 대한 순수한 관심은 심리학의 연구과제 역시 건강한 사람들의 특성을 발견하는 것이라고 생각했다. 문제행동이나 문제에만 집착하는 것보다는 건강한 것에 관심을 갖는 것이 더 발전적이라고 본 것이다. 그는 인간은 정신분석이나 행동주의가 말하는 것보다 더 높은 자질을 갖고 있다고 보았으며, 심리적으로 건강한 것이 무엇인지 탐구하려고 하였다.

1) 매슬로우의 인간관

① 인간의 본성은 원래 선하다. 인본주의학자들의 대전제는 인간에 대해서 긍정적으로 보고 있다는 점이다.

② 인간은 자유롭고 자율적인 존재이다.

③ 인간행동은 내면으로부터 나오지만 그렇다고 하여 무의식적 동기의 산물은 아니다.

④ 인간의 병리적 측면보다는 건강한 사람의 행동과 지각에 대해서 탐구해야 한다.

⑤ 사람은 능력이 있는 존재이며 기본적인 욕구들이 충족되면 인간성을 성취하고 결국 자아실현자가 된다.

2) 욕구발달단계

① 생리적 욕구 - 가장 기본적이며 강한 욕구이다.

② 안전의 욕구 - 안정감, 보호, 의존, 질서에 대한 욕구이다.

③ 사랑과 소속의 욕구 - 집단의식이 개인의 주요 목표가 된다.

④ 자존의 욕구 - 자기 자신과 다른 사람으로부터 존경받고 싶은 욕구이다.

⑤ 자아실현의 욕구 - 잠재력을 성취하고 싶은 욕구이다.

⑥ 결핍욕구와 메타욕구로 구분하였다.

생리적 욕구, 안전의 욕구, 사랑과 소속의 욕구, 자존의 욕구는 결핍되었을 때 문제가 나타나는 욕구라는 의미에서 결핍욕구라고 하였다. 반면 자아실현의 욕구는 결핍의 욕구와는 성질이 다른 것으로 결핍욕구를 넘어서 있는 것이라 하여 메타욕구라고 구분하였다.

⑦ 욕구는 단계적/위계적이다.

매슬로우는 엄밀한 것은 아니지만 욕구의 각 단계는 위계적이라고 하였다. 즉 생리적 욕구가 충족되어야 다음 단계인 안전의 욕구가 발현되고, 안전의 욕구가 충족되어야 사랑과 소속의 욕구가 발현되며, 사랑과 소속의 욕구가 발현되어야 자존의 욕구가 발견된다고 보았다. 그러나 이것은 각 단계의 욕구가 엄밀하게 구분되어 동시에 나타나지 않는다는 의미는 아니다.

3) 자아실현자

① 한 사람의 인간으로서 통합되고 완전하게 되는 과정에 있는 사람을 의미한다.

② 인간은 누구나 다 자아실현의 잠재력을 가지고 있고, 스스로 그렇게 될 만한 역량 있는 인간이 되고 싶은 욕구를 가지고 있다.

③ **자아실현자의 특성**(Allen, 2003)

현실을 명확하게 지각하며 타인과 편안한 관계를 맺는다.

자신, 타인, 자연을 수용한다.

자발성, 단순성, 자연스러움을 유지한다.

문제를 적극적으로 해결한다.

독립적인 생활을 할 수 있다.

강력한 의지를 갖고 있으며 환경으로부터 상대적인 독립성을 갖는다.

계속적으로 감사의 마음을 갖는다.

신비한 경험, 절정의 경험을 한다.

인류에 대해 동일시하며 친밀감을 갖는다.

타인과 사적으로 깊은 관계를 맺는다.

민주적인 성격구조를 갖는다.

목적과 수단, 선과 악 간에 윤리적 차별성을 갖는다.

철학적이면서 유머감각을 갖는다.

창의성이 있다.

모든 문화를 포용한다.

> **cf. 완전히 기능하는 사람과 자아실현자**
>
> 로저스 - 완전히 기능하는 사람
>
> 매슬로우 - 자아실현자

4) 평가

① 인간 본성에 대해 긍정적으로 본 견해는 사회복지실천에 매우 유용한 관점을 제공한다.

② 그의 욕구이론은 인간을 이해하고 개입하는 데 있어 중요한 역할을 한다.

③ 하지만 인간욕구를 너무 획일적으로 파악하며, 순서가 바뀔 수도 있음을 간과하였다.

④ 연령에 따른 욕구의 발달에 대해 제시하지 않았다.

01 로저스(C. Rogers) 이론에 관한 설명으로 옳지 않은 것은?

① 개인의 잠재력 실현을 위하여 조건적 긍정적 관심의 제공이 중요함을 강조하였다.

② 자기실현을 완성하는 사람의 특성을 완전히 기능하는 사람(fully functioning person)이라는 용어로 제시하였다.

③ 클라이언트에 대한 공감적 이해의 중요성을 강조하였다.

④ 주관적이고 사적인 경험 세계를 강조하였다.

⑤ 인간을 긍정적이며 창조적인 존재로 보았다.

해설 로저스는 무조건적 긍정적 대우하기를 주장하였다. 그는 자기 실현을 이룬 사람을 완전히 기능하는 사람으로 규정하였다. 그의 이론을 현상학적 장이라고 하는 이유는 주관적인 사적인 경험 세계를 강조하기 때문이다. 인본주의는 기본적으로 인간을 긍정적이고 창조적인 관점으로 이해하고 있다.
정답 ①

02 매슬로우(A. Maslow)의 이론에 관한 설명으로 옳지 않은 것은?

① 인간의 본성은 본질적으로 선하다고 전제한다.

② 다섯 가지 욕구는 동시에 일어날 수 없다고 전제한다.

③ 위계서열은 낮은 욕구일수록 강도와 우선순위가 높다.

④ 연령에 따른 욕구발달단계를 구체적으로 제시하였다.

⑤ 창조성이란 누구에게나 잠재해 있기 때문에 특별한 자질이나 능력을 요구하지 않는다.

해설 매슬로우는 각 단계는 단계적(위계적)이어서 아랫단계의 욕구가 충족되어야 다음 단계의 욕구가 발현된다고 했으나 이것의 구분을 엄격하게 하지는 않았다. 즉 동시에 나타날 수도 있는 것을 간과하고 있다. 매슬로우는 연령에 따라 욕구발달단계를 제시하지는 않았다.
정답 ④

게슈탈트이론과 실존주의적 접근

학습Key포인트

○ 게슈탈트 이론의 기본전제를 설명할 수 있다.
○ 게슈탈트 이론에서 강조하는 지금-여기를 설명할 수 있다.
○ 실존주의 이론의 기본전제를 설명할 수 있다.
○ 실존주의 이론이 삶과 죽음에 대해서 갖는 관점을 설명할 수 있다.

제1절   게슈탈트이론

게슈탈트 치료이론은 펄스(Fritz Perls)에 의해 발달되었다. 그는 정신분석자로 활동하다 프로이트 이론에 반대하는 새로운 형태주의 심리이론을 개발하였다. 1950년 게슈탈트 치료라는 용어를 도입하였다. 게슈탈트 치료는 경험적이고, 실존적이며, 실험적인 접근이다. 언어를 통해 정신적인 조작을 하는 것보다 행동을 강조한다는 점에서 경험적이고, 개인의 독립적 선택과 책임을 강조한다는 점에서 실존적이며, 개인이 매 순간 느끼는 감정을 표현하도록 촉진한다는 점에서 실험적이다. 넓게 보았을 때 인본주의심리학에 속한다고 할 수 있다.

1) 게슈탈트이론의 기본전제

① 인간을 현상학적 관점에서 바라본다.
② 인간은 경험하는 유기체로서 자신의 사고, 감정, 행동을 통해 내적 및 외적으로 야기되는 사건과 접촉하면서 살아간다.
③ 개인은 자신에 대한 책임을 떠맡을 수 있으며, **통합된 개인**으로서 충만하게 살아갈 수 있다.
④ 게슈탈트 치료의 목적은 개인이 즉각적인 경험을 자각할 수 있도록 치료적 개입을 하고 도전함으로써 통합과 성장을 향해 나아가도록 돕는 것이다.

2) 인간본성에 대한 기본가정

① 개인은 서로 관련된 부분으로 구성된 전체이다. 신체, 감정, 사고, 감각, 지각 등 어느 것도 **개인의 전체적인 맥락**을 떠나서는 이해될 수 없다.

② 개인은 환경의 일부로서 환경을 떠나서는 이해될 수 없다.

③ 개인은 자신의 모든 감각, 사고, 정서, 지각을 완전히 자각할 수 있는 **잠재력**을 가지고 있다.

④ 개인은 근본적으로 선하거나 악하지 않다.

3) 지금 – 여기

① 게슈탈트 치료에서 가장 중요한 개념은 '지금'이다.

② 과거는 지나갔고, 미래는 오지 않았다.

③ 과거에 초점을 두는 것은 현재를 충분히 경험하지 않으려는 회피라고 본다.

④ 개인은 현재에서 멀어져 미래에 몰두하게 될 때 불안을 느낀다.

4) 미해결과제와 회피

① 개인에게 어떤 욕구가 출현한 후 그것을 해결하지 못해 게슈탈트를 완성하지 못하면 미해결과제가 발생하게 된다.

② 여기에는 분노, 고통, 불안, 슬픔, 죄책감, 증오, 소외감 같은 표현되지 않은 감정도 포함된다.

③ 이런 것은 표현되지 않았으나 특정 사건에 대한 뚜렷한 기억과 연합되어 있다.

④ 이것이 자신과 다른 사람의 효과적인 만남을 저해하게 된다.

⑤ 직면하여 억압되었던 감정을 다루지 않으면 지속된다.

⑥ 대부분 사람들은 직면보다는 회피를 한다.

5) 자각과 책임감

미해결과제에 대해서 회피하지 않고 직면하도록 자각을 하게 한다.

6) 평가

① 인간을 총체적 인간으로 파악하도록 한다.

② 지금 – 여기를 강조하는 점에서 사회복지실천에 주는 함의가 크다.

제2절 실존주의적 접근

실존주의적 접근은 분리된 하나의 학파도 아니고 정리된 기법을 가진 체계적인 모델도 아니다. 실존주의는 인간본성에 관한 결정론적인 관점에 반대하며 인간에게는 자유의지가 있다는 점을 강조한다. 또한 인간은 현재의 삶에서 자기 자신을 변화시킬 수 있다는 입장을 가지고, 과거가 현재의 생활방식을 결정하지 않는다고 본다. 게슈탈트이론과 마찬가지로 인본주의이론의 하나라고 볼 수 있다.

1) 실존주의적 접근의 기본가정

① 실존이란 존재의 특유한 존재방식이다. 이는 현재 어떤 모습인가에 대한 관심이다.
② 실존은 어디까지나 인간이 현재 관계하는 것으로 본질규정의 문제가 관심사가 아니다.
③ 실존은 외부에 드러나 있는 것이므로 실존철학 역시 인간의 숨겨진 본질보다는 드러나 있는 인간존재 방식에 관심을 갖는다.

2) 인간관

① 인간은 세상에 우연히 던져진 존재이다.
② 인간은 자각을 하므로 선택과 결단이 가능하다.
③ 주체와 객체는 별개의 것으로 생각할 수 없으며 양자가 상호연관을 갖는 참 만남 속에서 자각이 가능하다.
④ 인간은 정적인 존재가 아니라 **전체로서 끊임없이 생성되고 변천되는 상태**에 놓여 있다.
⑤ 인간은 언젠가는 죽을 수밖에 없는 존재라는 사실을 알고 있다. 존재는 비존재를 수반하기에 고립, 허무, 개인적 의미나 주체성의 상실, 소외를 의식하지 않을 수 없다. 실존주의이론에서는 인간을 죽을 수 있는 존재로 보는 특징이 있다.
⑥ 각 개인은 누구와도 비교될 수 없이 **독자적이며 일회적이고 중요한 존재**이다.

3) 자유와 책임

① 인간은 여러 선택 가운데 선택할 수 있는 자기결정적인 존재이다.
② 이런 선택에는 책임이 따른다.
③ 자신의 운명을 스스로 결정하고, 그것에 책임을 져야 한다.
④ 자유와 책임은 항상 함께 따른다.

4) 삶의 의미성

① 인간은 의미와 개인정체감을 찾기 위해 실존적 질문을 할 수 있다,

② 삶은 그 자체 내에 긍정적인 의미를 가지고 있는 것이 아니라 우리가 의미를 창조했느냐에 달려있다.

③ 인간은 본질적으로 혼자이지만 다른 사람과 관계를 맺고자 하는 욕구를 갖고 있다. 다른 사람과 의미 있는 관계를 맺지 못할 때 소외감, 고독, 외로움을 느끼게 된다.

5) 죽음과 비존재

① 실존철학에서 가장 중요한 주제는 **죽음**이다.

② 죽음은 자신에게 엄습해오는 기분 나쁜 무엇이며, 실존이 불가능하게 되는 가능성이다.

③ 그렇다고 **죽음을 부정적인 것으로만 보지는 않는다.**

④ 인간의 현저한 특성 중 하나는 미래의 개념과 죽음의 불가피성을 터득할 수 있다는 점이다.

⑤ 점차 비존재에 대해서 의식하는 것이 역설적으로 존재에 의미를 준다.

⑥ 제한된 시간을 살기 때문에 죽음은 우리에게 진지하게 생을 살아가도록 자극한다.

⑦ 죽음의 가능성은 생의 가능성을 제한하기에 **현재가 귀중한 것**이다. 오직 그것만이 우리가 가진 전부이다.

> **cf. 죽음과 실존**
>
> 실존주의가 죽음에 관심을 갖는다는 것을 죽음에 집착하는 것으로 이해해서는 곤란하다. 죽음을 부인하지 않고 직면하여 바라보기 때문에 오히려 생에 대해서 더욱 진지한 면을 갖는 것이 실존주의라고 할 수 있다. 즉 실존주의의 진정한 관심은 지금 어떤 존재로 있는가에 대한 것이다.

6) 진실성

① 개인은 진실된 실존 속에서 언젠가 일어나야 할 비존재의 가능성에 직접적으로 직면하게 된다.

② 진실하게 사는 것은 우리의 한계를 받아들이는 것을 수반한다.

③ 비진실성과 관련된 것이 죄책감이다. 죄책감은 불안감을 느낄 때와 인간이 스스로 충분히 할 수 있는 것을 달성하지 못했을 때 발생한다.

7) 평가

① 실존주의적 접근은 사회복지실천에 있어 선택과 행동을 통한 인간적 성장이라는 점에서 기여한다.

② 반면 인간의 특별함에 대해서 깊게 바라보지 못하는 점이 있다.

01 인본주의 이론이 사회복지실천에 미친 영향으로 옳은 것을 모두 고른 것은?

> 가. 클라이언트 자기결정권의 중요성을 인식하게 하였다.
> 나. 다양한 체계와의 긍정적 상호작용을 이해하는 틀을 제시하였다.
> 다. 치료적 관계에서 일치성과 진실성의 중요성을 일깨워준다.
> 라. 인간발달에서 조건적 자극의 중요성을 부각시켰다.

① 가, 나, 다　　　　　　　　② 가, 다
③ 나, 라　　　　　　　　　　④ 라
⑤ 가, 나, 다, 라

> **해설** '나'는 체계이론에 대한 설명이고, '라'는 행동주의에 대한 설명이다. 인본주의는 인간의 가능
> 성, 창조성 등에 대해서 관심을 갖는다.　　　　　　　　　　　　　　　　　　정답 ②

02 인본주의에 대해 옳은 설명은?

> 가. 개인의 자기 실천 경향성을 가지고 있다.
> 나. 인간의 행동은 환경의 자극에 의해 전적으로 결정된다.
> 다. 개인이 체험하고 지각하는 것은 현상학적 장에 근거한다.
> 라. 원조보다는 개입방법을 중시한다.

① 가, 나, 다　　　　　　　　② 가, 다
③ 나, 라　　　　　　　　　　④ 라
⑤ 가, 나, 다, 라

> **해설** 인본주의는 인간 자체에 대해서 긍정적으로 본다. 또한 인간의 모습을 현상학적 장에서 보는
> 경향을 갖는다. 로저스나 펄스는 모두 현상학적인 특성을 가지고 있으며 지금 여기를 강조하
> 고 있다.　　　　　　　　　　　　　　　　　　　　　　　　　　　　　　정답 ②

체계이론과 일반체계이론

학습Key포인트 🔍

○ 체계이론 및 일반체계이론의 기본전제 및 인간관을 설명할 수 있다.
○ 체계이론의 여러 주요 개념을 설명할 수 있다.
○ 개방체계와 폐쇄체계의 개념과 특성을 설명할 수 있다.
○ 정적환류와 부적환류를 구분하여 설명할 수 있다.

제1절 체계이론

초기 사회복지사들은 개인내적인 문제에 치중하여 그것을 감소하거나 제거하려고 하였다. 그런데 이는 다분히 의사가 환자를 치료하는 관점에 기반하고 있다. 본질적으로 사회복지는 개인을 상황 속의 인간으로 보고 개인과 환경과의 상호작용에 초점을 둔다, 체계이론은 이에 대한 중요한 이론적 기반이 된다. 체계이론은 여러 체계 간의 상호작용에 관심을 갖는다. 체계이론에는 일반체계이론, 사회체계이론, 생태체계이론 등이 있다.

1) 체계의 개념
　① 체계는 구별되는 방식으로 상호작용하며, 일정기간 동안 지속되고 모든 요소들로 이루어진 **조직화된 전체를 뜻한다.**
　② 체계는 일정 기간 어느 정도의 안정성을 가지고 인과적 관계 속에서 직간접적으로 관련된 **구성요소들의 복합체**를 의미한다.
　③ 체계는 상호의존적이고 상호작용하는 부분들의 합을 말한다. 즉 **부분들 간의 관계를 맺는 일련의 단위**이다.

2) 체계의 속성
　① 조직화 – 체계는 부분 또는 요소가 서로 관계가 있고 연결되어 있다.
　② 상호인과성 – 한 부분에서 일어나는 일은 직간접적으로 모든 부분에 영향을 미친다.

③ 항구성 - 체계는 지속성을 갖는다.

④ 공간성 - 모든 체계는 물리적 공간을 점유하고 관찰될 수 있다.

⑤ 경계성 - 체계의 테두리는 경계라는 특성을 갖는다.

3) 체계이론의 기본전제

① 체계이론은 **통합된 인간관**을 갖는다.

인간의 신체적, 심리적, 사회적 부분의 분리된 존재가 아니라 통합된 전체로서 기능한다.

② **한 영역의 변화는 전체 인간의 사회적 기능에도 영향을 미칠 수가 있다.**

한 개인의 부적응의 원인을 그를 둘러싼 사회체계와의 역기능적인 상호작용에서 찾는다.

③ **상호작용을 강조**한다.

체계는 구성원 간, 체계 간 서로 상호작용을 하는 것을 전제로 한다. 기본적으로 개방체계를 건강한 상태로 가정한다.

④ 인간행동의 문제를 **전체적인 시각**에서 보게 한다.

즉 문제를 개인, 사회, 환경이 상호작용하는 총체로 보는 시각을 가짐으로써 문제사정과 개입체계를 확실하게 한다.

제2절 일반체계이론

일반체계이론은 체계를 구성하는 요소들의 속성과 이들 간의 상호작용을 파악하기 위한 이론이다. 개인의 사회문제를 원인과 결과라는 직선적인 인과관계에서 해석하기보다는 상호 연결된 전체로 파악한다. 개인과 환경이 어느 한쪽에서 일방적으로 영향을 미치는 것이 아니라 양자가모두 원인인 동시에 결과인 상호적 인과관계, 즉 순환적 인과관계로 이루어진다고 본다. 결국일반체계이론은 환경 속의 인간을 보게 한다.

1) 일반체계이론의 인간관과 기본가정

① 인간은 **통합된 하나의 체계**이다.(전체적 인간관)

② **인간은 환경 속의 인간**이다.

③ 체계의 구성단위들은 **상호의존적**이며 서로 **영향**을 주고받는다.

④ 전체는 각 부분들의 합보다 크다.

⑤ 체계는 하나의 단위 혹은 전체를 형성하는 상호 관련이 있는 성원들로 구성된다.

⑥ 체계 조직의 범위는 경계와 구성원들이 결정한다.

⑦ 모든 체계는 다른 체계의 **하위체계이면서 동시에 상위체계**일 수 있다. (홀론)

⑧ 체계의 한 성원의 변화는 전체에 영향을 미친다. (**상호의존성, 상호작용의 법칙**)

2) 체계의 구조적 특성

① 경계

체계를 외부환경으로부터 구분해주는 보이지 않는 선(線)이다. 경계가 있어서 체계가 구성되는 것이다.

외부로부터 에너지가 유입되거나 에너지가 외부로 유출되는 작용을 할 때 경계는 이를 조절하는 특성을 갖는다.

경계의 속성에 따라 개방체계와 폐쇄체계로 체계를 구분하게 된다.

② 개방체계

체계 내외로의 에너지 유입과 유출이 자유로운 체계이다. 곧 어네지의 **투과성이 높은 경계를 가진 체계**이다.

에너지의 유입과 유출이 자유로워 체계 자체의 기능유지가 이루어지고 또한 체계의 발전이 일어난다.

③ 폐쇄체계

개방체계와는 반대로 에너지가 체계 내외로 유입과 유출되는 정도가 없는 체계이다. 곧 투과성이 거의 없는 체계이다.

다른 체계와 상호작용을 하지 않는 **고립되어 있는 체계**이다.

폐쇄되어 있어 점차 구성원들이 동질화되어 가고, 이는 조직구성 및 기능을 쇠퇴하게 한다.

④ 대상체계

분석대상이 되는 체계이다.

상위체계: 대상체계의 외부에 있으면서 대상체계에 기능적으로 영향을 미친다.

하위체계: 대상체계 내부에 있으면서 내부의 다른 하위체계들과 상호작용을 한다.

3) 위계

권력과 통제권에 기반을 둔 서열을 말한다.

4) 홀론

체계는 상위체계에 속한 하위체계이면서 동시에 다른 것의 상위체계가 된다.

eg. 가족체계는 부부체계의 상위체계이면서 동시에 지역사회체계의 하위체계이기도 하다.

5) 엔트로피

① **폐쇄체계에서 일어나는 현상**이다.

② 외부로부터 에너지가 유입되지 않아 점차 에너지가 소모되는 것을 의미한다.

6) 역엔트로피/넥엔트로피

① 엔트로피의 반대 개념이다.

② 에너지가 외부로부터 유입되므로 이용 불가능한 에너지가 감소하는 것이다. 즉 에너지가 더욱 활성화되는 것이다.

③ **부정적인 개념이 아니다.**

④ **개방체계에서 일어난다.**

7) 항상성

① 체계가 균형에 대해 위협을 받았을 때 이를 회복하고자 하는 체계의 속성이다.

② 비교적 안정적이고 지속적인 균형상태를 이루고자 한다.

③ 정적인 균형이 아니라 **역동적인 균형**이다.

④ **개방체계의 속성**이다.

8) 안정상태

① 체계가 붕괴되지 않으려고 에너지를 계속 사용하는 상태이다.

② **개방체계에 속한다.**

9) 환류(feedback)

① 자신이 수행한 것에 대한 정보를 체계가 받는 것이다.

② 환류는 정보 투입에 반응하는 행동을 가져온다.

③ **부적환류**

체계의 존재와 성장에 반대되는 방향으로 나가고 있다는 환류를 받는 것이다. 결국 환류를 통하여 **체계의 이탈을 수정하거나 변화시키는 모습이 나타나게 된다.**

체계가 제방향을 찾고 실수를 수정하여 항상성의 상태로 돌아갈 수 있게 하는 환류이다. 부분적 변화를 일으키고 **전체는 유지시키는** 기능을 한다. 이를 **1차 수준의 변화**라고 한다.

eg. 회사에서 일처리를 잘못한 직원에 대해서 상급자가 일처리가 잘못되었다고 지적할 수 있다. 이로 말미암아 직원은 잘못된 일처리를 수정할 수 있다.

④ 정적환류

체계의 존재와 성장에 맞는 방향으로 나가고 있다는 환류를 받는 것이다. 이런 의미로 환류를 받기 때문에 하던 행동의 수정이 일어나지 않는다. 달리 표현하면 행동하던 것과 똑같은 방향으로 행동하도록 더 요청하는 환류이다.

결과적으로 **체계가 한쪽으로 계속 이탈되어 가는 것을 말한다.**

체계의 급진적이고 불연속적인 변화를 통하여 체계 전체를 변화시키는 환류이다. 이를 **2차 수준의 변화**라고 한다.

eg. 부부관계가 심각한 부부가 문제해결을 위하여 상담실의 도움을 받았다. 그런데 문제가 해결되는 게 아니라 분노가 더욱 쌓이는 등 심각해지는 경우를 이른다.

10) 동등결과성 / 다중결과성

① 서로 다른 체계가 각각 다른 상태이었는데 **투입이 같은 경우 비슷한 안정상태**에 도달하는 것을 동등결과성이라고 한다. 동귀결성이라고도 한다.

② 반면 조건과 수단이 비슷하다 하더라도 다른 결과가 야기되는 것을 다중결과성이라고 한다. 동일한 집단에 속한 청소년일지라도 부모나 교사의 상호작용으로 인하여 다른 결과가 나타날 수 있다.

③ **다중결과성이 체계이론의 기본가정이다.**

11) 평형상태(균형)

① 체계가 고정된 구조를 가지고 주위환경과 수직적인 상호작용을 하기보다 **체계 내에서 수평적인 상호작용을 하면서 거의 교류를 하지 않는 상태**이다.

② 주로 **폐쇄체계**에서 일어나며 체계의 **구조변화가 거의 일어나지 않는 고정된 균형상태**이다.

12) 시너지

① 체계 내부와 외부의 상호작용 또는 체계 구성요소 사이의 상호작용이 증가하면서 체계 내에서 유용한 에너지가 증가하는 것이다.

② 개방체계에 적합하다.

13) 평가

① 기존의 사회적 문제에 대한 이해에서 원인과 결과라는 단선적인 관계로 보던 관점에서 상호작용의 중요성을 보는 관점이 되었다.

② 사회복지실천 목적과 부합한다. 곧 어떤 문제를 바라볼 때 개인이나 환경을 따로 보는 것이 아니라 함께 보는 시각을 갖게 한다.

③ 이전의 원조 전문직이 가졌던 환원주의적 사고를 벗어날 수 있게 되었다.

01 다음에 해당하는 개념으로 옳은 것은?

> ○ 한 체계에서 일부가 변화하면 그 변화가 체계의 나머지 부분들의 변화를 초래하게 되는 개념을 말한다.
> ○ 예시로는 회사에서 간부 직원이 바뀌었을 때, 파생적으로 나타나는 조직의 변화 및 직원 역할의 변화 등을 들 수 있다.

① 균형(equilibrium) ② 호혜성(reciprocity)
③ 안정상태(steady state) ④ 항상성(homeostasis)
⑤ 적합성(goodness of fit)

해설 주어진 지문은 서로 연결이 되어 있는 것을 설명하고 있다. 따라서 보기에서 가장 적절한 개념은 호혜성이라고 할 수 있다.   정답 ②

02 체계이론에 관한 설명으로 옳지 않은 것은?

① 넥엔트로피(negentropy)란 체계를 유지하고, 발전을 도모하고, 생존하는 것을 의미한다.
② 항상성(homeostasis)은 비교적 안정적으로 균형 상태를 유지하기 위한 체계의 경향을 말한다.
③ 경계(boundary)는 체계를 외부 환경과 구분 짓는 둘레를 말한다.
④ 다중종결성(multifinality)은 서로 다른 경로와 방법을 통해 같은 결과에 도달할 수 있음을 말한다.
⑤ 부적 환류(negative feedback)는 체계가 목적 달성이 어려운 방식으로 움직이고 있다는 정보를 제공하여 체계의 변화를 도모한다.

해설 다중종결성은 결과가 다양할 수 있음을 의미한다. 환류의 개념은 변화하는 방향으로 나가는 것이란 점을 잊지 말아야 한다.   정답 ④

Chapter
14

사회체계이론과 생태체계이론

학습Key포인트 🔍

○ 4체계 이론의 클라이언트체계, 변화매개체계, 표적체계, 행동체계를 실제 예를 들어 설명할 수 있다.
○ 6체계 이론의 전문가체계와 문제인식체계를 구분하여 설명할 수 있다.
○ 환경 속의 인간을 설명할 수 있다.
○ 생태체계이론에서 제시하는 각 체계를 구분하여 설명할 수 있다.

제1절 사회체계이론

　체계이론은 인간행동을 단선적으로 보는 것이 아니라 환경과의 관계에서 보아야 한다는 점에서 새로운 시각을 제시하고 있다. 특히 환경 속의 인간이라는 관점에 대한 이론적 배경을 제공하고 있다. 그럼에도 불구하고 일반체계이론은 사회복지실천에서 체계 간 상호작용을 설명하는 데 있어 모호한 점이 있다. 인간사회의 심리적, 사회적 구조와의 관계를 설명하기 위하여 사회체계이론이 발달하게 되었다. 사회체계이론은 커뮤니티 안에 있는 여러 하부체계들이 서로 어떻게 작용하는지에 대한 관심을 갖고 분석을 한다. 이런 관점에서 행동은 개별 하위체계, 집단하위체계 그리고 또 다른 사회체계 등 전체 사회적 상황과 결과로서 이해될 수 있다. 사회체계이론은 사회복지실천에 있어 개인이 처해 있는 여러 체계의 수준에서 사정하고 설명할 수 있도록 한다.

1) 4체계 이론
　① 핀커스와 미나한은 일반체계이론을 사회사업 실체에 응용하면서 4체계이론을 소개했다. 즉 사회복지사가 사회복지실천현장에서 사회복지실천을 하는 과정에서 다루어야 할 대상을 4가지 체계로 설명하고 있다.
　② 클라이언트체계
　사회복지실천을 통해서 산출되는 혜택을 얻으려는 사람들로 **일차 수혜자**를 의미한다. 사회복지사에게 도움을 요청했거나 어떤 문제해결을 위하여 사회복지사와 공동으로 노력을 기울이겠다는 묵시적 계약상태에 있는 사람들이다.

eg. 문제 청소년을 발견한 담임교사가 사회복지사에게 도움을 요청하면 담임교사가 클라이언트체계이다. 후일 청소년도 자신의 문제에 대해서 수정하겠다는 의지를 갖고 의사표현을 하고 활동에 참여하는 클라이언트체계가 될 수 있다.

③ 변화매개체계

변화를 일으키는 데 주도적인 역할을 하는 모든 사람들이 포함된다.

클라이언트의 문제상황에 변화를 가져오기 위하여 그 문제와 관련된 여러 체계를 확인하고, 그 체계들과 함께 노력하기 위한 계획을 세우며, 그 계획의 실행을 위하여 노력하는 체계이다.

eg. **사회복지사자가 속해 있는 사회복지관, 상담실, 쉼터, 치료기관 등이 변화매개체계이다.**

변화매개체계는 기관 나름의 활동영역, 활동목표, 활동방법을 갖고 있기 때문에 사회복지사들이 어떻게 활동할지 그 방향을 결정하는 역할을 하게 된다.

④ **표적체계**

변화매개체계가 그 활동목적을 달성하기 위하여 **변화시킬 대상**이 표적체계이다.

변화를 이루어야 할 개인, 집단, 제도나 정책 등 모든 것이 표적체계가 될 수 있다.

eg. 법원에서 치료명령을 내려 치료받으러 온 사람이 있을 경우 법원이 클라이언트체계이고 치료명령을 받아야 하는 대상이 목표체계이다. 치료명령을 실제로 수행하는 기관은 변화매개체계이다.

⑤ **행동체계**

사회복지사와 함께 활동목적을 달성하기 위하여 함께 하는 모든 체계들이 행동체계이다.

클라이언트체계의 변화를 이루어내고자 동참하는 모든 사람들이 행동체계이다. 따라서 설령 표적체계의 대표자일지라도 동일한 목적을 이루고자 한다면 행동체계로 포함시킬 수 있는 것이다.

eg. 사회복지사와 함께 노력하고자 하는 가족체계, 지역사회체계 등은 모두 행동체계이다.

2) 6체계 이론

① 콤튼과 갤러웨이는 기존의 4체계이론에 2가지 체계를 추가하였다.

② **전문가체계**

변화매개체계가 모인 것이다.

eg. 변화매개체인 사회복지사의 경우 사회복지사들이 모이는 사회복지협회는 전문가체계이다. 전문가체계는 변화매개체계가 활동할 때 지원을 할 수 있다.

③ **문제인식체계**

문제를 제일 먼저 인식하고 그것을 공론화시키는 사람이 문제인식체계이다.

3) 사회체계의 구조와 기능

① 사회체계는 보이지 않는 두 개의 축으로 안정상태를 유지한다.

수평적 축: 도구 – 완성

수직적 축: 외적 – 내적

	도구	완성
외적	적응기능	목적달성기능
내적	형태유지기능	통합기능

② 적응의 기능

체계가 외부로부터 자원을 얻어 이를 분배하고 보존하는 활동이다. 체계는 환경으로부터 자원을 얻어 그 자원을 활용한 능력을 갖춰야 존재할 수 있다. 체계가 과업을 산출할 수 있기 위해서는 상위체계를 변화시켜야 한다. 즉 외적 차원의 문제이다.

③ 목적달성의 기능

체계는 목표를 설정하고, 우선순위를 두며, 구성부분을 동원하여 그 목표를 달성할 때 존재 의미를 갖는다. 사회체계는 상위체계 기대를 충족하도록 목적을 달성해야 한다. 목적을 일으킬 기회나 욕구가 상위체계에 있다는 점에서 역시 외적인 문제라고 할 수 있다.

④ 통합의 기능

체계가 내부적으로 부분들의 상호작용을 조정하고 유지하는 기능을 의미한다. 체계는 부분들의 활동을 조정하고 효과적인 작업관계를 성립할 수 있는 능력을 갖춰야 한다. 완성 차원에서의 문제이고 체계 자체 내의 욕구라는 점에서 내적 차원이라고 할 수 있다.

⑤ 형태유지의 기능

체계 내에서 발생하는 긴장을 다루는 기능이다. 체계 자체 내에서 발생하는 변화와 함께 계속 변하는 상위체계에서 체계 자체의 기본틀을 유지해야 한다. 결국 도구적 차원의 문제이면서 내적 차원의 문제이다.

4) 평가

① 사회체계이론은 사회복지실천에 있어서 문제를 사정할 때 개인뿐만 아니라 문제와 관련된 많은 체계들을 접촉하여 정보를 얻는다. 따라서 더 많은 그러면서 객관적인 정보를 얻을 수 있게 하고, 문제에 대해서 총체적으로 이해하게 한다.

② 문제를 총체적으로 보기 때문에 사회복지사가 개입을 할 때 어느 한쪽으로 치중하지 않고 전체 체계를 변화시키는 전략을 세우도록 도와준다.

③ 개입이 종료되어 이미 다양한 체계의 변화가 이루어졌으므로 그 효과가 지속된다.

④ 여러 체계를 지지체계로 활용할 수 있다.

제2절 생태체계이론

체계이론에 생태학적인 관점이 접목된 것이 생태체계이론이다. 인간과 다른 생물체계 그리고 그들 안에서 일어나는 교류를 설명하고 분석하기 위하여 사용되었다. 유기체와 환경의 상호관계를 연구하는 생태학적 입장은 추상적이지 않고 보편적인 인간의 경험과 더욱 밀접하게 연결되는 특징을 갖는다. 생태체계이론으로 인간을 환경 속에서 보는 관점이 확연하게 세워지게 된다. 복잡한 체계를 이해하는 데 적절한 이론이다.

1) 생태학의 전제
유기체와 환경은 분리할 수 없다. 서로 상호작용을 한다. 또한 개입에 있어서도 어떠한 규정도 하지 않으며, 여러 이론을 적용하여 사회현상의 연계와 복잡성을 묘사할 수 있도록 한다.

2) 생태체계이론의 인간관과 기본가정
① **"환경 속의 인간"**
   인간과 환경은 지속적으로 상호작용을 하기에 분리하여 이해할 수 없다.
   인간은 환경적 요구에 적응하고 때로는 환경을 자신의 욕구에 맞게 수정 또는 변화시키면서 발달하는 존재이다.
② **낙관론적인 인간관**
   인간은 환경적 자원과 사회적 지지를 자율적으로 이용할 수 있으며 효과적으로 기능할 수 있는 능력을 지녔다.
   인간은 내면세계와 외부세계의 요구로부터 자유로운 존재로서, 환경과의 상호교류에서 경험을 획득하고 자율성과 자기규제 능력, 유능성을 확보할 수 있다.
③ **사회문화적 존재로서의 인간**
   인간은 생활환경 속에서 타인과 가치 있는 사회적 관계를 맺음으로써 자아를 발달시키고 사회적 역할기대를 적절히 이행한다.
④ 환경과 인간은 분리할 수 없으며 동시에 고려해야 한다. 인간과 환경은 서로를 형성하는 단일체계를 이룬다.
⑤ 환경을 이해하지 못하면 개인의 미래를 예측할 수 없으며, 개인을 이해하지 못하면 환경의 미래를 예측할 수 없다.

3) 적합성
개인의 적응 욕구와 환경 속성이 서로 조화하는 정도를 의미한다.

개인과 환경간의 상호작용으로 서로 접합성이 이루어지며, 양자 간의 갈등과 힘의 불균형이 야기될 때 생존과 발달을 저해하는 부적합성이 야기된다.

4) 적응

① 인간의 내적 영향력과 생태적 환경의 영향력에 의해 이루어지는 상호의존적인 과정을 **적응**이라고 한다.

② 인간은 환경을 자신의 욕구에 적합하도록 변화시키고 이러한 환경의 변화에 또한 적응할 수 있어야 한다.

③ 생태학적인 관점에서는 적응상의 문제를 병리적으로 보지 않는다. 개인적 요구와 대처가 환경적 자원이나 지지와 일치되지 못한 것으로 간주한다.

5) 스트레스

① 개인이 지각한 요구와 이를 충족할 수 있는 자원의 활용에 있어서 불균형이 야기될 때 일어나는 생리적, 심리적, 사회적 현상을 스트레스라고 한다.

② 스트레스는 반드시 문제가 되는 것은 아니다.

③ 또한 스트레스는 **성장과 발전을 도모하는 동기로 작용할 수도 있다.**

core	적응과 부적응 그리고 스트레스

일반적으로 적응은 좋은 것이고 부적응은 나쁜 것이라는 이분법적인 사고를 갖는다. 스트레스에 대해서도 부정적인 것으로 간주하여 없을수록 좋은 것이라는 생각을 갖는다. 생태체계이론에서는 이런 이분법적인 사고를 지양한다. 부적응적인 것이나 스트레스 상황을 목표로 하지는 않지만 이런 것들이 오히려 긍정적인 발전을 도모할 수 있는 동기가 된다는 생각을 갖는다.

6) 대처

① 적응의 한 형태로 문제를 극복하기 위해서 노력하는 것이다.

② 대처능력을 갖추기 위해서는 내적자원과 외적자원이 필요하다.

　　내적자원 – 자존감, 문제해결기술

　　외적자원 – 가족, 사회적 관계망, 조직의 자원, 유능감

③ 성공적인 대처는 인간과 환경의 질을 향상시키고 보다 높은 수준의 사회적 관계, 능력, 자긍심, 자율성을 획득하여 적응 수준을 높이는 것이다.

7) 관계

① **인간관계를 형성하거나 타인과 연결될 수 있는 능력**을 말한다. 이는 생태학적 관점에서 가장 핵심적인 강조이다.

② 관계를 맺고자 하는 욕망과 능력은 초기의 양육과정에서 시작된다. 그리고 이것은 일생을 통하여 상호적 보호행동의 유형을 결정하게 된다.

8) 역할

① 역할은 개인이 타인에게 또는 타인이 그 사람에게 **어떻게 행동해야 하는가**에 대한 문제이다. 즉 자신이나 타인이 행동하기로 기대되는 것이 역할이다.
② 역할은 상호적인 욕구와 의미를 나타내는 것이다.
③ 역할수행은 감정, 정서, 지각, 신념과 연관되어 있다.

9) 유능성

① 개인이 환경과 효과적으로 상호작용을 할 수 있는 능력이다.
② 자신의 환경 속에서 효과적으로 기능할 수 있는 능력이다.
③ 환경과의 성공적인 상호작용을 통하여 형성된다.

10) 환경

① 사회적 환경: 관료제 조직, 사회적 관계망으로 구분할 수 있다.
   관료제 조직 - 보건, 교육, 사회서비스 조직은 인간의 욕구를 충족시키기 위한 목적으로 세워진 것이다. 그런데 이런 조직은 체계유지에 더 많은 관심을 가짐으로써 오히려 생활문제를 야기하는 환경이 되는 경우가 많다.
   사회적 관계망 - 가족, 친척, 친구, 이웃 등 타인과의 관계체계이다. 개인의 욕구충족뿐만 아니라 자원, 정보의 교환 및 정서적 지지를 제공하는 표현적 기능을 담당한다.
② 물리적 환경: 자연적 환경, 인위적 환경으로 구분할 수 있다.
   자연적 환경 - 기후, 지리, 온도, 계절 등 인간의 감정과 행동에 영향을 미치며, 긴장의 원인이 된다. 자연적 환경의 변화는 인간의 모든 생활 속에 반영된다.
   인위적 환경 - 인간이 배치한 구조물 등을 인간생활에 영향을 미친다. 건축물, 대중매체, 교통체계 등이 여기에 속한다.
③ 공간과 시간적 리듬
   공간리듬 - 도시지역, 도농지역, 농촌지역 등은 개인과 환경단위의 적응에 영향을 미친다.
   시간적 리듬 - 속도와 시간 등이 생활에 영향을 미친다. 시간적 리듬에서는 시계상 시간과 심리적 시간 등으로 구분하여 생각해 볼 필요가 있다.
④ 문화적 환경: 생활영역과 거주환경으로 구분할 수 있다.
   생활영역 - 성원들이 차지하고 있는 직접적인 환경이나 지위이다. 이는 문화, 하위문

화, 시대에 따라 다르게 보게 된다.

거주환경 - 개인의 문화적 맥락에서 물리적, 사회적 환경과 관련된 것을 의미한다.

11) 생태체계의 구성

① 미시체계

개인에게 직접 영향을 미치는 환경이다. 직접적인 상호작용이 일어난다.

eg. 가정, 학교, 친구, 이웃

② 중간체계

두 가지 이상 미시체계 간의 관계이다. 또는 두 가지 이상의 환경에서 일어나는 연결성을 의미한다.

③ 외부체계

개인과 직접 상호작용을 하지 않지만 미시체계에 영향을 주는 환경이다.

eg. 부모의 직장, 지방정부

④ 거시체계

개인이 속한 사회의 제도나 이념, 문화 등을 의미한다. 개인의 생활에 **직접적인 개입은 하지 않지만 간접적으로 강한 영향력을 발휘**한다.

eg. 법, 제도, 문화 등

⑤ 시간체계

개인이 전 생애에 걸쳐 일어나는 변화와 역사적인 환경을 포함하는 체계이다.

생태체계는 과거 - 현재 - 미래의 시간체계 변화 속에서 작용한다.

12) 평가

① 생태체계이론이 사회복지실천에 도입됨으로써 사회복지실천은 인간과 환경이이라는 진일보한 개념을 가질 수 있게 되었다.

② **생태도, 가계도, 사회적 관계망 그리드** 등의 작성으로 사정 및 개입에 중요한 자료를 제공하기에 이르렀다.

③ 환경과 인간을 하나의 총체로 간주함으로써 인간행동을 인간과 환경의 상호작용으로 보게 되었다.

④ 클라이언트가 환경에 어떻게 접하고 있는가에 대해서 관심을 갖게 하였다.

⑤ 사회복지사가 클라이언트에 맞는 모델을 선택할 수 있게 하는 통합된 접근의 길을 열어주었다.

⑥ 다만 생태체계이론은 어느 하나의 개입기법을 갖는 이론이 아니다.

⑦ 또한 구체적인 인간발달시기에 대해서 단계를 제시하지 않고 있다.

01 브론펜브레너(U. Bronfenbrenner)의 생태체계이론에서 다음에 해당하는 개념으로 옳은 것은?

> ○ 전 생애에 걸쳐 발생하는 변화와 사회역사적인 환경을 포함한다.
> ○ 인간의 생에 단일 사건 뿐 아니라 시간의 경과와 함께 연속적으로 일어나는 사건들이 누적되어 영향을 미친다는 것을 보여주고 있다.

① 미시체계(micro system) ② 외체계(exo system)
③ 거시체계(macro system) ④ 환류체계(feedback system)
⑤ 시간체계(chrono system)

해설 흔히 생태체계이론을 미시체계, 중간체계, 외체계, 거시체계로만 이해하는 경향이 있는데, 시간체계도 있음을 주지하여야 한다. 시간적 흐름을 이야기하는 것이 시간적 체계라고 보면 된다.

정답 ⑤

02 생태학적 이론에 관한 설명으로 옳지 않은 것은?

① 인간과 환경의 지속적인 상호작용을 강조한다.
② 인간의 병리적인 관점을 강조한다.
③ 적합성이란 인간의 욕구와 환경자원이 부합되는 정도를 말한다.
④ 인간은 자신의 요구에 맞게 환경을 만들어내기도 한다.
⑤ 인간의 생활상의 문제는 전체 생활공간 내에서 이해한다.

해설 인간을 병리적 관점에서 보는 것은 정신역동 특히 정신분석이론이다. 생태학적 관점은 인간을 낙관적으로 본다.

정답 ②

가족체계와 집단체계

학습Key포인트 🔍

○ 가족의 기능을 설명할 수 있다.
○ 가족규칙과 가족신화를 예를 들어 설명할 수 있다.
○ 치료상황에서 사용하는 여러 집단을 구분하여 제시할 수 있다.

제1절   가족체계

가족체계는 사정의 단위가 되기도 하고 실천의 장이 되기도 한다. 사회복지실천에서 가장 중요하게 보는 사회단위가 가족이기도 하다. 따라서 가족체계에 대한 이해는 인간행동에 대한 이해를 위하여 중요할 뿐만 아니라 사회복지실천이라는 관점에서도 중요하다고 할 수 있다. 특히 가족의 기능과 변화에 대해서 관심을 갖는 것이 필요하다.

1) 가족의 이해

① 가족은 사회적 **일차집단**이다. 복잡한 사회도 일차적으로 가족이라는 사회에서부터 시작을 하기 마련이다.

② 가족은 **혈연집단**이다. 혈연집단이라는 것은 다른 어떤 이유로도 설명하기 어려운 강한 결속력과 유대감을 갖는 집단이라는 의미이다. 실제로 가족보다 더 끈끈하게 작용하는 집단은 드물다.

core   **"가족"의 개념**

전통적으로 핵가족을 일반적으로 가족이라고 정의하는 경향이 있다. 우리나라 건강가정기본법 역시 핵가족을 기본가정으로 보는 견해를 갖고 있다. 가족이 혈연으로 맺어지는 일차적인 집단임에는 틀림없으나 이제 사회적인 흐름으로 볼 때 혈연으로 맺어진 집단으로만 보기는 어려워졌다. 여러 형태의 가족이 생겨나고 있기 때문이다. 따라서 이제는 가족의 개념도 넓게 볼 필요가 있다. 특히 사회복지실천을 하는 사람들은 다양한 사회모습을 받아들일 수 있는 문화적 감수성이 높아야 하는데 가족에 대해서도 역시 그런 관점을 가져야 한다.

③ 가족구성원은 고유한 가풍을 공유하는 **문화집단**이다. 가족 내에는 가족구성원끼리만 공유하는 고유한 문화가 있다. 이는 다른 가족이 가질 수 없는 가정의 특질이기도 하다.

④ 가족은 사회화가 시작되는 장(場)이면서 인격형성에 1차적인 영향을 미치는 **인간발달의 근원적 집단**이다.

⑤ 가족은 산업화, 도시화 등 사회적 조건 변화에 대해서 **역동적으로 적응**하는 집단이다. 시대의 변화에 따라 가족구조는 변화되어 왔지만 가족 그 자체가 사라지지는 않았다. 이는 가족이 변화하는 시대에 끊임없이 적응해 온 것을 보여준다.

2) 가족의 기능

① 구성원에게 **친밀한 관계를 제공하는 기능**이 있다. 사람은 친밀한 관계가 없으면 불안을 가질 수밖에 없다. 가족은 인간에게 친밀함의 가장 기본적인 것을 충족시켜주는 역할을 하고 있다.

② **경제적인 협조의 기능**이 있다. 가족을 달리 표현하면 경제공동체라고 할 수 있다. 이런 모습은 전통사회에서 더욱 뚜렷하다. 전통사회는 공동생산, 공동분배, 공동소비하는 경제적인 구조를 가졌다. 현대사회에서 이런 모습은 많이 약화되었지만 가족이 경제적인 협조의 기능을 하는 것 자체가 사라진 것은 아니다.

③ **자녀출산 및 양육의 기능**이 있다. 자녀는 다음 세대를 이어가는 존재들이다. 가족은 다음 세대를 이어갈 자녀를 출산하고 양육하는 기능을 갖고 있다.

④ **사회화의 기능**이 있다. 갓난아이는 부모로부터 사회생활을 할 수 있는 가장 기초적인 것들을 배우게 된다. 이런 사회화의 기능은 겉으로 드러나는 것이 아니라 출산과 양육과정을 통해서 자연스럽게 이루어지는 것이다.

⑤ **지위부여의 기능**이 있다. 사람은 자신이 어떤 지위에 있게 되는가에 따라 삶을 더욱 의미 있게 바라보고 접하는 경향성이 있다. 가족은 인간에게 분명한 지위를 부여해줌으로써 생을 향한 원동력을 갖게 한다.

eg. 연예인이나 운동선수들이 자녀를 출산할 때면 '이젠 가족도 늘어나서 더욱 책임을 져야 한다는 생각을 하게 되었다'는 말을 종종 하곤 한다. 이는 '아버지'(또는 '어머니')라는 지위가 주어짐으로써 그에 맞는 생활을 하려고 하는 경향을 나타내준다.

core   가족의 기능 변화

- 현대사회는 급격한 변화를 하고 있어 이에 맞춰 전통적으로 생각하는 가족의 기능이 점차 약화되어 가는 경향이 나타나는 것은 분명하다.
- 특히 공동생산, 공동소비의 패턴은 가장의 임금에 의한 생활이라는 모습으로 바뀌었다가 이제는 맞벌이 부부라는 모습으로 바뀌고 있다.
- 사회화 기능의 경우 많은 부분이 교육기관으로 이전된 현상도 나타나고 있다.

• 그럼에도 불구하고 가족의 기능이 사라진 것은 아니라는 관점을 분명히 가지고 있어야 하며, 특히 친밀성 제공의 기능 등에 대해서 더욱 관심을 갖는 시대가 되었음을 인지해야 한다.

3) 다양한 가족의 형태

① 핵가족

② 확대가족

③ 혼합가족 cf. 반드시 혈연으로 묶이지 않을 수도 있다.

④ 집합가족 eg. 이스라엘의 키부츠 - 소득과 소비 공유

⑤ 동성애가족

⑥ 딩크가족 double income, no kids

⑦ 통크가족 two only, no kids 자녀에거 부양받기를 거부하고 부부끼리 사는 노부부가족

⑧ 소호가족 - 집무와 살림을 동시에 하는 가족

⑨ 1인가족

> **cf. 실천적인 관점 갖기**
>
> 사회복지사는 동성애에 대한 찬반 이전에 인권적 관점에서 동성애를 바라볼 수 있어야 하고, 더 나가 클라이언트가 동성애자일 수 있다는 입장에서 접근해야 한다. 아울러 이제는 애완동물도 가족의 일원으로 보는 견해에 대해서도 닫혀 있어선 곤란하다. 사회복지사는 세상 사람들과 똑같은 인식이나 정서를 가져야 하는 것은 아니다. 다만, 어떤 상황에 있든지 인간에 대한 관심 자체를 가지고 있어야 한다. 따라서 어떤 종류의 가족이든 그리고 어떤 대상을 가족으로 포함시키길 원하든 클라이언트가 가지고 있는 관점에서 대해서 판단하지 않고 존중하는 자세를 가져야 한다.

4) 사회체계로서의 가족

① 가족은 하나의 체계이므로 여러 가지로 기능하면서 체계로서의 균형을 유지하려는 자기조정능력을 갖고 있다.

② 가족구성원 중 누군가가 가지고 있는 문제는 그에게만 해당하는 문제가 아니다. 결국 체계로 구성되어 있으므로 가족구성원 전체의 문제가 될 수밖에 없다.

③ 가족체계의 한 부분의 변화는 가족 전체의 변화를 초래할 수 있다. (체계론 관점의 반영)

④ 가족구성원은 전체를 합한 것 이상의 특성을 지닌 체계이다.

⑤ 가족체계는 경계를 가지고 있다. 이 경계는 가족체계가 어떻게 기능하는지를 보게 해준다.

⑥ 가족체계는 비교적 안정된 상태를 유지하려는 경향이 있다.

5) 가족의 항상성

① 모든 체계가 평형상태를 유지하려는 속성이 있는 것처럼 가족도 항상성을 이루려는 성향이 있다.

② 가족의 항상성은 가족 내에 고정적으로 만들어진 관계 유형을 지속하여 안정적인 상태를 유지하려는 특성이다.

6) 가족규칙

① 가족 안에서 서로 행동을 규정하고 제한하는 합의를 의미한다.

② 가족규칙은 명시적일 수도 있고 암시적일 수도 있다. 가령 가훈을 생각해 볼 때 가훈을 벽에 써놓는 경우 명시적인 모습을 하게 된다. 그런데 대부분의 가족은 그렇게까지 하지 않으면서도 공동적으로 갖는 가훈이 있을 수 있다.

③ 가족규칙은 가족구성원의 행동에 영향을 준다. 그리고 이를 어겼을 경우 통제하는 힘이 행사되기도 한다.

eg. '10시 이전에는 귀가해야 한다' 등

7) 가족신화

① 가족신화란 가족구성원들 사이에 생긴 어떤 신념을 의미한다. 이는 구체적으로 표현을 하지 않더라도 가족구성원들 사이에서는 암묵적으로 인정되는 것이다.

② 긍정적인 것이라기보다는 부정적이거나 비합리적인 것이다. 이로 인하여 가족문제가 발생하기도 한다.

eg. '남자는 밖에서 일해야 하고 여자는 안에서 살림을 해야 한다'는 가족신화가 있으면 아무리 가정일이 쌓여도 남편은 가사일을 도와주지 않는다.

cf. 사티어의 경험적 가족치료는 잘못된 가족신화를 밝혀서 변화를 주는 것을 목표로 한다. 그 과정에서 '반드시'를 의미하는 당위적인 표현을 '할 수도 있다'는 가능성의 표현으로 바꾸는 작업을 하게 된다.

8) 가족의 경계와 하위체계

① 가족도 하나의 체계이므로 경계가 있다.

② 가족 자체가 지역사회의 하위체계이기도 하지만 가족체계 안에도 여러 하위체계가 있다.

eg. 부부체계, 부모자녀체계, 형제자매체계

③ **체계 간에는 경계가 명확해야 한다.** 가령 자녀와 분화를 제대로 이루지 못할 경우 자녀 문제에 필요 이상으로 흥분하고 개입하게 된다. 이로써 자녀와 본인 모두 일상적인 삶

이 어려워지게 된다.

④ 동시에 **개방체계이어야 건강한 가족이 된다.**

제2절 집단체계

인간은 사회적 동물이다. 이 명제는 인간을 개체 하나로만 따로 떼어놓고 이해할 수 없음을 시사한다. 실제로 인간을 개별로 떼어놓았을 때 인간으로서의 진정한 면모를 보지 못하게 되는 현상도 일어나게 된다. 이런 관점에서 인간의 행동을 이해할 때 집단에 대해서 관심을 갖게 된다. 특히 집단은 인간의 문제행동을 사정하는 것뿐만 아니라 치료의 장(場)으로서의 역할도 하고 있다. 사회복지실천에서는 집단을 대상으로 한 실천개입법을 응용할 때가 많다. 따라서 집단을 하나의 체계로 살펴보는 과정이 필요하다.

1) 집단의 정의와 특성

① 집단을 정의하자면 **2인 이상이 모여 공동의 목적이나 관심을 공유하면서 구조화되고 유형화되는 체계**라고 할 수 있다. 이런 정의를 살펴보면 집단은 다음과 같은 특성이 있음을 알 수 있다.

② 일정한 구성원을 갖는다. 최소한 2인 이상이 모여야 한다. 1인으로는 집단을 구성할 수 없다.

③ 공통의 목적을 갖는다. 집단을 이루었을 때 구성원은 공통된 관심을 가져야 집단이라고 할 수 있다. 단지 2인 이상이 모여 있는 자체만으로 집단이라고 할 수는 없다.

④ 정체성을 갖는다. 집단은 활동을 통하여 '우리의식'이 형성된다.

⑤ 집단은 개인의 행동에 영향을 미친다. 집단의 공동의 관심사나 우리의식은 결국 집단 구성원이 행동에 영향을 미치게 된다.

⑥ 집단참여에는 한계가 있다. 한 개인이 가족 이외의 다양한 집단에 참여하는 것은 일정한 흥미와 관심에 따라 이루어진다. 그렇기 때문에 참여에는 한계가 있을 수밖에 없다.

---

cf. '집단'과 '조직'의 차이

- 조직이 집단보다 공식적인 상하관계가 뚜렷하다. 조직이 더 관료적이다.
- 집단이 조직보다 대면적인 상호작용을 더 많이 한다.
- 조직이 집단보다 목표지향적인 면에서 더 강하다.
- 집단구성원이 조직구성원보다 자율성이 더 크다.

---

2) 집단의 종류

① 일차집단과 이차집단 (쿨리)

일차집단: 혈연과 지연이 중심이 되어 구성된 집단으로 대면적, 정서적, 감정적인 관계를 갖는 특성이 나타난다.

이차집단: 인위적으로 구성되며 계약에 의해 구성된다. 집단은 하나의 수단적인 역할을 하게 된다. 집단 안에서는 능률이나 합리성이 강조된다.

② 공동사회와 이익사회(퇴니스)

공동사회(게마인샤프트, Gemeinschaft): 절친한 친구 등 인간의 자연적 의지의 결합으로 이루어지는 집단이다. 대면적인 관계망이 발달하는 집단이다.

이익사회(게젤샤프트, Gesellschaft): 판매자와 구매자의 사이와 같이 합리적 의지에 의하여 결합되는 집단이다. 이익의 원리에 따라 작동되는 집단이다.

③ 개방집단과 폐쇄집단

개방집단: 새로운 구성의 입회와 탈퇴가 자유롭다.
이 과정에서 새로운 가치와 신념이 유입될 수 있다.

폐쇄집단: 구성원의 자격을 명확하게 설정한 후 구성원이 동시에 가입하여 일정기간 새로운 구성원 없이 처음부터 끝까지 운영되는 집단이다.
집단에 대한 응집력이 높고 공동의 목표를 달성하기에 효과적이다.
집단목표가 처음부터 잘못 세워지는 경우 이를 수정할 여지가 거의 없다.

3) 집단역동성(Group Dynamics)

① 집단활동은 그 안에서 역동성이 일어나기 마련이다.

② 집단역동성이란 집단이 과업을 성취해 나가는 과정에서 구성원 사이에서 발생하는 역동적인 힘이다.

③ 집단역동성을 활용하여 치료, 성장 등을 보다 더 효과적으로 이룰 수 있다.

4) 집단유형

① 치료집단

치료집단은 행동변화, 문제개선, 기능회복을 위해 구성되는 집단이다.

결국 치료가 목적이 되는 집단이다.

집단은 **전문가의 사정**을 통하여 치료에 적합한 구성원들로 이루어진다.

eg. 정신보건센터에서 심리치료를 받는 외래환자 집단, 건강협회에서 진행하는 금연집단, 약물중독 등을 치료받는 집단

② 지지집단

지지집단은 구성원들이 스트레스를 주는 생활상의 사건에 대해 잘 대처하고 효과적으

로 적응할 수 있도록 원조하기 위해 구성되는 집단이다.

집단지도자는 자조와 상호원조를 통해서 대처기술을 향상시키도록 동기화한다.

대개 유사한 문제를 가진 사람들끼리 모이기 때문에 유대가 빨리 형성된다.

또한 자기 표출정도가 매우 높다.

eg. 이혼부부의 자녀 집단, 암환자와 가족으로 구성된 대처방법 의논 집단, 아동양육에 어려움을 겪는 편모 집단

③ 교육집단

교육집단은 지식, 정보, 기술향상을 위하여 구성되는 집단으로 교육을 매개로 구성된다.

주로 강의 중심으로 이루어지고, 성원들의 자기표출 정도는 낮은 편이다.

eg. 성교육을 받는 집단, 예비부부 교육집단

④ 성장집단

성장집단은 성원들이 자신과 타인에 대해서 보다 성숙한 모습을 갖기 위하여 구성되는 집단이다. 결국 자신의 생각, 인지, 감정, 행동을 확정하고 변화할 수 있는 기회를 가지려는 사람들로 구성된다.

자신의 잠재력을 최대한 발휘할 수 있도록 돕는 집단이다.

주로 심리사회적 건강을 향상시키는 데 초점을 맞춘다.

집단 성원들은 통찰력을 얻을 수 있고, 새로운 행동을 시험해 볼 수 있다는 장점이 있다.

eg. 부부를 위한 참만남의 집단, 은퇴 후의 삶에 맞춘 은퇴노인 집단

⑤ 사회화집단

사회화집단은 **사회적 관계에 어려움을 겪는 사람들이 대인관계기술을 개발하기 위하여** 구성되는 집단이다.

eg. 시설에서 사회적응 훈련의 일환으로 사회화집단을 구성할 수 있다.

⑥ 과업집단

과업집단은 과업을 이루기 위하여 구성되는 집단이다. 목표를 달성하고자 하는 **목표지향적인 집단이다.**

과업에 대한 관심이 높기 때문에 **자기 공개성이 낮고**, 은밀한 진행과정이 필요한 집단이다.

⑦ 자조집단

자조집단은 비슷한 환경에 있으면서 공통의 이익을 도모하기 위하여 서로 돕거나 공동의 문제를 함께 해결하기 위한 민간 형태의 집단이다.

개인들로 하여금 상호지원, 역할모방 등을 통해 공통의 생활문제에 대처하게 한다.

eg. AA(익명의 알콜중독자 모임), 단도박 모임, 쇼핑중독자 모임, 치매노인 가족 모임

01 집단의 구성 동기에 따른 유형과 그 예로 올바르게 연결된 것을 모두 고른 것은?

> ㄱ. 자연 집단(natural group) – 또래집단
> ㄴ. 1차 집단(primary group) – 과업집단
> ㄷ. 형성 집단(formed group) – 치료집단
> ㄹ. 2차 집단(secondary group) – 이웃

① ㄱ, ㄹ   ② ㄱ, ㄷ
③ ㄴ, ㄹ   ④ ㄴ, ㄷ, ㄹ
⑤ ㄱ, ㄴ, ㄷ, ㄹ

해설 1차 집단은 대면적이고 자연적인 집단이다. 따라서 과업집단은 1차 집단이 될 수 없다. 2차 집단은 목적을 위하여 계약에 의해 모이는 집단이다. 이웃은 자연적으로 형성되는 집단이다. 이웃은 자연집단이 맞고, 치료집단은 형성집단이 맞다.   정답 ②

02 개방형 가족체계에 관한 설명으로 옳은 것을 모두 고른 것은?

> ㄱ. 가족 체계 내 엔트로피 상태가 지속된다.
> ㄴ. 외부로부터 정보를 통해 체계의 기능을 발전시킨다.
> ㄷ. 지역사회와 교류가 활발하다.
> ㄹ. 투입과 산출이 거의 없는 상태이다.

① ㄱ, ㄴ   ② ㄱ, ㄷ
③ ㄴ, ㄷ   ④ ㄱ, ㄷ, ㄹ
⑤ ㄴ, ㄷ, ㄹ

해설 엔트로피는 체계 내의 에너지가 감소하는 것으로 폐쇄체계의 특징이다. 투입과 산출이 거의 없는 체계는 폐쇄체계이다. 개방체계는 에너지의 유입과 유출이 비교적 자유롭고, 그로 인하여 에너지가 더욱 활성화되는 특징을 갖는다. 이를 역엔트로피(넥엔트로피)라고 한다.   정답 ③

Chapter 16

조직체계, 지역사회체계, 문화체계

학습Key포인트 Q

○ 집단과 조직을 구분하여 설명할 수 있다.
○ 지역사회의 개념과 기능을 설명할 수 있다.
○ 문화의 개념과 기능을 설명할 수 있다.

제1절   조직체계

조직은 인간들이 특정한 목표를 이루기 위하여 목적적이면서 규제적인 특성을 갖고 형성하는 것을 말한다. 인간은 조직 안에서 자신의 역할을 부여받게 된다. 따라서 인간행동을 이해하기 위해서는 조직체계에 대해서 이해할 필요가 있다. 그런데 조직은 개인이 속해 있는 체계이면서 동시에 사회복지실천에 있어서 자원으로써의 기능도 하게 된다.

1) 조직의 정의 및 특성

① 조직이란 2명 이상이 모여서 같은 목표를 달성하고자 하며, 특히 어떤 일을 하여 과업을 이루고자 구성되는 체계이다.

② 조직은 과업을 위하여 개인에게 어떤 일정한 지위와 역할을 부여한다. 이로써 질서 있는 하나의 집합체를 이룬다.

③ 조직은 특정 목적을 갖는다. 이 부분에 있어서는 집단과는 완연히 다른 성격을 갖는다. 집단의 목표는 강제적인 성격이 없지만 조직의 목표는 강제성을 띠게 된다. 그래서 **과업**이라고 명명한다.

④ 조직은 일정한 규범을 갖는다. 그리고 이 규범의 강제력이 집단보다 훨씬 크다.

⑤ 조직의 운영 및 유지를 위하여 외부로부터 투입이 있어야 한다.

⑥ 조직은 상하체계 간 서로 영향을 주고받는다. (체계론적 입장)

⑦ 독특한 조직문화를 갖는다.

eg. 공무원들은 명시되어 있는 매뉴얼에 따라 행동하고자 하는 특성을 많이 나타낸다. 공적인 입장에서 어떤 과업을 차질없이 이루어내야 하는 특성이 문화로 나타나는 것이다.

eg. 사회복지사들은 대개 타인의 입장을 배려하거나 고려하는 조직 특유의 문화가 있어 때론 이 부분을 약점 삼아 접근하는 사람들도 있다.

2) 집단과 조직

유사점	차이점
• 인간에 의해서 구성된다. • 2명 이상의 구성원을 갖는다. • 목표와 문화를 갖는다.	• **조직**은 집단보다 **공식적인 상호작용**을 한다. • **조직**은 집단보다 **강한 결속력**을 가진다. • **조직**은 집단보다 **공식적이고 위계적**이다. • 집단은 조직보다 대면적인 상호작용을 한다.

3) 조직에 대한 관점

① 개방체계 관점

조직의 각 부분은 다른 부분과 상호연관성을 가지며, 현존 상태에 있는 것이 아니라 보다 더 성장한다.

조직은 생존과 목표달성을 위해 외부로부터 자원 및 여건을 제공해 주는 외부환경과 관련된다.

② 행동주의 관점

조직 내 성원들의 겉으로 드러난 구체적인 행동을 강조한다.

③ 경제적 관점

조직은 합리적인 선택에 의해 가장 효율적인 결과를 얻기 위해 작동한다.

④ 문화적 관점

조직은 조직 내의 가치와 관습에 의해 지배를 받는다.

조직구성원들의 현재의 행동은 조직의 가치와 문화에서 기인한 것이다.

4) 조직과 사회복지실천

① 조직은 개인을 이해하는 도구가 된다.

② 조직은 사회복지의 자원이 된다.

③ 때로는 조직의 과업과 문화가 사회적인 인정의 범위를 넘어서는 경우가 있다. 이럴 경우 사회적인 지탄을 받게 되는 모습이 나타나게 된다.

제2절 지역사회체계

신자유주의의 대두 이후로 지역사회에 대한 관심이 증대되고 있다. 실질적으로 현대 사회복지는 지역사회를 중심으로 이루어지게 되어 있다. 또한 개인은 지역사회의 일원이 된다. 그렇기 때문에 지역사회에 대한 이해는 개인의 행동을 이해하는 단서가 될 수 있다. 그런데 지역사회에 대한 관심은 사회복지실천의 직접적인 장(場, 단위)이 된다는 측면에서의 강조점이 더 크기도 하다.

1) 지역사회의 구성요소

① **지역** – 지역사회는 일정하게 규정되는 경계(bounded) 안에 있어야 한다. 흔히 지리적 경계를 갖게 된다. 다만, 행정구역상의 경계를 기계적으로 적용하기는 어렵다. 사회복지 구현의 현실적인 면에서 지역은 행정구역체계로 구분되겠지만 인간이해의 측면에서의 지리적 구분은 반드시 행정구역과 일치한다고 볼 수 없다.

② **공동결속** – 지역사회는 그 안에서 일종의 공동결속이 이루어져야 한다. 이 의식으로 인하여 자신이 지역사회의 일원이라는 생각을 갖게 된다.

③ **사회적 상호작용** – 지역사회는 구성원 간의 사회적 상호작용이 이루어져야 한다. 사회적 상호작용이 일어나지 않으면 하나의 지역으로 보기 어렵다.

> **cf. 'community'의 개념 변화**
> community는 14세기에는 높은 지위에 있는 사람들과 대별되는 사람들을 이르는 용어였다. 그런 의미에서 '평범한 사람들' 또는 '일반시민'을 의미하였다. 그러다가 16세기에 이르러 '공통된 어떤 요소를 지닌 특성'으로 이해되면서 '일반시민'이라는 의미를 갖게 되었다. 19세기 광범위하고 복잡한 산업사회가 시작되면서 이와 구분되는 의미에서 '전통적인 지역성'의 의미를 담게 되었다. 20세기에 이르러 비로소 '대체로 지리적인 경계를 기준'으로 언급하게 되었다. 지역사회를 community로 사용하는 것은 이런 과정을 거쳤다고 본다. 그런데 21세기에 들어서 용어는 또 변하고 있다. '사이버공동체', '네트워크공동체'로서의 의미로도 사용하고 있다. 이렇게 community라는 말은 계속 변화하고 있다.

2) 지역사회의 주요개념

① 지역사회 욕구 – 지역사회가 가지고 있는 욕구를 이른다. 지역사회 욕구와 지역주민 욕구는 다를 수 있다.

② 지역사회 문제 – 지역사회가 해결해야 할 문제가 지역사회문제이다.

③ 지역사회 목표 – 지역사회가 성취하고자 하는 것이 지역사회 목표이다.

④ 지역사회 자원

지역사회 목표를 이루기 위해 구체적인 실천을 할 수 있는 제반 능력이다.
가시적인 것과 비가시적인 것이 있다. 지역사회의 **사회적 능력**으로 간주된다.

⑤ 지역사회 문화

지역사회의 위치적 요인, 지역사회의 형성과정에서 기인한 요인, 중앙정부와의 관계, 구성원의 경제적 상황 등을 반영하여 나타나는 지역사회의 특성 혹은 성향을 의미한다.

3) 지역사회의 기능

① **생산, 분배, 소비**의 기능이 있다. 이를 경제적 기능이라고 할 수 있다. 전통적인 사회는 이러한 경제적인 기능을 모두 갖고 있었지만 현대사회는 특화되는 경향이 나타난다. 즉 생산 중심이 도시와 소비 중심의 도시로 구분되는 경향이 있다. 하지만 그렇다고 해서 이런 경제적인 기능이 사라지는 것은 아니다.

② **사회화**의 기능이 있다. 지역사회 구성원은 지역사회에서 생활하면서 익혀야 할 도덕, 관습 등을 자연적으로 습득하게 된다. 이것은 지역사회의 사회화 기능으로 인하여 얻어진다.

③ **사회통제의 기능**이 있다. 지역사회 내에서 윤리적으로 어긋나는 일을 했을 경우 사회적 지탄을 받게 된다. 이런 것들은 사회통제의 기능에 해당한다. 다만 현대사회는 관습 등에 의한 통제보다는 법적인 통제 기능이 강화되었다고 할 수 있다.

④ **사회참여의 기능**이 있다. 지역사회가 제공하는 제반 활동에 구성원들이 자발적으로 참여하는 것을 이른다. 지역주민들이 공동으로 이루어나는 일이 있을 경우 이런 기능이 발달하게 된다. 사회참여 기능은 종교조직, 민간조직, 비공식 집단 등이 주도하는 경우가 많다.

⑤ **상부상조의 기능**이 있다. 구성원들이 개인적으로 욕구를 충족할 수 없을 때 상부상조를 한다. 흔히 사회복지 기능이라고 한다. 다만 이 기능 역시 전통사회에서는 본질적이었으나 산업사회에서는 약화된 측면이 없지 않다. 지방자치제도가 안착되고 마을공동체 사업이 발달하면서 이런 기능이 다시 회복되는 경향이 나타나기도 한다.

4) 지역사회이론

① 지역사회 상실이론

지역사회를 전통적인 지역사회로 보고 현대사회는 지역사회를 상실했다는 이론이다.
지역사회 상실이론은 지역사회를 대신할 제도를 만들어 내야 한다고 주장한다.
국가가 사회복지에 더욱 적극적으로 참여하는 동기이론이 된다.

② 지역사회 보존이론

지역사회를 전통적인 지역사회로 보고 현대사회는 지역사회가 퇴색된 것은 맞지만 그런 가운데서 지역사회의 역할을 하는 것들은 여전히 존재한다는 이론이다.

가령 혈연, 이웃, 친구 등에 의한 사회 지지망이 여전히 존재한다고 주장한다.

국가가 사회복지제도를 늘리기에 앞서 이런 사회적 지지망을 먼저 활용하도록 해야 한다고 주장한다.

③ 지역사회 개방이론

지역사회 상실이론이나 지역사회 보존이론이 모두 지역사회를 전통적인 개념으로 보는 것을 반대한다. 그래서 지역사회를 개방하여 볼 필요가 있으며, 제3의 대안이라고 주장한다.

전통적인 지역이라는 개념에서 벗어난 사회적 지지망 관점에서 공식적 연계를 강조하고. 지역성에 기초한 개념과 공통의 이해와 관심에 기초한 개념을 결합시키고 있다.

5) 공동사회와 이익사회

6) 지역사회와 인간행동

① 역동성

지역사회는 곧 주민이라는 측면에서 역동성을 띤다.

지역사회가 추구하고자 하는 목표달성을 위하여 지역사회를 구성하는 여러 요소들이 움직이는 상태를 설명한다.

② 변화성

지역사회는 정체되어 있지 않고 끊임없이 변화하고 있다.

③ 서비스 요구성

지역사회는 그 상황에 맞는 적절한 서비스를 요구한다.

④ 변화능력

인본주의 관점은 지역사회가 변화능력을 갖고 있다고 본다.

지역주민 스스로가 변화할 수 있는 능력을 가지고 있다면 지역사회도 무궁하게 변화할 수 있다.

⑤ 다양성

지역사회는 구성원이 다양한만큼 여러 면에서 다양성을 갖고 있다.

⑥ 시민변화를 위한 최적의 단위

지역사회는 위에서 아래로 내려오는 것보다는 아래에서 위로 올라가는 시민변화를 위한 최적의 단위이다.

⑦ 사회복지실천의 단위

현실적으로 사회복지실천을 지역사회를 단위로 하여 실행된다.

7) 지역사회와 사회복지실천

① 지역사회는 사회복지실천의 장으로서의 의미를 갖는다.

② 지역사회는 사회복지실천에서 자원으로서의 의미를 갖는다.

③ 지역사회는 사회복지실천에서 복지실천 주체로서의 의미를 갖는다.

④ **지역사회는 클라이언트로서의 역할과 실천 장으로서의 역할을 동시에 갖는다.**

제3절 문화체계

문화는 인간이 살아있고 활동하는 것으로 인하여 창조된 유무형의 모든 것을 의미한다. 인간은 문화를 만들어내지만 역설적으로 그 문화에 영향을 받는 존재이기도 하다. 생태체계이론에 의하면 문화는 거시체계이다. 인간에게 직접적으로 영향을 주는 것은 아니지만 간접적으로 가장 강하게 영향을 주고 있는 것이다. 따라서 인간을 이해하는 데 있어 문화를 빼놓고는 불가능하다. 문화체계에 대한 이해는 인간을 거시적으로 문화체계 속에서 존재하는 것으로 보고 인간의 행동이 문화와 어떤 관계에 있는지를 이야기한다. 아울러 문화체계는 사회복지실천에 있어서 정책 등 거시적인 면과 연결된다는 점에서 중요하다고 할 수 있다.

1) 문화의 정의

① 인간 행위를 이루어내는 전체 과정에서 나타나는 사고, 현상, 행동 기준 등을 만들어내는 원천이다.

② 사회성원으로서 인간이 습득한 모든 능력과 습관의 복합적 총체이다.

③ 비물질적이고 정신적인 인간의 포괄적인 생활양식이다.

　cf. 이에 반하여 문명은 물질적인 것을 의미한다.

2) 문화의 특성

① 문화는 다른 사회구성원과 구별되는 어떤 공통적인 경향이다. 사회마다 고유한 문화를 형성하기 때문에 다른 사회구성원과 가장 크게 구별되는 것은 문화이다.

　eg. 아이를 출산하였을 때 우리나라는 따뜻한 환경에서 몸조리를 한다. 하지만 서양에서는 반드시 따뜻한 환경을 조성하지는 않는다.

② 사회의 안정과 질서를 위해 문제들을 제거하거나 조절하는 기능을 수행한다.

③ 자연환경보다는 **인간의 정신활동**적인 것이다.

④ 문화는 **창조된 것**이며 또한 **학습된다.**

⑤ 문화는 사회유산으로 **상속 또는 전승**되어 온다.

⑥ 문화는 **축적성**을 갖는다. 문화의 학습성과 전승의 성질은 결국 문화가 축적되어 가는 성질을 갖는 것의 원인이 된다. 한 세대가 만들어낸 문화는 그대로 전승되는 것이 아니라 다음 세대가 거기에 추가한 무형의 특성이 더해진다.

⑦ 문화는 **보편적**이며, **다양성**을 지닌다.

⑧ 정치, 경제, 사회, 역사 등 **사회적 구성물들이 상호작용한 결과**이다.

⑨ 문화는 **상징성**을 갖는다.

⑩ 문화는 **역동적**이다.

⑪ 문화는 **초개인적**이다. 문화는 사회구성원에 의해서 만들어진다. 그러나 만들어진 이후에는 사회구성원의 행동에 영향을 미친다. 따라서 개인을 뛰어넘는다고 할 수 있다.

3) 문화와 관련한 중요 개념

① 문화마찰 - 서로 다른 문화가 접촉하면서 나타나는 현상이다.

② 문화변용 - 서로 다른 문화가 오랜 기간 마찰하면서 변화가 일어나는 것이다.

③ **문화상대주의** - 어떤 문화도 절대적인 것이 없이 서로 상대적이다.

④ 문화사대주의 - 자신의 문화보다 다른 문화가 더 우월하다고 믿는 것은 자신의 문화를 업신여기는 것이다.

   eg. 미국에서 온 것은 무조건 우리의 것보다 좋다고 생각하면 이것이 문화사대주의이다.

⑤ 다문화의 적용 - 분리, 주변화, 동화, 통합

core   문화변용 또는 문화적응에 대한 구분

- 분리 - 원문화를 고집하여 주류문화를 거부하는 것이다.
  eg. 다문화 가족이 자기들끼리만 교류하면서 한국사회에 들어오려고 하지 않는 것이다.
- 주변화 - 원문화를 중심으로 하고 있으면서 주류문화에 소극적으로 참여하는 것이다.
  eg. 다문화 가족이 우리 사회 내에서 주변에만 머무는 것이다.
- 동화 - 원문화를 내려놓고 주류문화 속으로 적극적으로 참여하는 것이다.
  eg. 다문화 가족이 자신들의 문화를 포기하고 적극적으로 한국사회에 들어가는 것이다.
- 통합 - 원문화와 주류문화를 동등하게 여기고 함께 받아들이는 것이다.
  문화의 우월성을 인정하지 않고 서로 함께 어울리는 것이다.
  eg. 다문화 가족의 문화도 우리 문화 안에서 아무 제약 없이 누리게 되는 것이다.
  eg. 한글을 사용하지만 그네들의 언어를 사용해도 불편하지 않은 것이다.
- 그동안 '동화'라는 관점에서 문화적응을 많이 이야기해 왔는데 이는 왜곡된 인식이다. '통합'이라는 관점에서 적응을 보아야 한다.

4) 문화의 기능

① 사회화 기능

② 욕구충족 기능

③ 사회통제 기능

④ 사회화존속 기능 - 사회화가 계속해서 존재할 수 있는 것은 사회가 문화를 학습하고 전승하여 새로운 구성원들에게 필요한 생활약식을 전승해 주기 때문이다.

⑤ 거시체계로서의 기능 - 문화는 개인, 집단, 조직, 지역사회를 이해하는 중요한 환경이며, 동시에 개인의 행동을 결정하는 거시체계이다.

5) 문화체계와 사회복지실천

① 개인, 자족, 집단, 조직, 지역사회는 모두 문화를 갖는다. 인간 이해에서 문화는 중요한 도구가 된다.

② 사회복지실천에서 윤리적 이슈는 문화체계에서 나온다고 할 수 있다.

③ 문화는 딜레마 상황에 놓이게도 한다. 문화에 대한 이해를 통하여 불합리한 문화를 배제함으로써 딜레마 상황에서 자유로울 수 있다.

01 체계로서의 지역사회에 관한 설명으로 옳은 것을 모두 고른 것은?

> ㄱ. 지역을 중심으로 형성된 공동체적 특징을 지닌다.
> ㄴ. 구성원에게 사회규범에 순응하도록 규제하는 사회통제의 기능을 지닌다.
> ㄷ. 사회가 향유하는 지식, 가치 등을 구성원에게 전달하는 기능을 지닌다.
> ㄹ. 외부와 상호작용을 통하여 엔트로피(entropy) 상태를 유지하는 것이 필요하다.

① ㄱ   ② ㄱ, ㄴ
③ ㄱ, ㄴ, ㄷ   ④ ㄴ, ㄷ, ㄹ
⑤ ㄱ, ㄴ, ㄷ, ㄹ

해설 엔트로피는 폐쇄체계에서 에너지가 고갈되는 걸 의미한다 이와 반대되는 개념은 역엑트로피 또는 넥엔트로피로 개방체계의 성격을 의미한다.   정답 ③

02 문화와 관련된 설명으로 옳지 않은 것은?

① 문화는 인간집단의 생활양식의 총체로 정의할 수 있다.
② 다문화주의는 다양한 문화나 언어를 공유하고 상호 존중하여 적극 수용하려는 입장을 취한다.
③ 베리(J. Berry)의 이론에서 동화(assimilation)는 자신의 고유문화와 새로운 문화를 모두 존중하는 상태를 의미한다.
④ 문화는 학습되고 전승되는 특징이 있다.
⑤ 주류와 비주류 문화 사이의 권력 차이로 차별이 발생할 수 있다.

해설 자신의 고유문화와 새로운 문화 모두 존중하는 상태를 통합이라고 한다. 동화는 주류문화를 긍정하고 자신의 문화를 부정하는 걸 의미한다. 통합이 바람직한 적응이다.   정답 ③

Chapter 17

생애주기와 태내기

학습Key포인트

○ 생애주기에 따른 발달과업을 전체적으로 제시할 수 있다.
○ 태아의 유전에 의한 발달장애를 구분하여 제시할 수 있다.
○ 태아에게 영향을 미치는 산모의 상황에 대해서 설명할 수 있다.

제1절 생애주기

인간을 이해하는 데 있어 주요 지표가 되는 것은 생애주기이다. 인간은 발달단계에 따라 변화해 나가는 특성을 갖기 때문이다. 또한, 발달단계마다 성취해야 할 발달과업에 있는데 이것은 사회복지실천에 있어서 주요한 실천방안을 제시하게 된다.

일반적 구분	에릭슨	프로이트	피아제	콜버그
영아기	유아기(0~2세) 신뢰 vs 불신	구강기 (출생~18개월)	감각운동기 (0~2세)	
유아기	초기아동기(2~4세) 자율성 vs 수치심	항문기 (18개월~3세)	전조작기 (2~7세)	
학령전기	학령전기(4~6세) 주도성 vs 죄책감	남근기 (3~6세)		전인습적단계 (4~10세)
학령기	학령기(6~12세) 근면성 vs 열등감	잠복기 (6세~사춘기)	구체적조작기 (7~12세)	인습적단계 (10~13세)
청소년기	청소년기(12~20세) 자아정체감 vs 역할혼란	생식기 (사춘기 이후)	형식적조작기 (12세~성인)	후인습적단계 (13세 이상)
청년기	초기성인기(20~24세) 친밀감 vs 고립			
장년기	중년기(24~65세) 생산성 vs 침체			
노년기	노년기(65세 이후) 자아통합 vs 절망			

제2절 태내기

인간행동에 대해서 보통 출생 이후부터 생각하는 경향이 많지만 태내에 있을 때부터 사회복지실천적 관심을 가져야 한다는 점을 기억해야 한다. 특히 이 시기에는 유전적 원인에 대해서 이해하고 있어야 하며, 태내 아기에게 영향을 미치는 중요 원인으로써의 어머니의 상태에 대해서 관심을 가져야 한다.

1) 배란기 – 배아기 – 태아기

① 배란기 – 수정되어 모체와 의존관계를 확립하는 시기이다.

② 배아기 – 임신 후 2~4주 사이로 세포분열이 일어나는 시기이다. **주요 신체기관 신경계 형성기이다.**

③ 태아기 – 수정 후 3개월부터 내어날 때까지의 시기이다.

2) 태아의 유전적 요인

① 유전은 인간의 발달한계 특히 신체적 성숙과 관련된 한계를 설정한다.

> **cf. 발달. 성장, 성숙, 학습**
> • 발달 – 총체적인 변화
> • 성장 – 신체에 국한된 변화, size up
> • 성숙 – 유전적 기제에 의한 변화
> • 학습 – 교육, 훈련

② 유전은 성숙의 속도차이, 기질적 차이를 만든다.

③ 유전에 의해 비정상적인 발달이 초래되기도 한다.

④ 유전에 의한 발달장애

발달장애	원인 및 특성
터너증후군	• X염색체 1개, 전체 염색체 45개 • 외견상 여자이지만 여성호르몬의 부족으로 2차 성징이 나타나지 않음 • 난소가 기능을 제대로 하지 못해 생식을 하지 못함 • 목이 가늘고 키가 작음
클라인펠터 증후군	• XXY, XXXY 등 • 남성의 특징이 약함 • 사춘기에 가슴과 엉덩이가 커지는 등 여성적인 2차 성징이 나타남 • 고환의 미성숙으로 생식을 하지 못함

다운증후군	• 21번 염색체의 이상 • 몽고증 • 지능 40~60 정도 • 밝고 다정하며 사교성이 높음
혈우병	• 혈액이 응고되지 않음 • X염색체 이상에 의해 발생 • 주로 남성에게 발병하며, 질병 저항력이 약함
페닐케톤뇨증	• 단백질 분해효소 결여 • 소변에 단백질이 배출 • 금발, 백안, 치아 사이가 넓음

3) 태아의 환경적 요인

① 임산부의 영양상태

태아발달에 결정적인 영향을 미친다.

특히 이 시기에 임산부가 비타민이 부족할 경우 태어나는 아기는 기형아, 괴혈병, 곱추, 발육부진, 정신발달 지연 등이 일어날 수 있다.

② 임산부의 질병

태반을 통해 태아에게 전이되거나 출생 시 감염될 수 있다.

③ 임산부의 정서상태

심한 공포, 불안 등은 아드레날린을 분비하여 혈액을 통하여 태반으로 흘러들어 간다.

태아 발육에 지장을 줄 수 있다.

출생 후 잘 울고, 잘 놀라는 등 정서적 불안정을 보일 수 있다.

④ 임산부의 연령

신체적인 측면을 고려할 때 보통 20대에 출산하는 것이 가장 좋다.

고령 임신일수록 태아의 지적 발달장애가 일어날 가능성이 커진다.

반면 10대 출산의 경우 미숙아 출산 가능성이 높아진다.

⑤ 임산부의 약물복용과 치료

임신 1~3개월은 태아가 약물에 가장 취약한 시기이다.

⑥ 알코올

임신 중 임산부가 알코올을 많이 섭취하는 경우 아이는 특이한 얼굴과 작은 머리, 작은 몸, 선천적 심장질환, 정신능력 저하, 이상행동 패턴 등을 나타낼 가능성이 높다. 이를 **태아알콜증후군**이라고 한다.

⑦ 흡연

산모의 흡연은 저체중아 출산, 임신기간 단축, 자연유산 증가, 출생 시 사망 등의 문제 가능성을 높이는 요인이 된다.

직접 흡연은 물론 간접 흡연도 위험하다.

⑧ 사회경제적 요인

낮은 수입은 그 자체로 영향을 미치기보다는 불안 등 임산부의 심리적 상태에 좋지 않은 영향을 미치고, 임산부의 심리적 상태는 태아에게 영향을 미치게 된다. 따라서 임산부/신혼부부의 경제적 상태도 사회복지실천의 대상이 되어야 한다.

제3절 태내기 사회복지실천

태내기에는 어머니의 영양과 유전에 대해서 적절한 정보를 제공하고, 심리적인 측면에서 안정을 가질 수 있도록 개입을 하여야 한다. 또한 사회환경이 임산과 출산 및 양육에 적절한 모습이 되도록 노력하는 것도 사회복지사의 실천영역이다.

1) 태내기 생물학적 측면에서의 사회복지실천

① 임산부의 건강에 대해서 관심을 가져야 한다.

가임여성과 그 배우자를 대상으로 임신 전 철저한 의료진단을 받도록 권장할 필요가 있다.

임신기간 중 다른 질병에 걸렸을 때 적절한 치료를 받도록 유도한다.

금주와 금연에 대해서 강력하게 권고해야 한다. 임신 중인 부부에 대해서는 금주와 금연에 대해 특별한 교육 프로그램을 가질 필요가 있다.

② 선천적 장애발생의 예방

사회복지사는 임산부를 대상으로 선천적 장애 예방에 대해서 정보를 제공해야 한다.

출산 이후 적절한 검사를 통하여 선천적 장애 유무에 대해 발견하도록 한다.

선천적 장애 발견의 경우 장애로 인하여 나타나는 여러 문제를 극복할 수 있는 적절한 서비스를 받게 한다. 장애 그 자체에 개입하는 것도 중요하지만 사회복지실천 입장에서는 부모의 심리적 안정에 대해서도 관심을 가져야 한다.

③ 불임부부의 경우 그 원인에 대해서 진단을 통하여 알도록 한다.

2) 태내기 심리적 측면에서의 사회복지실천

① 원하지 않은 임신으로 인한 임산부의 부정적 심리를 다뤄야 한다.

② 낙태를 고려하는 임산부에 대해서 조력자, 교육자, 중개자, 옹호자로서의 역할을 해야 한다.

③ 출산과정에 대한 지식이 없는 경우 불안하게 되므로 예비부모를 대상으로 출산에 대한 집단프로그램을 운영할 필요가 있다.

④ 산후우울증에 대처하기 위하여 사회지지망을 갖도록 한다.

3) 태내기 사회적 측면에서의 사회복지실천

① 사회적 보호가 필요한 임산부를 발굴하여 그들에게 적절한 개입을 하여야 한다.

우선 무엇보다도 정기적인 검사 등 의료지원을 받을 수 있도록 자원연계를 한다.

경제적으로 취약한 임산부에 대해서 재정을 지원할 수 있는 방안을 모색한다.

임신으로 인하여 소홀하게 되는 가사문제 해결을 위하여 주기적인 가사서비스를 제공할 필요가 있다.

② 현대 여성은 일을 하는 경우가 많다. 따라서 일과 육아의 병행을 위한 서비스를 개발하여 제공할 필요가 있다.

③ 임신과 출산을 위한 사회분위기 조성에 노력하여야 한다. (Social Action)

01 태아의 발달과정 중 가장 먼저 발달하는 것은?

① 귀 　　　　　　　　　　② 눈
③ 다리 　　　　　　　　　④ 심장
⑤ 외부생식기

> **해설** 배아기의 세포분열은 결국 중심의 가장 중요한 것에서부터 이루어지게 되어 있다. 이에 대한 이해가 없더라도 발달의 특성 중 중심에서부터 발달한다는 점을 상기해 볼 필요가 있다.
>
> 정답 ④

02 태아기 유전성 질환에 관한 설명으로 옳지 않은 것은?

① 유전성 질환은 유전자 이상으로 발생하는 신체적, 정신적 이상을 모두 가리키는 것이다.
② 유전자 이상으로 인한 장애에 묘성(cat-cry)증후군이 포함된다.
③ 유전자 질환은 유전적 요인과 환경적 요인의 상호작용에 의해 발생할 수 있다.
④ 유전성 질환을 가진 태아는 임신초기에 유산된다.
⑤ 유전질환 가능성을 알기 위하여 임신 15~17주 경 양수를 채취하여 진단할 수 있으나 태아에 손상을 줄 우려가 있다.

> **해설** 유전성 질환을 가졌다고 유산되는 것은 아니다. 유전적 질환을 갖고 태어나기 때문에 이에 대한 사회복지실천적 개입방안을 강구해야 하는 것이다. 무엇보다도 태아기에 정기적인 검사를 받게 함으로써 조기에 유전적 질환을 발견하는 데 초점을 맞추어야 한다. 　　정답 ④

Chapter
18
영아기와 유아기

학습Key포인트

○ 신생아의 반사운동을 구분하여 설명할 수 있다.
○ 영아기의 신체, 인지, 사회정서 발달을 설명할 수 있다.
○ 유아기의 신체, 인지, 사회정서 발달을 설명할 수 있다.

제1절 영아기(0~2세)

영아기는 어머니와 맺는 관계의 질과 양이 중요한 시기이다. 어머니와의 관계의 양과 질이 충분하고 적절하면 이후 대인관계 및 사회관계를 가질 때 중요한 역할(기능)을 하는 신뢰감을 형성하게 되기 때문이다. 그렇지 못할 경우 불신감으로 인하여 여러 문제를 야기하게 된다. 영아기에 대해서 살펴볼 때는 어머니와의 관계, 반사운동, 심리사회발달 등에 주의할 필요가 있다. 또한 편의상 영아기는 신생아기와 영아기로 구분하여 살피는 것이 필요하다. 드러나는 특성이 구분되는 점이 있기 때문이다.

1) 신생아기 반사운동

① 신생아기 반사운동은 생존반사와 원시반사로 구분된다.
  생존반사 - 젖찾기반사, 빨기반사, 연하반사
  원시반사 - 모로반사, 파악반사, 걸음마반사, 바빈스키반사
② 젖찾기반사 - 입 근처에 자극을 주면 자극이 있는 쪽으로 입을 벌리는 반사운동이다.
③ 빨기반사 - 입에 손가락을 넣어주면 빠는 반사운동이다.
④ 연하반사 - 음식물을 삼키는 반사이다.
  젖찾기반사, 빨기반사, 연하반사는 결국 음식을 먹고 살고자 하는 반사이다. 생존을 위하여 반드시 필요한 반사이다. 또한 신생아는 입안에 들어가는 물건을 삼키게 된다는 점도 주의해서 생각해야 한다.

⑤ 모로반사 – 껴안는 반사운동이다. 생후 3~4개월에 사라진다.
⑥ 파악반사 – 손에 잡히는 것을 꽉 쥐고 놓지 않으려는 반사운동이다. 생후 3~4개월이 되면 사라진다.
⑦ 걸음마반사 – 겨드랑이에 손을 넣고 살짝 들어 올려 발을 땅에 닿을 듯 말듯하게 하면 마치 걸음마를 하는 것처럼 무릎을 구부렸다 폈다 하는 반사운동이다.
⑧ 바빈스키반사 – 발가락을 펴고 오므리는 반사운동이다. 생후 1년 경 사라진다.
  원시반사는 일정 기간이 지나면 사라지는 것들이다. 원시반사를 하는 이유는 자기 몸을 보호하기 위하여 무의식적으로 하는 것이다.

2) 신생아기 감각 및 지각발달

① 시각 – **출생 후 2일이 되면 동공반사를 한다.** 15일이 지나면 **색채식별이 가능하다.**
② 청각 – 처음엔 양수로 인하여 반응하지 않다가 **생후 4주가 되면 어머니의 음성을 식별**할 수 있다.
③ 미각 – 생후 2주가 되면 맛에 대한 식별반응이 나타난다. 단맛을 선호하고, 쓰거나 신맛은 내뱉고 얼굴을 찡그린다.
④ 후각 – 출생 이후 완벽하지는 않지만 젖 냄새를 맡을 수 있고, 자극적인 냄새로 코를 자극하면 반응을 보인다.

3) 신생아기 사회정서적 발달

① 정서 미분화상태이다. 잠을 자거나 젖을 빠는 등 **본능적인 정서가 지배적**이다.
② 어머니의 안정된 보호로 인하여 **모성보호에 대한 기본적인 신뢰감이 형성**된다.
③ 생후 1개월까지는 **무의식적이고 반사적인 미소반응**을 보인다.
④ 생후 5주부터 **사회적 미소반응**을 보인다.
⑤ 생후 4개월이 지나면 **미소반응의 분화**를 이룬다.

4) 영아기 신체발달

① 몸통과 다리의 성장이 급등한다.
② 머리는 전신의 1/4로 다른 부위에 비해 비교적 크다.
③ 상에서 하로(머리에서 발가락으로) 발달이 이루어진다.
④ 남아가 여아에 비해 키가 더 크고 몸무게가 많이 나간다.
⑤ 다리보다 상체를 사용하는 방법을 먼저 배운다.

5) 영아기 감각발달

① 청각 – **출생 후 얼마 되지 않아 성인 수준에 도달한다.** 감각기관 중 가장 먼저 발달한다.

② 시각 - 인간의 발달능력 중 가장 늦게 성숙한다.

③ 후각 - 영아기 때 다른 동물들에 비해 덜 발달한다.

④ 미각 - 태내에서도 어느 정도 기능을 한다. 출생 직후에도 여러 가지 맛을 안다. 영아기 말엽에 미각이 매우 예민해진다.

⑤ 촉각 - 출생 시 입술과 혀 외에는 그다지 발달되어 있지 않지만 6개월이 지나면 촉각으로 물체를 탐색한다.

6) 영아기 인지적 발달

① 인지적 발달이 급격하게 이루어진다.

② 반사적인 유기체에서 생각하는 유기체로 자신의 행동을 통제하고 사고할 수 있다.

③ 영아기 인지발달은 감각기관의 운동기능을 통해서 이루어진다. (피아제 감각운동기)

④ 반복적인 경험을 통해서 인지가 확장된다. '울면 안아 준다'와 같은 현상들 간의 예언적 관계를 학습하게 된다.

⑤ 대상영속성이 발달하기 시작한다.

> **cf. 대상연속성**
> 어떤 대상이 시야에서 사라져도 그것이 계속 존재한다고 믿는 것이다.

7) 영아기 정서적 발달

① 영아기의 감정은 어머니와의 대화에 중심적 역할을 한다.

② 태어난 후 처음 2년 동안 감정의 점진적 분화가 일어난다.

③ 6개월이 지난 후 정서를 구분하고, 다른 사람의 정서를 인식한다. 정서를 규제하는 능력도 발달한다.

8) 영아기 언어발달

① 영아기의 언어발달은 영아의 **인지발달, 사회성발달과 밀접한 관계**를 갖는다.

② 영아는 비언적 행동을 통하여 의사소통을 하며, 첫돌 무렵에는 다른 사람이 알아듣는 단어를 사용하게 된다.

③ 영아기 언어발달은 자기중심적인 언어이다.

④ 부모가 아이의 질문에 성실하게 답변해 주고, 새로운 세계를 경험할 수 있게 해주면 언어발달이 보다 촉진될 수 있다.

9) 영아기 사회심리적 발달

① 애착의 형성과 발달

영아기 발달의 가장 중요한 특성이다.

영아기에 형성된 애착관계는 이후 인지, 정서, 사회성 발달에 중요한 영향을 미친다.

② 낯가림과 분리불안

낯가림은 **낯선 사람에게 불안반응을 보이는 현상**이다.

낯가림은 **특정인에 대한 애착형성의 표시**이다.

분리불안은 영아가 **부모나 애착을 느끼는 대상이 보이지 않을 때 나타내는 불안반응**이다.

10) (신생아기) 영아기 사회복지실천

① 정상적인 발달 이정표에 따라 발달하도록 돕는다.

② 특히 감각기관을 통하여 정상적인 인지 및 정서작용을 하는지 파악하고 개입한다.

③ 사회적 관계면에서 애착형성에 대해 관심을 갖고 개입한다.

제2절 　유아기(2~4세)

유아기는 보통 걸음마기라고 한다. 에릭슨은 이 시기를 초기아동기라고 하기도 하였다. 이 시기에는 언어와 자아발달이 많이 이루어지는 시기이다. 자유로운 독립 보행이 가능해지면서 끊임없는 지적호기심을 충족해 나가게 된다. 이 시기는 자율성이 발달되며, 수치심이 발달되는 시기이기도 하다.

1) 신체적 발달과 운동의 발달

① 영아기와 같은 급격한 신체적 발달은 이루어지지 않는다.

② 하부 신체의 발달이 이루어지나 아직 머리가 크고, 가슴이 작으며, 배는 불뚝하고, 다리가 짧다.

③ 운동능력이 발달하여 뒤로 달리기, 손과 발을 사용하여 기어오르기, 혼자서 옷 입기 등이 정교해진다.

2) 지각의 발달

① 사물의 크고 작음은 지각하지만 방향이나 위치에 대한 지각은 발달하지 않는다.

② 언어와 사회적 기준을 배우기 시작한다.

③ 괄약근의 발달과 **배변훈련**을 통해 대소변을 가린다.

3) 인지발달

① 피아제의 **전조작기 초기**에 해당한다.

② 비록 눈앞에 보이지 않는 대상이나 사건에 대해서도 정신적 표상에 의해 사고할 수 있게 된다.

③ 사고가 아직은 **자기중심적**이다.

④ 논리적 **조작이 불가능하다.** (전조작기이다.)

⑤ 상징적 사고, 물활론적 생각을 한다.

4) 자아통제 및 자율성 발달

① **자아통제는 대소변 훈련에서 시작된다.**

② 대소변 훈련은 개인의 자율성과 사회적 요구의 갈등이 최초로 일어나는 지점이 된다. 개인의 자율성과 사회적 요구 사이의 갈등을 성공적으로 해결하는 것이 자아통제능력 발달에 기여한다.

5) 사회적 발달

가족 중심의 생활로 가족환경이 사회화의 일차적 지점이 된다.

6) 도덕성 발달

부모의 칭찬과 제한으로 도덕성이 발달한다.

7) 걸음마기와 사회복지실천

① 영양결핍과 질병에 대해서 관심 있게 관찰하고 개입해야 한다.

② 심리적 발달장애인 **자폐증, 늘어증, 야뇨증에 관심**을 가져야 한다.

③ **주의력 결핍, 과잉행동장애**에 관심을 가져야 한다.

④ 유아학대 및 방임에 대해서 관심을 가져야 한다.

01 영아기(0-2세)에 관한 설명으로 옳은 것은?

① 콜버그(L. Kohlberg): 전인습적 도덕기에 해당한다.
② 에릭슨(E. Erikson): 주 양육자와의 "신뢰 대 불신"이 중요한 시기이다.
③ 피아제(J. Piaget): 보존(conservation) 개념이 확립되는 시기이다.
④ 프로이트(S. Freud): 거세불안(castration anxiety)을 경험하는 시기이다.
⑤ 융(C. Jung): 생활양식이 형성되는 시기이다.

해설 양유아기는 신뢰 대 불신이 중요한 시기이다.   정답 ②

02 유아기(3-6세)에 관한 설명으로 옳지 않은 것은?

① 자신의 성을 인식하는 성 정체성이 발달한다.
② 놀이를 통한 발달이 활발한 시기이다.
③ 신체적 성장이 영아기(0-2세)보다 빠른 속도로 진행된다.
④ 언어발달이 현저하게 이루어지는 시기이다.
⑤ 정서적 표현의 특징은 일시적이며 유동적이다.

해설 신체발달은 영아기에 급격히 일어나고, 제2의 성장급등이 사춘기에 일어난다.   정답 ③

<table>
<tr><td>**Chapter**
19</td><td>**학령전기**</td></tr>
</table>

학습Key포인트   🔍

○ 콜버그의 도덕발달이론과 피아제의 도덕발달이론의 차이점을 비교하여 설명할 수 있다.

○ 학령전기의 발달과제를 제시할 수 있다.

제1절   학령전기(4~6세)의 특성

학령전기는 또래관계가 중요하게 여기지는 시기이다. 이 시기 아동은 신체적, 정신적 능력이 성숙되어 매우 대범하고 경쟁적이며 호기심이 많은 행동을 나타내게 된다. 수와 종류를 알게 되는 시기로 인지적 발달이 이루어지는 시기이다. 하지만 상위개념과 하위개념을 명확하게 구분하지는 못하는 등 아직 논리적인 가설을 세우기에는 부족한 시기이다. 또래와의 놀이 등을 통하여 계획을 세우고 이루는 과정에서 주도성을 획득하게 되고 부모로부터 강한 제재를 받는 경우 죄책감이 발달하기도 한다.

1) 전반적 특성

    ① 프로이트의 남근기, 에릭슨의 학령전기, 피아제의 타율적 도덕성 단계, 콜버그의 전인습적 도덕단계에 해당한다.

    ② 수와 종류는 알지만 상위개념과 하위개념은 완전히 구분하지 못한다.

    ③ 또래집단을 통하여 사회기술을 본격적으로 습득하게 된다.

    ④ 사물에 대한 호기심이 증가한다.

2) 신체 및 운동발달

    ① 몸무게는 키보다 불규칙한 성장을 보이며 개인차가 나타난다.

    ② 영구치가 나게 된다.

    ③ 출생할 때는 남아가 여아보다 컸지만 이 시기에 이르면 비슷해진다.

④ 모든 근육이 높은 수준으로 발달하여 **다양한 운동이 가능**해진다.

⑤ 방향조절을 할 수 있다.

⑥ 한발뛰기, 뛰어넘기, 오르기 등을 할 수 있다.

3) 인지발달

① 언어능력과 지능이 크게 발달하는 시기이다.

② 수와 종류는 알지만 **상위개념과 하위개념을 구분하지 못한다.**

③ 사물이나 사건에 대해서 개별적인 특성만을 고려하여 추리하는 유형이 나타난다.

④ **하나의 차원만 주의하고 다른 차원은 무시한다.**

⑤ **가역적인 사고를 할 수 없다.**

⑥ **자아중심적 사고**를 한다. 여전히 자기중심적 언어를 많이 사용한다.

⑦ **보존개념**을 갖지 못한다. 이는 아직도 **중심화**의 경향, **직관적 사고**의 경향이 있으며, 어떤 일에 대해서 **비가역적 사고**를 하기 때문이다.

중심화 - 두 개 이상의 차원을 동시에 고려하지 못한다. 한 번에 한 차원만 집중한다.

직관적 사고 - 여러 속성 중 가장 두드러진 지각적 속성에 의해 판단한다.

비가역적 사고 - 양의 보전 등에 대해서 알지 못한다.

4) 도덕성 발달

① 학력전기에는 **콜버그의 도덕성 발달단계 중 전인습적 발달단계**에 속한다.

② 가족과 사회의 도덕적 규칙을 내면화하고, 내면화된 규칙에 따라 행동을 수행하게 된다.

③ 피아제의 도덕성 발달단계 중 **타율적 도덕성 단계**에 속한다. 즉 타율적 도덕성에 의존하여 도덕적 판단을 내린다.

④ 규칙의 옳고 그름을 자신이 입게 될 손해의 양이나 처벌에 따라 판단한다.

cf. 콜버그의 도덕성 발달단계

도덕성 발달단계		특성
전인습적 도덕기 (4~10세)	1단계	벌과 복종 지향의 도덕성
	2단계	목적과 상호교환 지향의 도덕성
인습적 도덕기 (10~13세)	3단계	착한 아이 지향의 도덕성
	4단계	벌과 질서 지향의 도덕성
후인습적 도덕기 (13세 이상)	5단계	사회계약 지향의 도덕성
	6단계	보편성 지향의 도덕성

cf. 피아제의 도덕성 발달단계		
도덕성 발달단계	특성	비고
타율적 도덕성 단계	• 어른의 권위에 대한 복종에서 시작한다. • 규칙은 신이나 부모와 같이 권위적인 존재에 의해서 만들어지는 것이다. 즉 규칙은 신성하고 변경할 수 없는 것이다. • 행위자의 의도와는 관계없이 행위의 결과만을 갖고 판단한다.	4~7세 전조작기 후기
7~10세는 타율적 도덕성과 자율적 도덕성이 공존하는 과도기 단계이다.		
자율적 도덕성 단계	• 옳고 그름에 대한 판단을 행위의 결과가 아닌 의도에 의해서 판단한다. • 규칙은 수정 가능하다는 것을 알게 된다.	10세 이후 구체적 조작기 후기

5) 정서발달

① 학령전기의 아동에게서는 **정서분화가 두드러지게** 나타난다.

② **충동이나 사회적 요구 간에 균형을 유지하는** 방법을 배우게 된다.

③ 죄책감은 특정한 대상이나 상황에 대한 불합리한 공포로 발전하기도 한다.

④ 불안을 감소시키기 위하여 **방어기제와 적응기제**를 사용한다.

6) 사회적 관점 수용능력

① 이 시기 아동은 **다른 사람의 기분을 어느 정도 이해할 수** 있게 된다.

② 그러나 모든 사람이 자신과 동일한 방법으로 상황을 인식한다고 생각한다.

③ 자신의 관점과 타인의 관점을 정확하게 구분하지 못하여 **사회적 관점 수용능력은 매우 낮은 수준**이다.

7) 성역할의 학습

① 이시기는 **프로이트의 남근기**에 해당한다. 즉 성기에 관심을 갖는 시기이다.

② **성과 관련된 사회적 관계 성향에 관심을** 나타낸다.

③ **자신의 성에 걸맞는 행동을 함으로써 성역할 정체성을 형성해** 간다.

④ **부모의 기대와 문화적 기준에 맞는 성역할 기준을 이해하고 내면화**한다.

⑤ 부모로부터 학습한 성역할 기대를 또래관계에서도 그대로 적용하고자 한다.

8) 우정의 발달

① **집단놀이에 흥미**를 갖는다.

② 집단놀이 과정에서 **협동과 상호작용의 쾌락**을 경험한다.

③ **역할관계의 상호성**을 학습하게 된다.

④ 이런 활동들을 통하여 **자아중심성이 어느 정도 완화**된다.

⑤ 또래놀이/집단놀이를 통하여 구체적 물건 교환 등 협력활동을 하면서 우정을 경험한다.

9) 사회성의 발달

① 부모보다 형제와 보내는 시간이 더 많아짐에 따라 형제끼리 서로 모방하려는 경향이 나타난다.

② 이 과정에서 사회성을 발전시키게 된다.

③ 조부모도 함께 사는 아동들은 사회적 관계성의 확대로 인하여 사회성이 더욱 촉진될 수 있다.

10) 발달과제

① 주도성 발달

학령전기 아동은 **성적 역할에 대한 관심**을 갖고 자신의 성에 맞는 활동을 하려고 한다. 또한 **운동과 지적활동이 활발하게** 되며 이를 통하여 **주도성이 발달**하게 된다.

반면, 자신의 행동에서 만족감을 느끼지 못할 경우에는 자신의 주도적 행동에 대한 **죄책감**을 갖게 된다.

이 시기는 **친구들과 상호작용을 통하여** 이러한 발달과제를 이룬다. 그리고 성공적으로 발달할 경우 주도성과 더불어 책임의식이 발달하게 된다.

② 동기간 경쟁

동생이 생기는 것은 협동과 공유 능력을 시험하여 동기간 경쟁을 부추긴다.

동기간의 경험이 성장 후 또래관계나 권위에 영향을 미칠 수 있다.

동생의 출현으로 부모가 자신의 욕구를 돌볼 틈이 없다는 것이 상처가 될 수 있다.

③ 상상 속의 동무

이 시기에 가장 흔히 나타난다. 평균 이상의 지능을 가진 아동에게 나타난다.

사람이 주된 대상이지만 **인격화된 장난감이나 사물일 수도 있다.**

친구 역할을 해주고, 고독감을 해소해주며, 불안을 줄여주는 역할을 한다.

대부분 12세가 되면 사라지만 성인기까지 지속되는 경우도 있다.

제2절　학령전기의 사회복지실천

학령전기의 아동에 대해서는 다른 무엇보다도 신체적 발달에 관심을 가져야 한다. 또한 도덕적 특성에 있어서 너무 강압적으로 접근하지 않도록 해야 한다. 그리고 가족이나 놀이에 대한 중요성을 생각하게 된다.

1) 신체적 발달과 관련한 사회복지실천

① 뇌염, 근이완증과 같은 것에 관심을 가져야 한다.
② 근육과 운동기능의 향상은 안전사고와 같이 생각해야 한다.

2) 심리적 발달과 관련한 사회복지실천

① 도덕적 기준이 지나치게 강압적으로 주어져서는 안 된다. 그럴 경우 환경에 대한 호기심을 억압하게 된다. 그리고 죄책감을 갖게 된다. 자연스럽게 도덕적 판단을 하도록 하는 것이 바람직하다.
② 심한 불안이나 공포증에 대해서 유아와 부모에 대한 상담을 실시한다.
　부모의 정서안정이 아동의 정서안정에 도움이 된다.

3) 사회적 발달과 관련한 사회복지실천

① 아직 사회적 관심의 수용능력이 낮기 때문에 엄격한 성역할 기준을 타인에게 요구하기에 대인관계에서 많은 갈등이 있을 수 있다.
② 사회복지사는 또래와의 유대관계가 중대되는 시기라는 점에서 놀이치료에 대해 관심을 가져야 하고, 원활한 주도성의 발달이 되지 않을 경우 죄책감이나 좌절감을 경험할 수 있기 때문에 가족치료에 대한 이해를 가져야 한다.

01 유아기(3~6세) 혹은 아동기(7~12세)의 주요 발달과업에 해당하지 않는 것은?

① 애착관계 형성   ② 또래관계 증진

③ 도덕 및 가치체계의 발달   ④ 성역할 습득

⑤ 학습기술 습득

> **해설** 애착관계의 형성은 영유아기(0~2세)의 발달과제이다.   정답 ①

02 학령전기에 대한 내용으로 옳지 않은 것은?

① 이성부모에 대한 각별한 애정을 드러내는 시기이다.

② 직관적 사고능력이 발달한다.

③ 타인의 관점을 고려할 수 없다.

④ 자신의 성역할을 인식한다.

⑤ 타율적인 도덕성에서 자율적 도덕성으로 전환한다.

> **해설** 학령전기는 피아제의 이론에 따른 타율적 도덕성의 시기이다. 자율적 도덕성은 구체적 조작기인 10세 이후에 나타난다고 볼 수 있다.   정답 ⑤

Chapter 20

아동기

제1절 아동기(6~12세)의 특성

혼히 아동기라고 부르는 시기는 에릭슨에 의하면 학령기로 불린다. 이 시기는 주로 초등학교 생활이 주가 되는 시기이다. 학교 생활이 주된 생활의 장이 되므로 학습에 몰두하는 특성이 나타난다. 이 과업이 잘 이루어지면 근면성을 얻게 되는 반면 학업성취 등이 제대로 이루어지지 않을 경우 열등감을 갖게 되는 시기이다. 이 시기에는 교사가 특별한 역할을 하게 되는데 아동의 특수한 재능을 찾아내서 격려하는 것이 필요하다.

1) 아동기의 일반적 특성

① 학교생활을 시작하는 시기이므로 **학동기**(學童期)라고 한다.
② 또래가 매우 중요해지는 시기이므로 **도당기**(徒黨期)라고 한다.
③ 역동적인 발달보다는 조용한 발달을 이루는 시기이다. **잠복기**(潛伏期)라고 한다.
④ 프로이트의 이론으로 볼 때 성적인 관심이 떨어지는 시기로 **잠복기**이다.
⑤ 피아제의 **구체적 조작기**에 해당한다.
⑥ 놀이에서 일로 분화되는 시기이다.

2) 신체와 운동의 발달

① 신체적 성장이 비교적 완만하게 일어난다.
② 뼈와 근육이 균형 있게 성장한다.

③ 폐의 발달이 10세까지 완만하게 발달하다 그 이후 급격하게 발달한다.

④ 영구치로 대체된다.

⑤ **운동능력이 왕성해지고 다양한 활동**을 하게 된다.

⑥ 운동의 정확성, 안정성, 호응성이 높아진다.

⑦ **단체놀이에 관심**을 가진다.

3) 성격발달의 특성

① 프로이트 – 잠복기와 생식기 초기

② 에릭슨 – 학령기, 근면성 vs 열등감

③ 콜버그 – 인습적 도덕단계, 착한 아이 지향과 법과 질서 지향의 도덕성

④ 피아제 – 구체적 조작기

⑤ 학교라는 새로운 사회를 경험하면서 **지적능력이 크게 발전**한다.

⑥ 친구를 통하여 **사회의 가치관과 규범을 습득**하게 된다.

⑦ 친구관계를 통하여 **자기주체성을 확립**한다.

> **cf. 자아정체감은 청소년기 발달과업이다.**
> 자기주체성과 자아정체감을 구분하여야 한다.

4) 감각발달

① 지적 기능이 분화됨에 따라 **객관적인 지각**이 가능해진다.

② 유아기에 발달한 운동지각능력이 **공간지각능력**으로 전환된다.

③ **시간지각능력**이 정확해진다. 즉 과거, 현재, 미래를 정확하게 이해한다.

5) 언어발달

① 언어적 유능성을 판가름하는 중요한 발달이 이루어진다.

② 유아기에 비해 단어를 보다 정확하게 사용한다.

③ 발표력, 독해력이 늘어난다.

④ 글씨를 바르게 쓰고, 자신의 생각을 글로 표현할 수 있는 능력이 점차 발달한다.

⑤ 이해하는 어휘수보다 사용하는 어휘수가 적은 것이 일반적이다.

⑥ 기억력이 증가하여 사용하는 어휘수나 언어적 능력이 향상된다.

⑦ 하나의 동일한 주제에 대해서 오랫동안 이야기한다.

6) 인지발달

① 피아제의 구체적 조작기와 형식적 조작기 초기에 해당한다.

② **보존개념이 발달한다.**

가역성 - 어떤 상태가 변해도 그 과정을 역으로 밟아 다시 복원할 수 있다.

보상성 - 높이가 감소했는데 폭이라는 다른 차원으로 넓혀진 것을 인지한다.

동일성 - 더하거나 빼지 않았으면 형태가 달라졌어도 이전의 상태와 동일하다.

③ **논리적 사고가 가능해진다.**

④ 물체를 분류하고 통합하는 **유목화가 발달**한다.

⑤ 수를 조합하는 능력이 발달한다.

7) 지능

언어능력, 공간능력, 지각능력, 문제해결능력 등이 높아진다.

8) 창의성

판에 박힌 사고가 아니라 융통성 있는 사고를 통해 새로운 아이디어를 만들어낸다.

9) 정서발달

① 비교적 정서적으로 안정된 시기이다.

cf. 청소년기의 질풍노도기와 대조된다.

② 상상적인 것, 가상적인 것, 비현실적인 것, 초자연적인 것에 대한 **공포심이 많아진다.**

③ **사회관계가 넓어짐으로 인하여 분노가 가장 빈번하게 발생하는 정서이다.**

④ **등교거부증과 학교공포증이** 정서장애로 나타날 수 있다.

⑤ 애정의 대상이 가족에서 또래로 옮겨간다. 특히 동성의 또래에 대한 관심이 높아진다.

10) 자기개념의 발달

① 자기개념 또는 자아개념은 자기 자신에 대한 지각이다.

② 신체적, 기술적, 가치관, 희망, 지위와 역할 등에서 자기개념이 나타난다.

③ 발달요인

개인의 연령과 성공 및 실패 경험

부모의 양육태도

친구집단, 또래집단

특히 학교에서 성공이나 실패에 대한 경험이 중요한 영향을 미친다.

④ 자아존중감은 자신에 대한 정서적 측면으로 자기 존재에 대한 느낌이다.

학업적 자아존중감, 사회적 자아존중감, 신체적 자아존중감으로 분화된다.

자아존중감의 발달은 아동기의 근면성, 열등감 발달과 밀접한 관련을 갖는다.

11) 학교와 사회성 발달

① **학교에 들어가게 되면서 사회적 관계의 장이 넓어진다.**

② 이는 인지발달과 사회적 발달에 영향을 미친다.

③ 아동의 사회성 발달에는 **교사의 역할**이 크다.

④ 급우들과의 관계는 학년이 올라갈수록 더욱 강화된다.

⑤ 또래의 승인을 받고 싶어하는 마음으로 인하여 교사의 영향력이 점차 줄어들게 된다.

12) 또래와 사회성 발달

① 주로 이웃, 비슷한 연령의 또래를 만난다.

② 외모, 성숙도, 성적, 지도력 등에 따라 **서열이 정해진다.**

　　cf. 공부 잘하는 아이의 말을 잘 듣는다.

③ 또래를 통해 상호작용에 필요한 기술을 배우고 또한 자신과 다른 대처방법을 배우게 된다.

④ **진정한 우정을 나눌 수 있는 기회**를 갖는다.

⑤ 사귀는 영역이나 선택이 달라진다.

　　저학년 – 지리적으로 가까운 또래를 사귄다.

　　고학년 – 친절, 온화, 따뜻함 등을 보고 친구를 선택한다.

⑥ 따돌림을 경험하는 경우 높은 수준의 불안과 우울을 경험하고 낮은 수준은 자아존중감 및 부정적인 자기개념을 형성하게 된다. 그리고 이러한 영향력은 상당히 오랫동안 지속된다. 학교생활에서 따돌림 문제에 대해 깊은 관심을 가져야 한다.

13) 단체놀이와 사회성 발달

① 아동기에 이르면 집단놀이보다는 **단체놀이를 선호**하게 된다.

② 단체놀이는 **규칙이 복잡하고 심판이 필요한 놀이**라는 면에서 집단놀이와 차별성을 갖는다.

③ 단체놀이를 통하여 단체의 목표를 이루는 것을 경험한다.

④ 단체놀이를 통하여 **각자의 지위와 역할을 이해**하게 된다.

⑤ 단체놀이를 통하여 **승리의 중요성을 학습**하게 된다.

⑥ 실패에 대한 사회적 비난을 회피하기 위하여 더욱 **협력하고 노력하는 경험**을 하게 된다.

제2절 　아동기의 사회복지실천

　아동기는 학교생활이 시작되는 시기로 새로운 환경에 익숙해지는 것에서부터 근면성 발달과 자기개념 형성을 돕는 사회복지실천을 생각해 보아야 한다. 또한 이 시기에 나타나기 쉬운 학습장애나 주의력 결핍장애에 대해서도 깊은 관심을 가져야 한다. 그리고 학교생활에서 나타나게 되는 따돌림에 대해서도 깊은 관심을 가져야 한다.

1) 신체적 발달과 관련한 사회복지실천

① 성장에 필요한 영양을 공급해야 한다. 우리나라에서는 무상급식과 지역아동센터 급식지원 등으로 성장기 아동의 영양공급에 관심을 가지고 있다.
② 사회복지사는 이런 제도에서 벗어난 소외계층 아동이 있는지 발굴하고 대처하는 자세를 가져야 한다.
③ 장애아동과 특수교육에 대해서 관심을 가져야 한다.
④ 아동학대 발생에 대해서 관심을 가져야 한다.

2) 심리적 발달과 관련한 사회복지실천

① 감각기관의 장애가 있는지 살피고 치료를 위한 프로그램을 제공해야 한다.
② 정서발달에 문제가 있는지 살펴보고 적절한 개입을 통하여 정서지원을 한다.
③ 열등감이 있는 경우 잦은 실패경험에서 벗어나게 하는 개입을 해야 한다. 이때 특히 **작은 성공을 여러 번 경험할 수 있는 기회**를 제공하는 것이 바람직하다.
④ 학습장애가 있는 경우 적절한 서비스를 연결해주어야 한다.
⑤ 주의력 결핍장애에 대하여 관심을 가져야 한다.

3) 사회적 발달과 관련한 사회복지실천

① 집단따돌림 등이 일어나지 않도록 교사, 학교사회복지사 등이 긴밀하게 협력하여 활동하여야 한다.
② 사회복지기관에서 맞벌이 등으로 돌봄을 받지 못하는 가정의 아동에 대해서 정서지원 및 보호프로그램을 제공해야 한다.

01 아동기(7–12세)의 발달에 관한 설명으로 옳은 것을 모두 고른 것은?

> ㄱ. 프로이트(S. Freud): 성 에너지(리비도)가 무의식 속에 잠복하는 잠재기(latency stage)
> ㄴ. 피아제(J. Piaget): 보존, 분류, 유목화, 서열화 등의 개념을 점차적으로 획득
> ㄷ. 콜버그(L. Kohlberg): 인습적 수준의 도덕성 발달단계로 옮겨가는 시기
> ㄹ. 에릭슨(E. Erikson): "주도성 대 죄의식"의 발달이 중요한 시기

① ㄱ, ㄴ   ② ㄴ, ㄹ
③ ㄱ, ㄴ, ㄷ   ④ ㄱ, ㄷ, ㄹ
⑤ ㄴ, ㄷ, ㄹ

해설 주도성 대 죄의식은 학령전기(4-6세)의 특징이다..   정답 ③

02 아동기(7~12세)의 설명으로 옳은 것은?

① 사물의 분류와 보존개념을 획득한다.
② 자율성 대 수치감이 형성되는 시기이다.
③ 물활론적 사고가 중요 특성이다.
④ 성역할 정체감이 완료되는 시기이다.
⑤ 심리사회적 유예가 일어나는 시기이다.

해설 ②, ③은 초기아동기의 특징이다. ④는 성인기의 특성이다. ⑤는 청소년기 특성이다.   정답 ①

청소년기

학습Key포인트 🔍
○ 청소년기의 발달과업인 자아정체성을 설명할 수 있다.
○ 청소년기의 신체발달과 그에 따른 성격 특성을 설명할 수 있다.
○ 청소년기의 심리적 특성을 설명할 수 있다.

제1절 청소년기(12~20세)의 특성

청소년기는 흔히 사춘기라고 하는 시기이다. 이는 이성에 대해서 새로운 관점을 갖게 되는 시기라는 의미이다. 아울러 질풍노도기라고 하여 급격하게 변화하는 특성을 갖는 시기이기도 하다. 무엇보다도 이 시기는 자아정체성을 형성하는 시기이다. 자아정체성이 잘 형성되면 자신의 역할에 맞는 행동을 하는 발달을 이어가게 되지만 그렇지 못할 경우 역할혼란을 경험하기도 한다. 우리나라의 경우 지나친 입시 위주의 교육, 서열화된 성적 산정 방식 등으로 이 시기에 경험해야 할 다양한 것들에 대해서 간과하는 경우가 많다. 그러나 이 시기는 여러 가지 것들을 실험해 볼 수 있는 유예의 시기라는 점을 놓치지 말아야 한다.

1) 청소년기에 대한 일반적 특성

① **제2의 급등기**라고 한다. 이는 영유아기 때 신체적으로 급등한 이후 또다시 신체적으로 급속한 성장과 성숙이 이루어지는 시기이기 때문이다.

② 독립을 추구하며, **부모와 잦은 갈등**을 갖게 된다.

③ 정서적 변화가 급격하여 **질풍노도기**라고 하고 **제2의 반항기**라고 한다.

> **cf. 제1의 반항기는 언제?**
> 흔히 미운 7세라는 말을 한다. 보통 학령전기(4~6세)가 되면 또래와 관계가 형성되면서 자신이 하고 싶어 하는 것이 많아진다. 이럴 때 부모가 생각하지 못하는 일들을 하는 경우가 종종 발생한다.

④ 사회적으로 어린이도 아니고 어른도 아니기에 **주변인**의 시기이다.

⑤ **심리적 유예기**이다.

⑥ 성적인 발달로 이성에 대해서 생각이 많아진다. 그래서 **사춘기**(思春期)이다.

> **cf. 연령으로 구분하는 청소년**
>
> 청소년기에 대해서는 학자마다 연령 기준이 다르다. 사회복지실천현장에서도 청소년에 대한 연령 기준은 어떤 법을 적용하는가에 따라 달라진다. 다음은 법과 사회통념에서 이야기하는 청소년 시기에 대한 기준이다.
> - 아동복지법: 아동 18세 미만의 사람, 즉 18세가 되지 않으면 아동이라고 한다. 아동이라는 개념에는 청소년과 중첩되는 부분이 많다.
> - 청소년기본법: 9~24세를 청소년이라고 한다.
> - 민법: 만 19세 이상을 성인이라고 한다. 즉 19세가 되지 않아야 청소년으로 인정한다.
> - 아동청소년 성보호에 관한 법률: 만 19세 미만의 자를 아동청소년이라고 한다.
> - 1318: 통상 13~18세를 청소년이라고 한다. 대부분 중고등학교 재학생에 해당한다.

2) 신체적 발달

① 신체적인 급격한 발달로 인하여 **신체가 불균형 상태**가 된다.

② 이로 인하여 청소년기에 자신의 신체에 대해 **부정적인 신체상**을 갖게 된다.

③ **여자가 남자보다 성장이 더 빠르다.**

④ 신체상은 자아존중감과 정적 상관관계를 갖는다.

⑤ 신체의 내부기관도 현저하게 발달한다. (폐활량, 소화기능, 내분비선 발달 활발)

⑥ 성호르몬 분비로 체형 변화가 일어난다.

　　남자 - 어깨가 넓어진다.

　　여자 - 체지방이 증가하고 골반 부위가 발달한다. 가는 허리, 좁은 어깨를 갖게 된다.

⑦ **청소년기는 신체의 모든 부분에서 극적인 변화가 일어나는 것은 아니다.**

3) 성적 성숙

① 프로이트는 이 시기를 생식기로 규정했다. 이것은 성적인 부분이 성인의 모습을 갖추게 되었다는 것을 의미한다.

② 성적 성숙은 청소년기의 **가장 특징적인 발달 중 하나**이다.

③ 생식기능이 발달한다.

④ 여성의 경우 여성호르몬(에스트로겐)이 분비되어 유방이 발달하게 되고 음모가 자라게 된다. 자궁은 임신할 수 있는 준비를 하게 된다.

⑤ 남성의 경우도 남성호르몬(안드로겐)의 분비로 신장이 증가한다. 목소리가 굵어지고 음모가 나는 등 2차 성징이 발달하게 된다. 정자생산이 증가하고 성적 욕구가 증가한다.

⑥ 여성은 월경을 통하여 여성이 되었다는 자부심을 가짐과 동시에 불편함과 당혹감을 느끼기도 한다.

⑦ 남자의 경우 14~15세 경 사정이 가능하지만 정자가 충분히 활동성을 갖지 못하기 때문에 생식기능이 불완전한 시기이다.

⑧ 남자 청소년의 경우 사정에 대한 불안과 자신의 성적 성숙에 대한 기대감을 동시에 갖는 시기이도 하다.

4) 신체변화와 심리변화의 연동

① 자신의 신체에 대해 긍정적인 신체상을 갖게 되면 자아존중감이 발달한다.

② 어떤 단계보다도 신체상이 자아존중감에 크게 영향을 미치는 시기이다. 그래서 청소년들은 외모에 관심이 많기도 하다.

③ 여자 청소년의 경우 섭식장애를 보이기도 한다.

④ 섭식장애 중 거식증과 폭식증의 빈도가 가장 높다.

⑤ 대개 섭식장애를 보이는 여자 청소년의 경우 자아존중감이 낮다. 다른 사람에게 인정받기 위해 순종하는 경향이 있다. 자신의 신체적 이미지를 부정적으로 인식하기도 한다.

⑥ 남자 청소년의 경우 또래보다 늦게 성숙하면 신체적으로 덜 매력적이고 균형 잡히지 못한 것으로 생각한다. 그래서 이럴 경우 긴장을 필요 이상으로 많이 하며 관심을 끌기 위해 이상행동을 보이기도 한다.

⑦ 성숙이 빠른 남자 청소년은 몸의 크기와 운동능력에서 유리하다. 반면 그렇지 못한 아이들은 성숙이 빠른 또래를 우월하다고 생각하게 된다.

5) 정서적 발달과 문제

① 질풍노도의 시기이다. 그러나 사실 질풍노도의 시기라는 것은 청소년기의 정서를 대별해서 사용하는 표현이지만 학술적으로 증명된 바는 없다.

② 감정기복이 심하다.

③ 격하다.

④ 이 시기의 **중요과제는 자신의 감정에 대해 좀 더 관대해지는 것이다.**

⑤ 정서적 불안정을 고민이라고 표현하는 경우가 많다.

⑥ 고독, 열등감, 실존적 공허감에 빠지기도 한다.

⑦ 자신의 강한 감정에 대해 부끄러움을 느끼고 표현을 지나치게 억제한다. 이로 인하여 사회적 고립이나 부적응이 유발될 수 있다.

⑧ 충동적이다. 질서에 대한 통제가 어렵다.

⑨ 청소년기에 나타나는 정신장애로는 정신분열증, 불안장애, 공포증, 우울증, 자살, 약물남용 등이 있다.

6) 인지발달

① 피아제의 형식적 조작기

형식적 조작기라는 것은 구체적인 조작 상황을 보지 않더라도 논리적으로 추론이 가능한 것을 의미한다. 즉 **추상적 사고가 가능**하게 된다.

어떤 문제를 해결할 때 **가설연역적으로 사고**한다. 즉 합리적인 가설을 세우고 그것을 실현하여 맞는지를 보여준다. 행동부터 하고, 그러다 맞는 것을 보여주는 게 아니다. 이것은 구체적 조작기의 특성이다. 형식적 조작기에는 가설연역적으로 사고하게 된다. **이상적 사고가 발달**한다. 이것은 장점이기도 하지만 이러한 **사고능력의 발달**로 인하여 진학, 결혼, 취업 등에 대해 **지나친 염려**를 하게 되기도 하고, 이로 인하여 **과도한 불안**을 경험하기도 한다.

② **자신의 사고를 비판적으로 검토**하는 것이 가능하고, **가치, 이상, 도덕이 발달**한다.

③ **자신과 세계를 상대론적 관점에서 이해**한다.

④ 타인의 가치관이나 행동양식을 포용하게 됨으로써 타인에 대한 이해와 포용력 확장이 이루어진다.

⑤ 자기성찰과 비판적 성향이 너무 강할 경우 **열등의식이 강화될 우려**가 있다.

⑥ **자아중심적사고 성향의 유예**

자신과 세계에 대한 상대론적인 입장에서의 생각능력이 발달되지 못한 경우 자신의 외모에 지나치게 신경을 쓰거나 타인의 입장을 배려하지 못하는 자아중심적사고 성향이 그대로 유지되기도 한다.

상상적 청중 – 자신이 주인공이 되어 다른 사람이 자신만 보는 것으로 생각한다. 그래서 어디를 가든지 사람들을 과도하게 의식하게 된다.

개인적 우화 – 자신의 감정과 사고는 너무 독특해서 다른 사람이 이해할 수 없다고 생각한다.

⑦ 형식적 사고

두 개 이상의 변인을 정신적으로 조절하는 능력을 갖는다.

가설연역적 사고를 할 수 있다. 그러므로 이 시기에는 이질적 성원으로 구성된 동년배 집단을 통해 다양한 경험을 하고, 학교수업을 통해 논리적 사고능력을 키워 나갈 필요가 있다.

7) 자율성 획득

부모로부터 자립을 준비하는 시기이다.

8) 심리사회적 유예

① 최종의 자아정체감을 성취하기 위하여 일정한 시험기간을 갖는 것이다.

② 정체감 성취나 정체감 혼란 등 어느 방향으로도 나갈 수 있는 상태이다.

③ 따라서 이 시기의 실패를 실패라고 해서는 안 된다.

9) 자아정체감 발달

① 자아정체감은 자신의 독특한 모습에 대해서 비교적 안정된 느낌을 가지며, 행동이나 정서 등 여러 변화에도 불구하고 자신이 변하지 않는다는 것을 느끼는 것이고, 자기 자신이 누구인지 아는 것이다. 즉 자기 자신은 언제라도 자기라는 것을 아는 것이다.

② 청소년기에 이르러 자아정체감은 정형화된다.

③ 형식적 조작 사고능력의 발달로 자신에 대해 다양하게 발견함으로써 자아정체성을 갖게 된다.

④ 자아정체감은 아동기의 경험을 바탕으로 하여 본격적으로 청소년기에 발달을 이룬다.

⑤ 자아정체성을 이루지 못하면 역할혼란을 겪게 된다. (자아정체성 vs 역할혼란)

⑥ 제임스 마르샤는 에릭슨의 이론을 이어받아 자아정체감 유형을 분류하였다.

⑦ **정체감 유실** – 부모나 사회의 가치관을 그대로 자신의 것으로 받아들이는 것

⑧ **정체감 유예** – 정체감 확립을 위하여 다양한 역할실험을 수행하고 있는 상태

⑨ **정체감 혼란** – 정체감 확립을 위한 노력도 없고, 기존의 가치관에 대한 의문도 없는 상태

⑩ **정체감 성취** – 위기를 성공적으로 극복하고 정치적, 개인적 이념체계를 확립
  자율적으로 의사결정하고 직업역할을 성공적으로 수행할 수 있는 상태를 말한다.

⑪ 에릭슨은 정체감 **유예**나 **성취**는 심리적으로 **건강한** 것이지만 정체감 **유실**이나 **혼란**은 **부적응적인** 것이라고 하였다.

10) 사회적 발달

① 청소년기는 부모로부터 **분리개별화**를 이루고자 한다.

② **주요 애착 대상은 부모에서 친구로 이동한다.**

③ **동성이나 이성친구 등 또래집단에 몰입**한다. 구체적 조작기에는 주로 동성 또래에 관심을 갖는 반면 이 시기는 이성 또래에도 관심을 갖는다. 다만 현실적으로는 동성 또래와 더 많은 것을 함께 한다.

④ **또래 상호간에 심리사회적으로 관여하는 정도가 매우 깊어지고 친밀해 진다.**

⑤ 또래에서 인정받고자 한다.

11) 가족관계의 변화

부모로부터 독립하고자 한다. 갈등하게 된다.

12) 또래관계

① 우정이 중요한 시기이다.

② 군중심리와 또래에게 인정받고 싶은 심리가 있다.

③ 친구는 긍정적이기도 하고 부정적이기도 하다.

④ 이성에 대한 관심은 높아지지만 실질적으로는 동성 친구가 더 많다.

⑤ 이성을 대하는 태도도 소극적이다.

제2절 청소년기의 사회복지실천

청소년기의 주요 특성에서 나타난 사항들이 바로 사회복지실천과 연결되는 지점이다. 신체발달, 자아정체감 형성, 심리적 안정 등이 이 시기에 주요하게 개입되어야 할 지점이 된다. 특히 우리나라에서는 입시에 대한 중압감이 크기 때문에 이런 부분 역시 사회복지실천에서 주요하게 생각해야 할 청소년기 과업이 된다.

1) 신체적 발달관점에서의 사회복지실천

① 신체의 부분적인 급등에 따라 부정적 신체상을 갖는 것에 대해서 긍정적 신체상을 갖도록 도와주어야 한다.

② 식이요법에 대한 지도가 필요하다.

③ 2차 성징에 대한 대비를 하도록 해야 한다.

④ 신체에 대해서 진솔하게 이야기할 수 있는 대상이 되어 주어야 한다.

⑤ 신체적으로 조숙한 경우 선배 집단에 의해서 비행에 가담하도록 요구받게 되기도 한다. 따라서 이런 부분에 대해서도 접근을 해야 한다.

⑥ 여자 청소년의 경우 역시 신체적으로 조숙한 경우 성적 상대가 되는 특성이 있어서 일탈로 나갈 확률이 높은 시기이다.

2) 자아정체감 측면에서의 사회복지실천

① 자아발견, 자기성장, 인간관계 훈련 등 자아발견에 도움되는 활동을 제공한다.

② 여러 가지 활동거리와 수련거리를 제공한다.

3) 정서적 안정 측면에서의 사회복지실천

① 건강한 심리발달에 대한 자료제공을 한다.

② 입시제도의 변화와 중요성으로 인하여 고3의 심리정서에 관하여 관심을 갖는다.

01 청소년기(13-19세)에 관한 설명으로 옳지 않은 것은?

① 신체적 측면에서 제2의 급성장기이다.

② 심리적 이유기의 특징을 보인다.

③ 부모보다 또래집단의 영향력이 커진다.

④ 피아제(J. Piaget)에 의하면 비가역적 사고의 특징이 나타나는 시기이다.

⑤ 프로이트(S. Freud)의 심리성적발달단계에서 생식기에 해당한다.

해설 비가역적 사고는 전조작기의 특징이다. 청소년기는 구체적 조작기를 넘어 형식적 조작기로 나가는 시기이다.　　　　　　　　　　　　　　　　　　　　　　　　　　　　정답 ④

02 생애주기와 발달적 특징의 연결로 옳지 않은 것은?

① 영아기(0-2세) - 애착발달

② 아동기(7-12세) - 자아정체감 확립

③ 청소년기(13-19세) - 제2차 성징의 발달

④ 중년기(40-64세) - 신진대사의 저하

⑤ 노년기(65세 이상) - 내향성과 수동성의 증가

해설 자아정체감 확입은 청소년기의 발달과업이다.　　　　　　　　　　　　정답 ②

Chapter

22 성인기

학습Key포인트 🔍

○ 성인기의 특징인 친밀성에 대해 설명할 수 있다.
○ 성인기의 직업선택 과정을 순서별로 설명할 수 있다.

제1절 성인기(20~34세)의 특성

성인기에 대한 정의나 연령 구분 역시 일정할 수 없다. 에릭슨의 경우 성인초기라하여 20~24세를 지칭하였다. 사람에 따라서는 이 시기를 성인과 구분하여 청년기라고 하기도 한다. 법적으로 책임을 지는 나이이긴 하지만 아직도 사회를 위하여 준비하는 게 많기 때문이기도 하다. 중요한 것은 학자들마다 기준은 다르지만 성인기에 대한 관점은 그동안 준비하는 시기를 거쳐 준비해 온 것을 토대로 사회의 일원으로 책임성 있는 참여를 하는 시기로 보고 있다는 점이다. 이제 성인기부터는 준비한 것을 통하여 실현해 나가는 시기이다. 특히 성인기는 직업과 결혼에 대해 과업을 이루는 시기이기도 하다. 에릭슨에 의하면 초기성인기의 발달과업은 친밀감이다.

1) 성인기의 일반적 특성

① **친밀감**을 갖는다.
② **자율성**을 확립한다.
③ **직업**을 **선택**하고 준비한다.
④ 신체적 수행능력의 정점을 이룬다. 즉 **신체의 황금기**이다.

> cf. 이에 비하여 중년기는 '인생의 황금기'라고 한다.

⑤ 결혼과 부모역할을 준비한다.
⑥ **동년배집단**이 중요하다.
　성인기에서 가장 중요한 것은 **직업준비를 위하여 탐색**하는 것과 **결혼**을 하는 것이다.

성인기는 이제 부모로부터 완전히 독립하는 시기이다. 이를 위해 직업을 선택하여 한 사회의 구성원으로서의 역할을 하여야 하고, 결혼을 하여 가정을 꾸려야 한다. 성인기에 이 과업을 이루는 것이 가장 중요하다.

2) 에릭슨의 발달과업

① 친밀감

이 시기에 갖는 친밀감은 정체감 유실에 대한 두려움 없이 타인에 대해 개방적이고 지지적이며, 조화로운 관계를 형성하는 성향과 능력을 말한다.

친밀감을 형성하기 위하여는 감정이입 능력, 자기통제 능력, 타인의 장점과 단점을 수용하는 능력이 갖추어져야 한다.

② 고립감

청소년기에 자아정체감을 형성하지 못하면 자신감을 갖지 못하게 되므로 타인과의 사회적 관계에서도 고립감을 갖게 된다.

타인과 친밀감을 형성하지 못하여 **자기 자신에게만 몰두하는** 경향으로 나타나는 것이다.

이는 **성인기 우울증**으로도 연결된다. 성인기 우울증은 미래에 대한 비관적 생각, 자기비하, 가치결여, 희망부재 등으로 나타난다. 이럴 경우 결국 다른 사람과 어울려 일하는 능력이 저하되게 되고 여가를 즐기는 여유를 갖지 못하게 된다. 이로 인하여 불면증, 식욕부진, 정신역동학적인 입장에서의 퇴보나 동요 등이 나타나기도 한다.

3) 하비거스트의 발달과업

① **성인기에는 자기체격을 인정하고 자신의 성역할을 수용한다.** 청소년기와 비교하면 신체상에 대해서 부정적인 생각을 갖기보다는 자신의 신체를 그대로 받아들이는 모습이 나타나고 성역할에 대해서 수용하는 것이다.

② **성인기에는 동성이나 이성의 친구와 새로운 관계를 형성한다.**

③ **성인기에는 부모나 다른 성인으로부터 정서적으로 독립한다.** 성인기는 이제 독립된 인격으로 서게 된다. 이는 다른 사람과 정서적으로 독립하는 것에서부터 나타난다.

④ **성인기에는 경제적 독립의 필요성을 느낀다.** 경제적 독립은 진정한 독립의 기반이 된다. 성인기가 되어 직업을 선택하게 되는 것 역시 자아실현의 목적도 있지만 실질적으로 독립을 이루기 위한 선결조건이 되기 때문이기도 한다.

⑤ **성인기에는 직업을 선택하고 준비한다.** 청소년기의 직업탐색과 다른 점은 청소년기에는 주로 적성이 무엇인지 알아보는 단계라면 이 시기의 직업탐색은 그보다는 보다 더 실현가능성에 초점을 맞추게 된다. 그리고 실질적인 직업선택으로 이어져야 한다.

⑥ **성인기에는 유능한 시민이 갖추어야 할 지적기능과 개념을 획득한다.**

⑦ 성인기에는 사회적으로 책임 있는 행동을 원하고 이를 실천한다.

⑧ 성인기에는 결혼과 가정생활을 준비한다.

⑨ 성인기에는 적절한 과학적 세계관에 맞추어 가치체계를 형성한다. 청소년기까지는 주로 환상적인 면에 집중한다면 성인기에는 과학적으로 받아들일 만한 세계관을 형성하여 생활에 임하게 되는 것이다.

> **cf. 레빈슨의 발달과업**
> 레빈슨도 청년기의 발달과업을 설명했는데 실질적인 내용에 있어서는 하비거스트와 다르다고 하기 어렵다. 다만 그의 강조점은 현실적이지 못하고 다소 과장된 희망을 명확하게 정의해야 하는 것에 초점을 맞추고 있다. 또한 건전한 영향력을 줄 수 있는 지도자를 발견하는 것을 발달과업으로 제시하고 있다.

4) 성인기 신체적 발달 및 감각발달

① 성인기에 이르면 신체성숙은 거의 완성되어 정점에 이른다. 그러므로 신체를 통하여 할 수 있는 일을 가장 잘 할 수 있는 시기이다. 그렇기 때문에 이 시기를 **신체의 황금기**라고 한다.

② 신체적 능력은 25~30세가 가장 건강한 시기이다. 30세 이후가 되면 신체적 기능이 감퇴하기 시작한다.

③ 시각, 촉각, 미각, 후각 등은 20세 경 최절정에 이른다. 이런 감각은 쭉 이어지다가 40세가 지나면 감퇴하기 시작한다.

④ 근육의 발달은 청년기에 완전히 발달한다. 보통 25~30세에 근력의 절정이 이루어진다. 이후 등과 다리의 근육이 약화되어 간다. 팔 근육의 약화 정도는 덜하다.

⑤ 체력, 정력, 지구력, 심폐기능, 성적기능이 모두 최고조에 이르는 시기이다.

5) 인지발달

① 기계적 암기나 지적과제 수행 속도는 10대 후반이 가장 뛰어나지만 **판단, 추론, 창의적 사고 등은 성인기는 물론 전생애를 통해 발달한다.**

② 피아제는 청소년기에 형식적 조작사고가 발달한 이후 인지발달이 거의 이루어지지 않는다고 보았다.

6) 사회적 발달

① **부모로부터 독립을 이루는 시기이다.** 그런데 독립에 대한 의지도 강하게 나타나지만 막상 독립하여 부모를 떠나고자 하는 데서 오는 불안감도 나타난다. 즉 독립과 관련하여 **양가감정**이 나타날 수 있다.

② **성역할 정체감을 확립하게 된다.** 성인기에는 사회가 여성이나 남성 등 특정 성에 적합하다고 인정하는 특성이나 태도에 대해서 동일시하는 모습을 갖게 된다. 그리고 이런 성에 따른 사회적 역할 기대를 내면화한다.

③ **직업탐색과 직업선택**을 이루게 된다. 사회적 역할에 대한 성취 또한 중요하다. 따라서 직업을 탐색하고 결정하는 과업이 이루어지는 시기이다.

④ **결혼과 가족형성**을 이루게 된다.

7) 긴즈버그의 직업선택 과정

① 직업선택 과정은 아동기부터 성인기에 걸쳐 이루어진다.

② 개인의 선호를 최적화하는 과정이다.

③ 과정: 환상적 시기 → 시험적 시기 → 현실적 시기

시기	연령	특징
환상적 시기	주로 아동기	• 개인적 소망에 근거하여 직업 선택 • 능력, 훈련 등은 전혀 고려하지 않음
시험적 시기	청소년기	• 직업에 대한 흥미, 능력, 교육, 가치관 등 • 현실적인 문제를 함께 고려하여 직업 선택
현실적 시기	청소년기-성인초기	• 특정직업에 필요한 훈련 • 자신의 흥미나 재능 • 직업기회 등을 현실적으로 고려하여 선택

8) 직업선택에 미치는 영향요인

① 가족 - 어린시절 경험, 역할모델로서의 부모님의 직업 등

② 사회관습 - 학교교육, 학벌중시, 또래집단과의 경험, 대중매체 등

③ 사회경제 - 출신계층, 성차, 직업의 수요와 공급 등

④ 상황 - 적절한 취업, 교육기회, 노동조건 등

⑤ 개인 - 자신의 기대감, 흥미, 관심 등

⑥ 심리사회적 요인 - 자신감, 실패에 대한 두려움 등

9) 결혼과 가정

① 결혼은 이성에 대한 친밀감을 기초로 하여 배우자를 선택하고, 새로운 가정을 만들어가는 과정이다.

② 성인기에는 결혼을 할 것인지, 혼자 살 것인지, 가족형태를 어떻게 구성할 것인지 등에 대해서 고민하게 된다.

③ 결혼을 하게 되는 이유로는 사랑, 자녀출산, 경제적 안정, 사회적 지위, 부모의 기대, 도피의 수단, 혼전임신 등 다양하다.

④ 중요한 것은 결혼을 통하여 정서적 지지, 안정감, 애정, 사랑, 우정을 획득하게 된다는 점이다.

⑤ 자녀출산은 새로운 적응을 요구하기도 하지만 부부간의 사랑을 연결해주고 의로움을 감소시키는 역할을 한다.

⑥ 자녀출산 이후 부부 간의 적응상태를 유지하기 위해서는 **부모로서의 역할전환에 대한 준비**가 되어 있어야 한다.

⑦ 또한 **전체 가족생활의 재조정**이 이루어져야 한다.

⑧ 현재는 이혼, 별거, 사별 등으로 한부모가정이 증가하는 추세이다.

제2절 성인기의 사회복지실천

성인기의 사회복지실천은 직업선택, 결혼, 가족구조 변화에 대해서 관심을 가져야 한다. 이 시기는 직업선택이 이루어지고 결혼을 통하여 새로운 가정을 이루는 시기이기 때문이다. 또한 자녀가 출생하면서 가족구성의 변화를 겪는 시기이기도 하다. 이런 과업들은 대부분 특별한 교육이나 준비 없이 이루어지는 경우가 많다. 따라서 성인기 사회복지실천은 이런 부분에 실질적인 도움을 줄 수 있는 개입이 필요하다.

① 성인초기는 대학에 진학하거나 취업을 하는 시기이다. 부모로부터 독립하여 자율성을 확립해야 하는 시기이다. 부모로부터 독립하여 자율적인 의사결정 등과 관련하여 성장할 수 있도록 집단프로그램이나 상담프로그램을 제공할 필요가 있다.

② 결혼을 한 이후에도 가족을 위한 것뿐만 아니라 자기 자신 본연에 대한 생각을 할 수 있는 기회를 제공해야 한다.

③ 예비부모교실 등 임신과 출산에 대한 사회복지적 원조가 개발되어야 한다.

④ 독립된 존재로 서야 하므로 자기주장 훈련을 제공할 필요가 있다.

⑤ 이 시기의 과업이 친밀감 형성이라는 점에 관심을 가져야 한다.

01 청년기(20-39세)에 관한 설명으로 옳은 것은?

① 에릭슨(E. Erikson)은 근면성의 발달을 중요한 과업으로 보았다.
② 다른 시기에 비하여 경제적으로 안정되어 있고 직업에서도 높은 지위와 책임을 갖게 된다.
③ 빈둥지 증후군을 경험하는 시기이다.
④ 또래와의 상호작용을 통하여 자아개념이 발달하기 시작한다.
⑤ 직업 준비와 직업선택에 대한 의사결정을 하는 시기이다.

해설 근면성의 발달은 학령기의 특징이다. 경제적 안정 및 직업에서 높은 지위는 인생의 황금기인 중년기에 해당하는 내용이다. 빈둥지 증후군 역시 중년기가 되어 자녀가 독립하는 걸 이른다. 또래와의 상호작용은 아동기의 특성이다. 성인기는 직업과 결혼과 관련한 발달과업을 이루는 시기이다.. 정답 ⑤

02 성인초기(20~34세)에 관한 설명으로 옳지 않은 것은?

① 직업을 선택하고 경력을 쌓아야 한다.
② 타인과의 관계 속에서 친밀감을 형성한다.
③ 신체발달이 완성되면 매우 건강한 시기이다.
④ 자신의 과거에 대한 재평가를 통해 변화가능성을 탐색해야 한다.
⑤ 삶과 직업에 관한 목표와 희망을 명확하게 정의해야 한다.

해설 ④는 중년기의 발달과업에 대한 레빈스의 주장이다. 성인기의 발달과업은 직업탐색 및 선택, 결혼, 독립 등이다. 또한 이 시기는 신체황금기이다. 이런 기본적인 사항을 점검하면 된다. 정답 ④

Chapter 23 장년기

제1절 │ 장년기(35~65세)의 특성

이 시기에 대한 용어도 성인기, 장년기, 중년기 등 다양하게 나타난다. 따라서 이 시기에 대한 이해 역시 연령을 기준으로 이해하여야 한다. 이 시기는 사회활동을 활발하게 하는 시기이다. 이 시기를 이해하는 용어는 중년기와 인생의 황금기이다. 중년기라는 것은 이제 인생에 대한 정리를 하면서 위기를 한번 겪는다는 의미가 담겨 있고, 인생의 황금기라는 것은 문제해결 능력이 가장 왕성하게 이루어지는 시기라는 의미이다. 그러면서 자신의 삶이 다음 세대에 유익한 것을 남겨줄 수 있는지에 대한 관심을 갖게 된다. 이 시기에 사회적 과업을 잘 성취하면 다른 사람에 대한 배려라는 여유로운 모습을 갖게 된다.

1) 장년기의 일반적 특성 및 중요 발달과업

① 흔히 장년기를 **인생의 황금기** 또는 **인생의 전성기**라고 한다. 이것은 주어진 과업이나 문제에 대해서 가장 활발하게 해결해 나가는 시기이고 가장 많은 일을 이루는 시기라는 의미이다.

> **cf. 황금기**
> '황금기'라는 말은 가장 절정을 이루는 시기라는 의미이다.
> • **신체의 황금기**: 신체기능이나 능력이 가장 왕성한 시기이다. 성인기를 의미한다.
> • **인생의 황금기**: 신체기능은 조금 떨어지지만 그동안 쌓은 연륜으로 문제해결을 가장 잘할 수 있는 시기이다. 중년의 시기가 바로 인생의 황금기이다.

> • (심리사회적 유예기: 황금기와는 상관없지만 청소년기를 지칭하는 말로 기억해 둘 필요가 있다. 청소년기는 아직 기회를 주어야 하는 시기라는 의미이다.)

② 이 시기는 자녀를 양육하는 시기임과 동시에 부모를 부양하는 시기이다. 양육과 부양이라는 부담을 감당하는 시기이므로 **샌드위치 세대**라고 한다.

③ 자녀가 청소년기가 되면서 교육을 이유로 집을 떠나는 경우가 발생한다. 또한 자녀가 결혼하여 독립하면서 아예 집을 나가게 되기도 한다. 그러면서 부모세대와 자녀세대가 함께 있던 모습에서 부모세대, 즉 부부만 남은 모습이 된다. 새끼들이 집을 떠났다는 의미에서 **빈둥지증후군 세대**라고 한다.

④ 인생의 황금기이지만 주변에서 죽는 사람이 나타나기 시작하고 또한 자신을 돌아보면서 상실감을 느끼게 되는 시기이다. 그래서 이 시기를 **상실감의 시대**라고 하고 새로운 위기를 맞본다는 의미로 **제2의 사춘기, 정체성의 위기**의 시기라고도 한다. **중년의 위기**라는 말은 이런 관점에서 나타나는 현상(용어)이다.

⑤ 학자에 따라서는 인생의 쇠퇴기로 규정하는 사람도 있다. 이는 인생의 황금기로 규정한 것과는 다소 다른 관점이다.

⑥ 중년기가 되면 성인병 등이 생기고 신체기능의 저하가 일어나기 시작한다. 따라서 **신체적 변화에 대한 적응**이 발달과업이 되는 시기이다.

⑦ 중년기에는 **부부간 애정** 또한 **재확립**하여야 하는 시기이다.

⑧ 자신을 돌아보면서 생기는 **중년기 위기를 극복**하는 과업을 이루어야 한다.

⑨ 다음 세대를 위한 **직업 활동에의 몰두**와 더불어 **여가선용**에 대한 과업이 있는 시기이다.

core 여가에 대한 관심

성인기는 직업탐색과 선택을 하다 보면 여가에 대한 관심을 가질 수 없다. 또한 결혼과 곧이어 출생하는 자녀에 대한 양육문제는 성인기에 여가를 생각할 수 없는 모습을 갖게 한다. 그런데 중년기가 되면 자신의 일에 대해 어느 정도 안정을 갖게 되는 시기이고 자녀양육 또한 대부분 마친 이후이므로 경제적인 여유와 더불어 시간의 여유가 생기게 된다. 이때 비로소 여가에 대한 관심을 갖게 된다. 따라서 중년기의 발달과업 중 중요한 하나는 여가에 대해서 준비하고 선용하는 것이다.

2) 융의 중년기에 대한 관심
① 중년기에 대한 구체적인 개념을 최초로 발전시킨 사람은 융이다.
② 중년기는 **그동안 성취했던 것과는 다른 활동이나 영역에 관심을 돌리는** 시기이다.
③ 동시에 **자기를 실현하는 과정**을 시작하는 단계이다.

④ 중년기를 **전환의 시기**라는 개념을 최초로 제시한 사람은 융이다.

⑤ 여기서 전환이란 점점 더 **내면의 세계에 초점을** 맞추는 것을 의미한다.

⑥ 이런 전환을 **개별화**라고 한다.

⑦ **남성의 여성성(아니마, anima)과 여성의 남성성(아니무스, animus)**이 나타나는 시기
이다.

3) 에릭슨의 발달과업

① 생산성

한 세대가 다음 세대에게 물려주는 것을 생산성이라고 한다. 생산성은 단순히 사람(자
녀)을 남기는 것만 의미하지 않는다. 문화, 사회질서 등 다양한 영역에서 다음 세대를
위하여 남기는 것이 모두 생산성이다.

중년기에 이르면 이러한 생산성을 성취하기 위해서 **자녀를 헌신적으로 돌보고, 능동적
으로 직업에 몰두하며, 사회발전에 관심을 갖고 노력**한다.

② 침체

자기 자신의 인생이 생산성에 기여하지 못했다고 느낄 때 침체를 경험한다.

침체는 성장의 결핍을 의미한다.

생산성을 이루지 못하여 침체를 갖게 되면 에너지를 오로지 자기 자신만을 위하여 사
용하게 된다.

4) 레빈슨의 발달과업

① 자신의 과거에 대한 재평가

자신의 죽음에 대한 의식이 강해지고 남은 시간을 현명하게 사용하고자 하는 의도에서
비롯된다.

② 인생의 남은 부분을 새로운 시기로 시작

이를 위하여 삶에서 부정적인 요소들을 수정하고 새로운 요소들을 갖추려고 선택하는
노력을 한다.

③ 개별화

장년기 이전에는 반대로 경험하던 상태나 경험을 직면하여 통합할 수 있어야 한다.

5) 펙의 발달과업

발달과업	특성
지혜 중시 vs 육체의 힘 중시	이 시기에 성공적인 적용을 하는 사람은 육체적인 힘은 쇠하여도 정신적 능력인 지혜가 발달하여 이를 보완할 수 있다.
대인관계 사회화 vs 성적 대상화	이 시기는 이혼이나 사망 등으로 인하여 사회적 관계의 변화가 일어난다. 이런 사회적 관계의 변화는 성적 친밀성이나 경쟁심보다는 친구 사이를 강조하는 관계로 재정의하도록 한다.
정서적 융통성 vs 정서적 빈곤	이 시기는 부모의 사망, 자녀의 독립, 친지의 사망 등으로 정서적 단절을 경험하게 되는 시기이다. 이때 감정을 다른 사람이나 활동에 재투자하지 못하면 정성적 빈곤을 경험하게 된다.
지적 융통성 vs 지적 경직성	이 시기에는 자신의 견해와 활동에 대한 융통성과 새로운 사고에 대한 수용성이 요구되는 시기이다. 새로운 정보수집을 거부하거나 중단하는 사람들에게서는 지적 성장이 느리고 자신의 삶을 무가치하게 느끼는 현상이 나타난다.

6) 신체의 변화

① 40대 초반 신진대사의 저하가 일어난다.

② 건강문제가 나타나기 시작한다.

③ 관절염, 당뇨병, 고혈압 등 성인병이 나타난다.

④ 이 시기 주요 사망원인으로 암, 심장질환, 사고, 뇌출혈 등이 나타난다.

⑤ 이 시기에는 디스크의 감퇴로 키가 줄어든다.

⑥ 이 시기에 이르면 허리둘레와 배가 나오고 머리카락이 빠진다.

⑦ 피부의 탄력이 줄어든다.

⑧ 육체의 힘이 약화된다.

⑨ 질병에 대한 저항력이 떨어진다.

⑩ 힘든 일을 한 후 에너지 충전 시간이 길어진다.

⑪ 급하게 힘을 쓰는 일보다 인내를 요구하는 일을 더 잘해낸다.

7) 성적 변화

① 여성의 갱년기

폐경을 경험하게 된다. 약 10% 미만의 여성은 40세 이전에 폐경을 경험하게 된다.

폐경이 이루어지면 생식능력을 상실하게 된다. 이는 여성에게 있어서 심리적으로 큰 충격을 받는 사건이 된다.

또한 여성호르몬이 줄어 자궁과 유방의 퇴화를 경험하게 된다.

골다공증이 생기며 메스꺼움, 골반통, 호흡장애 등이 나타나기도 한다. 얼굴에 홍조를 띠는 변화도 나타난다.

가벼운 우울증, 일시적인 정서불안, 분노감 등이 일어난다.

② **남성도 여성보다 늦게 오지만 갱년기가 온다.**

남성의 폐경은 정자나 정액 생성의 종결을 의미하지 않는다.

성적 저하가 일어나지만 성적 무능력이 일어나지는 않는다.

남성호르몬이 줄어든다.

남성의 성적 무능력은 호르몬 분비 때문이라기보다는 성공에 대한 과도한 욕심, 과음, 만성질환, 성적 수행에 대한 실패 등에서 유발된다.

8) 인지적 특성

① **어휘력과 언어능력이 발달**한다.

② **단기기억은 약화되지만 장기기억은 변화가 없다.**

③ **통합적 사고능력의 향상**으로 보고, 읽고, 듣는 것을 자기의 학습과 경험으로 통합한다.

④ **지능의 일률적인 감퇴는 일어나지 않는다.** 지능의 감퇴는 교육경험, 사회문화적 배경에 따라 다르게 나타난다.

⑤ 유동성 지능은 감퇴하지만 결정성 지능은 그렇지 않다.

⑥ 실질적인 문제해결 능력이 정점에 달한다. (인생의 황금기)

9) 심리적 변화

① 중년의 위기

중년기에는 신체의 변화, 삶의 안정, 사회적 관계의 변화 등이 일어나는 시기이다. 이런 변화 가운데 자신이 지금까지 이루어온 일에 대한 의미를 생각하게 된다. 그리고 자아성장에 큰 관심을 갖게 된다. 이 과정에서 위기를 느끼게 되는 것이다. 다만 중년의 위기에 대해서 학자들간 일치는 보이지 못하며 문화에 따라 다르게 나타날 수 있다는 정도만 합의되고 있다.

② 빈둥지 증후군

자녀가 독립하면서 부부만 남게 된다. 이때 정서적으로 상당히 외로움을 느끼게 되고 이것이 생활상에 영향을 미치게 된다. 이를 빈둥지 증후군이라고 한다. 이제는 어머니로서가 아닌 다른 정체감으로 자신을 세워야 한다. 아버지도 마찬가지이다. 다만 남성은 사회생활에 바쁜 반면 여성은 그동안 자녀를 양육해온 주당사자이기에 빈둥지 증후군에 대한 모습은 여성에게서 더 강하게 나타난다.

10) 가족생활의 변화

① 자녀가 청소년기에 접어들면서 갈등이 많아진다.

② 노부모를 공양해야 한다.

③ 자녀결혼으로 가족구조가 변화한다.

11) 직업관리

① 직무수행도가 높다.

② 직무성취도가 높다.

③ **직업적 성공의 기회인 동시에 직업을 바꾸어야 하는 위기상황에 직면하기도 한다.**

12) 여가활동

① 현대사회의 생활구조 변화, 즉 조기 퇴직과 수명연장 및 주5일 근무제 등으로 인하여 여유시간이 더욱 많아지고 있다. 따라서 그동안 관심을 갖지 못했던 여가활동에 대해서 고민하는 시기가 된다.

② 그런데 여가활동을 해야 하는데 정작 여가활동에 대해 심도 깊게 준비하지 못한 경우가 많아서 여가활용을 잘 못하는 경우가 많다.

제2절	장년기의 사회복지실천

이 사회의 중추적 역할을 하는 장년기는 인생의 황금기인 동시에 이제 노년기로 넘어가야 할 시기이다. 이 점은 인생을 정리하는 시기라는 시사점을 나타낸다. 따라서 사회복지실천 역시 이러한 부분에 관심을 가져야 한다. 아울러 중년의 위기, 여가활동에 대한 관심 등에 대해서는 실질적인 프로그램을 제공할 필요가 있다.

① 성인병 예방 및 관리를 위한 프로그램을 제시해야 한다.

② 만성질병에 대한 건강관리방법에 대해서 제시해야 한다.

③ 성적 무능력에 대한 교육이나 프로그램이 필요하다.

④ 여가 계획이나 활용에 대해서 접근해야 한다.

⑤ 직업전환에 대해서 개입해야 한다.

⑥ 변하는 가족구조에 대해서 대처하도록 개입해야 한다.

기출문제

01 중년기(40−64세)의 설명으로 옳은 것은?

① 에릭슨(E. Erikson)에 의하면 "생산성 대 침체"라는 심리사회적 위기를 극복하게 되면 돌봄(care)의 덕목을 갖추게 된다.
② 유동성 지능(fluid intelligence)은 높아지며 문제해결능력도 향상될 수 있다.
③ 자아통합이 완성되는 시기로 자신의 삶에 대한 평가를 시도한다.
④ 갱년기 증상은 여성에게 나타나고 남성은 경험하지 않는다.
⑤ 융(C. Jung)에 의하면 남성에게는 아니무스가, 여성에게는 아니마가 드러나는 시기이다.

> **해설** 중년기는 생산성 대 침체라는 심리적 위기를 맞으며 이를 극복하여 생산성을 갖게 된다. 생산성은 후손에게 유산을 물려주는 것과 노인을 돌보는 측면으로 나타난다고 볼 수 있다. 중년기는 인생의 황금기라고 할 정도로 문제해결능력이 최고로 상승한 시기이다. 자아통합은 노년기 발달과업이다. 갱년기는 여성뿐만 아니라 남성에게도 나타난다. 남성의 여성성이 아미나이고 여성의 남성성이 아니무스이다. 　　　　　　　　　정답 ①

02 융(C. Jung)이 제시한 장년기의 성격발달 특성으로 옳은 것을 모두 고른 것은?

> ㄱ. 자아가 발달하고 외부세계에 대처하는 역량을 발휘한다.
> ㄴ. 남성은 여성적 측면인 아니무스를 나타낸다.
> ㄷ. 외부세계에 쏟았던 에너지를 자기 내면에 돌려 자아정체감 대 혼란이 나타난다.
> ㄹ. 여성은 독립적이고 공격적인 측면이 나타난다.

① ㄱ, ㄴ ② ㄱ, ㄹ
③ ㄴ, ㄷ ④ ㄴ, ㄹ
⑤ ㄷ, ㄹ

> **해설** 남성의 여성성은 아미나(anima)이고 여성의 남성성은 아니무스(animus)이다. 자아정체감 대 혼란은 청소년기의 발달과업이다. 여성이 독립적이고 공격적인 측면을 보이는 것이 아니무스(animus)이다. 　　　　　　　　　정답 ②

Chapter 24 노년기

○ 노년기의 발달과업인 자아통합에 대해 설명할 수 있다.
○ 퇴직자의 역할단계를 단계별로 설명할 수 있다.
○ 죽음에 대한 적응단계를 단계별로 설명할 수 있다.

제1절 노년기(65세 이후)의 특성

노년기는 자아통합을 이루어 죽음에 대해 준비하는 시기가 되어야 한다. 자아통합을 이루지 못했을 때 절망하고 자신의 인생을 비관하는 모습이 된다. 또한 현대사회에서는 노인으로 살아가야 하는 기간이 늘어나는 특징이 있는 것도 간과해서는 안 된다.

1) 노년기의 일반적 특성 및 발달과업

① 인생의 마지막 단계이다.
② 전통적으로 노인은 4고 곧 빈곤, 질병, 무위, 고독의 문제를 갖고 있다.
③ 이제 죽음을 준비해야 하는 시기이다.
④ **자아통합**을 이루어야 하는 시기이다.
⑤ 이 시기에는 퇴직과 소득감소로 인한 경제적 문제에 대해 대안을 찾아야 한다.
⑥ 부부의 사망 등으로 사회적 관계가 약화되기 쉽다. 따라서 동년배나 다른 노인들과의 관계 맺기가 발달과업이 될 수 있다.
⑦ 관계성면에서 친구와 가족에게 관심을 유지해야 한다.
⑧ 경제적 한계가 분명해진 퇴직한 배우자와 함께 살아야 한다.
⑨ 노년기는 사회적 책임과 시민으로서의 책임을 지속하며 발달과업을 가져야 한다.
⑩ 친구 및 배우자 상실에 대처하는 모습이 있어야 한다.
⑪ 신체는 급격하게 노쇠화된다. 따라서 신체변화에 몰두하지 않는 것도 이 시기의 주요 과업 중 하나이다.

⑫ 다가올 죽음을 수용해야 한다.

2) 정신운동 기술의 저하

① 노년기에도 젊은이가 할 수 있는 일을 다 할 수 있다. **다만 속도가 느릴 뿐이다.**

② 자신의 환경을 파악하고 결정을 내린 뒤 행동으로 옮기는 데 더 오랜 시간이 걸린다.

③ 새로운 것을 학습하는 속도가 느리고 기억에서 정보를 끄집어 내는 비율도 줄어든다.

3) 지능

① 지능검사 성취도는 떨어지지만 실제 지능은 낮아지지 않는다.

② 장기기억 능력보다 단기기억 능력이 감퇴한다.

4) 항상성의 능률이 감소한다.

5) 성

① 노년기에 이르면 성에 대한 관심이나 행위가 줄어드는 것은 사실이다.

② 그러나 노인이 성욕이 없다는 것은 잘못된 신념이다.

③ 노인도 성행위를 지속한다.

④ 성 관련 행동이 떨어졌다면 신체적인 이유라기보다는 사회적 요인이 더 크다.

⑤ 남성이 여성 노인보다 기능 저하가 덜하다.

6) 역할의 변화

① 조부모의 역할을 하게 된다.

공식적 유형 : 가장 보편적인 역할 정립이다. 손자녀에게 관심을 갖지만 필요할 때 돌봐주는 정도로 개입한다. 자녀나 손자의 삶에 간섭하지는 않는다.

즐거움 추구형 : 손자녀와 놀아주는 것을 즐긴다. 손자녀와의 상호작용을 즐거움을 주는 활동으로 인식한다.

대리부모 유형 : 자녀의 취업 등으로 손자녀의 양육을 전적으로 담당한다.

권위적 유형 : 가족의 지혜 원천으로 자신들의 지혜에 대해서 손자녀들이 복종해야 하는 유형이다. 전통적인 권위적 가족유형에서 나타나는 조부모 역할이다.

원거리형 : 명절 등과 같이 가족행사 때만 보고 거의 접촉을 하지 않는 유형이다.

② 부부관계 및 배우자 사별로 인한 역할 변화

자녀 독립 이후가 이전보다 더 오랜 기간을 살아야 하기에 부부역할에 대한 생각이 필요하다.

질병을 앓거나 불편한 배우자를 보살피고 상호의지하며 살아간다.

노년기에 배우자는 동반자로서 매우 중요한 의미를 갖는다.

사별이나 이혼으로 인한 상실감을 경험한다.

노년기 이혼은 심리적으로 상실감을 더 크게 받는다.

7) 은퇴

① 은퇴는 개인의 삶의 양식을 바꿔놓는 중요한 변화 중 하나이다.

② 퇴직을 미리 준비할 경우 대처가 가능하지만 준비하지 못하고 갑작스럽게 퇴직하는 경우 적응에 더 어려움을 겪는다.

③ 퇴직자의 역할단계

퇴직전단계	• 자신의 직업에서 자신을 분리할 준비를 함 • 정년퇴임 후의 생활에 대해서 상상을 함
밀원단계	• 퇴직 직후 한동안 그동안 하고 싶었던 일을 하면서 즐김
안정단계	• 그러한 삶이 하나의 일상으로 자리잡음
휴식과 긴장완화 단계	• 그러한 활동에 대해서 이젠 줄여야겠다는 생각으로 잠시 휴식을 취함
환멸단계	• 퇴직 후 생활이 자신의 기대와 다름을 느낌 • 퇴직 전 가졌던 꿈들이 현실과 거리가 멀수록 더욱 환멸이 큼 • 의기소침해지고 우울이 나타남
재지향단계	• 환멸과 우울의 시기에서 자신을 수급하는 시기 • 새로운 과제를 모색해 본다.
수용인정단계	• 어떤 변화든지 손쉽게 다룰 수 있는 몇몇 기준을 마련함 • 이것은 자신의 삶을 예측하고 판단할 수 있는 기준이 됨 • 삶은 대체로 안정되고 만족스러운 상태가 된다.
종결단계	• 질병, 장애로 독립적인 생활이 감소하고 가족의 원조에 의하게 된다.

8) 사회문제

① 경쟁력 상실

산업사회와 급격하게 변하는 시대에서 노인은 경쟁력을 갖기 어렵다.

기술력 저하, 힘의 저하가 경쟁력을 떨어뜨린다.

새로운 것과 젊음을 강조하는 시대적 분위기도 이런 현상에 일조한다.

② 노인인구 증가

저출산 고령화 문제는 이제 사회의 핵심문제가 되고 있다.

부양인구가 증가하고 있는 것이다.

의학의 발달로 노인으로 살아가야 할 시기가 늘어가고 있다.

③ 조기 퇴직문제

　　노동시장 안정의 문제로 조기퇴직이 늘어나는 추세이다.

④ 경제적 빈곤

　　조기퇴직과 경쟁력 상실은 결국 노인의 경제적 빈곤 현상을 부추기고 있다.

⑤ 노인학대

　　노인학대는 시설에서도 일어나고 가정 안에서도 일어난다.

⑥ 영양문제

　　노인학대가 있는 경우 영양문제가 뒤따르기 마련이다.

　　경제적 빈곤 때문에 영양문제가 발생하기도 한다.

9) 심리적 변화

① 정서표현의 변화가 일어난다. 즉 감정표현의 저하가 일어난다.

② 우울의 증가가 일어난다.

③ 경직성이 높아간다.

④ 감각능력이 감퇴된다.

⑤ 오래된 물건에 집착한다.

⑥ 수동적이 되어간다.

⑦ 지나온 과거를 회상하는 경향이 있다.

10) 자아통합

① 에릭슨은 노년기 발달과업으로 자아통합과 절망을 제시했다.

② 자아통합은 자신의 과거와 현재의 인생을 바라던 대로 살았다고 받아들이고 만족스럽고 의미 있게 생각하는 것이다. 이로써 다가올 죽음을 인정하고 받아들이는 것이다.

③ 자아통합이 이루어지지 않으면 자신의 남은 인생이 얼마 남지 않았다는 불안감에 절망을 하기에 이른다.

11) 절망

① 자아통합을 하지 못하면 절망하게 된다.

② 절망은 자신의 과거와 현재의 인생을 후회스럽고 불만스럽게 생각하고 다시 한 번 기회가 주어진다면 다르게 살겠다는 생각이다. 하지만 죽음 앞에서 얼마 남지 않은 시간을 보면서 어떻게 할 수 없기에 불안, 초조해 하는 것이다.

12) 죽음

① 노년기는 인생의 마지막 단계로서 죽음을 맞이해야 하는 단계이다.

② 규블러-로스는 죽음을 앞둔 사람들을 관찰하고 면담하여 죽음에 대한 적응단계를 다섯 단계로 소개했다.

부정단계	불치병을 인정하지 않고 의사가 오진한 것이라고 한다.
분노단계	"왜 나만 죽어야 하지?"라고 생각하며, 건강한 사람을 원망하고 주변사람들에게 화를 낸다.
타협단계	죽음을 받아들이고 해결하지 못한 인생과업을 해결할 때까지라도 살 수 있기를 바란다. 불가사의한 힘과 타협한다.
우울단계	주변사람들과의 일상에 대한 애착을 보이고 이런 것들과 헤어져야 한다는 생각에 우울해 한다.
수용단계	죽음 자체를 수용하고 마음의 평화를 회복하여 임종에 직면한다.

13) 펙의 노년기 적응 과제

① 직업역할에 대한 몰두 → 자기분화

퇴직생활에 빨리 적응하고 새로운 활동에 만족을 얻을 있도록 자기 가치를 재정의해야 한다.

② 신체몰두 → 신체초월

노화로 인한 건강상태의 변화를 초월함으로써 인간관계와 창조적 정신능력에서 행복을 정의한다.

③ 자기몰두 → 자기초월

죽음에 직면한 상황에 적응하여 죽음을 긍정적으로 수용하고 성공적인 노화를 이룬다.

제2절   노년기의 사회복지실천

노년기 사회복지실천은 다양한 방면에서 논의되어야 하지만 소득, 빈곤, 역할상실, 학대 등의 관점에서 접근해야 한다. 또한 자아통합에 대한 관심을 가져야 한다.

① 소득감소에 대한 대처를 제시해야 한다.
② 건강에 대한 대처를 제시해야 한다.
③ 고립과 소외에 대한 대처를 제시해야 한다.
④ 역할상실에 따른 문제를 대처해야 한다.
⑤ 자아통합을 이룰 수 있는 과정을 제공해야 한다.

01 퀴블러-로스가 제시한 '죽음의 직면단계'에 포함되지 않는 것은?

① 부정 ② 자학
③ 타협 ④ 우울
⑤ 분노

해설 퀴블러-로스는 죽음의 적응단계를 부정 → 분노 → 타협 → 우울 → 수용으로 제시했다.

정답 ②

02 노년기(65세 이상)의 발달특성으로 옳지 않은 것은?

① 생에 대한 회상이 증가하고 융통성이 증가한다.
② 이 시기의 위기를 잘 극복하면 지혜라는 자아특질을 얻게 된다.
③ 친근한 사물에 대한 애착심이 강하고 수동성이 증가한다.
④ 자아통합의 과업을 달성해야 하는 시기이기도 한다.
⑤ 전반적인 성취도는 떨어지지만 지적 능력이 전적으로 떨어지지는 않는다.

해설 삶에 대한 융통성이 증가하는 것은 장년기의 특징이다.

정답 ①

☑ 참고문헌

김동배 · 권중돈(2000), 「인간행동과 사회복지실천」, 학지사.

박아청(2006), 「성격발달심리의 이해」, 교육과학사.

오창순 · 신선인 · 장수미 · 김수정(2017), 「인간행동과 사회환경」, 학지사.

유수연 · 천덕희 · 이효순 · 성준모 · 이종하 · 박귀서(2011), 「정신건강론」, 양서원.

윤혜미 · 김혜래 · 신영화(2010), 「아동복지론」, 청목출판사.

조흥식 · 김혜래 · 신은주 · 우국희 · 오승환 · 성정현 · 이지수(2010), 「인간행동과 사회환경」, 학지사.

한국사회복지교육협의회(2015), 「2015-2016년도 사회복지학 교과목 지침서」, New York: McGraw-Hill.

Allen, B.(2003). *Personality Theories: Development, Growth and Diversity*(4th ed.). Boston: Allyn and Bacon.

Feist, J., & Feist, G.(2006), *Theory of Personality*(6th ed.), New.

Greene, R., & Ephross, H.(1991), *Human Behavior Theory and Social Work Practice,* New York: Aldine de Gruyter.

Sewpaul, V., & Jones, D.(2004). Global standard for social work education and training. *Social Work Education, 23(5),* 493~513.

제2영역 사회복지조사론

Chapter 01 과학적 검증
Chapter 02 사회복지조사의 특성
Chapter 03 문제인식과 조작적 정의
Chapter 04 인과관계와 변수
Chapter 05 가설과 연구주제
Chapter 06 실험설계의 특성이해
Chapter 07 준실험설계
Chapter 08 전실험설계와 단일사례연구
Chapter 09 실험설계 시 주의할 점과 비실험설계
Chapter 10 측정과 척도
Chapter 11 타당도
Chapter 12 신뢰도
Chapter 13 질문화
Chapter 14 표본조사 기초이해
Chapter 15 확률표집
Chapter 16 비확률표집
Chapter 17 설문조사의 방법
Chapter 18 조사원 모집과 관리
Chapter 19 자료의 분석
Chapter 20 보고서 작성과 연구평가
Chapter 21 욕구조사와 평가조사
Chapter 22 질적연구와 질적연구자
Chapter 23 질적연구의 종류와 분석방법

과학과 검증방법

학습Key포인트 🔍

○ 과학과 비과학을 구분할 수 있다.
○ 과학적 검증방법으로서 연역법과 귀납법을 구분하여 설명할 수 있다.
○ 연구목적, 연구방법, 시공에 따른 조사방법을 구분하여 설명할 수 있다.

제1절   과학과 비과학

지식은 과학적인 방법으로 얻을 수도 있고 비과학적인 방법으로 얻을 수도 있다. 그런데 과학적이지 않은 방법으로 얻은 지식은 결국 객관성과 신뢰성을 갖기가 어렵다. 따라서 과학적인 방법으로 지식을 얻어야 한다. 사회복지조사론은 과학적인 조사를 바탕으로 정보를 얻기 위한 것을 다룬다. 과학적 조사에 대해서 잘 모를 경우 자신도 모르는 사이에 비과학적인 방법으로 정보 다룰 수 있다. 그래서 과학적인 방법에 먼저 관심을 갖는 것이 중요하다.

1. 과학과 비과학

1) 비과학적인 접근

과학을 이해하기 위해서는 먼저 비과학을 생각해 볼 필요가 있다. 이를 통해서 과학적인 방법을 생각할 수 있기 때문이다. 반대로 생각하면 과학의 특성이 되는 것이다. 대표적인 비과학적 접근으로는 **권위, 관습, 직관**을 들 수 있다.

① 권위
어떤 사실을 받아들일 때 그것이 **옳은지에 관심을 갖기에 앞서 권위 있는 사람이나 기관이 이야기한 것인가를 기준으로 보는 것이다. 어떤 권위를 내세우면서 주장하는 비과학을 '권위에 호소하는 오류'**라고 한다.

② **관습**

　관습은 **일정한 지역의 많은 사람들에게 수용되는 하나의 패턴**이다. 다른 지역과 다른 문화에서는 일반적인 것으로 받아들여지지 않을 수도 있다.

③ 직관

　직관은 **경험, 판단, 추리 등의 사유를 거치지 않고 직접적으로 파악하는 것**이다. 경험적인 논리적 추리과정을 거치지 않는다는 면에서 과학적이라고 할 수 없다. 그런데 많은 사람에게 의심 없이 받아들여지기 때문에 과학적인 것으로 착각되는 경우가 많다.

　eg. 갈릴레오에 의해서 지구가 둥글다는 것이 검증되기 이전에 많은 사람들은 지구는 편평하다는 가설을 그대로 받아들였다.

2) 과학적인 접근

　앞서 제시한 비과학적 접근방법들은 경험적인 추론과정을 거치지 않았다. 따라서 논리적이고 객관적인 근거가 없다. 그렇기 때문에 과학적인 정보수집 방법이 아닌 것이다. 그렇다면 과학이 무엇인지 설명이 된다. 과학적인 정보습득 또는 과학적인 지식이란 경험적인 검증이 가능한 객관적이고 논리적인 정보(지식)라고 할 수 있다. 과학적 접근의 특성은 다음과 같다.

① **객관적**이어야 한다.

　과학적이라는 것은 특정한 누구에게만 적용되는 것이 아니라 모두에게 적용되어야 한다. 객관적인 것은 모두에게 동일한 모습으로 적용되는 것을 의미한다.

② **경험적으로 검증 가능**해야 한다.

　과학적으로 검증을 할 수 없으면 증명할 수 없으므로 과학적이라고 할 수 없다. 따라서 과학적이라고 할 때는 반드시 경험적으로 검증할 수 있어야 한다.

③ **체계적이고 논리적**이어야 한다.

　어떤 정보를 나열할 때 체계적이고 논리적으로 연결되어 설득력이 있어야 한다. 체계적/논리적이지 못하면 주장은 될 수 있어도 과학이라고 할 수는 없다.

④ **일반적인 것을 추구**한다.

　과학은 적용성을 가져야 한다. 적용성은 일반적일 때 가능하다. 어떤 특수한 상황에서만 맞는 것은 적용성에 한계를 가질 수밖에 없다.

⑤ **구체적**이다.

　과학적인 검증을 하려면 구체적인 것을 다뤄야 한다. 넓은 것은 교과서적인 표현으로 가능할지 몰라도 검증하는 데는 적합하지 않기 때문이다.

2. 사회과학

사회과학은 19세기 콩트에 의해 시작되었다. 콩트는 사회에 대한 것을 과학적인 방법으로 살펴보아야 한다고 주장하였다. 결국 사회과학은 실증적인 방법으로 사람과 사회에 대해서 탐구하는 학문으로 자리매김하게 된다.

1) 사회과학의 특성

① 사회현상은 **다양하다.**

사회현상은 다양한 요소에 의해서 구성되고 작동된다. 어떤 하나의 사건을 접하더라도 그 안에는 다양한 요소들이 드러나는 것을 보게 된다.

② 사회현상은 **독립적이지 않다.**

다양한 사회현상은 독립적이지도 않다. 어떤 사건에 대해서 서로 영향을 주고받기에 독립적인 사회현상은 있을 수가 없다.

③ 사회문제는 **횡단적, 종단적 관계망이 함께 연결**된다.

사회에서 일어나는 문제는 횡단적인 관계망과 아울러 종단적인 관계망이 함께 아우러져 연결되어 있다.

eg.) 실업자의 문제 : 횡단적으로 그 사람의 게으름과 관계되기도 하지만 종단적(시기적)으로 경제구조의 악화와 맞물릴 수도 있다.

④ 사회현상은 **비슷한 양상을 띠더라도 동일한 것은 없다.**

사회를 구성하는 인간 자체가 항상 변하는 존재이기 때문에 똑같은 일도 전혀 다른 원인과 결과로 연결되기도 한다.

⑤ 사회과학은 **실험을 통하여 증명하는 것이 어렵다.**

자연과학은 어느 정도 실험상황을 통제할 수 있다. 그래서 무한히 반복되는 실험이 가능한 경우가 많다. 하지만 사회적인 현상은 인간 자체가 변하는 존재이기 때문에 똑같은 상황을 만드는 자체가 불가능하다.

⑥ 사회과학은 **정확한 예측을 하였다고 장담하지 않는다.**

사회과학은 과학적인 검증을 하였음에도 불구하고 결과가 틀리는 경우가 종종 있다. 뿐만 아니라 틀리는 정도가 아니라 아예 정반대의 결과가 나타날 수도 있다. 이것은 모두 변화하는 인간과 사회를 대상으로 하기 때문에 나타나는 특징이다. 그러므로 **사회과학자는 자신의 연구결과에 대해서 언제든 수정할 자세를 가지고 있어야 한다.**

2) 사회과학의 핵심

결국 사회과학은 인간과 사회를 대상으로 하기 때문에 항상 변화하는 특성을 갖는다. 그래서 사회과학의 특징을 한마디로 이야기한다면 '**절대적 확신이 아니라 개연성(probability)을 띤 일반화(generalization)를 추구하는 작업**'이라고 할 수 있다. 이 말을 달리 표현하면 **확률적인 입장에**

서 서서 **결정론적인 자세**를 가져야 한다는 것이다.

---

core	**과학적 특징으로의 반복성**

> 과학적이라고 하는 것은 언제나 똑같은 반복을 한다면 똑같은 결론이 나타나는 것을 전제로 한다. 그렇지 않으면 신뢰할 수 없기 때문이다. 하지만 사회과학의 경우 동일한 조건을 재현할 수 없다는 점에서 반복성에 한계를 가질 수밖에 없다.
>
> 그러나 중요한 것은 질문이 과학 자체의 성질을 묻고 있다면 '반복적이다'라는 것은 과학적인 특징으로 선택해야 한다는 점이다. 아울러 질문이 사회과학의 특성을 묻는 것이라면 반복이 어렵다는 것을 특징으로 선택해야 한다.

제2절   연역법과 귀납법

사회과학은 과학이기에 과학적인 검증방법을 사용해야 한다. 지금까지 과학계에서 과학적인 검증의 방법으로 인정받는 것은 연역법과 귀납법이다. 이 두 가지 방법은 패러다임이 서로 다른 검증방법으로써 사회과학을 과학적으로 검증하고자 한다면 모두 이해하고 있어야 한다.

1. 연역법

① 연역법은 기존의 이론에서 가설을 세우고 그것이 맞는지 검증하는 방법이다. 따라서 결과를 잠정적으로 내려놓고 검증하는 것이라고 할 수 있다. 이때 중요한 것은 **출발점이 기존 이론**이라는 점이다. 연역법은 기존 이론이 없다면 시작할 수 없다. 가설이라는 것은 결국 기존 이론이 있을 때 가능한 것이다.

② 연역법은 **가설-연역적(if-then)**이라고 한다.

③ 또는 **반증주의적 접근법**이라고도 한다. 이미 잠정적으로 내린 결론에 대해서 반대되는 것을 찾아보고 그것을 찾을 수 없으므로 잠정적 결론을 받아들이는 방법을 취한다.

    eg. '까마귀는 까맣다'는 잠정적인 결론을 내린 후 까맣지 않은 까마귀를 찾아보는 것이다. 까맣지 않은 까마귀를 찾을 수 없으면 잠정적으로 내린 결론을 그대로 받아들여 '까마귀는 까맣다'고 결론을 내리는 것이다.

④ 연역법은 전형적인 과학적 방법이라고 할 수 있는 **실증주의(positivism) 입장**에서 이론을 만들 때 사용한다.

⑤ 소크라테스의 3단 논법을 전형적인 연역법이라고 한다.

> **cf. 연역법과 통계**
> 연역법의 핵심은 기존 이론에서 시작한다는 점과 세워진 가설에 대해서 주로 통계적 기법을 활용하여 검증한다는 점이다. 결국 사회현상에 대해서 과학적인 방법을 사용하는 대표적인 것이 연역법이라고 할 수 있다. 그래서 실증주의는 곧 연역법이라는 공식도 어느 정도 받아들일 수 있다.
> 연역법 ≒ 양적연구 ≒ 통계적 검증 ≒ 실증주의

2. 귀납법

① 귀납법은 아무런 전제나 선입견 없이 관찰을 먼저 한다. 어떤 이론이나 가설도 세우지 않는다. **귀납법의 핵심은 관찰부터 한다는** 것이다.

② 수집된 자료를 어떤 전제나 이론을 사용하지 않고 **분석, 비교, 분류**한다.

③ 이런 과정에서 드러나는 어떤 특정 유형이나 현상에 대해서 명제들을 논리적으로 엮어서 결론을 내린다. 그래서 맥락을 보는 연구라고 할 수 있다.

④ 맥락을 보는 검증방법이기 때문에 일반화시키는 데는 한계가 있을 수밖에 없다.

⑤ 소크라테스의 3단 논법을 역으로 살펴보면 이해가 쉽다.

> **cf. 귀납법과 인터뷰/관찰**
> 귀납법은 이론에 기반하지 않고 관찰부터 한다는 점이 핵심이다. 통계적으로 검증력을 주장하기보다는 심층적인 내용을 강조하고자 할 때 사용하는 방법이다. 귀납법의 자료 수집은 주로 인터뷰와 관찰을 통해 이루어진다. 귀납법은 질적연구와 맥락을 같이 한다.
> 귀납법 ≒ 질적연구 ≒ 탐색연구 ≒ 심층적인 연구 ≒ 인터뷰/관찰

core 연역법과 귀납법의 대별적 특징

연역법 : 이론에서 시작, 잠정적인 결론을 내리고 검증
귀납법 : 이론이나 가설 없이 자료들에서 시작하여 결론 내림
※ 패러다임이 다름. 즉 서로 경쟁적이라기보다는 상호보완적이다.

3. 검증방법 활용의 주의점

1) 연역법과 귀납법은 완벽한 검증방법이 아니다.

① 역사적으로 연역법에 대한 반대 논증이 이어왔다. 이는 연역법이 완전한 것은 아니라는 것을 보여준다.

② 귀납법에 대한 반대 논증 또한 지속적으로 제기되었다. 귀납법도 완전한 것이라고 할 수는 없다.

※ 그럼에도 불구하고 연역법과 귀납법을 대체할 경증방법이 이는 건 아니다.

2) **연역법과 귀납법의 상호보완적 관계이다.**

① 연역법과 귀납법은 서로 패러다임이 다른 것이다.

② 어느 것이 더 과학적인지 구분하는 것은 의미가 없다. 모두 과학적 검증방법으로 인정을 받고 있기 때문이다.

③ 서로 **상호보완적이라고 할 수 있다.** 월래스의 수레바퀴 모형은 이런 상호보완성을 잘 보여주고 있다.

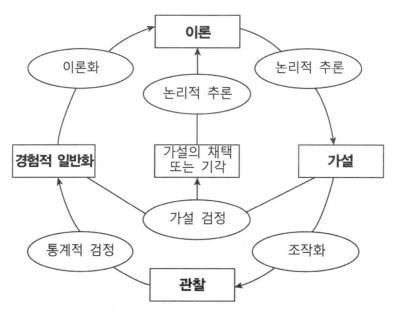

[그림 1-1] Wallace의 수레바퀴 모형

출처 : Wallace, W.L.(1971, *Principles of Scientific Sociology*)가 제시한 그림을 Bengtson et al.(2005, *Sourcebook of Family Theory and Research*, London: Sage Pubications, p.17)에서 재인용.

4. 토마스 쿤(Thomas Kuhn, 1922~1996)의 패러다임의 전환

토마스 쿤은 「과학적 혁명」이라는 책에서 과학의 발전은 기존의 패러다임을 뛰어넘어 새로운 출발을 할 때 혁명적으로 일어난다며 '패러다임의 전환'을 주장하였다. 즉 과학적 발전은 점진적 누적이 아니라 급진적 발전으로 인하여 패러다임의 이동이 이루어진다고 하였다.

core	과학철학의 흐름

귀납주의(16c, 베이컨) → 연역주의(17c, 데카르트) → 논리적 실증주의(형이상학적인 진술을 거부하고 검증 가능한 프로토콜 명제만 추구) → 논리적 경험주의(진리를 가설로 세워 검증함으로써 재확인) → 반증주의(1902~1994, 칼 포퍼, 기존 이론의 모순에 대한 계속적인 반증과정) → 과학적 혁명 → 포스트모더니즘(≒다원주의)

포스트모더니즘은 반증주의, 과학적 혁명 등의 영향을 받았다. 절대적인 진리를 추구하는 모더니즘에 반하여 포스트모더니즘이라고 하며 주요 사로는 절대적인 것을 부정하고 모든 것이 '상대적'이라는 강조를 한다. 이런 지나친 상대주의는 21세기에 각광을 받았지만 상대주의가지나 쳤다는 점에서 다시 모더니즘적 회귀가 일어나기도 하고 있다. 한편, 포스트모더니즘은 다원주원(pluralism)와 연결된다.

○
제3절	연구방법의 종류

조사방법의 종류는 수없이 많다. 모든 조사방법을 다 알 수는 없다. 이해하고자 하는 차원에서 조사방법을 세 가지로 분류할 수 있다. 연구목적에 따른 분류, 연구방법에 따른 분류, 시간과 공간에 따른 분류이다.

1. 연구목적에 따른 종류

1) 탐색적 연구

① 탐색적 연구는 말 그대로 연구의 목적이 '탐색'에 있는 경우이다.

② 탐색은 잘 알려지지 않은 것을 찾아내는 것을 의미한다.

③ 탐색이 목적이라는 것은 아직 충분하게 드러난 것이 아니라는 의미를 갖는다. 탐색적인

연구는 현재 일어나는 현상에 대해서 '이 현상이 무엇일까?' 하는 질문을 갖고 현상을 들여다보는 것이 목적이라고 할 수 있다.

④ 탐색적 연구는 연구 자체의 목적이 탐색에 있는 경우에도 사용하지만 어떤 연구이든 그 연구의 가능성을 살펴보기 위하여 탐색적인 과정을 거치는 것을 볼 때 다른 목적의 연구가 가능해지도록 하는 과정에서도 사용됨을 알 수 있다.

2) 기술적 연구

① 기술(記述)이라는 말은 있는 그대로 열거하나 기록하는 것을 의미한다.

② 'description'이다.

③ 기술적 연구는 어떤 것에 대해서 있는 그대로 기술(記述)하는 것을 목적으로 한다.

  eg. 대표적으로 인구센서스를 통하여 해당 지역의 총 인구수, 남녀 비율, 수입정도 등을 나열하는 보고서를 작성한다면 기술적 연구라고 할 수 있다.

④ 기술적 연구는 연구의 목적 자체가 기술에 있는 경우 사용하기도 하지만 어떤 연구이든지 조사대상자의 일반적 상황에 대해서 이야기할 때 사용되는 방법이기도 한다.

3) 설명적 연구

① 설명적 연구는 어떤 사건의 원인을 규명하여 설명하는 것이다.

② 원인과 결과를 밝히는 것이므로 인과적 연구라고도 한다. 대부분 사회과학은 어떤 사회 현상에 대해서 원인을 규명하는 연구를 많이 하게 된다. 따라서 사회과학은 주로 원인을 밝히는 목적으로 연구를 한다고 할 수 있다.

  eg. '그룹홈 청소년의 자아존중감에 미치는 영향요인에 대한 연구'라고 할 때 자아존중감에 영향을 미치는 요인이 어떤 것인지를 밝히는 연구가 인과적 또는 설명적 연구라고 할 수 있다.

4) 예측적 연구

① 예측이라는 것은 앞으로 이루어질 일에 대해서 미리 추측해 보는 것을 의미한다.

② 따라서 예측적 연구는 어떤 사회적 현상에 대해서 앞으로 어떻게 될 것인지 예측하는 것을 목적으로 한다.

③ 예측적 연구는 인과관계에 기반해야 한다. 그래서 예측적 연구는 학자에 따라서 구분된 연구목적으로 보지 않고 그냥 설명적 연구에 포함시키는 경우도 있다.

④ 예측적 연구는 **시계열적 연구가 유리**하다고 할 수 있다. 그동안의 변화궤적을 통하여 앞으로 어떻게 될 것인지 예측할 수 있기 때문이다.

  eg. 사회복지시설 연도별 이용자 수 변화를 통하여 내년도 이용자를 미리 예측해 볼 수 있다. 이런 예측에 따라 운영에 대한 준비를 미리 할 수 있다.

2. 연구방법에 따른 종류

1) 문헌연구

① 말 그대로 연구자료가 문헌에 한정되는 것을 의미한다.

② 문헌에 나타난 내용들을 비교하거나 통합하여 결론을 도출하는 방법을 사용한다.

③ 주로 정책분야에서 정책을 비교하거나 새로운 정책을 만들어 낼 경우 기존의 정책과 어떻게 다른지를 드러내고자 할 때 사용하게 된다.

④ 자료 형태가 문헌이라는 것은 꼭 책만 본다는 것은 아니다. 인터넷을 통하여 정책의 틀을 사용하여 비교분석하는 것도 문헌연구라고 할 수 있다. 특히 요즘은 각국의 정부간행물들이 대부분 e-book 형식으로 제시되므로 문헌연구는 주로 인터넷을 활용하는 경우가 많다.

⑤ 어떤 연구이든 주된 조사의 밑바탕이 되는 것을 밝히게 된다. 흔히 이론적 배경 또는 선행연구라는 제목으로 연구의 타당성을 밝히는 작업을 하게 된다. 이때 주로 문헌들을 통하여 가설의 성립여부 등이 다뤄지기 때문에 이런 부분은 문헌연구를 활용한 부분이라고 할 수 있다.

    cf. 이론적 배경이나 선행연구 부분은 자료의 형태에 따라서는 문헌연구라고 할 수 있고, 연구의 목적에 따라서는 탐색적 연구라고 할 수 있다.

2) 양적연구

① 양적연구는 **수량적인 자료**를 다루는 연구를 의미하며 **정량연구**라고도 한다.

② 이는 자료의 형태가 계량화되어 있는 것을 의미한다.

③ 보통 **서베이**한다고 할 때 설문지를 통하여 수량적인 데이터를 구축한다. 이런 연구가 양적연구이다.

④ 양적연구는 계량화된 자료를 다루기 때문에 분석 역시 **통계적인 기법**을 주로 활용한다.

⑤ 수량적인 데이터를 사용하여 정해진 통계기법에 따라 분석하기 때문에 일목요연하게 피드백을 주고받을 수 있다는 장점이 있다. 동일한 자료와 동일한 분석기법을 사용했다면 어느 누가 분석하든 동일한 결론이 나타기 때문이다.

⑥ 연구패러다임과 연결하여 이해하면 주로 가설을 세우고 검증하는 방법을 사용해서 **연역법**적 연구패러다임이 주를 이룬다고 볼 수 있다.

⑦ 양적연구는 **일반화를 시키고자 하는 경우** 활용되는 방법이다.

3) 질적연구

① 질적연구는 다루는 **자료가 질적인 것**을 의미한다.

② 질적이라는 것은 **개별사례를 깊이 들여다보는 것**을 의미한다. 이에 대해서 **심층적인 맥락**을 보는 것이라고 흔히 이야기한다. 질적연구는 **정성연구**라고도 한다.

③ 계량화된 자료보다는 주로 **인터뷰나 관찰** 등을 통해 자료를 수집한다. 주된 자료수집은 인터뷰와 관찰이지만 사진, 그림 등 다양한 자료를 활용할 수 있다.

④ 질적연구로 밝히고자 하는 것은 어떤 사건이나 현상에 대해서 깊이 있는 이해를 추구하는 것이다. 그래서 질적연구는 흔히 심층적으로 내용을 들여다본다는 표현을 하게 된다.

⑤ 연구패러다임과 연결하면 질적연구는 구체적인 사실을 들여다보는 일에서 시작하기 때문에 **귀납법**적인 연구패러다임을 유지한다고 할 수 있다.

⑥ 중요하지만 잘 알려지지 않은 것을 드러내므로 **탐색적인 연구**로 보기도 한다. 따라서 양적연구가 일반화를 추구하는 것과는 달리 질적연구는 연구목적 자체에 일반화가 들어가지 않는다.

4) 연구방법에 따른 연구방법의 활용

① 제시된 문헌연구, 양적연구, 질적연구는 모두 고유한 패러다임이 있기에 구분되는 것이다.

② 그런데 문헌연구의 경우 양적연구나 질적연구에서도 이론적 배경을 다루는 부분에서 문헌연구가 활용되기도 한다. 따라서 문헌연구는 고유한 연구방법이면서 동시에 타당도를 높이기 위한 연구방법으로 활용되기도 한다.

③ 또한 양적연구와 질적연구는 연구의 패러다임 자체가 달라서 서로 혼용하지 않는 것이 일반적이지만 **연구주제에 따라서는 통합적인 연구도 가능하다.**

④ 다만 이런 연구방법의 혼용이나 통합은 필요한 경우에 하는 것으로 통합한 것이 무조건 좋은 연구라고 할 수 없다. 연구방법에 따른 조사방법은 조사하고자 하는 주제에 따라 적합한 방법을 사용하는 것이 관건이다.

⑤ 어떤 연구방법이 더 과학적이라거나 더 발전된 연구방법이라고 할 수 없다. **연구주제에 맞는 연구방법이 가장 적절한 연구방법이다.**

⑥ 연구방법에 따라 문헌연구, 양적연구, 질적연구로 구분하였지만 문헌연구를 제외한 양적연구와 질적연구가 사회과학 연구의 대표적인 연구방법으로 이 두 가지를 연구방법의 양대산맥이라고 하기도 한다.

3. 시공에 따른 종류

1) 횡단연구

① 횡단적인 연구는 조시시점이 한 번이다. 정해진 **한 번의 조사기간 내**에 대상자들의 모습을 살펴서 그 성질을 드러내는 연구이다.

② 조사시점이 한 번일 경우 어떤 일정한 시점에서 횡단적으로 잘라진 상태를 보는 것과 같다. 그래서 **횡단연구**라고 한다.

③ 이 경우 자료들은 시간의 흐름에 따라 나타나는 변화를 반영하지 못한다. 일정 시점에

서의 모습만 보여줄 뿐이다. 자료의 움직임이 없다고 하여 **정태적인 연구**라고도 한다.

④ 횡단연구의 최대 장점은 **조사 기간이 짧다**는 것이다. 조사 기간이 짧다는 것은 연구에 있어서 중요한 역할을 한다. 조사기간이 길면 그 사이에서 일어나는 변화가 있기에 특정 성질에 대한 파악이 어렵다. 횡단연구는 조사 기간이 짧기에 특정한 시점에서의 성질이나 상황에 대해 비교적 정확하게 보는 기능을 갖는다.

⑤ 횡단연구의 장점 중 하나는 **조사비용이 적게 든다**는 것이다. 한 번의 시점에서만 조사가 이루어지기 때문에 한 번의 비용지출만 있으면 조사가 가능하다.

2) 종단연구

① 시간 간격을 두고 조사하는 것이다. **최소한 2시점 이상 조사시점**을 갖는다.

② 시간 간격을 두고 관찰을 하기 때문에 그 사이에 어떤 변화가 일어났는지 보고자 하는 연구이다. 그래서 **동태적 연구**라고도 한다.

③ 변화를 보는 것이 목표라고 했는데 그 변화는 **흐름, 추이** 등이라고 할 수 있다. 즉 종단연구는 흐름이나 추이를 보는 연구이다. 이것이 종단연구의 장점이다.

④ 반면 단점으로는 횡단연구에 비하여 **시간과 비용이 많이 든다.** 두 시점 이상 살펴본다는 것은 그만큼 시간이 많이 투입되고, 연구기간이 길어짐에 따라 들어가는 비용도 늘어나기 마련이다. 연구자는 그런 과정을 철저하게 설계하여 운영해야 하므로 노력도 더 해야 한다.

⑤ 종단연구의 종류는 다음과 같다.

종류	특징
경향연구	• 추이연구 또는 시계열연구라고 한다. • 일정 기간이 지날 때마다 반복 측정하여 경향을 파악한다. • 표본이 동일할 필요는 없으나 보고자 하는 관점은 항상 동일해야 한다. • eg. 해마다 지출되는 사회복지비용을 분석하여 사회복지의 경향이 어떻게 변하는지 밝힐 수 있다.
동년배집단연구 (코호트연구)	• 동류집단연구 또는 동시경험집단연구라고 한다. • 어떤 연구대상에 대해서 반복 측정을 한다. 다만 반드시 **똑같은 연구대상을 추적하여 조사하는 것이 아니라는 점**에서 **패널연구와 다르다.** • eg. 베이비부머 세대의 복지인식을 조사할 경우 조사시점마다 조사 대상자가 베이비부머 세대에 속하기만 하면 된다.
패널연구	• 동일한 대상에 대해서 2시점 이상 지속적인 반복 측정을 통하여 변화과정을 연구하는 것이다. • **반드시 동일 대상을 추적하여 조사한다**는 점에서 코호트연구와 차이가 있다. • 일반적으로 비용의 문제 때문에 국가급 연구기관이 패널데이터를 생성하는 경우가 많다. • eg. 한국아동청소년패널, 복지패널, 노동패널 등

01 과학적 지식의 특성에 관한 설명으로 옳은 것을 모두 고른 것은?

> ㄱ. 경험적으로 검증 가능하여야 한다.
> ㄴ. 연구결과는 잠정적이며 수정될 수 있다.
> ㄷ. 연구자의 주관적 가치 판단이 연구과정이나 결론에 작용하지 않도록 객관성을 추구한다.
> ㄹ. 같은 절차를 다른 대상에 반복적으로 적용하여 같은 결과가 나오는지 검토할 수 있다.

① ㄱ, ㄷ   ② ㄴ, ㄹ
③ ㄱ, ㄴ, ㄷ   ④ ㄴ, ㄷ, ㄹ
⑤ ㄱ, ㄴ, ㄷ, ㄹ

> **해설** 지문은 모두 과학적 조사의 특성을 반영하고 있다. 특히, 과학은 반복할 경우 똑같은 결론이
> 나온다는 걸 전제로 한다.   정답 ⑤

02 다음에서 설명하는 조사유형을 바르게 짝지은 것은?

> ㄱ. 동일한 표본을 대상으로 시간을 달리하여 추적 관찰하는 연구
> ㄴ. 일정연령이니 일정연령 범위 내 사람들의 집단이 조사대상인 종단연구

① ㄱ: 경향조사,   ㄴ: 코호트(cohort)조사
② ㄱ: 경향조사,   ㄴ: 패널조사
③ ㄱ: 코호트(cohort)조사,   ㄴ: 경향조사
④ ㄱ: 패널조사,   ㄴ: 경향조사
⑤ ㄱ: 패널조사,   ㄴ: 코호트(cohort)조사

> **해설** 동일한 대상을 추적하여 조사하는 것은 패널조사이고, 동류집단에 대해서 반복조사하는 것 즉,
> 동일대상을 추적하지는 않지만 동류집단에 대한 조사를 실시하는 것을 동류집단조사(코호트조
> 사)라고 한다. 모두 종단연구이다.   정답 ⑤

Chapter

02

사회복지조사의 특성

학습Key포인트 🔍

○ 인간과 사회를 조사하는 사회복지조사의 성격을 설명할 수 있다.
○ 사회복지조사의 과정을 나열할 수 있다.
○ 다양한 정보수집 방법에 따른 차이를 구분하여 제시할 수 있다.

제1절 사회복지조사의 특성

사회복지조사는 사회복지와 관련된 조사를 말한다. 사회조사와 사회복지조사는 다른 게 아니다. 다만 사회복지조사는 사회조사와 달리 그 대상이 사회복지와 관련이 있기 때문에 사회복지조사의 필요성이나 특성은 일반적인 사회조사와는 차이가 난다.

1) 사회복지조사의 필요성

① 사회복지에 사용하는 **자원의 한정성 때문에** 사회복지조사가 필요하다.

사회복지에 사용되는 자원은 공공재 내지는 준공공재이다. 자원이 아무리 풍성한 나라도 자원이 무한정 있는 것은 아니다. 따라서 한정적인 자원을 효율적으로 사용하기 위해서는 과학적인 조사가 필요한 것이다.

② **정보의 획득과 축적**이 이루어지기 때문에 사회복지조사가 필요하다.

정보가 힘(power)이 되는 시대이다. 어떤 분야나 정보가 쌓인 만큼 발전을 이루기 마련이다. 사회복지조사는 조사를 시행하는 주체나 조사대상에 따라 지역사회, 기관, 클라이언트에 대한 정보가 생성된다. 이런 정보가 시간이 지나면서 쌓이면 그 자체로도 중요성을 가질 수 있고, 정보의 축적에서 오는 새로운 시도가 가능해진다. 그리고 이런 정보가 많을수록 다양한 문제에 대한 정확한 개입을 고려할 수 있게 된다. 정보생성 및 축적은 현대사회에서 생명과도 같은 일이다. 사회복지조사는 이에 기여하기 때문에 필요하다.

③ **사회복지사의 전문성**을 드러내는 방편이 될 수 있다.

전문가란 자신이 맡은 일에 대해 과학적 실천을 하는 사람을 의미한다. 사회복지조사를 과학적으로 함으로써 과학적인 실천이 가능하게 하기 때문에 사회복지조사는 사회복지사의 전문성을 드러내기도 한다.

---

cf. 자격증이 전문직이라는 보장을 해 주는가?

사회복지사 자격증은 국가에서 관장하는 자격이다. 사회복지에 관련된 일을 다루는 전문가가가 바로 사회복지사이다. 그런데 문제는 자격증 취득 자체가 전문성을 보장하지 못하고 있다는 점이다. 사회복지사는 자신이 전문직에 맞는 능력을 갖추었음을 증명하기 위해서라도 사회복지조사를 비롯한 과학적인 실천에 더욱 관심을 가져야 한다. 즉 사회복지사로서의 역량강화가 지속적으로 이루어지지 않고는 전문직이라는 가치가 보장되지 않는다.

---

④ **사회복지사로서 책무성**을 다할 수 있기 때문에 사회복지조사가 필요하다.

책무성과 관련된 것은 앞서 제기한 전문성과 연결되는 필요성이다. 책무성이란 자신이 해야 할 일을 제대로 감당할 때 달성되는 것이다. 결국 **사회복지사의 일은 클라이언트의 욕구와 사회문제를 해결하는 데 있다.** 그런데 이미 앞에서 밝힌 대로 사회문제와 욕구를 해결하기 위해서는 먼저 사회가 가지고 있는 문제가 무엇인지 그리고 클라이언트가 가지고 있는 욕구가 무엇인지를 알아야 한다. 사회복지조사의 중요기능은 바로 이런 문제와 욕구를 정확하게 판단하게 하는 것이다. 이로써 사회복지사는 사회복지조사를 통하여 사회복지사로서의 책무성을 다할 수 있는 것이다. 이것이 바로 사회복지조사가 필요한 중요한 이유이다.

⑤ **이론을 형성**할 수 있다.

사회복지에서의 이론은 실천현장을 기반으로 하는 경우가 많다. 거시적인 원리나 이론이 아니더라도 특정 사안에 대해서 축적된 정보를 바탕으로 그에 맞는 원리나 개입방법을 도출해 내는 것을 이론이라고 할 수 있다. 동일한 종류의 클라이언트를 지속적으로 다룸으로써 그 기관만이 가질 수 있는 독특한 치료기법을 개발할 수 있다. 이런 것이 사회복지실천 현장에서 사용되는 이론이라고 할 수 있다.

⑥ **시대적 요구에 부응**하는 것이므로 사회복지조사가 필요하다.

"국가와 지방자치단체, 그 밖에 사회복지사업을 하는 자는 사회복지를 필요로 하는 사람에 대하여 그 사업과 관련한 상담, 작업치료(作業治療), 직업훈련 등을 실시하고 필요한 경우에는 주민의 복지 욕구를 조사할 수 있다."(현행 사회복지사업법 제4조 제3항) "사회복지관의 관장은 지역주민의 복지욕구에 대한 조사, 관계행정기관 및 단체의 의견을 수렴하여 매년도의 사회복지관 복지사업계획을 수립하여야 한다."(동법 시행규칙 제23조의2 제4항).

법에서 복지욕구조사를 명시하고 있다는 것은 그만큼 조사를 통하여 과학적으로 욕구를 파악하고, 파악한 욕구에 기반한 서비스를 제공하는 것이 시대적 요청이라는 점을 보여주고 있다.

(동법 제43조의2 제1항, 시행규칙 제27조의2에서는 평가에 대해서 이야기하고 있다. 여기서 말하는 평가는 보건복지부장관과 시도지사가 시행하는 것을 의미한다. 그런데 이미 시설평가에서 각 시설이나 기관이 서비스에 대해서 욕구조사를 했는지와 평가를 했는지를 평가항목으로 정하고 있다. 평가조사도 사회복지조사의 중요한 부분 중 하나로 시대적으로 요구되고 있음을 알 수 있다.)

2) 사회복지조사의 특성

① 변화하는 인간과 사회문제에 대해서 조사하는 것이므로 **예측하기가 쉽지 않다.**

② **조사대상자가 클라이언트인 경우가 많다.**

사회과학도 사람을 대상으로 조사하지만 사회복지조사는 조사대상자 자체가 클라이언트이다. 그러므로 조사하는 과정에서 조심을 해야 한다. 사회적 자원에 충분하게 접근하지 못한 이들은 쉽게 상처를 받을 수 있기 때문이다.

③ **일반화를 추구**해 나가야 한다.

이는 사회과학도 일반화를 추구해 나가는 경향성이 있다는 점에서 동일한다. 하지만 사회복지조사의 경우 조사 자체가 목적이 될 수 없다. 조사대상자인 클라이언트의 복지향상이 조사 목적이다. 그렇다면 조사하는 것을 클라이언트에게 적용할 수 있어야 한다. 적어도 동일한 종류의 문제를 가진 사람에 대한 조사결과는 그들 모두에게 적용이 가능할 때 개입에 도움을 줄 수 있는 것이다.

④ 관심이 사회 전체 변화에도 있지만 **우선적으로 사회적 약자에게** 있다.

⑤ 연구자체는 **가치지향적**이어야 한다.

클라이언트에게 보다 나은 모습이 되게 하려는 목적으로 연구를 진행하게 된다. 따라서 연구를 통하여 사회복지의 가치가 드러나도록 해야 한다. 즉 연구의 전체적인 목적은 가치지향적이어야 한다.

가치지향 VS 가치중립

① 사회복지연구가 가치지향적이라는 말 때문에 혼동하는 경우가 있다. '그러면 연구과정에서 원하는 방향으로 연구를 만들어 가야 하는가?'라는 의문이 생길 수 있기 때문이다. 만약 이런 경우라면 앞서 제기한 연구윤리에 위배될 수 있다. 이미 결론을 내려놓고 그것에 맞는 연구결과를 도출하는 것이기 때문이다. 이런 경우를 가치지향적이라고 이해해서는 안 된다.

② 가치지향적이라는 것은 연구 전체를 보고 하는 말이다. 즉 연구 자체는 사회복지향상, 클라이언트의 복지개선 등이어야 한다는 것이다. 연구를 통해서 복지를 건설적인방향으로 바꾸어 나가는 데 영향을 미쳐야 한다는 것이다. 따라서 사회복지연구에서는 개인의 궁금증, 개인의 이익을 위하여 연구하는 것은 있을 수 없다.

③ 그런데 연구과정에서는 과학적으로 연구해야 한다. 그렇다면 연구과정에서는 철저히 가치중립적인 태도를 가져야 한다. 가치지향적이라는 말과 가치중립적이라는 말을 혼돈하여 사용하면 안 된다.

> **core**   **사회복지연구는 가치지향적이면서 가치중립적이다.**
>
> - 연구를 통해서 사회복지발전을 이룬다는 점에서 가치지향적이다.
> - 연구과정에서는 과학적인 방법을 사용하기에 가치중립적이다.

⑥ **윤리적 고려**를 해야 한다.

　사회복지조사는 사람을 대상으로 조사하기 때문에 윤리적인 문제가 제기될 수 있다. 비밀보장 등 조사대상자를 보호하고자 하는 윤리적 고려가 충분히 이루어져야 한다.

> 윤리적 고려
>
> ① 대표적인 윤리적 고려는 '**고지된 동의**'이다. 이는 조사대상자에게 조사에 대해서 동의를 얻는 것을 의미한다. 사회적 약자는 조사와 같은 일을 거부하기가 어렵다. 불쾌하거나 조사에 응하고 싶지 않은데 위력 때문에 어쩔 수 없이 조사에 임한다면 이것은 인간에 대한 바른 자세에서 벗어나는 것이다. 따라서 조사에 앞서 자발적인 의사로 조사에 참여함을 그리고 조사가 진행되는 과정에서 언제라도 조사에 참여하지 않기를 원한다면 그만 둘 수 있다는 점이 분명히 전달되어야 한다.
> ③ 조사대상자가 **자발적으로 참여**하도록 해야 한다.
> ④ 조사된 내용에 대한 **비빌의 보장**이 이루어져야 한다. 필요한 경우 조사한 자료를 어떤 과정을 통하여 폐기하는지까지 설명할 수 있어야 한다.

3) 윤리적 문제들

구분	내용
표절	• 다른 사람의 자료를 내것처럼 사용하는 것이다. • 인용을 철저히 밝히고 참고문헌을 제시한다. • 인용방법을 숙지하도록 한다. (직접인용/간접인용) • 간접인용의 경우 동일한 단어가 6개 이상이면 표절이다.
자기표절	• 자기가 다른 곳에서 제시한 자료도 출처를 밝히지 않으면 표절이다. • 자신의 자료라 할지라도 인용과 참고문헌 제시를 정확하게 한다.
편승	• 다른 사람의 연구에 자신의 이름만 없는 것도 연구윤리 위배이다. • 공동연구일 경우 기여에 따라 기여의 정도를 정확히 밝혀야 한다. • 자문의 경우는 공동연구자가 될 수 없다.
논문쪼개기	• 하나의 논문에 발표할 것은 나누어서 여러 차례 발표하는 것이다. • 논문이 나눠지는 경우는 연구설계 자체가 달라야 한다.

연구내용조작	• 연구결과 도출이 과학적인 방법이 아니라 이미 결론을 내려놓고 마치 과학적인 방법에 의하여 조사한 것처럼 밝히는 것이다. • eg. 황우석 박사의 연구조작, 이명박정부 시절 4대강 사업의 효과성

제2절 사회복지연구의 과정

사회복지연구는 일정한 순서에 따라 연구가 이루어진다. 조사과정에 대한 이해를 바탕으로 조사를 실행할 때 나타날 수 있는 오류에 대해 미리 대처하는 등 필요한 조치들을 할 수 있다. 조사과정은 크게 조사설계단계, 조사실행단계, 분석단계, 보고서작성단계로 구분해 볼 수 있다.

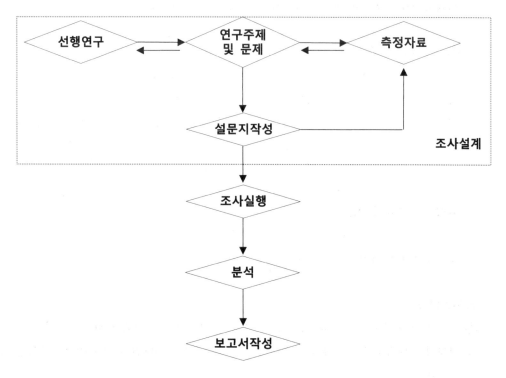

[그림 4-1] 연구의 순서

출처 : 이수천, 박재학(2015), 「논문작성을 위한 자료분석실전 : spss 코딩에서 회귀분석까지」, 사회복지통계연구소, p.47.

1. 조사설계단계

1) 연구주제 및 가설 설정

① 연구는 연구를 통하여 밝히고자 하는 것이 없다면 진행될 수 없다.

② 연구주제에 맞는 가설을 설정해야 한다.

③ 연구주제와 가설을 설정하기 위해서는 반드시 선행연구를 하여야 한다.

2) 선행연구

① 선행연구는 연구자가 가진 관심에 대해서 다른 연구자들은 어떤 연구를 하였는지 살펴보는 것이다. 다른 연구자들의 연구를 충분히 검토하지 않을 경우 중복된 연구를 하게되거나 또는 연구의 타당성이 결여될 수 있다.

② 선행연구는 자신의 연구에 대한 이론적 기반을 검토하는 과정이기도 하다. 따라서 자신이 연구하고자 하는 것에 대한 이론이 있다면 충분하게 검토하여야 한다.

③ 선행연구가 부실하면 타당도가 떨어지는 연구를 하게 된다.

3) 조사도구/척도찾기/설문지 완성

① 조사하고자 하는 척도를 찾는 것은 조사 성공의 열쇠이다.

② 마땅한 척도가 없을 경우에는 스스로 측정도구를 개발하여야 한다.

③ 척도의 결정 시 주의할 점은 조사하고자 하는 내용을 잘 담고 있는가 하는 점이다.

④ 결국 설문지를 작성하는 것과 연결된다.

⑤ 분석방법에 맞는 조사도구(척도)를 찾아야 한다.

4) 조시대상자 선정/조사방법 선정

① 연구주제에 맞는 조사대상자를 선정하여야 한다.

② 조사대상자를 어떻게 표집할 것인지를 결정해야 한다.

5) 분석방법결정

① 가설을 설정했으면 가설을 검증할 수 있는 분석방법을 결정해야 한다,

② 가설이 없더라도 연구주제를 드러낼 수 있는 적절한 분석방법이 결정되어야 분석을 할수 있다.

③ 분석방법은 조사도구를 어떤 식으로 구성하는지와도 연결이 된다.

6) 조사설계단계에서의 환류

① 조사설계단계에서 이루어야 할 일련의 과업들은 순차적이라기보다는 순환적이라고 할

수 있다. 연구하고자 하는 방향이 세워지면 선행연구가 시작되고, 선행연구를 하다보면 주제가 더욱 선명해지며 가설이 구성된다. 그런데 가설을 구성한 이후에 선행연구를 통하여 주제나 가설의 방향을 바꿀 수도 있다. 동시에 측정도구를 찾게 되며, 찾아낸 측정도구가 연구개념과 일치하는지 다시 선행연구들을 살펴보아야 한다. 결국 조사설계 과정은 순환적인 작업으로 이루어짐을 알 수 있다.

② 순환적으로 살핀다는 건 그만큼 오류를 최소화하기 위한 것이다. 순환적이기에 나타난 오류를 수정할 수 있는 것이다. 이 단계를 지나 조사단계로 들어가면 오류를 발견하더라도 해결할 방법이 없다. 따라서 조사설계 단계가 중요하다.

core	조사설계에 포함되는 것들

주제설정. 가설설정, 연구문제, 조사방법, 조사대상자, 분석방법, 샘플링, 조사도구 선정 등

2. 조사실행단계

① 조사원을 모집하고 훈련한다.
② 조사를 실행한다.
③ 이때 중요한 것은 조사관리와 조사원 관리이다.

3. 분석단계

① 자료코딩과 더불어 분석을 실시한다.
② 조사설계에서 정한 분석방법에 따라 자료를 처리하고 분석을 실시하여야 한다.

4. 보고서작성단계

① 분석결과 중 연구주제를 설득할 수 있는 자료를 중심으로 보고서를 작성한다.
② 보고서는 논리적으로 작성해야 하며 거짓이 없어야 한다.
③ 보고서 작성이 끝나면 조사에 대한 평가를 한다. 조사에 대한 평가가 보고서에 담기는 것도 의미 있는 일이다.

5. 질적연구와 양적연구의 조사설계 차이

① 앞에 제시된 조사과정은 주로 양적연구를 반영하고 있다.

② 질적연구의 조사과정도 크게 다르지는 않지만 느슨한 조사설계를 하게 되고, 자료수집과 분석이 동시에 이루어짐으로써 다소 **나선형 방식**을 갖는다. 양적연구는 조사설계를 엄격하게 하여야 하며 조사설계 이후 한방향으로 연구가 진행된다. 양적연구와 질적연구는 여기서도 차이가 난다.

제3절　정보의 수집방법

연구의 진행은 정보를 얼마나 정확하게 또한 필요한 만큼 수집하는가에 따라 성공을 가름한다. 여러 과정에서도 그렇지만 특히 선행연구를 할 때 정보수집은 타당한 주제나 가설을 세우는 기초가 된다. 이때 정확한 정보수집과 정보의 질에 대한 판단은 연구의 관건이 된다. 정보를 수집하는 방법은 문헌을 통한 방법, 인적자원을 통한 방법, 인터넷을 통한 방법으로 구분할 수 있다.

1) 문헌을 통한 정보수집

① 가장 일반적이면서 기초적인 **정보수집 방법**이다.
② 조사와 관련된 문헌형태의 정보를 수집하는 것이다. 전문서, 학술지 논문, 학위 논문, 보건복지백서 등이 주요 자료가 된다.
③ 도서관, 교수연구실 등에서 자료를 얻는다.
④ 반드시 참고해야 할 문헌의 경우 얻기 어려운 경우도 있다. 이런 경우 연구자는 발품을 팔아서라도 구해 보아야 한다.
⑤ 요즘은 문헌정보도 대부분 인터넷을 활용하여 찾는 경우가 많다.

2) 인적자원을 통한 정보수집

① 해결해야 할 문제나 정보를 가지고 있는 사람에게서 직접 정보를 얻는 것이다.
② 대부분 문제에 대한 **전문가나 당사자**에게 정보를 수집하게 된다. 따라서 해당 문제에 대해서 **생생한 정보**를 얻을 수 있는 것이 가장 큰 장점이다.
③ 아무리 전문가와 당사자라 하더라도 그 사람이 가진 **주관을 배제할 수 없다**. 따라서 주관적 견해일 수 있다는 점을 주의하면서 정보를 수집해야 한다.
④ **공청회, 공개토론회** 등도 인적자원을 통한 정보수집의 방법이이라고 할 수 있다. 이때 주의해야 할 점은 목소리 큰 사람의 의견을 중요정보로 판단할 수 있다는 점이다.

⑤ 결국 인적자원을 통한 정보의 수집은 자료나 정보도 중요하지만 제공된 자료나 정보에 대해서 **연구자가 객관적으로 판단하여 사용하는 게 보다 더 중요하다.**

core	인적자원을 통한 정보수집 시 주의해야 할 오류

- 권위에 호소하는 오류
- 주관적인 자료를 객관적인 것으로 판단하는 오류
- 목소리 큰 사람의 의견을 전체의 의견이라고 판단하는 오류

3) 인터넷을 통한 정보수집

① 컴퓨터와 인터넷만 있으면 정보를 얻을 수 있기 때문에 가장 손쉽게 얻는 정보일 수 있다.

② 누구나 인터넷에 자료를 올릴 수 있다. 따라서 인터넷을 통한 자료를 활용하고자 할 때 는 해당 자료에 대한 판단이 먼저 선행되어야 한다. 즉 믿을만한 객관적인 자료라는 판 단이 될 때 사용할 수 있다.

③ 인터넷에 나오는 자료는 그 수가 많기 때문에 자료를 분류하는 기술을 발달시켜야 한 다. 아울러 꼭 필요하지만 지금 현재 중요하지 않은 자료 등에 대해서 다루는 기술도 발달시켜야 한다.

④ 인터넷을 통한 자료는 주로 정부나 기관이 발표하는 통계정보인 경우가 많다.

01 조사과정 단계를 순서대로 연결한 것은?

> 가. 가설구성 나. 자료수집방법의 결정
> 다. 자료수집 라. 설문지 문항 검토
> 마. 연구주제 선정

① 가 - 나 - 마 - 라 - 다　　　② 가 - 마 - 나 - 라 - 다
③ 마 - 가 - 나 - 다 - 라　　　④ 마 - 가 - 나 - 라 - 다
⑤ 마 - 가 - 라 - 나 - 다

> **해설** 가설은 연구주제가 결정되어야 설정될 수 있다. 또한 자료수집은 주어진 항목에서는 가장 나중에 이루어져야 한다. 설문지 문항검토는 조사설계의 가장 마지막 단계에서 이루어진다. 이를 종합하면, 연구주제설정 → 가설구성 → 자료수집방법의 결정 → 설문지 문항 검토 → 자료수집 순으로 나열할 수 있다.
>
> **힌트** 문제를 푸는 방법은 확실한 것을 중심으로 하는 것이다. 위에서 제시한 첫 번째 조건만 보더라도 ①, ②는 정답일 수 없다. ③, ④, ⑤ 중 두 번째 조건을 만족하는 것은 ④와 ⑤이다. 그렇다면 자료수집방법과 설문지 문항 검토 중 어느 것이 먼저이고 나중인지 모른다 하더라도 확실하게 두 개로 범위로 좁혀 놓을 수 있는 것이다. 정답을 맞출 확률이 20%에서 50%로 높아지는 것이다. 이렇게 확실한 것을 중심으로 가려나가면 된다.　　　　　정답 ④

02 과학적 탐구에서 제기되는 윤리적 문제에 관한 설명으로 옳지 않은 것은?

① 어떤 경우라도 연구참여자 속이기는 허용되지 않는다.
② 고지된 동의는 조사대상자의 판단능력을 고려하여야 한다.
③ 연구자는 기대했던 연구결과와 다르더라도 그 결과를 사실대로 보고해야 한다.
④ 사회복지조사에서는 비밀유지가 엄격히 지켜질 수 없는 상황이 발생할 수 있다.
⑤ 연구자는 개인정보 유출 등으로 인해 연구참여자에게 피해를 주지 않도록 신중을 기해야 한다.

> **해설** '어떤 경우라도'라는 전제가 잘못된 것이다.　　　　　정답 ①

Chapter 03

문제인식과 조작적 정의

제1절   문제인식과 주제결정

연구는 문제 인식에서부터 시작된다. 문제 인식이 이루어지지 않으면 연구에 대한 생각 자체를 가질 수 없기 때문이다. 따라서 연구자는 어떻게 문제를 인식할 것인가에 대해서 고민을 해야 한다. 아울러 문제 인식은 연구주제로 연결되어야 한다. 연구주제가 설정되지 않으면 연구를 구체화할 수 없기 때문이다.

1) 문제인식

① 어떤 일을 볼 때 **흑백논리로 보는 시각을 갖고 있다면 문제를 인식할 수 없다.** 따라서 흑백논리가 아니라 '이게 왜 그럴까?', '꼭 이래야만 하는 걸까?' 하는 등의 유연한 생각을 할 수 있어야 한다.

    eg. '노인은 원래 외로운 존재다'라는 생각을 갖고 있으면 외로운 독거노인을 보면서도 문제인식을 하지 못하고, 왜 외로운지 생각조차 하지 않기 때문에 개선이 이루어질 수 없다. 반면 '노인은 외로워야만 하는 것인가?'라는 생각을 하면 '노인을 외롭게 하는 원인이 무엇인가?'라는 물음을 갖게 된다. 이를 조사 분석하여 노인이 외로운 이유를 밝힌다면 새로운 방법으로 개입할 수 있게 되는 것이다.

② 사회복지사로서 활동하다 얻게 되는 **경험을 활용해 보면 문제인식을** 하게 된다.

③ 문제를 인식할 때도 단선적이고 단편적인 이해에 머무는 것이 아니라 **체계론적인 입장에서 문제를 인식해야** 한다.

④ 문제를 인식할 때는 **인과관계를 고려**하는 것이 바람직하다. 결국 개입은 결과가 아니라 원인을 고려해야 하기 때문이다.

⑤ 이론이나 사상은 어떤 문제를 보는 시각을 제공해 준다. 그러므로 **이론이나 사상을 토대로 문제인식**을 할 수 있다.

　　eg. 저소득층 아동의 낮은 성적 문제의 경우 기능론적인 입장에서의 문제인식은 학습 부족에 관심을 갖게 될 것이다. 이런 관점에서 조사하면 어떤 과목이 부족한지를 파악하게 될 것이고 그에 따라 부족한 과목에 대한 보충 방법을 개입 방법으로 제시하게 될 것이다.

　　반면 갈등론적 입장에서는 저소득층이 갖는 사회적 배제에 대해서 관심을 가질 것이다. 이 경우 문제해결을 단순히 부족한 학습 보충에 두지 않고 학습에 관심을 가질 수 있는 가정의 구조나 사회적 기반을 보게 되고, 이에 따라 개입 역시 기능의 보강보다는 사회문제 해결 쪽이 될 것이다.

2) 주제결정

① 문제와의 정확한 연결

무엇인 문제인지 정확하게 파악하고 연결해야 한다. 문제와 연결되지 않는 주제는 설령 연구를 끝냈다 하더라도 문제해결에 아무 소용이 없게 된다.

② 현실에서 연구의 실현가능성

좋은 주제를 설정했다 하더라도 경험적으로 검증할 수 없으면 아무 소용이 없다. 따라서 '다룰 수 있는 주제인가?', '끄집어 낼 수 있는 조사대상자인가?'에 대한 질문을 철저히 해 보아야 한다.

③ 클라이언트에게 미치는 영향

사회복지조사의 궁극적인 목적은 클라이언트의 삶의 개선에 있다. 따라서 설정한 주제가 클라이언트의 삶의 개선에 기여할 수 있는지를 판단하는 것은 중요하다. 클라이언트의 삶의 개선에 도움이 주지 못한다면 실효성이 없다.

④ 연구자 자신에게 주는 의미

연구는 연구자 자신에게도 의미를 갖기 마련이다. 따라서 이 연구주제가 평소 자신이 갖고 있는 관심과 연결이 되는지 살펴볼 필요가 있다.

⑤ 연구결과의 유용성

사회복지조사를 하는 이유는 결국 클라이언트가 가지고 있는 욕구나 문제에 대해서 개입방안을 만들어 내는 데 있다. 따라서 연구결과 적절한 대안이 나와야 한다. 대안을 만들어 내지 못하는 조사와 연구는 사회복지조사에서는 그렇게 필요한 연구라고 할 수 없다.

제2절 조작적 정의

일반적으로 연구를 한다고 하면 설문지를 가장 먼저 떠올린다. 게다가 아무런 생각 없이 설문지를 만들어 조사부터 진행하기도 한다. 이럴 경우 조사하고자 하는 개념을 일관되게 다루기가 힘들어진다. 그래서 조사를 해놓고도 분석을 하지 못하게 되는 경우가 많다. 개념화와 조작적 정의를 거치지 않고 측정하는 것은 위험한 것이다. 일반적으로 조작적 정의라고 이야기하지만 개념화와 조작적 정의를 구분하여 이해하는 것이 필요하다.

1. 개념화 (Conceptualization)

연구를 할 때 다음과 같은 두 가지 질문을 연구자 자신에게 먼저 던져 보아야 한다.

> 첫째, 이 연구주제가 다른 사람도 일반적 수준에서 이해할 수 있을 정도로 설명될 수 있는가?
> 둘째, 이것이 실제로 측정될 수 있는가?

경험적으로 연구한다는 것은 똑같은 '개념'을 '측정'을 통하여 실행한다는 말과 같다. 따라서 어떤 개념을 측정해 낼 수 없다면 경험적 연구라고 할 수 없다. 이럴 경우 연구가 불가능하다. 연구주제에 대해서 다른 사람도 일반적 수준에서 이해할 수 있을 정도로 설명될 수 있는가라는 질문은 '개념화'에 해당하고, 이것을 실제로 측정할 수 있는가라는 질문은 '조작화'에 해당한다.

1) 개념화의 정의 및 기능

① 연구자가 연구하고자 하는 주제에 대해 다른 사람도 이해할 수 있을 정도로 설명 가능하도록 하는 작업을 개념화라고 한다.
② 결국 연구주제에 대해서 사전적 정의를 내리는 작업이다. 이를 통하여 적어도 이 연구에서는 동일한 개념으로 보게 하는 작업을 하게 한다.
③ 개념화를 통하여 생각의 범위가 같아지는 기능이 있다.
④ 사회복지에서 연구하는 것들은 추상적인 개념일 경우가 많기에 개념화를 통하여 생각의 범위를 한정하는 것은 매우 중요하다.

2) 개념화를 할 때의 주의점

① 아무런 근거 없이 연구자가 임의로 개념화를 하면 연구자밖에 공감할 수 있는 사람이 없다. 이런 개념화는 개념화로서의 기능을 제대로 할 수 없다.

② 연구자, 조사대상자, 연구보고서를 읽는 독자가 모두 동일한 개념으로 생각할 수 있어야 한다.

③ 그러기 위해서는 이미 있는 이론 중 널리 알려진 것이나 관련 주제에 대한 선행연구를 활용하여 개념화를 하는 것이 바람직하다.

3) 개념화의 실제

① '장애인에 대한 편견'에 대해 연구하고자 한다.

② 연구주제가 되는 '장애인에 대한 편견'에 대해서 개념화를 이루어야 한다. '장애인에 대한 편견'을 어떻게 정의할 수 있는가?

③ 사회복지 기반이론 중 '정상화이론'(normalization)이 있다. 정상화이론은 사회복지분야에서 널리 알려진 이론이므로 이를 활용하면 다른 사람들이 보더라도 납득이 갈 수 있다.

④ 이를 활용하면 다음과 같이 정의를 내릴 수 있다.

> 장애인인에 대한 편견이란 자신의 생활과 일 그리고 여가, 사회적 가치와 존중 등에 있어서 장애인이라는 이유로 비장애인에 비하여 부당하거나 비하적인 대우를 받는 것이 당연하다고 여기는 태도나 인식 또는 그러해야 한다고 생각하는 인식과 사회적 흐름이라고 할 수 있다.
>
> (출처 : 우수명(2008), 「TP사회복지조사」, 인간과복지, p.79)

4) 조작화 (Operationalization)

앞서 제기한 개념화를 위한 질문 중 두 번째, 즉 '이것이 실제로 측정가능한가?'에 해당하는 부분이 조작화이다. 흔히 조작적 정의(Operational definition)라고 한다. 이를 정리하면 다음과 같다.

(1) 조작적 정의의 개념

① 개념화한 것을 '측정'할 수 있게 하는 작업이다. 즉 개념화가 사전적 정의를 하는 것이라면 조작적 정의는 측정할 수 있게 하는 것이다.

② 이를 위해서는 추상적인 것을 변수화하여야 한다.

③ 그리고 그 변수값이나 범주를 명확하게 해야 한다.

(2) 조작화를 할 때의 주의점

① 측정할 수 있도록 해야 한다.

② 구성되는 내용들은 일관성이 있어야 한다. 즉 하나의 개념을 측정해야 한다.

(3) 조작화의 실제

다음 질문에 대해 그 정도를 표시해 주세요.		매우 그렇다	그렇다	보통 이다	아니다	전혀 아니다
성적 영역	① 장애인도 성적인 고민을 하는가?					
	② (비)장애인과의 교제는 가능한가?					
	③ 비장애인과 성적 능력이 차별성이 있는가?					
	④ 장애인의 성적 욕구는 존재하는가?					
	⑤ 장애인을 위한 성교육은 필요한가?					
가족 영역	① 장애인의 가족 중 누군가가 항상 돌봐야 하는가?					
	② 장애인의 결혼은 가능한가?					
	③ 장애인의 부부생활은 가능한가?					
	④ 장애인의 출산은 가능한가?					
	⑤ 장애인의 자녀양육은 가능한가?					

출처 : 우수명(2008), 「TP사회복지조사」, 인간과 복지.

제3절　분석단위의 오류

조사를 잘 실행하고 분석에 심혈을 기울여 분석하였다고 가정하더라도 분석하는 과정에서 오류가 들어갔다면 어떨까? 오류로 인하여 생각했던 개입의 효과를 보기가 어려워진다. 특히, 분석단위를 잘못 설정함으로 나타나는 오류는 연구설계 단계에서 세심하게 주의를 기울이면 피할 수 있다. 분석단위에 따른 오류는 생태학적 오류, 개별주의적 오류, 환원주의적 오류로 분류하게 된다.

1. 생태학적 오류

① 분석의 대전제는 전체를 대상으로 분석했으면 적용도 전체를 대상으로 해야 한다는 것이다. 동일하게 개별적인 대상을 분석했으면 적용 역시 개별적인 대상으로 이루어져야 한다.

② 생태학적 오류는 분석의 단위를 전체로 설정하여 실행한 이후에 나타난 결론을 개별적으로 적용하는 것을 말한다.

③ 예를 통해서 이해하면 다음과 같다.

> 기독교 국가와 이슬람 국가의 자살률을 비교했더니 기독교 국가의 자살률이 더 높았다. 그래서 기독교인이 자살을 더 많이 한다는 결론을 내렸다.

이 경우 결론대로 기독교인이 자살을 더 많이 했다면 참이다. 그러나 기독교 국가 내에 있는 여러 사람 중 기독교인이 아닌 사람이 자살을 많이 했다면 오류가 된다. 심지어 기독교 국가 내의 무슬림이 자살을 많이 했기 때문에 나타난 결과라고도 할 수 있다. 따라서 기독교 국가를 분석단위로 정했다면 결론 역시 국가로 연결해야 한다.

2. 개별주의적 오류

① 앞서 제시한 전제에 따라 개인을 대상으로 분석했다면 결론 역시 개인에 대한 것으로 내려야 한다.

② 개별주의적 오류는 분석은 개인을 대상으로 한 후 결론을 전체를 대상으로 내리는 것을 의미한다. 개별적인 것을 전체에 적용한 것이다.

③ 예를 통해서 이해하면 다음과 같다.

> 생계급여를 받는 몇몇 대상자를 추적해 보니 고급자동차를 소유하고 있을 정도로 경제적인 여유가 있었다. 이를 통해서 '생계급여대상자들은 모두 도덕적 해이를 가지고 있다'는 결론을 내렸다.

이 경우 몇몇 대상자가 도덕적 해이가 있는 것이지 전체 생계급여대상자가 도덕적 해이가 있는 것은 아니다. 따라서 오류이다. 몇몇 대상자들은 도덕적 해이가 있다고 해야 한다.

3. 환원주의적 오류

① 환원(reduction)이라는 말은 잘게 써는 것을 의미한다. 분석단위를 너무 잘게 썰어서 생기는 문제라고 할 수 있다.

② 어떤 현상을 이해하려면 적어도 그 현상을 이해할 수 있을 정도의 단위를 묶어서 분석해야 한다.

③ 지금 나타나고 있는 청소년 문화에 대해 이해하고자 할 때 현재 시점에서의 요인이 있고, 조금 넓혀 가까운 과거와 연결해서 볼 수 있는 요인이 있으며, 길게 봐서는 어린 시절 경험과 가족 경험까지 볼 수 있는 요인이 있다. 그런데 이번 연구주제는 적어도 가까운 시기의 요인까지 함께 살펴보아야 하는데 현재 시점의 요인만 파악하고 결론을 내리는 경우 환원주의적 오류를 범했다고 할 수 있다.

④ 분석단위의 오류라기보다는 분석단위 선택의 오류라고 할 수 있다.

01 분석단위에 관한 설명으로 옳은 것을 모두 고른 것은?

> ㄱ. 이혼, 폭력, 범죄 등과 같은 분석단위는 사회적 가공물(social artifacts)에 해당한다.
> ㄴ. 생태학적 오류는 집단에 대한 조사를 기초로 하여 개인을 분석단위로 주장하는 오류이다.
> ㄷ. 환원주의는 특정 분석단위 또는 변수가 다른 분석단위 또는 변수에 비해 관련성이 높다고 설명하는 경향이 있다.

① ㄴ

② ㄱ, ㄴ

③ ㄱ, ㄷ

④ ㄴ, ㄷ

⑤ ㄱ, ㄴ, ㄷ

해설 이혼, 폭력, 범죄 등은 사회적 가공물이다. 집단을 조사하고 개인에게 적용하는 것은 생태학적 오류이다. 분석단위 선택의 오류는 환원주의 오류이다.　　　　정답 ⑤

02 생태학적 오류에 대한 설명으로 맞는 것은?

① 지나치게 단순화한 경우

② 초현실적인 힘에 의한 설명

③ 지역 분석단위로 한 연구결과를 개인 분석단위로 적용하는 경우

④ 개인에게 밝혀진 내용을 집단이나 사회에 적용하는 경우

⑤ 인과관계에 대한 연구에서 발생

해설 생태학적 오류는 집단을 대상으로 분석하고 개별개인에게 적용하는 것이다. 반면 개인에게 밝혀진 것을 집단이나 사회에 적용하는 것을 개별주의적 오류라고 한다.　　　　정답 ③

Chapter 04 인과관계와 변수

학습Key포인트 🔍

○ 인과관계의 3요소를 구분할 수 있다.

○ 변수의 개념과 특성을 설명할 수 있다.

○ 위치에 따른 변수의 역할을 실예를 통하여 제시할 수 있다.

제1절 인과관계

인과관계란 원인과 결과의 관계라는 의미이다. 대부분의 연구는 인과관계를 밝히는 연구가 된다. 왜냐하면 어떤 현상에 대해서 원인을 밝혀야 사회복지적인 개입이 가능하기 때문이다. 문제는 인과관계에 대한 설정을 할 때 논리적으로 맞게 구성해야 한다는 점이다. 인과관계의 설정이 잘못되었을 경우 연구결과가 아무리 통계적으로 의미가 있다고 해도 논리구조 자체가 모순이기 때문이다. 인과관계에 대한 이해는 사회복지조사에서 본질적이라고 할 수 있다.

1. 인과관계의 정의

① 인과관계는 말 그대로 **원인**과 **결과**의 관계이다.

② 인과관계를 밝히는 것은 과학적 탐구의 목표가 된다.

③ 인과관계는 타당한 논리적 관계를 제시함으로써 이론적 기반을 확립하는 데 주요한 기반이 된다.

2. 인과관계로 연구를 설정하는 이유

① 어떤 문제에 대해서 원인을 제대로 파악해야 대처를 정확하게 할 수 있기 때문이다. 원인을 모르면 대처를 할 수 없다. 결국 '**효과성**'의 문제이다.

② 어떤 문제에 대한 해결방안을 마련할 때 자원의 한정성을 고려해야 한다. 자원이 무한
정이라면 굳이 인과관계를 찾지 않아도 될 것이다. 그러나 자원이 한정적이기 때문에
인과관계 중에서도 가장 중요한 것이 무엇인지 찾아내어 그 지점에 적합한 방법으로 자
원을 투입해야 한다. 그럴 때 필요한 자원을 적절하게 사용하여 효과를 볼 수 있는 것
이다. 결국 '**효율성**'의 문제이다.

③ 이때 중요한 것은 문제를 설명하는 데 **주요한 영향요인을 찾는 것**이다. 어떤 문제에 대
해서 원인이라고 여겨지는 것들을 모두 밝혀 냈다고 가정하자. 그러면 수많은 원인에
대한 개입방법을 만들어 낼 수 있을까? 결국 어떤 원인에 대해서 개입해야 할지 모르는
상황에 직면하게 된다. 따라서 너무 많은 원인을 찾아내는 것이 아니라 정말 중요하면
서도 개입할 수 있는 주요한 원인을 찾아내야 한다.

④ 너무 많은 영향요인을 찾아내는 것은 결국 개별요인의 설명력 감소라는 단점을 가져온
다. 이는 결국 영향요인의 '**명료성**'이 줄어들게 된다.

⑤ 결국 사회과학은 어떤 현상에 대한 전체적인 원인을 파악하는 것이라기보다는 단위적
인 현상을 중심으로 파악하는 것이라고 할 수 있다. 그러므로 사회과학은 언제나 절대
적인 것을 알아냈다고 주장하지 않는다.

3. 인과관계의 3요소

Paul Lazarsefiel(1959, Rubin & Babbei, 1997, 재인용)은 과학적인 인과관계를 성립하기 위해
반드시 주의를 기울여야 할 조건으로 선후성, 상관성, 비허위성을 제시했다. 이것을 인과관계의
3요소라고 한다. 인과관계가 성립되려면 적어도 이 세 가지 조건을 모두 충족해야 한다.

1) 선후성(Cause & Effect)

① 원인은 항상 결과보다 앞선다. 즉 앞선 사건이 원인이고 나중 사건이 결과가 되어야 한다.
eg. 총구를 떠난 총알은 화약의 폭발을 야기하지 않는다.
eg. 어떤 지역에서 소방서가 많은 것을 발견했다. 그런데 소방서가 많은 그 지역이 소
방서가 많지 않은 다른 지역보다 화재발생건수는 더 많았다. 그래서 '소방서가 많
으면 불이 많이 난다'라고 결론을 내린다면 이것은 과학적인가?

② 원인은 결과보다 앞서야 한다는 선후성은 너무 당연하다고 생각하지만 실제 연구에 들
어가면 시간성을 제대로 고려하지 않고 원인과 결과를 설정하는 경우가 있다.
eg. '학교생활 적응력이 높으면 교사와의 관계가 깊어진다'는 명제를 생각해 보자. 학교
생활을 잘 하는 아동을 보면 교사와의 친밀감 역시 높은 것을 볼 수 있기에 이 명
제가 참이라고 할 수도 있지만 깊게 생각해보면 시간적으로 교사와의 친밀감이 높
은 것이 먼저 나타나기 때문에 학교생활 적응을 잘 하는 것으로 보아야 함을 알

수 있다.
③ 선후성은 시간성과도 같은 의미이다.

2) 상관성(Association)

① 원인과 결과 사이에는 서로 관련이 있어야 한다. 서로 아무 관련이 없는데 인과관계로 묶을 수는 없는 것이다.
② 아무리 시간적으로 앞선다 하더라도 결과로 여겨지는 것과 아무런 관계가 없다면 인과관계가 될 수 없다. 상관이 없다면 서로 별개의 사건일 뿐이다. 별개의 사건을 하나의 관계로 묶을 수는 없다.
③ '아닌 땐 굴뚝에 연기 날까?' 굴뚝에서 연기가 나는 것은 아궁이에 불을 지폈기 때문이다. 반대로 아궁이에 불을 지폈다면 밖에 나가서 보면 굴뚝에서 연기가 나고 있다. 이처럼 서로의 관련성이 있어야 한다.
④ 물리치료실을 이용하는 빈도가 높은 사람에게서 치료 효과 또한 높았다면 물리치료실 이용 빈도와 치료효과 사이에는 서로 관련성이 있는 것이다. 시간적으로도 물리치료실 이용이 먼저이므로 그대로 인과관계로 형성할 수 있다.
⑤ 상관성은 공변성이라고도 한다. 공변성이란 함께 변한다는 의미이다.

3) 비허위성(Non-spuriousness)

① 앞서 제시한 상관관계가 참의 관계가 되어야 한다.
② 만약 둘의 관계가 거짓이라면 인과관계로 묶을 수 없다. 이것을 의사관계(疑似關係; psudo-relation))라고 한다.
③ 의사관계는 겉보기에는 관계성이 있어 보이지만 제3의 변인이 투입될 경우 그 관계가 사라지는 경우를 이른다.
　　eg. 물리치료실을 이용하는 노인들을 대상으로 물리치료실 이용만족도를 살펴보았는데 경제적으로 여유 있는 사람들이 그렇지 않은 사람보다 만족도가 더 높게 나타났다. 이를 보고 경제라는 요인을 물리치료실 이용만족도의 원인으로 파악했다. 과연 그럴까? 적어도 경제적인 요인이 물리치료실 이용만족에 영향을 미치는 것으로 보인다. 경제적인 여유가 있는 노인들이 만족하는 정도가 그렇지 않는 노인들의 만족도보다 높았으니 말이다. 하지만 이용빈도라는 전혀 다른 요인을 투입할 경우 경제적인 요인이 사라지게 된다. 결국 노인들의 물리치료실 이용만족에 실질적으로 영향을 미치는 것은 이용빈도였다는 것이다. 그렇다면 경제적인 여유가 없는 노인에게도 이용빈도를 늘릴 수 있는 개입방법을 제시해 준다면 물리치료실 이용만족도는 높아질 것이다. 이때 경제적인 요인은 의사관계에 있었던 것이다.
④ 비허위성은 참관계성이라고도 한다.

제2절   변수

개념화된 것은 조작화되어야 하고, 조작화된 것은 결국 변수로 측정되어야 한다. 양적연구는 변수를 성립하지 않으면 연구를 할 수가 없다. 왜냐하면 가설이라는 것은 결국 변수들 간의 관계를 규정하는 것이기 때문이다. 인과관계라고 할 때 원인에 해당하는 변수와 결과에 해당하는 변수가 있기에 측정과 분석이 가능해지는 것이다. 따라서 변수란 구체적으로 측정하는 내용을 갖는 것을 의미한다. 변수는 서로의 관계를 규명하는 데 있어서 중요한 역할을 한다. 변수로 지정함으로써 비로소 연구가 가능해지는 것이다.

1. 변수의 개념과 성질

① 변수는 설문조사 시 측정도구를 통하여 구체적으로 측정하고자 하는 대상이다.
② 변수는 때로는 어떤 속성일 수 있다.
　　eg. 학력, 성별 등
③ 변수는 때로는 어떤 개념일 수 있다.
　　eg. 직장만족도, 자아존중감, 사회적 지지 등
④ 변수는 때로는 어떤 개념의 하위요인일 수 있다.
　　eg. 직장만족도 - 업무만족, 관계만족, 복리만족
　　eg. 사회적지지 - 가족지지, 친구지지, 교사지지
⑤ 이때 변수로 기능하기 위해서는 **측정하고자 하는 대상에 대해서 일관성**을 가지고 있어야 한다. 사회적지지를 측정하는 데 있어 사회적 지지가 아닌 다른 요소가 들어가 있어선 안 된다.
⑥ **다른 변수와 구분되는 특성**을 갖는다. 다른 변수와 반드시 구분이 되어야 한다. 만약 구분이 되지 않으면 그 개념으로 조사한 것을 다른 개념으로도 이야기할 수 있게 되는 것이다. 구분되지 않으면 변수로서 성립되지 않는다.
⑦ 측정될 수 없는 것은 변수로서 설정이 불가능하다. 즉, **측정이라는 과정을 통하여 구체화**될 수 있다.
　　eg. '성별'이라는 것을 변수로 하려면 어떻게 해야 하는가?
　　eg. '자아존중감'이라는 것을 변수로 하려면 어떻게 해야 하는가?

2. 변수의 종류

변수의 구분은 그 기준에 따라 여러 가지로 분류할 수 있다. 가령 속성에 따라 구분하면 질적변수와 양적변수로 나눌 수 있고, 측정수준을 기준으로 할 경우에는 명목변수, 서열변수, 등간변수, 비율변수로 분류할 수 있다. 여기서는 변수간 관계를 기준으로 변수의 종류를 설명하기로 한다. 변수간의 관계가 결국 연구에 있어 가설을 세우는 기본틀이 되기 때문이다. 변수간 관계에 따라 독립변수, 종속변수, 매개변수, 조절변수, 왜생변수 등으로 분류할 수 있다.

1) 독립변수(Independent Variable)

① **원인변수**라고도 한다. 즉 역할이 원인이 되는 것을 의미한다.
② 결과에 영향을 미치는 것이므로 **영향요인**이라고도 한다.
③ '그룹홈 청소년에게 생활교사와의 애착관계가 그들의 심리사회적응에 영향을 미쳤다'고 한다면 이 경우 '생활교사와의 애착관계'가 독립변수이다.
④ 인과관계에서 원인이 되는 변수이기 때문에 인과관계의 3요소를 충족해야 한다.

2) 종속변수(Dependent Variable)

① **결과변수**라고도 한다. 즉 역할이 결과가 되는 것을 의미한다.
② 연구에서 주로 문제가 되는 상황이나 결과로 고정하는 요인을 의미한다. 즉 흔히 클라이언트가 갖는 **사회문제나 해결해야 할 과업**이 종속변수가 된다.
③ 앞의 예에서 '심리사회적응'이 종속변수가 된다.
④ 인과관계에서 결과가 되는 변수이기 때문에 인과관계의 3요소를 충족해야 한다.

core   계입방법은 독립변수에서 찾는가 아니면 종속변수에서 찾는가?

일반적으로 사회복지사가 되면 주로 문제되는 상황을 많이 본다. 그리고 그것을 해결하기 위하여 이것저것 해 보기 마련이다. 그렇다면 이렇게 문제되는 상황에 개입하는 것은 바람직한 일인가? 겉으로 볼 때는 문제해결이 이루어지는 것 같지만 시간이 잠시 지나면 그 문제는 다시 드러나게 된다. 왜냐하면 원인이 해결되지 않았기 때문이다. 따라서 사회복지사는 어떤 문제가 발생했다고 하면 그 문제에 빠져 들어가기보다는 그 문제의 원인이 무엇인지를 보고자 해야 한다. 원인에 개입하다보면 문제상황이 갑자기 변하는 게 아니라 답답할 때도 있지만 잠시만 지나면 더 분명한 효과를 보게 되는 것이다.

3) 매개변수(Mediate Variable)

① 매개변수는 연결변수(Bridge Variable) 중 하나이다.
② 연결변수이므로 위치상 독립변수와 종속변수 사이에 놓는다.
③ 매개변수의 특징은 자신은 독립변수로부터 영향을 받으면서 또한 종속변수에 영향을

미친다는 것이다. 즉 매개변수는 독립변수와 종속변수의 성격을 모두 가지고 있다.

④ 각 관계에 따라 인과관계의 3요소를 충족해야 한다.

⑤ 매개모형은 완전매개와 부분매개로 구분된다.

4) 조절변수(Moderate Variable)

① 조절변수 역시 연결변수(Bridge Variable) 중 하나이다. (매개변수와 동일)

② 따라서 위치상 독립변수와 종속변수 사이에 놓인다. (매개변수와 동일)

③ 그 역할은 영향의 전달이 아니라 효과의 정도를 조절하는 데 있다.

④ 독립변수가 종속변수에 영향을 미치는 데 있어 어떤 역할을 하는가에 따라 완충작용, 상승작용을 한다.

⑤ 상호작용효과 역시 결국 조절효과를 이야기하는 것이다.

core 매개변수와 조절변수의 차이

• 매개변수는 영향의 전달
• 조절변수는 효과의 정도 조정 = 기울기

5) 외생변수(Extraneous Variable)와 통제변수(Control Variable)

① 독립변수와 종속변수 보다 앞서 있으면서 둘의 관계에 영향을 주는 경우를 외생변수라 고 한다.

> 병원의 환자가 사회서비스를 더 많이 받을수록 수명이 짧아진다 … 질환의 심각성은 수명 과 사회서비스의 양의 관계를 설명하는 외생변수로 개념화할 수 있다.
>
> 출처 : 성숙진, 유태균, 이선우 공역(2001), 「사회복지조사방법론」, p.164.

② 외생변수로 인하여 흐트러지는 관계를 명확하게 하고자 할 때 이것을 통제하면 통제변 수가 된다.

③ 통제방법: 심각한 질환의 환자군과 심각하지 않은 질환의 환자군으로 나눠서 (조사)분 석한다.

④ 통제변수는 독립변수와 종속변수의 관계를 보다 명확하게 하고자 할 때 설정한다.

01 변수에 관한 설명으로 옳지 않은 것은?

① 매개변수(mediating variable)는 독립변수의 영향을 받아 종속변수에 영향을 미치는 변수이다.

② 통제변수(control variable)는 독립변수와 종속변수의 관계에 영향을 줄 수 있기 때문에 통제대상이 되는 변수이다.

③ 독립변수는 결과변수이고 종속변수는 설명변수이다.

④ 조절변수(moderating variable)는 독립변수와 종속변수 간의 관계의 강도에 영향을 미칠 수 있다.

⑤ 변수들 간의 관계는 그 속성에 따라 직선이 아닌 곡선의 형태로도 나타날 수 있다.

> **해설** 종속변수가 결과변수이고 독립변수는 설명변수이다. 설명변수를 달리 표현하면 원인변수라고 할 수 있다. 　　　　　　　　　　　　　　　　　　　　　　　　　　　　　　　　**정답 ③**

02 변수에 관한 설명으로 옳은 것은?

> ㉠ 교사의 지지가 높으면 ㉡ 집단따돌림이 ㉢ 아동의 자아존중감에 미치는 영향을 감소시킬 것이다.

	㉠	㉡	㉢
①	선행변수	종속변수	독립변수
②	독립변수	매개변수	종속변수
③	통제변수	독립변수	종속변수
④	조절변수	독립변수	종속변수
⑤	독립변수	종속변수	매개변수

> **해설** 집단따돌립이 아동의 자아존중감에 영향을 미치는 것이므로 집단따돌림이 독립변수이고 아동의 자아존중감이 종속변수이다. 교사의 지지는 이 둘 사이에서 완충작용을 하고 있다. 따라서 조절변수이다. 　　　　　　　　　　　　　　　　　　　　　　　　　　　　　　　　**정답 ④**

Chapter 05 가설과 연구주제

제1절   가설

특별한 경우가 아닌 이상 연구는 주로 가설을 세우고 세운 가설이 맞는지 검정하는 형태로 이루어진다. 따라서 가설을 어떻게 세우는가에 따라 연구의 방향이나 특성이 결정되기 마련이다. 연구자는 가설에 대해서 정확한 개념을 갖고 있어야 하며, 가설을 세울 때 검증을 염두에 두어야 한다.

1. 가설

1) 가설의 개념

① 가설이란 경험적으로 확인하고 싶어 하는 연구의 결과를 의미한다.

② 달리 표현하면 연구에 대해 **잠정적으로 내린 결론**을 의미한다. 연구 결과 내린 가설이 맞으면 가설을 채택하고, 연구결과가 가설을 보증하지 못하면 가설을 기각하게 되는 것이다.

③ 아직 경험적으로 검증이 되지 않았기 때문에 **일종의 예비적 결론**이라고 할 수 있다.

2) 가설의 필요성

① 검증을 할 때 기준이 있어야 기각을 하거나 채택을 하거나 할 수 있다. 따라서 가설은 검증할 때 사용하는 기준의 역할을 한다.

② 가설을 세워서 검증한다는 것은 결국 가설-연역적 방법을 사용한다는 것이다. 달리 표현하면 가설을 세우는 이유는 가설연역적 방법으로 검증해야 하기 때문이다.

3) 가설의 특성

① 가설은 **반드시 변수와 변수 간의 관계로 설정**되어야 한다. 둘 이상의 변수들이 어떤 관계가 있는지를 설정한 것이 가설이라고 할 수 있다. 따라서 가설을 세워서 검증을 할 때, 즉 연역법적으로 검증을 할 때는 최소한 변수가 2개 이상이어야 한다.

> **cf. 변수가 하나인 연구**
>
> 가설은 최소한 두 개 이상의 변수간 관계를 가설로 설정한다고 했다. 그렇다면 변수가 하나일 경우에는 어떻게 가설을 세울 수 있는가? 변수가 하나일 때는 가설 설정이 불가능하다. 따라서 변수가 하나인 연구주제는 엄밀하게 이야기하면 변수가 아니다. 연구하고자 하는 내용 또는 대상이 하나일 뿐이다. 대개 이런 경우는 양적연구가 아니라 질적연구로 진행하게 된다. 따라서 연구제목 등에서 변수가 몇 개 드러나는가에 따라 양적연구와 질적연구를 구분할 수 있는 것이다.

② 가설은 변수간의 관계이기 때문에 이런 관계가 가능한지에 대해서 정확한 근거가 있어야 한다. 연구자가 임의로 세운 변수간 관계는 논리적 타당성을 갖기가 어렵다. 그래서 가설을 세우기 위해서는 **선행연구가 철저하게 그리고 반드시 이루어져야 한다.** 가설로 세워지는 변인간의 관계에 대해 논리적인 근거가 있어야 하기 때문이다.

③ 대부분의 가설은 인과관계로 구성된다. 인과관계로 가설을 구성한다면 **인과관계의 3요소를 철저하게 구현**하여 가설을 설정하여야 한다. 아무리 매력적인 가설이라 하더라도 인과관계의 3요소를 구현하지 못하면 검증이 불가능하고 설령 검증한다 하더라도 의미를 부여할 수 없다.

④ 그러나 가설이 상관관계로 구성될 경우에는 다소 느슨할 수 있다. 적어도 인과관계의 3요소 중 시간성에 대한 고민을 하지 않아도 되기 때문이다. 즉 상관관계의 가설이라면 인과관계의 가설보다는 그 기준이 엄격하지 않다고 할 수 있다.

⑤ 가설은 **간단 명료**해야 한다. 가설이 복잡하면 가설검증 방법 또한 복잡해질 수밖에 없다. 이럴 경우 검증자체가 불가능한 경우도 있고 설령 검증이 가능하다 하더라도 복잡한 과정을 거치면서 오류가 개입될 여지가 많다.

⑥ 가설은 아직 검증되지 않았다는 점을 잊지 말아야 한다. 즉 **가설은 가설일 뿐**이다. 이론이 아니면 진리는 더욱 아니다. 가설은 앞으로 검증하여 참으로 판명될 경우 채택하게 될 뿐이다.

2. 가설설정 시 주의사항

① **가설의 타당성**을 고려해야 한다.

가설은 타당해야 한다. 가설은 검증을 통하여 채택하고자 하는 것이다. 채택의 가능성을 높이려면 타당성이 높아야 한다. 타당성을 높이는 가장 기본적인 자세는 정보수집을 철저하게 하는 것이다. 현장의 경험으로 가설을 세울 수도 있다. 그런데 경험을 통하여 가설을 세우더라도 타당성을 높이기 위해서는 **선행연구를 철저히 해야 한다.** 가설이 타당하지 않으면 검증한 이후 적용할 때 문제가 일어날 수밖에 없다.

② **가설의 형태**를 고려해야 한다.

가설은 주로 인과관계로 구성한다. 만약 인과관계로 가설을 설정한다면 인과관계의 3요소에 위배되지 않아야 한다. 뿐만 아니라 각 변수간 논리적인 인과관계가 추정되어야 한다. 한편 가설을 상관관계로 세운다면 인과관계의 3요소 등을 고민할 필요는 없어진다. 따라서 가설의 형태를 인과관계로 할 것인지 상관관계로 할 것인지 결정해야 한다. 다만, 이때 단순히 수월하다는 점만 볼 게 아니라 상관관계로 가설을 세우는 게 사회복지 기여에 유용한지 아니면 인과관계로 가설을 세우는 게 사회복지 기여에 유용한지 판단을 해야 한다.

③ **타 변수들과의 관계**를 충분히 고려해야 한다.

가설을 인과관계로 세우더라도 **단순 인과관계**를 검증할 것인지 아니면 다른 변수들과의 관계를 고려하여 **매개효과**나 **조절효과**를 검증할 것인지를 결정해야 한다. 이때 다른 변인을 더 포함하는 여부는 보고자 하는 변수의 관심도에 따라 결정되는 것이다. 경우에 따라서는 **통제하는 변수**도 있을 수 있다.

④ **측정 가능성**을 고려해야 한다.

가설의 검증은 결국 통계적인 기법을 사용하여 이루어진다. 그렇다면 통계로 분석을 할 수 있도록 가설이 설정되어야 한다. 측정할 수 없으면 검증할 수 없는 것이다. 가설을 세울 때 변수의 측정성은 생명이 된다.

⑤ **검증방법과 가능성**을 고려해야 한다.

검증을 하려면 결국 연구자는 자신이 세운 가설을 검증하는 통계적인 분석법을 알아야 한다. 만약 가설을 세웠지만 통계적으로 이를 끄집어내고 분석할 수 있는 능력이 없다면 결국 검증할 수 없는 것이다. 그래서 연구자는 가설에 맞는 검증기법에 대한 숙지도 함께 해야 한다. 좋은 방법은 아니지만 자신이 검증할 수 있는 방법에 맞는 가설을 세우는 것이 일정 부분 실현가능성을 높이는 면에서 지혜롭다고 할 수 있다.

⑥ **일반화의 가능성**을 고려해야 한다.

사회복지연구는 클라이언트를 위하여 실시하게 된다. 연구를 통하여 결국 클라이언트가 갖는 사회문제나 욕구를 해결할 방안을 마련해야 한다. 어떤 문제에 대한 방안은 일반화가 되지 않으면 효용성을 갖지 못한다. 가설을 세울 때부터 일반화를 염두에 두어야 가설검증 후 대안을 마련하여 클라이언트에게 개입할 수 있게 되는 것이다.

제2절	연구주제와 연구문제

연구가설을 세운다는 것은 연구주제가 주어졌다는 것을 의미한다. 연구주제는 연구를 통하여 밝히고자 하는 주요 테마를 이른다. 연구문제는 또한 연구주제에서 파생된다고 할 수 있다. 연구주제를 밝히기 위하여 사용하는 것이 연구문제이기 때문이다. 다만 결국 연구주제, 연구문제, 가설 등에 대해서 어떻게 표현할 것인가라는 차이점을 가질 뿐이다. 근본적으로 다른 것이라고 볼 수 없다.

1. 연구주제와 연구문제

1) 연구주제

① 연구를 통해 드러내고자 하는 것이다.
② 서술형으로 기록된다.

2) 연구문제

① 연구주제와 연구가설을 밝히기 위한 질문이다.
② 질문의 형태를 갖는다.
③ 연구문제의 도출은 기존 지식체계의 미비를 인지, 사회적 요청, 실천현장의 요청, 사회복지의 가치실현에 중요한 것, 개인적 경험, 강한 탐구심과 호심 등으로부터 이루어질 수 있다.
④ 연구문제로 선정하려면 **독창성**, **경험적 검증 가능성**, **윤리적 고려**, **현실적 제한** 등을 고려해야 한다.

core	조사의 단계

문제형성 → 가설형성 → 조사설계 → 자료수집 → 자료분석 → 연구보고

2. 가설, 연구문제, 연구주제의 차이점

① 연구주제, 연구문제, 가설의 기능은 궁극적으로 서로 다르다고 할 수 없다. 다만, 각각 갖는 고유한 성격들이 있는 것이다.

연구주제 - 연구하여 드러내고자 하는 주제

연구문제 - 연구를 위하여 갖는 질문, 즉 연구주제를 검증할 수 있도록 갖는 질문

가설 - 연구문제를 검증 가능한 형태로 표현하는 것

② 실례를 통하여 이해해 보면 다음과 같다.

다음은 이수천(2011)의 박사논문 제목이다.

> "그룹홈 청소년이 갖는 대리양육자와의 애착관계가 심리사회적응에 미치는 영향: 낙관성의 매개효과를 중심으로"

이것을 연구주제, 연구문제, 연구가설로 구분하여 제시하여 보자.

연구주제 - 그룹홈 청소년에게 있어 대리양육자와의 애착관계, 청소년의 심리사회적응, 청소년의 낙관성의 관계

연구문제 - 그룹홈 청소년에게 있어 낙관성은 대리양자와의 애착관계와 심리사회적응 사이를 매개하는가?

연구가설 - 그룹홈 청소년에게 있어 낙관성은 대리양육자와의 애착관계와 심리사회적응 사이를 매개할 것이다.

③ 결국 연구제목, 가설, 연구문제, 연구주제는 서로 연결되는 것이다. 차이가 있다면 연구문제는 그 형태가 **질문의 형태**가 되어야 하고, 연구가설은 그 형태가 **서술형**이 되어야 한다. 연구주제는 서술형으로 쓰되 연구하는 내용이 주로 다루는 것에 대해서 서술한다.

01 인과관계 추론에 관한 설명으로 옳은 것은?

① 독립변수들 사이의 상관관계는 인과관계 추론의 일차적 조건이다.
② 독립변수와 종속변수 간의 관계는 두 변수 모두의 원인이 되는 제3의 변수로 설명되어서는 안된다.
③ 종속변수가 독립변수를 시간적으로 앞서야 한다.
④ 횡단적 연구는 종단적 연구에 비해 인과관계 추론에 더 적합하다.
⑤ 독립변수의 변화는 종속변수의 변화와 관련성이 없어야 한다.

> **해설** 독립변수가 종속변수보다 항상 앞서야 하며 이것이 인과관계의 일차적 조건이다. 종단연구가 시간적 흐름이 있어 인과관계 조사에 더 유리하다. 독립변수의 변화와 종속변수의 변화가 서로 관련이 있어야 인과관계가 구성된다.. **정답 ②**

02 연구주제에 관한 설정으로 옳은 것은?

① 기존 연구로 설명이 충분하지 않는 것을 주제로 선정하는 것이 좋다.
② 책은 보지 말고 독창적인 것에만 신경 쓴다.
③ 주제가 확실하지 않을 경우 연구를 진행하면서 주제를 정할 수 있다.
④ 윤리관은 배제한다.
⑤ 되도록 양적연구만 한다.

> **해설** 독창적인 연구주제를 갖는 것은 좋지만 그렇다고 기존연구를 무시해서는 안 된다. 연구를 진행하면서 연구주제를 구체적으로 세울 수는 없다. 연구주제가 잡혀야 연구가 진행되는 것이다. 윤리관을 배제할 수 없다. 양적연구이든 질적연구이든 연구하고자 하는 주제의 특성에 따라 결정될 일이지만 되도록 양적 연구를 많이 해야 한다. 또는 되도록 절적연구를 많이 해야 한다고 할 수는 없다. 연구주제를 설정할 때 기존연구에서 충분히 설명되지 않는 것을 주제로 정하는 것은 연구주제 설정의 한 방법이 될 수 있다. **정답 ①**

실험설계의 특성이해

○ 실험설계의 개념을 설명할 수 있다.
○ 실험설계의 3요소를 구분할 수 있다.
○ 실험설계의 기본형을 도식화할 수 있다.

제1절 | 실험설계의 기초이해

실험실의 정교한 조작에 의한 실험처럼 사회과학 조사에 있어 정교하게 조작하는 것을 바탕으로 결과를 도출하는 것을 실험설계라고 한다. 이때 조작은 독립변수에 가하게 되며 그렇기 때문에 결과가 독립변수에 의한 것인지를 보다 분명하게 알고자 할 때 사용하는 설계법이다. 흔히 프로그램의 효과성을 검증할 때 사용하는 방법이 바로 실험설계이다. 실험설계는 원시실험설계, 전실험설계, 실험설계로 구분할 수 있다. 이해를 위하여 실험설계를 먼저 살펴보고 이후에 나머지 실험설계에 대한 정리를 하는 것이 바람직하다.

1. 실험설계의 개념

① 어떤 개입에 대해서 의도한 결과가 나타나는지를 살펴보는 설계방법이다.
② 결국 **독립변수를 의도적으로 조작하여 종속변수에 어떤 영향을 미치는지**를 살펴보는 형태로 검증을 하게 된다.
③ 실험설계는 독립변수에 의한 종속변수의 변화를 살펴보는 것이므로 대표적인 **인과관계를 검증**하는 설계방법이라고 할 수 있다.
④ 이와 같이 정해진 절차에 따라 실험함으로써 효과성을 검증하는 것이 아니면 모두 비실험설계라고 할 수 있다.

core **실험설계 = 인과관계 검증**

실험설계는 독립변수의 조작으로 종속변수의 변화를 보는 것이므로 인과관계 설계법이다. **결코 탐색적인 연구일 수가 없다.**

2. 실험설계의 필요성

① 실험설계는 **프로그램의 효과성 검증** 등과 같은 연구에 적합한 연구설계이다. 독립변수의 조작이라는 것은 결국 프로그램인 독립변수를 제공하는가, 그렇지 않은가와 관련되어 있는 것이다. 이로써 프로그램에 의하여 효과가 나타나는지를 검증하게 된다.

② 사회복지기관은 프로그램을 실행하여야 하며, 이런 프로그램을 실행하는 비용은 대부분 국가나 사회단체로부터 후원을 받는 경우가 많다. 물질을 제공하는 주체는 어떤 방법으로든 제공한 물질의 사용에 따른 결과를 요구하기 마련이다.

③ 실험설계는 실시한 프로그램의 효과성을 밝혀서 자원을 제공하는 주체에게 자원제공이 의미가 있음을 보여줄 수 있다.

④ 이로써 자원제공기관은 자원제공에 따른 만족이 높아지고, 이렇게 높아진 만족도는 결국 자원의 재제공으로 이어지기 마련이다. 즉 자원개발 측면에서도 필요성이 있다.

⑤ 또한 프로그램을 실시하는 기관 입장에서 보면 프로그램 실행에 대한 **전문성과 책무성**을 드러낼 필요가 있다. 실험설계는 이런 요구에 부응하여 전문성과 책무성을 제고하는 효과를 갖는다.

3. 실험설계의 특징

① 실험설계는 **대표적인 인과관계를 밝히는 연구**이다.
② 이를 위하여 **독립변수에 의도적인 조작(실험처리)**을 가하게 된다.
③ **실험설계의 3요소**를 충족해야 한다.

실험설계의 3요소: 실험조사설계를 통한 이해

실험설계는 엄밀한 실험환경을 요구한다. 이를 충족하지 않을 경우 타당도가 떨어지게 된다. 이때 요구되는 엄밀한 실험환경이란 통제, 조작, 비교를 말한다. 다만 이에 대해서 이해하기 위해서는 실험조사설계를 이해할 필요가 있다. 실험조사설계는 가장 일반적인 형태의 실험설계로써 통제, 조작, 비교라는 실험설계의 3요소를 모두 활용한 설계법이다.

1. 실험조사설계(Experimental Design)

(A Pretest/Posttest Control-group Design 통제집단 사전사후검사설계)
(순수실험설계)

1) 실험조사설계의 개념 이해

① 실험설계조사는 모든 실험설계의 기본이 된다.
② 실험조사설계는 다음 그림과 같은 절차로 실험이 이루어진다.

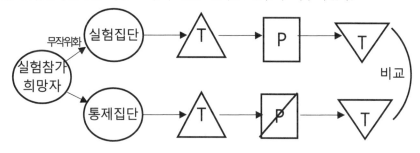

출처 : 고명석, 이수천(2016), 「사회복지조사론」, p. 83.

2) 실례를 대입한 이해

> 청소년을 대상으로 자아존중감 프로그램을 8주 간 실시하여 자아존중감이 증진되는지를 알아보고자 한다. 지역사회에 있는 청소년 중 실험에 참가하고자 하는 청소년은 24명이었다.

① 실험에 참가하고자 하고자 하는 자들을 실험집단과 통제집단으로 나눈다. 이때 반드시 **무작위화**한다. 무작위화하는 이유는 **실험집단과 통제집단을 동일한 집단으로 구성**하기 위해서이다. 무작위화로 12명은 실험집단에, 12명은 통제집단에 배정한다.

② 실험집단과 통제집단에 동일하게 **사전조사**를 실시한다. 사전조사라고 하는 이유는 프로그램을 실시하기 이전에 하는 조사이기 때문이다. 즉 실험 전에 조사하는 것을 사전조사라고 한다. 이때 조사하는 것은 프로그램으로 인하여 변화를 보고자 하는 것에 대해서 조사한다. 청소년에게 널리 사용하는 로젠버그의 자아존중감 척도로 자아존중감을 측정한다.

③ **실험집단에는 자아존중감 증진 프로그램을 8주 간 실시하고 통제집단에는 아무런 프로그램을 제공하지 않는다.**

④ 프로그램이 끝난 후 사전조사에 사용한 것과 똑같은 자아존중감 척도로 자아존중감을 측정한다. 프로그램을 실시한 이후에 조사하는 것이므로 **사후조사**라고 한다.

⑤ 집단 내와 집단 간으로 구분하여 변화가 나타났는지 **비교**한다. 만약 통제집단에서는 변화가 나타나지 않았는데 실험집단에서는 변화가 일어났다면 두 집단 사이에는 자아존중감 증진 프로그램의 여부 외에는 차이점이 없다. 그러므로 자아존중감 증진 프로그램으로 인한 변화라고 할 수 있다.

3) 도식에 의한 이해

① 앞에 제시된 그림은 이해를 위한 것이다.

② 실제 연구설계에서는 아래와 같은 도식을 주로 사용한다.

실험집단	R	O_1	x	O_2
통제집단	R	O_1		O_2

R = 무작위 배당   O = 관찰 또는 검사   x = 실험처치

2. 실험설계의 3요소

1) 통제

① 실험집단과 통제집단으로 구분하는 것이다.

② 통제집단을 설정하는 이유는 변화가 프로그램에 의해 일어나는 것인지를 알아보기 위한 것이다. 이는 실제로 실험집단과의 비교를 통하여 살펴보게 되므로 통제집단을 비교집단이라고도 한다.

③ 두 집단으로 구분할 때 실험참가 희망자들을 무작위(random, 난선화)로 두 집단으로 나누는 것이 중요하다. (무작위배당, 무작위화)

④ 무작위화로 두 집단을 구분하는 이유는 두 집단 곧 실험집단과 통제집단을 동일집단으로 만듦으로써 비교대상이 되게 하기 위해서이다.

⑤ 통제집단을 설정함으로써 결국 **타당도를 높이는 역할**을 한다.

2) 조작

① 프로그램의 참여와 비참여를 작동시키는 것이다(operating).
② 즉 실험집단에서는 프로그램을 실시하고, 통제집단에서는 프로그램을 실시하지 않는다.
③ 이때 통제집단은 자신이 통제집단인 것을 몰라야 한다.
④ 결국 조작은 독립변수가 되는 프로그램의 인위적인 제공/제거를 의미한다.

3) 비교

① 프로그램이 끝난 후 조사, 즉 사후조사 결과 통제집단에서는 변화가 나타나지 않았는데 실험집단에서 변화가 나타났다면 이 두 집단 사이에는 독립변수인 프로그램의 실시 여부만 차이가 있을 뿐이다. 따라서 프로그램에 의해서 차이가 나타났다고 볼 수 있다.
② 비교를 어떻게 하는가에 따라 변화를 알아보는 방법은 다양하다.
   실험집단과 통제집단의 사후를 비교할 경우 집단 간 차이가 나타나야 한다. 이는 서로 구분되는 집단에 대해서 차이가 있는 것을 보기 때문에 **집단 간 차이**를 검증한 것이라고 할 수 있다.
   물론 이미 실험집단과 통제집단의 사전 비교를 가정한다. 이 경우 집단 간 차이가 나타나지 않아야 하며 서로 구분되는 집단을 비교한 것이므로 **집단 간 차이**를 검증한 것이라고 할 수 있다.
   실험집단의 사전과 사후를 비교할 경우 차이가 나타나야 한다. 이는 같은 집단 안에서의 변화를 보는 것이기에 **집단 내 차이**라고 할 수 있다.
   통제집단의 사전과 사후를 비교할 경우 차이가 나타나지 않아야 한다. 왜냐하면 통제집단에는 프로그램을 제시하지 않았기 때문이다. 역시 동일한 집단 안에서 변화를 살피는 것이므로 **집단 내 차이** 검증이라고 할 수 있다.

비교	결과	비고
실험집단 사전 – 통제집단 사전	×	집단 간 차이
실험집단 사후 – 통제집단 사후	○	
실험집단 사전 – 실험집단 사후	○	집단 내 차이
통제집단 사전 – 통제집단 사후	×	

③ 프로그램의 효과는 결국 비교를 통하여 살펴보게 된다.
   ※ 실험설계의 3요소를 모두 충족한 실험설계를 기본형 실험설계조사라고 하고 일반적으로 실험설계라고 하면 이를 가리킨다. 또는 순수실험설계라고 한다. 여기서부터 하나씩 부족한 것이 나타나게 되는데 그 정도에 따라 준실험설계, 원시실험설계가 되는 것이다.

01 순수실험설계에 필요한 요건으로 옳은 것은?

가. 무작위 할당	나. 통제집단
다. 독립변수 조작	라. 기초선 설정

① 가, 나, 다   ② 가, 다
③ 나, 라   ④ 라
⑤ 가, 나, 다, 라

해설 순수실험설계는 통제집단과 실험집단으로 구분할 때 무작위할당을 한다. 독립변수의 조작이라는 것은 실험집단에는 프로그램을 제공하고 통제집단에는 프로그램을 제공하지 않는 것을 의미한다. '조작'이라는 말을 부정적인 것으로 생각하여 이것을 빼야 한다고 생각하면 문제를 풀기가 어렵다. 기초선 설정은 단일사례연구에서 사용하는 방법이다.   정답 ①

02 실험집단과 통제집단의 차이는 무엇인가?

① 집단 크기의 차이   ② 집단 성원의 차이
③ 집단 구성 시기의 차이   ④ 검사여부의 차이
⑤ 실험처지 유무

해설 실험집단과 통제집단의 핵심은 프로그램을 제공받는가 그렇지 않는가에 달려 있다. 이를 달리 이야기하면 실험적인 처리를 하는가 하지 않는가의 차이인 것이다. 실험처리를 조작이라고 한다.   정답 ⑤

Chapter 07

준실험설계

제1절 순수실험설계와 준실험설계

준실험설계는 유사실험설계라고도 한다. 의미로 보면 '실험설계에 준(準)한다' 또는 '실험설계와 유사(類似)하다'는 것으로 순수실험설계와 가깝다는 의미이다. 이것은 다른 설계들에 비해 순수실험설계에 보다 가깝다는 뜻으로 순수실험설계만큼은 아니지만 다른 설계들보다는 타당도가 높은 설계방법이라고 할 수 있다. 준실험설계를 이해하기 위해서는 순수실험설계를 정확히 이해할 필요가 있다.

1. 실험조사설계(Experimental Design)

① 순수실험설계라고도 한다.
② 통제집단 사전사후검사설계(A Pretest-Posttest Control-group Design)라고도 한다.
③ 실험설계의 3요소를 모두 충족한다.
④ 실험집단과 통제집단 구성 시 **난선화(무작위)로 집단을 구분**한다(무작위배당).
⑤ 무작위배당과 더불어 짝짓기 방법을 함께 사용하는 것이 보다 더 적절하다고 할 수 있다.
⑥ 아류형의 다른 실험설계들보다 타당도가 높다.

통제집단(control-group)이라는 표현의 의미

실험설계의 종류를 이야기할 때 아무런 설명 없이 '통제집단'이라는 말을 사용하면 이는 무작위할당을 하여 통제집단을 선정한 것을 의미한다. 즉 '무작위할당에 의한'이라는 말이 굳이 붙지 않아도 무작위할당을 한 것으로 본다.

2. 순수실험설계와 준실험설계

① 순수실험설계에서 무작위할당을 하지 못한 것이 준실험설계이다.
② 타당도는 순수실험설계보다 떨어진다.
③ 준실험설계에서 무엇인가 하나씩 빠진 것을 전실험설계라고 한다.

제2절　준실험설계

준실험설계에 포함되는 실험설계는 비동일 통제집단 비교설계와 시계열설계가 있다. 모두 순수실험설계에 비하면 타당도는 떨어지지만 사회복지현장은 사람을 대상으로 하며, 엄격한 실험상황을 만들기 어렵다는 점에서 활용가치가 높은 설계방법이라고 할 수 있다. 또한 순수실험설계보다는 타당도가 떨어지지만 타당도가 아예 없다고 할 수는 없는 설계방법이다. 따라서 정교한 설계가 불가능할 때 사용할 수 있는 유용한 설계방법이라고 할 수 있다.

1. 비동일 통제집단 비교설계(The Nonequivalent Control-group Design)

1) 비동일 통제집단 비교설계의 개념

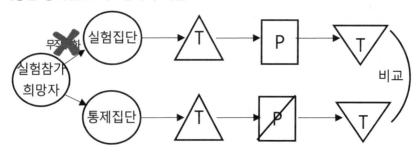

출처 : 고명석, 이수천(2016), 「사회복지조사론」, p. 86.

① 실험집단과 통제집단을 설정할 때 **무작위할당을 하지 못한 경우**이다.

② 따라서 두 집단이 동일집단이라고 할 수는 없다. 그러나 비록 동일한 집단이라고 할 수는 없지만 통제집단을 두고 비교하는 설계이다. 그래서 '비동일 통제집단'이라고 하는 것이다.

---

eg. 어떤 프로그램이 노인의 우울을 감소시키는지 검증하기 위하여 실험에 참가의사를 밝힌 기관 중 시설규모, 인적구성, 재원, 노인의 질병 등에서 유사한 두 기관을 정하여 한쪽에는 프로그램을 실시하고 다른 한쪽은 비교집단으로 활용하였다.

---

③ 이 경우 통제집단이 실험집단과 동일한 집단이 아니라는 점에서 '비교집단'이라는 말을 사용하기도 한다.

④ 이 설계법은 무작위배치가 윤리적으로나 현실적으로 어려울 때 적용할 수 있다. 인간을 대상으로 하는 연구에서 연구에 참여하기로 한 대상에게 누구는 실험집단에, 누구는 통제집단에 분류하는 것은 윤리적으로 어려운 경우가 많다. 이때 사용할 수 있는 방법이다.

⑤ 무작위할당만 제외하고는 나머지는 순수실험설계와 동일하게 진행된다. 즉 사전조사, 프로그램의 제공 및 비제공, 사후조사, 결과의 비교는 그대로 이루어진다.

⑥ 결과의 비교는 주로 집단 내 비교를 한다. 즉 실험집단 내에서는 사전과 사후의 차이가 통계적으로 의미가 있는 반면 통제집단 내에서는 사전과 사후의 차이가 나타나지 않았다면 실험집단에서만 변화가 일어난 것이고, 이때 실험집단과 통제집단의 차이는 프로그램의 제공 여부만 다를 뿐 그 변화는 프로그램에 의한 변화라고 할 수 있는 것이다.

비교	결과	비고
실험집단 사전 – 실험집단 사후	○	집단 내 차이
통제집단 사전 – 통제집단 사후	×	

(만약 실험집단의 사전조사와 통제집단의 사전조사 간의 차이를 보았을 때 집단 간 차이가 나타나지 않으면 실험집단과 통제집단을 동일한 집단으로 볼 수 있어 사후 실험집단 결과와 통제집단 결과를 비교하는 것도 가능해진다.)

⑦ 비동일 통제집단 비교설계를 도식화하면 다음과 같다.

실험집단 O_1 x O_2

비교집단 O_1 O_2

O = 관찰 또는 검사   x = 실험처치

---

2) 비동일 통제집단 비교설계 활용 시 주의점

① 연구자는 어쩔 수 없는 상황으로 인하여 임의로 두 집단을 분류하더라도 두 집단이 최대한 비슷한 집단이 되도록 노력해야 한다.

② 이때 사전조사를 통하여 두 집단이 집단 간 차이가 나타나지 않으면 동일집단으로 볼 수도 있다. 즉 이럴 경우에는 실험설계와 똑같이 내적타당도가 높은 실험검증이 가능하다.

2. 시계열설계

1) 시계열설계의 개념

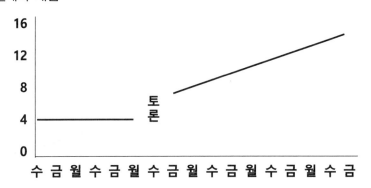

출처 : 성숙진 외 공역(2001), 「사회복지조사방법론」, p. 335.

① 시계열설계는 일종의 종단적인 관찰을 실험설계에 접목하는 것이다.

② 통제집단을 요구하지 않기 때문에 현장에서 손쉽게 실행가능한 연구설계이다.

③ 개입 이전에 적어도 3회 이상을 관찰하여 성향을 파악하고 이것을 기준으로 비교하게 된다. 프로그램을 개입한 후 변화가 나타나는지를 파악한다. 즉 프로그램 이전과 이후를 비교하는 것이다.

④ 예를 통해서 이해하자면 다음과 같다.

새학기 수업을 진행하는데 학생들의 수업참여율이 저조하였다. 이런 개선하기 위하여 토론이라는 것을 수업에 활용해 보기로 하였다.

먼저 학생들의 수업개입 정도를 관찰로 파악해 보았다. 일주일간 수업 동안 평균 4회 정도로 수업참여 빈도가 나타났다.

하루는 수업방법을 바꿔서 수업에 대한 효과를 토론으로 의견을 교환하게 하였다.

다음 수업부터 다시 관찰하니 수업에 대한 참여가 점점 올라갔다.

이 경우 토론이 학생들의 수업참여 빈도를 높이는 데 역할을 한 것을 알 수 있다.

⑤ 개입 전 여러 번 관찰함으로써 조작과 변화의 관계를 확인할 수 있다.

⑥ 다만 예기치 않은 사건이 발생했을 경우 크게 영향을 받을 수 있어 타당성에 있어서는 취약할 수 있다.

⑦ 시계열설계를 도식화로 이해하면 다음과 같다.

$$O_1 \ O_2 \ O_3 \quad x \quad O_4 \ O_5 \ O_6 \ O_7$$

$$O = 관찰 \ 또는 \ 검사 \quad x = 실험처치$$

2) 시계열설계 시 주의점

① 타당성을 높이기 위하여 다중시계열설계로 구성할 수도 있다. 이때 비교집단을 두고 프로그램을 제공하지 않는 방법으로 한다.

② 이를 도식화로 이해하면 다음과 같다.

③ 실험집단과 통제집단을 무작위 할당으로 구분한 것이 아니라서 타당도가 높다고는 할 수 없다.

$$(실험집단) \ O_1 \ O_2 \ O_3 \quad x \quad O_4 \ O_5 \ O_6 \ O_7$$
$$(비교집단) \ O_1 \ O_2 \ O_3 \qquad O_4 \ O_5 \ O_6 \ O_7$$

$$O = 관찰 \ 또는 \ 검사 \quad x = 실험처치$$

01 A보육원의 프로그램에 40명이 신청하였다. 그 중 먼저 온 20명에게는 프로그램을 제공하고 나머지 20명은 대기자로 올려놓았다. 프로그램에 참여한 20명과 대기자 20명에게 각각 사전, 사후 검사를 실시하였다. 이에 해당하는 실험설계는 무엇인가?

① 통제집단 사후검사설계
② 비동일 통제집단 비교설계
③ 통제집단 사전사후검사설계
④ 복수시계열설계
⑤ 1회검사사례조사

> **해설** 프로그램을 제공한 20명과 대기자 20명의 구분은 단지 선착순으로 정해졌다. 즉 무작위할당이 이루어지지 않았다. 따라서 이때 프로그램 제공집단을 실험집단으로 하고 대기자 집단을 비교집단으로 할 경우 동일한 집단이라고 할 수 없다. 따라서 비동일 통제집단을 세워서 실험한 설계이다. '통제집단'이라는 말에 아무런 수식어가 없으면 무작위할당을 통하여 구분된 것이라고 보아야 한다.
> 정답 ②

02 시계열설계에 대해 맞는 것은?

① 순수실험설계이다.
② 비교집단을 둘 수 없다.
③ 사전, 사후검사를 한 번씩 실시한다.
④ 사전검사를 생략할 수 있어 간편하다.
⑤ 성숙효과를 확인할 수 있다.

> **해설** 시계열설계는 준실험설계이다. 순수실험설계는 통제, 조작, 비교를 정확하게 갖춰야 한다. 복수시계열로 설계할 경우 비교집단을 둘 수 있다. 사전 및 사후조사를 하기보다는 사전과 사후에 관찰을 한다. 그런데 시계열설계이기 때문에 여러 번 관찰을 한다, 따라서 사전 사후검사에 대한 지문은 모두 해당사항이 없다. 결국 시계열설계는 처치 이전과 이후의 성숙을 보는 설계라고 할 수 있다.
> 정답 ⑤

전실험설계와 단일사례연구

학습Key포인트 🔍

○ 전실험설계는 기본형에서 무엇이 부족한 것인지 제시할 수 있다.

○ 단일사례연구를 주로 활용하는 경우를 제시할 수 있다.

○ 단일사례의 종류를 A, B를 활용하여 제시할 수 있다.

제1절   전실험설계

전실험설계는 실험설계 이전(以前)의 단계에 있는 설계라는 의미이다. 달리 표현하여 원시실험설계라고도 한다. 이는 실험설계뿐만 아니라 준실험설계보다 엄밀성이 떨어지는 것을 의미한다. 즉 준실험설계와 같이 무작위할당을 하지 못했을 뿐만 아니라 그 외에도 부족한 것이 하나씩 더 있는 경우이다. 타당성 부분에서 많이 떨어지지만 인간을 대상으로 하는 연구에서 부득이한 경우 사용할 수 있는 설계법이라는 점에서 의의가 있다.

1. 전실험설계의 개념

> 전실험설계는 준시험설계처럼 무작위배당을 하지 못한 것은 기본이고, 여기에 더하여 무엇인가 한 두 요소가 제거된 형태의 조사설계이다.

① 실험설계로 분류는 하지만 정교하지 못하다. 경우에 따라서는 실험설계의 기능을 전혀 갖지 못할 수도 있다.

② 엄밀한 의미로는 실험설계라고 할 수 없지만 인간을 대상으로 하는 연구가 까다로운 실험상황을 만들 수 없다는 점에서 사용된다.

③ 따라서 해석에 주의를 기울여야 한다. 실험설계와 똑같은 입장에서 해석하는 것은 곤란하다. 각 실험의 상황에서 드러난 정도를 이야기할 수 있다.

④ 대표적으로 정적집단 비교설계, 단일집단 전후 비교설계, 1회 후 검사사례연구가 있다.

2. 전실험설계의 종류

1) 정적집단 비교설계(Static-group Comparison Design)

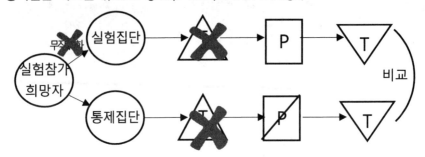

출처 : 고명석, 이수천(2016), 「사회복지조사론」, p. 88.

① 사전조사 없이 사후조사만 비교하므로 두 집단 후 비교설계라고도 한다.
② 무작위할당을 하지 않기 때문에 서로 같지 않은 두 집단 곧 실험집단과 통제집단(비교집단)으로 설정한다.
③ 이 중 한 집단인 실험집단에만 프로그램을 실시한다. 통제집단에는 프로그램을 제공하지 않는다.
④ 실험집단과 통제집단 모두에 사후조사를 실시하여 비교한다.
⑤ 사전조사를 하지 않아서 변화가 조작에 의한 것인지 알 수 없다는 단점이 있다.
⑥ 다음과 같이 도식화할 수 있다.

실험집단	x O_2
비교집단	O_2

O = 관찰 또는 검사   x = 실험처치

2) 단일집단 전후 비교설계(The One-group Pretest-Posttest Comparison Design)

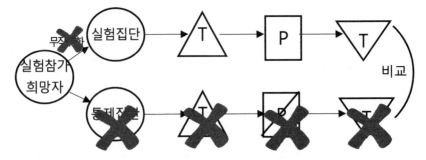

출처 : 고명석, 이수천(2016), 「사회복지조사론」, p. 89.

① 통제집단을 구성할 수 없을 경우 오직 실험집단 하나만 구성하여 실험하는 설계이다.

② 실험집단의 사전조사를 실시한다.

③ 프로그램을 시행한다.

④ 사후조사를 실시하여 사전조사와 비교한다.

⑤ 사전검사과 사후검사를 비교하기 때문에 그 변화가 프로그램에 의한 것인지는 어느 정도 추정할 수 있다. 다만 타당도가 높다고는 할 수 없다.

⑥ 질적연구와 병행할 때 의미가 더욱 커질 수 있다.

⑦ 다음과 같이 도식화할 수 있다.

실험집단   O₁   x   O₂

O = 관찰 또는 검사   x = 실험처치

⑧ 인간을 대상으로 하는 연구에서는 통제집단을 세우기 어려운 경우가 많다. 이때 단일집단 전후 비교설계를 하면 타당도는 높지 않더라도 변화의 원인이 프로그램의 실행에 있다고 주장할 수 있는 근거는 마련된다. 여기에 질적연구를 더하면 풍성한 실험설계가 될 수도 있다.

3) 1회 후 검사사례연구(The One-shot Case Study)

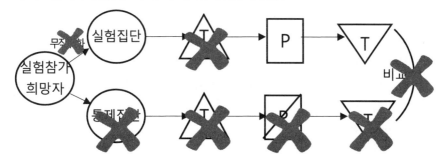

출처 : 고명석, 이수천(2016), 「사회복지조사론」, p. 89.

① 통제집단을 세우지 못하여 실험집단만 세우고 그나마 사전조사도 하지 못한 경우이다.

② 프로그램을 실시한 후 사후검사만 실시한다. 비교할 집단이나 검사가 없다.

③ 외적타당도만이 아니라 내적타당도도 매우 낮다.

④ 프로그램을 실시한 이후에 이 정도로 나타났다는 정도만 볼 수 있다.

⑤ 다음과 같이 도식화할 수 있다.

실험집단   x   O₁

O = 관찰 또는 검사   x = 실험처치

cf. 서둘러 프로그램을 실행하기보다는 사전검사만이라도 해놓자!

보통 사회복지기관에서 프로그램에 대한 평가를 만족도로 하는 경우가 많다. 만족도는 품질을 평가하는 지표가 되는 것을 맞지만 굳이 연구설계 차원에서 검토하자면 만족도 조사는 1회 후 검사사례연구에 지나지 않는다. 이를 통하여 프로그램의 효과성이 있다고 주장하는 것은 무척 어렵다. 단지, 프로그램을 실시한 이후에 만족의 정도가 이 정도 나왔다는 것을 이야기할 뿐이다. 따라서 기관에서는 프로그램 진행에 대한 비용을 확보했다면 서둘러 프로그램을 진행하려고 할 것이 아니라, 이 프로그램이 무엇을 변화시키려고 하는 것인지 파악하여 그에 대한 사전검사만이라도 해놓는 게 바람직하다. 그러면 프로그램 이후에 사후검사를 통하여 사전과 사후의 변화라도 볼 수 있기 때문이다. 적어도 1회 후 검사사례연구보다는 타당도가 높은 평가를 할 수 있는 것이다. 더불어 질적연구와 병행하여 보고서를 작성한다면 자원을 제공한 쪽에서도 흡족할만한 결과를 보게 될 것이다. 이는 자원을 지속적으로 투자하는 것과 연결될 수 있다.

제2절　단일사례연구

사회복지는 실천현장이 중요하다. 실천현장에서 실천 곧 임상을 활용하여 그대로 연구하는 방법 중 하나가 단일사례연구이다. 단일사례연구는 실천현장에서 행동의 수정 등에 사용되는 연구방법이다. 일종의 시계열설계가 가미된 것으로 임상과 연구가 함께 이루어지는 것이다. 단일사례라는 말에서 드러나듯이 사례가 하나이다. 다만 이는 참가자가 한 명이라는 말은 아니다. 사례라는 말은 일정한 범위로 한정되는 경우를 의미하는 것이다.

1. 단일사례연구의 개념

단일사례연구는 하나의 사례에 대해서 개입을 한 후 변화가 발생했는지 그렇지 않은지를 관찰을 통해 평가하는 설계방법이다.

① 단일사례라는 말 자체에서 나타나는 것처럼 통제사례 자체를 설정할 수 없다.
② 사례수 = 1(n=1)
　　다만 이때 사례라는 것은 반드시 1명을 의미하지 않는다. 사례란 어떤 특징을 기준으로

하여 다른 것과 경계 지어지는(bounded) 것을 의미한다. 따라서 사례는 개인, 가정, 학급, 지역사회 등으로 다양할 수 있다.

③ 사례 자체가 하나이므로 **일반화를 목적으로 할 수 없다.**

④ **임상, 행동수정 등에 적절한 연구방법**이다. 즉 실천과 개입이 함께 이루어질 수 있다.

⑤ 대상자의 정서적 문제와 같이 측정이 어려운 질적영역의 경우에도 효과적으로 사용할 수 있다.

⑥ 관찰은 주로 **강도, 빈도** 등을 본다.

⑦ 관찰의 객관성을 확보하기 위하여 **시계열적인 측정방식을 도입**한다.

⑧ 기초선(A)과 개입(B)의 조합형태에 따라 AB형, ABA형, ABAB형, BAB형, ABB'B"형, ABCD형 등으로 다양하게 구분할 수 있다.

2. 단일사례연구의 종류

1) AB형

① 기초선과 개입이 하나이다.

② 우연한 사건에 의한 변화인지 알 수 없다.

③ 다른 여러 AB형 연구들과 동일한 결과인지 파악하는 것이 가능하다.

2) ABAB형

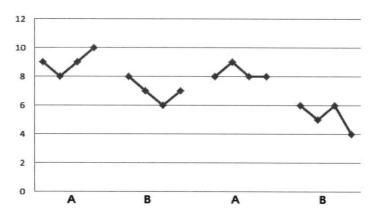

출처 : 고명석, 이수천(2016), 「사회복지조사론」, p. 91.

① 기초선과 개입이 반복된다.

② 경향을 볼 수가 있다.

3) ABB'B"형(다중기초선설계)

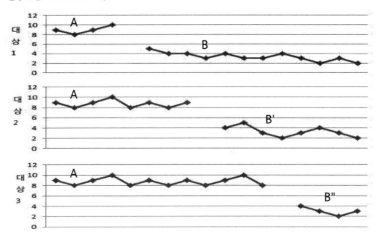

출처 : 고명석, 이수천(2016), 「사회복지조사론」, p. 91.

① 기초선이 여러 개이다. 다만 기초선이 여러 개라는 것은 여러 사건이나 행동에 대해 관찰하고 개입한다는 의미가 아니다. 개입하고자 하는 행동에 대해서 지켜보는 시간을 각각 달리하는 것이다.

② 결국 개입의 시점을 각각 달리하는 것이다.

③ 개입시점이 다르더라도 개입할 때마다 변화가 일정한 패턴으로 나타난다면 개입의 효과성을 증명할 수 있다.

4) ABCD형(다중요소설계)

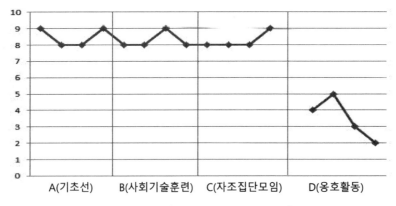

출처 : 고명석, 이수천(2016), 「사회복지조사론」, p. 92.

① 기초선은 하나인데 개입방법이 여러 요소이다.

② 실천현장에서 어떤 문제를 해결하기 위하여 일정 기간 관찰한다(기초선).

③ 기초선을 확인했으면 프로그램을 개입한다. 그런데 이때 효과가 나타나지 않으면 다른

프로그램으로 바꾸는 것이다.

④ 이렇게 하여 효과가 있는 프로그램이 무엇인지 찾아낼 수 있게 된다.

⑤ 결국 이 설계에서는 여러 개의 프로그램을 비교하는 효과를 볼 수 있다.

5) BAB형

① 일반적으로 기초선이 먼저 나와야 하는데 개입이 먼저 나왔다.

② 어떤 연구이든 기초선 없이 개입을 할 수는 없다. 그럴 경우 효과성에 대한 파악이 어렵기 때문이다. 연구 자체는 효과성을 파악하기 위한 것이다.

③ 그럼에도 불구하고 개입이 먼저 나왔다면 그렇게 할 필요성이 있는 경우이다. 개입이 우선적으로 필요한 경우는 바로 **위기개입**이다. 따라서 이 경우는 위기개입에 대한 연구가 된다.

3. 단일사례연구의 특징 및 주의점

① **측정은** 빈도, 강도, 기간 등으로 하는 것이 바람직하다.

② **시각화하여** 결과를 이해할 수 있다는 장점이 있다. 즉 **경향을 파악**할 수 있다.

③ 일반화가 아니라 일반화하기 이전에 **탐색적인 용도로** 사용할 수 있다. 이후 정교한 조사설계를 통하여 일반화를 할 수 있다.

④ **임상에서** 클라이언트의 기질이나 행동 등은 기록하기가 까다롭다. 이런 것들을 기록할 수 있는 기능이 있다.

⑤ 따라서 사회복지사는 실천현장에서 자신이 다루는 클라이언트에 대해서 가능하면 단일사례연구라는 관점에서 접근할 필요가 있다.

01 다음 사례에 관한 설명으로 옳지 않은 것은?

> 다문화교육이 청소년들의 다문화수용성에 미치는 영향을 알아보기 위해 청소년 100명을 무작위로 두 집단으로 나누었다. 교육 실시 전 두 집단의 다문화수용성을 측정하고, 한 집단에만 다문화 교육을 실시한 후 다시 두 집단 모두 다문화수용성을 측정하였다.

① 전형적인 실험설계이다.
② 교육에 참여한 집단이 실험집단이다.
③ 외적 요인의 통제를 시도하지 않았다.
④ 내적 타당도의 저해요인이 발생할 수 있다.
⑤ 두 집단 간의 사전, 사후 측정치를 비교하여 효과를 판단할 수 있다.

> 해설 무작위로 두 집단으로 나눠 한 집단에게만 교육을 실시하였고, 교육 전과 후에 조사를 했으므로 전형적인 실험설계이다. 교육에 참여한 집단 곧 처치(개입)한 집단이 실험집단이다. 통제집단을 설정하였기에 외적 요인의 통제를 시도하였다고 볼 수 있다. 내적 타당도 저해요인은 참여자의 탈락 등 여러 부분에서 일어날 수 있다. 정답 ③

02 다음에서 설명하는 설계에 해당하는 것은?

> 심리상담 프로그램이 시설입소노인의 정서적 안정감에 미치는 영향을 알아보기 위해 사전조사 없이 A요양원의 노인들을 대상으로 프로그램을 실시하였다. 프로그램 종료 후, 인구사회학적 배경이 유사한 B요양원 노인들을 비교집단으로 하여 두 집단의 정서적 안정감을 측정하였다.

① 비동일 통제집단 설계
② 정태적 집단비교 설계
③ 다중시계열 설계
④ 통제집단 사후검사 설계
⑤ 플라시보 통제집단 설계

> 해설 무작위로 집단을 구분한 게 아니기에 비동일 통제집단이라는 명칭을 사용할 수 있다. 그런데 사전조사를 하지 않았기에 정태적 집단비교 연구이다.. 정답 ②

Chapter 09 실험설계 시 주의할 점과 비실험설계

제1절 기타 설계법

실험설계법은 본서에서 다룬 것만 있는 것이 아니다. 실험설계의 3요소를 어떻게 조합하는가에 따라 다양한 연구설계가 가능하다. 개별 연구설계별로 그 특성을 파악하기보다는 원리와 개념을 파악하면 모든 설계법을 다 학습하지 않는다 하더라도 구분할 수 있게 된다. 여기서는 1급 시험에 주로 출제되는 기타 설계법에 대해서만 다루도록 한다.

1. 솔로몬4집단설계

① 다음과 같은 조사설계이다.

```
R  O₁  X  O₂
R  O₁     O₂
R      X  O₂
R         O₂
```

R = 무작위배당
O = 관측
X = 프로그램 개입

② 네 개의 집단으로 구성한다. 집단 구성 시 모두 무작위할당을 한다. 즉 네 개의 집단은 모두 동일한 집단이라고 할 수 있다.
③ 통제집단 사전사후 비교설계에 통제집단 사후 비교설계를 결합한 형태이다.
④ **검사효과를 통제하는 특징**을 갖는다.

⑤ 순수실험설계보다 정교하여 **타당도가 아주 높다**고 할 있다.

⑥ 그러나 인간을 대상으로 하는 실험이 순수실험설계를 갖출 수 없어서 준실험설계 내지는 전실험설계로 하게 되는 경향이 많은 것을 볼때 실제로 활용하기는 쉽지 않다.

2. 다집단실험설계

① 다음과 같은 조사설계이다.

R O_1		O_2
R O_1	X_1	O_2
R O_1	X_2	O_2
R O_1	X_3	O_2

R = 무작위배당
O = 관측
X = 프로그램 개입

② **여러 개 프로그램의 효과를 비교**할 때 사용하는 방법이다.

③ 솔로몬4집단설계와 같이 무작위배당한 그룹이 여러 개 있어야 한다.

④ 여러 개의 집단에 각각의 프로그램을 제공하나 통제집단에는 프로그램을 제공하지 않는다.

⑤ 통제집단과 여러 집단의 변화를 비교한다. 가장 효과가 큰 프로그램이 무엇인지 알 수 있다.

⑥ 보통 신약을 개발할 때 많이 사용된다.

제2절　실험설계 시 주의점

실험설계를 할 때 가장 주의해야 할 점은 내외적 타당도와 윤리적인 문제이다. 인과관계를 밝히는 연구이기에 타당도가 중요하며, 인간을 대상으로 하는 실험이기에 윤리적 문제가 대두될 수밖에 없다.

1. 내적타당도 문제

1) 실험설계에서 내적타당도

① 내적타당도는 나타난 **변화가 과연 프로그램의 개입으로 인하여 일어났는가**를 보는 것

이다. 실험설계를 개입 프로그램의 효과성을 보고자 실시하는 설계방법이다. 이때 정말 효과가 프로그램에 의한 것인가와 관련된 것이 내적타당도이다.

② 실험설계의 종류에 따라 내적타당도가 달라질 수 있다.

> 원시실험설계 〈 유사실험설계 〈 실험설계 〈 솔로몬4집단설계

2) 내적타당도의 저해요인

① 우연한 사건의 발생 또는 역사
실험을 하는 도중 일어난 우연한 사건이 영향을 미쳐 프로그램의 효과성으로 착각하게 할 수 있다.

② 성숙 또는 시간의 경과
사전검사와 사후검사 사이에 변화가 일어난 것은 맞지만 이때 변화가 프로그램에 의한 것이 아니라 단지 성숙에 의한 것이라면 타당도를 떨어뜨리는 요인이 된다. 인간은 시간이 지나면서 자연적으로 성숙해지는 경향을 나타낸다.

③ 검사효과
이미 사전검사를 했으므로 사후검사를 할 때 이전에 했던 검사와 똑같은 결론이 나오도록 응답하려는 경향이 있을 수 있다. 이를 검사효과라고 한다. 검사효과가 나타날 경우 프로그램에 의한 변화라는 것을 제대로 반영하지 못하게 된다.

④ 도구화의 문제
사전검사나 사후검사를 할 때 동일한 검사지(척도)를 사용해야 한다. 검사지 자체가 다를 경우 프로그램에 의한 변화라고 보기가 어려워진다. 연구를 진행하면서 연구자가 바뀌는 것도 타당도를 떨어뜨릴 수 있다.

⑤ 통계적 회귀
사전검사에서 극단값(out-lier, 이상치)은 사후검사를 하면 평균 쪽으로 돌아올 가능성이 크다. 이것이 변화로 측정되어서는 곤란하다.

⑥ 선택의 편견
통제집단과 실험집단을 연구자가 임의로 구분했을 경우 실험집단에는 비교적 변화가 잘 될 것 같은 사람을 모아놓을 수 있다. 이럴 경우 사람 자체가 쉽게 변화하는 특성을 가진 것이므로 프로그램에 의한 변화라고 보기가 어려워진다.

⑦ 실험대상의 탈락
실험기간 동안 이사, 사망, 실험거부 등으로 실험대상자가 탈락하는 경우가 있다. 실험설계는 많은 수로 구성되는 경우가 드물다. 따라서 실험대상자의 탈락은 내적타당도를 저해하는 요인으로 작동된다.

⑧ 인과관계 방향의 모호성

연구설계 시 논리적인 근거에 바탕을 두지 않을 경우 인과관계의 방향성이 모호하여 예상치 못한 결과가 나타날 수 있다.

⑨ 확산 또는 모방

실험집단에서 하는 프로그램은 프로그램을 하지 않는 통제집단에도 영향을 미칠 수 있다. 이는 무엇인가 좋은 것을 한다는 생각에 그들을 따라가는 모방심리가 있기 때문이다.

3) 내적타당도 저해요인 해결하기

① 우연한 일이 일어나는 것을 통제할 수는 없다. 다만 실험설계를 할 때 앞으로 일어날 것이라고 예견되는 일들이 실험에 영향을 줄 것이라고 판단되면 실험시기를 조정해야 한다.

② 검사효과가 나타나지 않도록 통제집단 사후조사를 가미할 수 있다. (솔로몬4집단설계법)

③ 도구화가 나타나지 않도록 검사도구 선정을 할 때 주의를 한다. 또한 연구자의 변동이 일어나지 않도록 인사에 관심을 갖는다.

④ 사전검사에서 나타난 극단값은 분석을 할 때 제거한다.

⑤ 실험집단과 통제집단을 나눌 때 가능하면 무작위할당을 한다. 짝짓기와 무작위할당을 함께 사용하면 제일 정확한 집단구분이 된다. 그렇지 않을 경우라도 두 집단이 비슷한 집단이 되도록 노력해야 한다.

⑥ 확산이나 모방이 일어나지 않도록 집단통제를 잘 하여야 한다.

⑦ 내적타당도를 높이는 관건은 통제집단을 정확하게 세우는 데 있다.

2. 외적타당도 문제

① 외적타당도는 연구결과를 **일반화할 수 있는가**의 문제이다.

② 이를 해결하기 위하여 **난선화를 할 필요가 있다.**

③ 그러나 실험설계의 경우 통제집단과 비교집단은 모집단과 동일한가 하는 것보다는 통제집단과 비교집단이 동일한가에 더 관심을 갖는다. 이는 연구참여를 희망하는 사람들 중에서 실험집단과 통제집단으로 구분하기 때문에 나타나는 현상이다.

④ 따라서 아무리 난선화를 한다 하더라도 일반화를 주장하기는 쉽지 않다. 표본이 너무 적어서 일반화가 오히려 위험하다. 그렇더라도 최대한 실험결과를 일반적으로 만들기 위해서는 난선화를 해야 한다.

core	**내적타당도와 외적타당도 높이기**

내적타당도 = 통제집단 설정
외적타당도 = 난선화

3. 윤리적 문제

① 실험설계는 태생적으로 윤리적 문제를 가질 수밖에 없다.

② 사회복지연구의 대상자는 클라이언트이다. 이들에게는 지금 실험하는 것이 효과가 있을 것이라는 가정 아래 실험하는 것이다. 즉 치료법이 되는 것이다. 그런데 이들 중 누구에게는 치료법을 제공하고 누구에게는 치료법을 제공하지 않는다는 것을 누가 결정할 수 있을까? 이는 결국 윤리적 고민을 하게 되는 부분이다.

③ 단일사례연구의 경우 기초선(A)과 개입(B)으로 이루어지는데 이를 반복하는 경우가 많다. 이때 개입이라는 것은 연구 참여자들, 즉 클라이언트에게 필요한 치료법이다. 필요한 치료를 제공했다 거두었다는 하는 것은 윤리적으로 바람직한 것이 아니다.

④ 이런 윤리적인 문제가 있음에도 불구하고 효과성을 검증하기 위해서 부득이 실험설계를 사용할 수밖에 없다.

4. 질적연구와의 병행

① 실험설계는 양적연구이다. 양적연구는 변화가 있는지 아니면 없는지에 대해서만 밝힌다.

② 변화가 일어나는 과정에 대해서는 이야기할 수 없다.

③ 이를 극복하기 위하여 질적연구와 병행을 할 경우 효과와 더불어 변화의 과정을 볼 수 있어 보다 더 바람직하다고 할 수 있다.

제3절　비실험설계

　논리적으로 앞에서 살펴보았던 실험설계방법이 아닌 것은 모두 비실험설계라고 할 수 있다. 비실험설계는 실험설계처럼 엄격한 조건을 요구하지는 않는다. 다만 각 설계법이 지향하는 방향에 따라 필요로 하는 요건을 갖춰야 한다. 대표적인 비실험설계법으로는 인과관계 설계법, 이론기반형설계법, 마인드맵형 설계법, 질적설계법 등이 있다.

1. 비실험설계의 개념

① 논리적으로 실험설계가 아닌 조사설계는 모두 비실험설계라고 할 수 있다.

② 실험설계가 아니기 때문에 통제, 조작, 비교 등의 과정이 중요한 것은 아니다.

③ 실험설계를 적용할 수 없는 사회현상 분석이나 설명적 조사에 많이 활용된다.

④ 엄격한 실험조건을 갖추지 않아도 되는 연구에 활용된다. 주로 욕구 조사, 탐색적 조사, 기술적 조사 등에 활용된다.

⑤ 대표적으로 인과관계 설계법, 이론기반형 설계법, 마인드맵형 설계법, 질적조사 등이 있다.

2. 비실험설계의 종류

1) 인과관계 설계법

① 인과관계에 의해서 가설을 세운 후 가설을 검증하는 설계방법이다.

② 가설을 세우고 검증하기에 전형적인 연역법이다.

③ 인과관계의 3요소가 엄격하게 적용되어야 한다.

④ 사회문제에 대해서 해결의 실마리를 제공할 수 있는 유용한 방법이다. 우리 주변에서 일어나는 사회현상은 원인이 있다. 즉 원인 없이 발생하는 일은 없다. 원인을 발견할 경우 문제해결의 실마리가 된다.

⑤ 따라서 인과관계 설계법은 대안 마련의 준거점이 된다.

⑥ 다음과 같은 한계점 및 단점을 갖는다.

연역법이 갖는 한계가 인과관계의 한계이다. 가설을 세우는 데 있어 기존의 가설이나 직관에 의존하게 되는데, 기존 가설에 의존할 경우 타당성을 살펴보아야 하고, 직관에 의존할 경우 비과학적이라고 할 수 있다. 결국 **선행연구를 철저**하게 실시하여야 한다. **인과관계를 너무 단순화시킬 가능성이 크다.** 연구는 개입이 가능한 유용하면서도 중요한 영향요인을 찾는 데 집중하기 마련이다. 이럴 경우 문제를 어느 한 부분의 원인만 밝히고 그것이 전부인양 주장할 수 있다. 즉, 단편적인 원인을 찾는 데 머물 수가 있다. 보고자 하는 요인뿐만 아니라 다른 영향요인 중 **중요하다고 여겨지는 것들을 통제**하여야 한다.

⑦ 실제적인 연구과정은 다음과 같다.

가설을 세운다.

독립변수를 설정한다.

종속변수를 설정한다.

매개변수나 조절변수를 설정한다.

더 살펴야 할 변수가 없는지 고려한다. (외생변수 → 통제변수)

2) 이론기반형 설계법

① 무엇인가 조사하고자 할 때 조사하고자 하는 것에 대한 이론이 있을 경우 이론을 바탕

으로 하여 연구설계를 하는 것이다.

② 이미 있는 이론을 활용하기 때문에 활용도가 높다.

③ 기존에 널리 알려진 이론을 활용할 수 있어서 **높은 타당도를 보장**할 수 있다. 타당도라는 것은 조사하는 내용이 조사하고자 하는 바를 끄집어내는가 하는 것이 관련이 된다. 기존이론을 기반으로 하여 조사내용을 설정하였기에 내적 타당도가 높을 수밖에 없다.

④ 하지만 기존이론을 분석하고, 분해하며, 연구에 맞도록 조정하는 작업을 해야 한다. 이는 상당한 훈련을 받지 않으면 하기 힘들다. 이론이라는 것이 연구자의 연구의도와 부합하는 형태로 구성되어 있는 경우가 드물다.

⑤ 또한 이런 분석 및 통합능력을 갖췄다 하더라도 연구하고자 하는 것에 대한 기반이론이 모두 존재하는 것은 아니다. 즉 기반이론을 찾기가 쉽지 않다.

⑥ 이론기반형 설계법은 전형적인 연역법적 방법이지만 인과관계가 아닌 기술적 조사나 탐색적 조사에도 적용이 가능하다. 대표적으로 욕구조사가 있다.

⑦ 실례를 통한 이해

매슬로우의 욕구이론 – 이론을 범주화하는 데 사용할 수 있다.

성규탁의 욕구이론 – 이론을 범주화하는 데 현대적인 감각으로 활용할 수 있다.

브래드쇼의 욕구이론 – 욕구의 관점부분을 접목할 수 있다.

알더퍼의 욕구이론 – 욕구의 강도에 대해서 적용할 수 있다.

3) 마인드맵형 설계법

① 조사하고자 하는 것에 대한 정보가 거의 없을 때 마인드맵형 설계법을 활용할 수 있다.

② 이는 마인드맵을 활용하는 것으로 결국 자유연상법을 활용하게 된다.

③ 복잡한 논리구조를 가진 연구가 아니라 굳이 이론적 배경을 따지지 않아도 되는 실태조사나 탐색적 조사에 적합하다.

④ 자유연상은 직관을 활용하는 것이므로 타당성이나 논리적 취약성을 가질 수 있다.

⑤ 탐색적 조사, 실태조사, 기초조사에 한정하는 것이 바람직하다.

4) 질적연구 설계법

① 질적연구 설계법은 귀납적인 방법을 활용하는 것이므로 연역법과는 방법적으로 다르다.

② 자료수집은 인터뷰나 관찰에 주로 의존한다.

③ 양적연구설계와는 달리 나선적 구조를 갖는다.

01 솔로몬4집단설계의 특징으로 옳은 것은?

> 가. 검사효과는 계산하지 못한다.
> 나. 통제집단 사전사후검사설계와 통제집단 사후검사설계를 한꺼번에 한다.
> 다. 내적 타당도 저해요인은 계산하지 못한다.
> 라. 설계의 타당도는 높으나 실험의 어려움이 있다.

① 가, 나, 다   ② 가, 다
③ 나, 라   ④ 라
⑤ 가, 나, 다, 라

해설 솔로몬4집단설계는 통제집단 사전사후검사설계와 통제집단 사후검사설계를 합친 것으로 사전
검사의 효과를 통제할 수 있다. 즉, 사전검사 효과를 계산할 수 있다. 내적 타당도 저해요인이
바로 사전검사 효과이다. 이것을 계산하기 때문에 이것까지 통제한 것이다. 타당도 측면에서
는 매우 높으나 현실적으로 실험가능성이 낮은 편이다.   정답 ③

02 다음의 조사연구설계에서 간과하고 있는 내적 타당도 저해요인은?

> 사례1 : 동일한 지역 내의 두 복지관 가운데 한 복지관에서 효과가 높았던 여가프로그램이
> 다른 복지관에서는 높지 않은 것으로 나타났다.
> 사례2 : 노인을 대상으로 물리치료 프로그램을 1년 동안 실시한 후, 프로그램의 성과를 평가
> 한 결과 노인들의 신체적 건강상태에 변화가 없는 것으로 나타났다.

	사례1	사례2
①	개입확산	성숙효과
②	플라시보효과	개입확산
③	통계적 회귀	개입확산
④	성숙효과	개입확산
⑤	통계적 회귀	플라시보효과

해설 개입확산은 모방효과라고도 한다. 동일한 지역 내에서 한 기관에서 실시한 프로그램이라면 다
른 기관에 확산의 효과가 나타날 수 있다. 성숙은 주로 오랜기간 또는 성장기에 실시한 프로그
램에 대해서 나타나는 효과이다.   정답 ①

Chapter 10 측정과 척도

○ 측정의 개념을 설명할 수 있다.
○ 여러 종류의 척도의 개념을 설명할 수 있다.
○ 측정수준에 따른 척도를 4가지로 구분하여 설명할 수 있다.

제1절 측정과 척도

사회조사는 측정을 통하여 실시된다. 측정되지 않는 것은 분석을 할 수가 없다. 또한 측정을 일정하게 하는 것이 척도이다. 따라서 사회조사에는 측정의 개념과 척도의 개념을 명확하게 이해하고 있어야 한다. 특히 물리학이나 수학과 달리 사회과학이나 사회복지는 연구하고자 하는 대상이 주로 추상적인 것이므로 측정과 척도에 대해서 더욱 세심한 주의를 기울여야 한다. 가령 자아존중감을 연구하고자 하는 경우 이를 만져본 사람은 없다. 머리에는 어떤 개념인지 알고 있으나 구체적으로 만져보지는 못했다. 이런 개념을 개념화와 조작화를 거쳐 일정한 수치로 끌어 내는 것이 측정이다. 그리고 이때 사용되는 측정도구를 척도라고 한다.

1. 측정 관련 개념

1) 측정

① 측정은 연구하고자 하는 것을 수치로 표현하게 하는 것이다.
② 연구하고자 하는 개념이나 구성체에 일정한 규칙에 따라 값을 부여하는 것이다. (구체적인 기호나 값으로 제시한다.)
③ 조사할 때 응답자는 제시된 부호 중에서 자신의 생각과 일치하는 부분을 선택하면 된다.

> **eg. 당신의 성별은 무엇입니까? (   )**
>   ① 남자   ② 여자

2) 척도

① 척도(scale)라는 말은 사전적인 의미로 '자'라는 뜻이다.

② 여기서 '무엇을 재다', '무엇을 측정하다'라는 개념이 나온 것이다.

③ 결국 척도는 측정의 수준 또는 측정의 방법을 표준화하여 구체화된 값으로 표현하는 것이다.

3) 지표

① 어떤 하나의 개념을 측정한 값을 지표라고 한다.

② 이때 질문에 따라 하나의 질문으로 측정할 수 있는 경우를 단일지표라고 한다.

　　eg. 성별, 연령

③ 경우에 따라서는 하나의 개념이라도 여러 개의 지표로 측정할 수도 있다.

　　eg. 직장만족도 = 직무만족도 + 관계만족도 + 보수만족도 + 복리후생만족도

4) 지수

① 지수란 몇 개의 개념을 측정하는 지표들을 묶어서 상위의 개념을 구성하는 경우를 말한다.

② 결국 지수는 지표들을 묶은 것이라고 할 수 있다. 여러 개의 지표가 모여서 지수가 된다.

③ 이때 각 지표들은 지수를 표현하기 위하여 측정수준이 동일해야 한다. 즉 **하나의 개념**을 이루고 있어야 한다.

2. 여러 종류의 척도

1) 평점척도/평정척도

① 어떤 내용을 측정하고자 할 때 연속하는 일정한 숫자 중 하나로 측정하도록 하는 척도이다.

② 일반적으로 3점 평점척도, 5점 평점척도, 7점 평점척도 등으로 구분된다.

③ 어린이나 노인의 경우 3점 평점척도가 더 용이하다.

2) 총화평점척도/총화평정척도

① 어떤 개념에 대해 여러 문항으로 질문할 경우 개별문항은 모두 앞에서 설명한 평점척도라고 할 수 있다.

② 여러 개의 문항은 개별문항으로 분석하지 않고 대개 합산하여 분석에 사용하게 된다. 이렇게 여러 개의 평점척도를 묶어서 하나의 개념으로 보는 것을 총화평점척도라고 한다.

3) 리커트척도(Likert Scale)

번호	질문내용	전혀 그렇지 않다	그렇지 않다	그렇다	항상 그렇다
1	나는 내가 다른 사람들처럼 가치 있는 사람이라고 생각한다.				
2	나는 좋은 성품을 가졌다고 생각한다.				
3	나는 대체로 실패한 사람이라는 느낌이 든다.				
4	나는 대부분의 다른 사람들과 같이 일을 잘 할 수 있다.				
5	나는 자랑할 것이 별로 없다.				
6	나는 내 자신에 대하여 긍정적인 태도를 가지고 있다.				
7	나는 내 자신에 대하여 대체로 만족한다.				
8	나는 내 자신을 좀 더 존경할 수 있으면 좋겠다.				
9	나는 가끔 내 자신이 쓸모없는 사람이라는 느낌이 든다.				
10	나는 때때로 내가 좋지 않은 사람이라고 생각한다.				

출처 : 고명석, 이수천(2016), 「사회복지조사론」, p. 129.

① 리커트척도는 하나의 개념에 대해서 여러 개의 문항으로 질문할 경우 사용된다.
② 이때 응답항목은 결국 하나의 개념이 되어야 하기 때문에 중간(값)을 기준으로 대칭을 이루어야 한다.
③ 일반적으로 5점 척도로 사용되는 경우가 많다. 각 문항의 질문 수준은 동일해야 한다.
④ 여러 개의 문항은 결국 하나의 개념을 묻는 것이므로 내적 일관성이 있어야 한다.
⑤ 내적 일관성에 대해서는 보통 Cronbach's α계수로 검증한다. (=신뢰도)
⑥ 전형적인 서열척도이지만 합산하여 사용하므로 등간척도화 된다.

4) 의미차이의 척도

당신이 생활하는 생활관을 생각할 때 아래 대칭이 되는 단어들 중 어느 쪽에 가까운 느낌이 드는지 그 정도에 체크해 주세요.							
	3	2	1	0	1	2	3
깨끗하다								더럽다
온화하다								차갑다
정이많다								비정하다
상쾌하다								쾌쾌하다

출처 : 고명석, 이수천(2016), 「사회복지조사론」, p. 129.

① 어의차이의 **척도**라고도 한다.

② 하나의 개념에 대해서 서로 상반되는 의미로 묻는다. 이때 상반되는 의미는 주로 형용사로 구분이 된다.

③ 상반되는 개념에 대해서 정도를 묻는 것이므로 **성향이나 기호분석**에 유리하다.

④ 어떤 것에 대하여 의견차이를 집중적으로 보고할 때 유용하다.

⑤ 제시된 용어가 서로 상반되는 개념인지가 중요하다.

5) 거트만척도

① 원래 척도의 각 항목은 서로 중첩되는 부분이 있으면 안 된다. 그런데 거트만척도는 각 항목에 대해서 점차적으로 누적되는 의미를 갖는 특징이 있다.

② 즉 높은 개념은 낮은 개념을 포함하는 의미를 갖는다.

③ 이때 정도에 따라 배열이 이루어져야 한다. 정도나 순서가 뒤죽박죽이 될 경우 이해에 혼란을 줄 수 있다.

④ 누적의 개념이 있기 때문에 선택하는 폭이 어느 정도인지를 파악할 수 있다.

> **eg.** 당신이 쓰레기 소각장을 설치하는 것에 대해서 어디에 설치하는 것까지 가능하다고 생각하십니까?
> ① 경기도 밖　② 경기도 내　③ 안양시 내　④ 우리동네
>
> 주의. 이 질문은 안양시에 살고 있는 사람에게 설문하는 것이다.

위의 질문에서 ③을 선택했다면 ①과 ②는 자동적으로 포함되는 특성을 갖는다. 만약 ④에 응답했다면 이 사람은 쓰레기 소각장을 어느 곳에서 세워도 가능하다고 생각하는 것이다. 반면, ②를 선택한 사람은 경기도 내에 세워도 된다는 의견을 가졌으므로 경기도 밖(①)에 세우는 것에 대해서는 문제삼지 않으나 안양시 내나 자신의 동네에 소각장을 세우는 것에 대해서는 반대하는 것이다.

6) 보가더스의 사회적 거리척도

① 거트만척도를 사회적 거리에 적용한 것이다.

② 누적의 의미가 있어 선택의 폭에 대해서 파악할 수 있다는 점에선 거트만척도와 동일한 기능을 한다. 다만 그 적용이 사회적 거리에 있는 것이다.

> **eg.** 외국인과 결혼하는 것에 대해서 당신의 생각은 어떻습니까?
> ① 가족이나 친척이 아니면 가능함　② 먼 친척이면 가능함
> ③ 가까운 친척(8촌 이내)도 가능함　④ 자녀도 가능함

이 경우 ④를 선택했다면 외국인과의 결혼에 대해서 아무런 제약을 갖지 않았다고 할 수 있다. 반면 ②를 선택했다면 먼 친척까지는 외국인과 결혼하는 것에 대해서 문제가 되지 않지만 가까운 친척이나 자녀가 외국인과 결혼하는 것에 대해서는 반대하는 것을 알 수 있다.

7) 고정총합척도

우리기관에서 실시하는 다음 프로그램에 대해 필요한 정도에 따라 100점을 맞춰 점수를 배분해 주세요.		
건강취미 프로그램	( )	점
예능취미 프로그램	( )	점
종교활동 프로그램	( )	점
봉사참여 프로그램	( )	점
친구교제 프로그램	( )	점
합계	100	점

출처 : 고명석, 이수천(2016), 「사회복지조사론」, p. 131.

① 척도의 합이 이미 정해졌고 그 안에서 적절하게 배분하도록 하는 척도이다.

② 이 척도는 **가장 관심 있는 것**을 알 수 있을 뿐 아니라, 좋아하는 **선호의 순서**를 알 수 있게 한다.

③ 분석할 때 연구자가 갖는 의도에 따라 다양한 분석이 가능하다.

④ 다만 고정합을 적정하게 설정해야 한다. 너무 세분하여 항목이 많으면 응답하기가 쉽지 않다. 또한 고정총합의 단위가 너무 크면 역시 응답자가 적절하게 배분하는 데 어려움을 가질 수 있다. 일반적으로 10, 50, 100 정도가 단위로는 적당하다. 항목 역시 10개를 넘지 않는 것이 바람직하다.

제2절 측정수준에 따른 척도

척도의 종류를 구분할 때 측정수준에 따른 구분이 제일 중요하다. 이는 분석과 연결되기 때문이다. 분석과 연결된다는 것은 가설과도 연결된다는 의미이다. 즉 검증하고자 하는 것이 어떤 것인지와 그것을 어떤 방법으로 검증해 낼 것인지에 따라 질문하는 형태가 결정된다는 것이다. 따라서 측정수준에 대한 이해가 되지 않으면 과학적인 조사는 어려워진다. 사회복지조사에 있어서 가장 중요한 부분은 바로 측정수준에 따라서 척도를 구분할 수 있고, 자신의 연구에서 측정수준을 반영하여 설문을 해 낼 수 있는가이다.

1. 측정수준에 따른 척도 구분의 중요성

① 똑같은 개념에 대해서 묻더라도 측정수준에 따라 그 의미가 전혀 다를 수 있다.
② 성적을 예로 다음과 같이 질문했다고 가정하자.

---

eg. A) 귀하의 학교성적은 어디에 속합니까? (　　)
　　① 상　　② 상중　　③ 중　　④ 중하　　⑤ 하

　　B) 귀하의 학교성적에 대해서 국영수 평균은 몇 점입니까?　　평균＿＿＿＿＿점

---

③ 위의 질문 A는 **숫자가 숫자적인 의미를 갖지 않는다.** 다만 그 숫자는 자신의 성적을 어느 정도로 인식하는지를 구분해 줄 뿐이다. 이렇게 숫자가 숫자의 의미를 갖지 않는 것을 **질적척도**라고 한다.
④ 반면 위의 질문 B는 **숫자가 숫자의 의미를 갖는다.** 국영수 평균이 75점이라고 응답한다면 이것은 말 그대로 세 과목의 점수의 평균이 75점이라는 것을 의미한다. 즉 응답한 숫자는 숫자로서의 의미를 갖는다. 이를 **양적척도**라고 한다.
⑤ 이렇게 동일한 하나의 개념 곧 성적에 대해서 묻는다 하더라도 숫자적인 의미를 갖도록 물을 수도 있고 또는 숫자적인 의미를 갖지 않도록 물을 수도 있다. **이것은 분석방법과 연결된다.**
⑥ 척도는 측정수준에 따라 명목척도, 서열척도, 등간척도, 비율척도로 구분할 수 있다.

---

cf. 성적을 상, 중, 하로 묻는 것이 숫자적인 의미가 없다고 하는 이유

성적을 평균점수로 묻는 경우 구체적인 숫자로 응답이 나온다. 이 경우 90점을 대답한 사람과 80점을 대답한 사람이 있을 경우 이 둘의 비교는 비교적 간단하다. 왜냐하면 90점은 80점보다 높은 점수이기 때문이다. 이렇게 이야기할 수 있는 것은 점수에 숫자적인 기능이 있기 때문이다.

그런데 자신이 성적을 상이라고 대답한 사람과 중이라고 대답한 사람이 있을 경우 상이라고 대답한 사람의 성적이 중이라고 대답한 사람보다 성적이 높다고 할 수 있을까? 이 경우 해석에 주의를 기울여야만 한다. 왜냐하면 상이라고 대답한 사람은 80점 정도만 맞아도 상이라고 생각했을 수 있다. 또한 중이라고 대답한 사람의 경우 90점을 맞는 것도 중간 정도라고 생각할 수도 있다. 만약 80점 맞은 사람이 이 정도면 잘한 거라고 판단하여 자신의 성적을 상이라고 대답했고 90점을 맞은 사람이 이 정도라도 중간밖에 되지 않는다고 판단하여 자신의 성적을 중이라고 대답했다면 상이 중보다 높은 성적이라는 말은 성립될 수 없다. 실제로는 중이라고 대답한 사람의 성적이 상이라고 대답한 사람의 성적보다 높기 때문이다.

따라서 해석을 할 때 질문의 형태와 응답의 형태에 따라 적절하게 이루어져야 한다.

그래야 분석과 해석 그리고 그것을 이용하여 적용하는 것에 문제가 발생하지 않는다.
따라서 응답수준을 어떻게 하는가에 관심을 갖는 것이 중요하다.

2. 측정수준에 다른 척도의 종류

측정수준		특성	연산	응답자 편의	분석자 편의
질적척도	명목척도	구분	=, ≠		
	서열척도	구분 + 순서	=, ≠, 〉, 〈		
양적척도	등간척도	구분 + 순서 + 등간격	=, ≠, 〉, 〈, +, -		
	비율척도	구분 + 순서 + 등간격 + 절대영점	=, ≠, 〉, 〈, +, -, ×, ÷		

출처 : 고명석, 이수천(2016), 「사회복지조사론」, p. 139. 활용

1) 명목척도(Nominal Scale)

① 변수가 갖는 질적 또는 추상적 속성을 배타적으로 **구분/분류하는 기능**이 있다.
② 측정을 위하여 부여하는 숫자나 기호는 계량적인 의미를 갖지 않는다. 성별(남=1, 여=2)을 2로 응답한 사람이 1로 응답한 사람보다 더 큰 것이 아니다.
③ 측정된 숫자는 숫자적인 의미를 갖지 않기 때문에 사칙연산 중 어느 하나도 수행할 수가 없다. 다만 =, ≠의 의미만 갖는다.
④ 분석을 할 때는 **빈도와 백분율**로 표시가 가능하다.
   eg. 2019년 사회복지조사론 1급 대비반 수강생은 총 5,000명인데 이중 남자는 2,500명으로 50%로 나타나고 여자도 2,500명으로 50%로 나타나고 있다.
⑤ 성별, 거주지역, 종교 등을 묻는 질문은 명목척도이다.

2) 서열척도(Ordinal Scale)

① 명목척도가 갖는 분류의 기능에 일종의 **순서의 개념을 추가**하여 부여하는 척도이다.
② 명목척도와 같이 측정된 숫자는 계량적인 의미는 갖지 않는다.
③ **순서는 방향성**을 의미한다. 앞뒤, 좌우, 상하, 높낮이 모두 순서의 개념이다.
④ 순서의 개념에는 방향성이 있기 때문에 비교가 가능하다. 하지만 숫자의 크기에 대한 비교의 의미는 아니다. 또한 사칙연산은 불가능한다.

⑤ =, ≠, 〉, 〈를 구분하는 기능을 한다.

⑥ 숫자적인 의미를 갖지 않기 때문에 **빈도와 백분율**로 표시 가능하다.

⑦ 대표적으로 응답항목에 '매우 그렇다', '그렇다', '보통이다', '그렇지 않다', '전혀 그렇지 않다' 등의 표현이 나오는 경우가 많다.

⑧ 성적을 점수가 아니라 상, 중, 하로 응답하도록 묻는 것이 대표적인 예이다. 수입에 대해서도 금액이 아니라 수입구간을 제시하여 묻는 경우도 대표적인 예이다. 결국 응답항목을 선택하게 하면서 일정한 방향성이 있는 경우 서열척도라고 할 수 있다.

3) 등간척도(Interval Scale)

① 분류, 순서의 기능에 더하여 변수값이 **모두 동일한 간격**이라는 특성을 갖는다.

② 응답한 항목이 모두 동일한 간격으로 된 수치상에서 어느 하나를 선택하여 응답하기 때문에 수량적인 의미를 갖는다.

③ IQ 130은 IQ 120보다 IQ가 10 더 높다고 할 수 있다. 동일한 간격으로 이루어졌으므로 이렇게 이야기할 수 있는 것이다.

④ 서울의 평균 기온은 15℃이고 하와이의 평균 기온이 25℃라고 한다면 하와이는 서울보다 평균 10℃ 높다고 할 수 있다. 역시 동일한 간격으로 된 수치상에서 서로 다른 값을 나타내므로 그 차이로 비교할 수 있는 것이다.

⑤ 응답이 수치적인 의미를 갖기 때문에 연산 중 =, ≠, 〉, 〈, +, - 가 가능하다. 아직 절대적인 기준점이 없어서 ×와 ÷는 가능하지 않다.

⑥ 수치적인 의미를 갖기 때문에 평균과 표준편차를 통하여 표현하게 된다.

   eg. 2019년 사회복지사 1급 사회복지조사론 대비반은 모두 5,000명인데 이들의 월평균 수입을 조사한 결과 평균 450만 원인 것을 알 수 있으면 표준편차는 150만 원인 것을 알 수 있다.

⑦ **온도, 성적(점수), IQ** 등이 대표적인 등간척도이다. 다만, 구간대로 묻는 것이 아니라 직접 해당 수치를 기록하게 한 경우에만 등간척도이다. 구간대로 묻는 순간 서열척도가 된다.

4) 비율척도(Ratio Scale)

① 응답항목에 대해서 분류, 순서, 등간격 이외에 **절대영점**이라는 특성을 갖는다.

② 절대영점은 '없다'를 의미하는 0을 의미한다. 이때 0은 있다와 없다를 의미하는 것으로 절대적인 시작점을 갖게 된다. 절대적인 기준을 갖기 때문에 보다 정교한 숫자적인 의미를 갖게 된다.

③ 즉 모든 연산이 다 가능해진다. =, ≠, 〉, 〈, =, - 뿐만 아니라 절대기준점이 있어서 ×와 ÷까지 가능하다.

④ 숫자적인 의미가 있기 때문에 평균과 표준편차로 표시된다.

⑤ 거주기간, 월평균 수입, 키, 몸무게, 근무기간 등을 직접 작성하도록 물은 경우는 비율 척도이다.

---

core   **절대영점의 의미**

- 온도를 측정할 때 '0'도가 나왔다. 그렇다면 이 '0'도는 무엇을 의미하는가? 이런 질문을 던지면 대개 '어는점', '기준'이라는 대답을 한다. '어는점'이라는 말은 자연현상으로써는 맞는 말이지만 지금 그것을 묻는 것은 아니다. '기준'이라는 말은 아예 틀린 말이다. 어느 누구도 온도에서 '0' 도를 기준이라고 한 사람은 없다. 그렇게 이야기할 과학적 근거도 없다. 그렇다면 '0'도는 '온 도가 없다'는 의미일까? 이건 말도 되지 않는다. 그럼 '0'도는 무엇을 의미하는가? 0도는 +1도 보다는 1도 낮고 -1도 보다는 1도 높은 온도의 한 지점일 뿐이다. 즉 여러 온도의 한 지점일 뿐이다. 온도는 등간척도이기 때문에 이렇게 이야기할 수 있다.
- 서울시 거주 기간에 대한 물음에 대하여 '0'이라는 응답을 했다면 이때 '0'은 무엇을 의미하는 가? 이때 '0'은 서울에 거주한 적이 없다는 것을 의미한다. 즉 절대기준점인 시작점을 의미한 다. 이런 경우가 바로 비율척도이다.

---

3. 측정수준의 활용

① 등간척도와 비율척도는 측정수준에 따라서는 구분하지만 분석에서는 크게 구분하지 않 고 활용하기도 한다. 양적척도로의 의미만 보는 경우가 있다. 분석 프로그램(spss)에서 도 변수에 대한 구분에 있어서 명목, 간격, 수치로만 구분한다.

② 응답자의 편리는 측정수준이 낮을수록 유리하다. 명목척도나 서열척도는 제시된 보기 중에서 선택만 하면 되기 때문이다.

③ 반면 연구자 측면에서 생각하면 측정수준이 높을수록 유리하다. 고차원적인 분석이 가 능할 뿐만 아니라 수치형으로 묻는 것은 연구자의 의도에 따라 얼마든지 명목형 척도로 재가공이 가능하기 때문이다. 그런데 명목형으로 묻는 척도는 수치형 척도로 환산할 수 없다. 따라서 분석자 입장에서는 수치형으로 묻는 것이 분석상 편리하다.

④ 응답자의 편리성과 분석자의 편리성을 동시에 만족시키는 것이 리커트척도이다. 리커트 척도는 형태상 전형적인 서열척도이다. 그런데 리커트척도는 하나의 개념에 대해서 묻 는 여러 질문을 합산하여 사용하게 된다. 이때 여러 개의 질문을 하나로 합산하는 순간 수치가 발생하게 된다. 그래서 리커트척도는 서열척도이지만 합산하는 순간 등간척도 화 된다. 즉 응답자 입장에서는 선택형이므로 응답의 편리성이 있고, 분석자 입장에서 는 수치형 분석이 가능하기 때문에 활용도가 높아지는 것이다. 리커트척도는 이렇게 응 답자의 편리와 연구자의 편리를 모두 반영하므로 사회과학조사에서 널리 사용되는 척 도이다.

core	리커트척도의 정체성과 활용성

리커트척도 정체성 = 서열척도
리커트척도 활용성 ≒ 등간척도화

⑤ 검증하고자 하는 가설과 분석방법에 따라 적절한 수준으로 측정해야 한다.

　eg. '자원봉사'에 대해서 명목척도, 서열척도, 비율척도로 질문을 만들 수 있다.

01 측정에 관한 설명으로 옳지 않은 것은?

① 측정은 연구대상의 속성에 대하여 일정한 규칙에 따라 숫자나 기호를 부여하는 과정이다.

② 사회과학에서는 개념을 측정하기 위해 특질 자체를 측정하기 보다는 특질을 나타내는 지표를 사용하여 간접적으로 측정하는 경우가 많다.

③ 보가더스(Bogardus)의 사회적 거리척도는 등간척도의 한 종류이다.

④ 리커트(Likert) 척도는 각 문항의 점수를 합산하여 전체적인 경향이나 특성을 측정하는 방법이다.

⑤ 측정항목의 수를 많게 하면 신뢰도가 높아지는 경향이 있다.

해설 보가더스의 사회적 거리척도는 서열척도이다.   정답 ③

02 척도의 종류가 올바르게 짝지어진 것은?

> ㄱ. 종교 - 기독교, 불교, 천주교, 기타
> ㄴ. 교육연수 - 정규 학교 교육을 받은 기간(년)
> ㄷ. 학점 - A, B, C, D, F

① ㄱ : 명목척도, ㄴ : 서열척도, ㄷ : 비율척도
② ㄱ : 명목척도, ㄴ : 비율척도, ㄷ : 서열척도
③ ㄱ : 비율척도, ㄴ : 등간척도, ㄷ : 서열척도
④ ㄱ : 서열척도, ㄴ : 등간척도, ㄷ : 비율척도
⑤ ㄱ : 서열척도, ㄴ : 비율척도, ㄷ : 명목척도

해설 종교를 구분하게 되어 있기에 명목척도이다. 교육연수를 직접 수자로 쓰게 되어 있고 교육기간은 절대영점은 교육을 받은 적이 없는 걸 의미하기에 비율척도이다. 학점은 순서가 있으므로 서열척도이다.   정답 ②

학습Key포인트

○ 타당도의 개념을 설명할 수 있다.

○ 타당도의 종류를 구분할 수 있다.

○ 타당도를 높이는 방법을 제시할 수 있다.

제1절 타당도의 개념 및 필요성

　사회조사의 성공 여부는 조사하고자 하는 내용을 정확하게 끄집어 냈는가에 달려있다. 아무리 많은 수의 표본을 조사하더라도 조사 응답한 내용이 조사하고자 하는 내용과 거리가 멀다면 아무 소용이 없다. 조사하는 내용이 조사하고자 하는 내용과 얼마나 일치하는가의 문제가 바로 타당도이다. 따라서 연구에 있어서 타당도는 반드시 고려해야 한다.

1. 타당도(Valid)의 개념

① 타당도는 측정척도가 측정하고자 하는 것을 얼마나 충실하게 반영하고 있는지를 나타낸다.

② 결국 '무엇을' 측정하는가와 깊은 관련을 갖는다. 측정하고자 하는 것을 제대로 측정해 냈는가의 문제이다.

③ 달리 표현하면 측정하고자 하는 개념이나 구성체가 실제로 측정되었는지 또는 이 측정이 얼마나 정확하게 이루어졌는지의 문제를 의미한다.

④ 이를 아래 그림과 같이 설명할 수 있다.

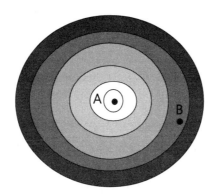

타당도의 개념

그림에서 A는 과녁의 한 가운데를 맞추고 있다. 반면 B는 가장자리를 맞추고 있다. 이를 조사와 연결하면 A조사는 조사하고자 하는 것을 잘 드러내도록 조사했다고 할 수 있고, B조사는 조사하고자 하는 것을 제대로 반영하지 못했다고 할 수 있다.

이때 A조사는 타당도가 높은 조사라고 할 수 있고, B조사는 타당도가 낮은 조사라고 할 수 있다.

⑤ 개념화와 조작화가 일관되게 이루어지지 않으면 타당도가 높을 수 없다.

⑥ 타당도는 내용 타당도, 기준 관련 타당도, 구성 타당도가 있다. 또한 성질은 약간 다르지만 내적 타당도와 외적 타당도도 있다.

2. 타당도의 필요성

① 조사하고자 하는 것을 제대로 측정하였다는 관점을 갖기 때문에 조사에서 본질적이라고 할 수 있다.

② 경우에 따라서 다른 조사가 기존 조사에 비해서 어떤지를 구분할 수 있는 기능도 있다.

제2절 타당도의 종류 및 타당도 높이기

타당도는 무엇을 보고자 하는가에 따라 구분된다. 조사하고자 하는 내용을 그대로 반영하고 있는지, 어떤 기준과 관련하여 조사가 그대로 이루어지고 있는지, 개념의 구성이 제대로 반영되어 있는지 등 여러 가지로 구분이 가능하다. 어떤 경우이든 타당도가 높아서 조사하고자 하는 것을 제대로 조사하였다고 할 수 있기 때문에 타당도를 높이는 방법에 대해서 신중하게 숙지하고 있어야 한다.

1. 타당도의 종류

1) 내용타당도

① 내용타당도는 타당도의 개념에서 이미 설명하였다. 즉 타당도의 기본개념으로 이야기하는 것은 내용타당도를 의미한다.

② 내용타당도는 측정도구가 측정하고자 하는 개념이나 구성체를 제대로 측정할 수 있는지를 보여준다. 즉 **묻고자 하는 것을 제대로 묻고 있는가**와 관련된다.

③ 있는 그대로의 타당도라는 의미에서 **내용타당도를 액면타당도** 또는 **안면타당도**라고도 한다.

④ 내용타당도의 측정은 그 분야의 전문가에게 묻는 것으로 가능하다.

eg. 청소년의 사회적 자원에 대해서 설문을 하고자 한다면 연구자는 청소년이 갖는 사회적 자원에 대해서 여러 질문을 작성한다. 설문하기에 앞서 청소년 전문가 곧 청소년 전공 교수나 청소년기관에서 근무한 경력자 등에게 설문문항이 청소년이 갖는 사회적 자원에 대해서 적절하게 묻고 있는지를 자문해 본다. 자문결과 설문지가 청소년의 사회적 자원을 적절하게 묻고 있다는 대답을 들으면 내용 타당도를 확보했다고 할 수 있다.

2) 기준관련타당도

① 기준관련타당도는 기준이 되는 어떤 것에 비추어 보았을 때 타당도가 있는지를 의미한다.

② 결국 기준이 되는 척도와 타당도를 보고자 하는 척도 사이에 상관관계가 높을수록 기준관련타당도가 높다고 할 수 있다.

③ 즉 어떤 척도에 대한 타당성을 보는 데 있어 이미 기존에 인정받은 다른 도구에 의해서 타당성을 인정받는 경우이다.

④ 어떤 척도가 상당히 많은 문항으로 이루어져 사용에 불편함이 있을 때 이를 단축형 척도로 개발할 필요가 있다. 단축형 척도를 개발한 후 기존의 원척도와 상관관계를 살펴봄으로써 기준에 비추어보았을 때 얼마나 상관의 정도가 높은지를 보는 경우가 기준관련타당도에 해당한다.

⑤ 동시타당도와 예측타당도로 구분할 수 있다.

동시타당도는 말 그대로 동시간대에 상관관계를 보아서 관련성이 높은 경우를 이른다. **예측타당도**는 기준이 되는 것에 비슷하게 나타날 것으로 예측되는 경우를 이른다.

3) 구성타당도

① 개념이 잘 구성되어 있는가를 보는 타당도이다. **개념타당도**라고도 한다.

eg. 자아존중감을 묻는 경우 자아존중감이라는 개념이 잘 구현되어 있는가에 대한 것이다.

② 이미 체계화되고 발전된 이론적 관점에서 판단하여 적합하게 구성되었는지를 보는 것이다.

③ 주로 요인분석에서 사용되는 개념이다.

④ 수렴타당도와 판별타당도로 구분할 수 있다.

수렴타당도는 여러 문항이 하나의 개념으로 잘 수렴되는가를 보는 것이다.

판별타당도는 각 구성개념 간의 구분이 명확하게 이루어지는가를 보는 것이다.

eg. 가령 청소년의 사회적 지지의 구성타당도를 본다고 할 때 사회적 지지를 묻는 문항들이 하위요인인 가족지지, 친구지지, 교사지지로 잘 구분되는지를 보는 것이 구성타당도를 보는 것이다. 또한 각 문항들이 가족지지는 가족지지대로, 친구지지는 친구지지대로, 교사지지는 교사지지대로 요인부하량이 적절하게 잘 수렴되는지를 보는 것이 수렴타당도이다. 그런가 하면 이렇게 구분되어 가족지지, 친구지지, 교사지지로 잘 구분되는 것이 판별타당도이다.

4) 내적타당도와 외적타당도

① 내적타당도와 외적타당도는 타당도의 일부이지만 앞에서 구분한 것과 같은 종류로 구분할 수 있는 것은 아니다. 오히려 앞에서 구분한 것보다는 개념이 좀 더 확대된 것이라고 보는 것이 타당하다.

② **내적타당도**는 연구설계를 할 때 얼마나 정확하게 연구설계가 이루어졌는가를 보는 것이다. 특히 **종속변수의 변화가 정말 독립변수의 변화에 의한 것인지를 보는 것이** 내적타당도이다. 이는 결국 연구설계가 정확하고 과학적으로 이루어졌는지와 연결된다. 철저한 선행연구를 통하여 논리적인 가설을 세웠다면 내적 타당도가 높을 것이다. 하지만 논리적 관계에 깊은 관심을 갖지 않고 경험적으로만 가설을 세운 경우 내적타당도가 낮을 수도 있다. 실제로 인과관계의 3요소 중 시간성을 제대로 구현하지 못하고 가설을 세우면 내적타당도 자체가 떨어지게 된다.

③ **외적 타당도**는 대표성 있는 표본을 추출하여 **연구의 결과를 일반화할 수 있는가**에 대한 것이다. 결국 **확률표집**을 함으로써 대표성을 확보한 조사를 한다면 연구결과를 모집단에게 그대로 적용할 수 있게 되는 것이다.

2. 타당도를 높이는 방법

① 연구 초반부에 하는 **개념화와 조작적 정의가 정밀하게 이루어져야 한다.** 개념화가 정확하게 이루어져 연구에서 다루는 개념이 명확하고 조작적 정의가 정확하게 이루어져 개

념화한 것을 변수화하는 작업이 철저하다면 타당성은 높을 수밖에 없다. 개념화와 조작적 정의를 타당하게 하기 위해서는 선행연구를 제대로 해야 한다. 다른 연구자들은 어떤 개념으로 사용하였는지, 어떤 조작적 정의를 했는지를 살펴봄으로써 보다 타당성이 높은 개념화와 조작화가 가능한 것이다.

② **조사설계의 논리적 근거가 명확해야 한다.** 달리 표현하면 가설의 논리적 관계가 분명해야 한다. 가설이 논리적 근거 없이 설정되었을 경우 타당성은 낮아질 수밖에 없다. 반대로 논리적 근거를 충분히 가진 가설은 검증을 통하여 채택될 가능성이 높다. 이는 타당도가 높기 때문에 그런 것이다. 따라서 선행연구의 중요성이 다시 강조될 수밖에 없다. 선행연구를 통하여 자신이 세운 가설의 논리적 개연성을 높여야 한다. 선행연구를 충실하게 하지 않으면 가설의 논리적 가능성을 담보하기 어렵다.

③ **척도의 적용과 질문이 정확하고 충실하게 다루어져야 한다.** 질문이 명확하고 정확하지 않으면 타당도가 낮아질 수밖에 없다. 그래서 가능하면 자신이 연구하고자 하는 개념에 대해서 이미 타당도가 높다고 인정되는 척도를 사용하는 것이 바람직하며 전문가에게 척도의 내용에 대해서 타당성을 자문받는 것이 중요하다(내용타당도).

④ 설문지를 구성했으면 본조사에 앞서 **사전조사를 통하여 조사대상자들이 잘 이해하고 있는지 관찰한다.** 연구자가 아무리 심혈을 기울여 설문문항을 만든다 하더라도 결국 조사에 응하는 대상자가 이해하지 못하면 타당도 높은 조사가 이루어질 수 없다. 따라서 본조사에 나서기 전 반드시 사전조사를 통하여 척도에 대한 관찰을 해야 한다.

> **cf. 사전검사, 사전조사?**
> 실험설계에서의 사전조사 또는 사전검사는 말 그대로 프로그램을 실시하기 이전에 하는 조사(검사)라는 의미이다. 반면 여기서 말하는 사전조사는 설문지를 본격적으로 사용하기에 앞서 동일하거나 비슷한 대상자 소수에게 조사를 실험해 보는 것을 의미한다. 사전조사는 설문지가 조사대상자들에게 적합하게 구성되었는지를 보는 최종적인 수정단계에서 실시하는 것이다.

⑤ 연구자는 신뢰도에 관심을 갖기 앞서 타당도에 대해서 깊은 관심을 가져야 한다.

01 다음에서 사용한 타당도는?

> 새로 개발된 주관적인 행복감 측정도구를 사용하여 측정한 결과와 이미 검증되고 널리 사용되고 있는 주관적 행복감 측정도구의 결과를 비교하여 타당도를 확인한다.

① 내용(content)타당도   ② 동시(concurrent)타당도
③ 예측(predictive)타당도   ④ 요인(factor)타당도
⑤ 판별(discriminant)타당도

해설 기준이 되는 척도와 비견하여 타당도를 보고 있기 때문에 기준관련타당도이다. 기준관련타당도는 동시타당도와 예측타당도로 구분되는데 본 지문에서는 동시에 조사하여 상관관계를 보고 있다. 따라서 동시타당도라고 할 수 있다.   정답 ②

02 내적타당도의 저해요인이 아닌 것은?

① 우연한 사건   ② 선택의 편의
③ 표본의 수   ④ 성숙
⑤ 도구

해설 표본의 수는 내적타당도와 관련이 없다. 내적타당도를 저해하는 요인으로는 역사(우연한 사건), 통계적 회귀, 성숙, 도구화, 실험대상자의 탈락 등이 있다.   정답 ③

Chapter
12

신뢰도

학습Key포인트
○ 신뢰도의 개념을 이해하고 타당도와의 관계를 설명할 수 있다.
○ 신뢰도의 측정방법을 구분할 수 있다.
○ 신뢰도를 높이는 방법을 제시할 수 있다.

제1절 신뢰도의 개념 및 필요성

사회조사에서 타당도와 더불어 신뢰도는 아주 중요하다. 신뢰도를 말 그대로 믿을 만하다는 의미를 갖는다. 과학적으로 연구하여 발표한 결과물이라면 믿을 만해야 한다. 아무리 최첨단 과학을 사용하더라도 신뢰하지 못할 결과라면 아무 소용이 없는 것이다. 연구자는 신뢰도의 정확한 개념과 신뢰도를 높이는 방법에 대해서 숙지하여야 한다.

1. 신뢰도의 개념

① 신뢰도는 측정하고자 하는 척도가 측정하려고 한 것을 얼마나 정확하게 오차 없이 측정하고 있는지를 나타낸다. 오차 없이 측정할 때 신뢰할 만한 결과를 보게 되는 것이다.
② 타당도가 '무엇을' 측정했는가를 보는 것이라면 신뢰도는 그것을 '어떻게' 측정하는지와 연결이 된다. 오차 없이 측정했다는 말은 결국 '어떻게'와 연결되는 것이다.
③ 응답된 항목들을 신뢰할 수 있는가를 나타낸다. 이는 결국 **반복 측정해도 같은 결과가 나오는가**의 문제이다.
④ 그림을 통해 이해하면 다음과 같다.

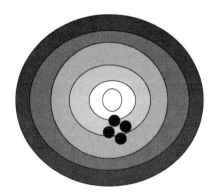

신뢰도의 개념

그림에서 보면 점들이 한곳에 집중적으로 몰리고 있다. 화살을 쏠 때마다 같은 곳에 집중적으로 꽂히는 것이다. 즉 반복해서 실시해도 늘 같은 결과를 나타내고 있다. 이런 경우 신뢰할 수 있는 것이다. 다시 실시해도 같은 결과를 보이기 때문이다.

⑤ 신뢰도를 분석하고자 하는 경우는 다음의 세 가지 경우이다.

첫째, 측정하고자 하는 개념이 조사대상자로부터 정확하고 일관되게 측정되었는지 확인하고자 할 때 사용한다.

둘째, 설문에 응답한 사람이 정확하고 일관되게 응답했는지 확인하고자 할 때 사용한다.

셋째, 그 밖의 정밀성, 정확성, 일치성을 확인하고자 할 때 사용한다.

⑥ 신뢰도는 양적조사에서 사용하는 개념이다. 질적조사는 다시 조사해도 똑같은 결론이 나온다는 전제 자체를 할 수가 없다. 그래서 질적조사는 신뢰도라는 말 대신 '엄밀성'이라는 표현을 쓴다.

⑦ 신뢰도를 알아보는 방법으로는 재검사법, 반분법, 복수양식법, 크론바 알파계수 활용법 등이 있다.

2. 신뢰도의 필요성

① 신뢰도가 낮은 조사는 다시 조사할 경우 동일한 결과가 나온다는 보장이 없기 때문에 결과를 현장에 적용할 수 없다.

② 신뢰도는 개념의 일관성 곧 내적일치성을 보기 때문에 조사에서 가장 기본적인 개념이라고 할 수 있다.

③ 신뢰도가 확보되어야 분석을 진행해 나갈 수 있다.

제2절 신뢰도의 종류 및 신뢰도를 높이는 방법

　현실적으로 신뢰도를 측정하는 방법은 Cronbach's α계수를 통하여 판단한다. 이는 통계프로 그램에서 아주 간단하게 도출되는 계수이다. 그 이외의 방법은 연구 현장에서 거의 사용하지 않는다. 그러나 신뢰도의 개념을 충실히 반영하고 있기에 여러 종류의 신뢰도 측정 방법을 알아둘 필요가 있다. 신뢰도를 높이는 방법에 대해서도 실질적으로 파악하고 있어야 연구의 성공 가능성을 높이게 된다.

1. 신뢰도의 종류

1) 재검사법

① 재검사법은 신뢰도의 개념 자체를 그대로 적용한 것이다.

② 말 그대로 조사를 다시 한 번 하는 것이다. 동일한 조사를 다시 한 번 해서 앞선 조사와 같은 결과가 나온다면 신뢰할 수 있는 것이다.

③ 판단하는 방법은 동일한 척도를 갖고 한 번 검사한 후 일정 기간이 지난 후 다시 검사한다. 이 두 가지 검사 결과로 상관관계를 분석해서 상관의 정도가 높으면 신뢰도가 높다고 판단한다.

④ 신뢰도를 가장 잘 반영한 방법이지만 검사효과라는 장애가 있다. 그래서 요즘은 잘 사용하지 않는다.

> **cf. 검사효과**
> 　두 번 이상 검사할 때 나타나는 신뢰도를 저해하는 요인이다. 사람은 동일한 척도로 다시 질문할 경우 이전 응답과 같은 응답이 되게 하려는 경향성을 갖는다. 이런 경향성으로 인하여 현재의 모습을 제대로 드러내지 못하게 되는 경우가 있다.

2) 반분법

① 재검사법은 검사효과가 있기 때문에 사용하기가 어렵다. 이런 문제를 해결하기 위하여 사용하는 방법이 반분법이다.

② 조사는 한 번만 하면 되기 때문에 검사효과에 영향을 받지 않아도 된다.

③ 한 번 검사한 것을 반으로 나누면 두 개가 된다. 이것을 사용하면 반복측정한 것과 같은 효과를 볼 수 있다.

④ 즉 반분한 것을 가지고 상관관계를 분석하여 상관의 정도가 높으면 신뢰로가 높다고 판단한다.

⑤ 반분법의 단점은 하나의 척도를 둘로 나눌 만큼 문항이 많은가 하는 점이다. 만약 적은 수의 문항이라면 둘로 나누는 것 자체가 쉽지 않다.

⑥ 설령 문항수가 많더라도 둘로 나누는 작업으로 인하여 구성개념이 무너지지 않는지에 대해서도 의문을 가질 수 있다.

⑦ 또한 어떤 문항끼리 뭉쳤는가에 따라 상관관계 역시 다르게 나올 것이다.

⑧ 재검사를 하지 않으면서 재검사한 효과를 보려는 시도이지만 위에서(⑤~⑦) 제기한 문제점이 있으므로 엄밀하게 이야기하면 신뢰도를 본다고 할 수 없다.

3) 복수양식법

① 반분법에 대한 문제해결 방안으로 등장한 것이 복수양식법이다.

② 하나의 척도를 반분할 경우 개념구성이 달라질 수 있으므로 반분하지 않고 동일한 내용을 다룬다고 여겨지는 다른 척도를 사용하여 서로 상관관계를 비교하는 것이다.

③ 이 경우 대상자들은 두 번 조사를 받지만 동일한 척도가 아니기 때문에 검사효과를 어느 정도 배제할 수 있다.

④ 또한 두 개의 척도는 각각 완성된 척도이기 때문에 구성개념이 흐트러지지도 않는다.

⑤ 다만 척도 자체가 달라서 아무리 비슷한 척도로 비교한다고 해도 동일한 개념을 의미하는지에 대해서 의문을 가질 수 있다.

4) 크론바 알파계수 활용법

① 결국 재검사법은 검사효과가 나타날 수 있고, 반분법은 구성개념이 무너질 수 있으며, 복수양식법은 동일한 개념인지 확신할 수 없다는 문제점을 갖고 있다.

② 이를 해결하려면 일단 조사는 한 번에 이루어져야 한다. 그러면서 구성개념이 완전해야 한다. 이러한 방법으로 신뢰도를 구한다면 신뢰도를 정확하게 측정할 수 있을 것이다.

③ 이것을 모두 충족시키는 방법이 Cronbach's α계수를 활용한 통계적인 기법이다.

④ Cronbach's α계수는 문항들 간의 일치의 정도를 보는 것이다. 이것의 정도가 높으면 문항 간 일치도가 높기에 신뢰도가 높다고 할 수 있다.

⑤ 일반적으로 계수가 .60 이상으로 신뢰도를 확보한 것으로 판단한다.

⑥ 통계 패키지를 이용할 경우 간편하게 구할 수 있어서 현실적으로 사용되는 방법이다.

2. 신뢰도를 높이는 방법

① 측정도구의 **모호성을 줄이고 구체화하여야 한다.** 설문문항이 모호할 경우 질문할 때마다 그때 기준으로 해석하여 대답하기 때문에 대답할 때마다 달라질 수밖에 없다. 그러나 구체적이고 명확하게 물어보면 언제 묻더라도 동일한 대답을 할 수밖에 없다.

② **동일한 개념을 묻는 측정항목을 늘려야 한다.** 동일한 개념을 하나의 질문으로 물을 때 오류의 부담률은 높을 수밖에 없다. 가령 응답자가 실수하여 잘못 표기했다면 그것은 100% 틀리는 것이 되기 때문이다. 하지만 동일한 내용을 여러 개의 질문으로 물어보면 그만큼 오류에 대한 위험부담률이 줄어들게 된다. 따라서 동일한 개념을 여러 문항으로 물으면 신뢰도는 높아지게 된다.

③ **응답자의 수준에 맞는 내용으로 측정**해야 한다. 응답자의 수준에 맞지 않는 질문을 할 경우 응답자는 자기 나름대로 해석하여 응답을 한다. 이런 응답은 응답할 때마다 달라질 수밖에 없다.

④ 앞서 동일한 것을 여러 문항으로 물어보는 것이 좋다고 하였는데 그러면서 중요한 것은 **측정항목 구성 시 동일한 개념을 유지해야 한다는 점이다.** 만약 동일한 개념을 유지하지 못하면 응답자가 뜬금없는 것에 대해서는 신중하게 대답을 할 수 없게 된다. 뿐만 아니라 내적 일치성이 떨어지면 신뢰도 자체도 떨어지는 것이다.

⑤ 기존의 신뢰도가 있다고 **인정되는 척도를 활용**하는 것이 유리하다. 연구자들이 연구하는 개념은 특별한 경우가 아니라면 기존연구에서 다룬 개념들이다. 그렇다면 이미 신뢰도가 높다고 공인된 척도를 활용하는 것이 신뢰도를 확보하는 방법이 된다. 다만 이때 중요한 것은 연구자가 보고자 하는 개념과 기존척도의 개념이 동일한가 하는 점이다.

⑥ 신뢰도가 떨어지는 경우 **역문항 처리를 점검**한다. 역문항은 반대개념으로 물어보는 것으로 분석 전에 반드시 역문항 처리를 해 주어야 한다. 이것을 역문항 처리를 하지 않을 경우 개념이 일관되게 한 방향으로 흐르지 않아서 당연히 신뢰도는 떨어질 수밖에 없다.

⑦ 또한 신뢰도가 떨어지는 경우 **신뢰도를 떨어뜨리는 문항을 제거**한다. 이는 내적 일치도가 떨어지는 문항이다. 여러 문항으로 설문하였으므로 한 두 문항이 없더라도 그 개념이 무너지지 않는다. 그렇다면 신뢰도를 떨어뜨리는 문항을 제거한 후 신뢰도를 학보한 후 분석하는 것이 바람직하다.

⑧ 조사할 때 **편안한 조사환경**을 만들어야 한다. 어수선하고 다급한 상황에서 조사할 경우 응답자는 대충 응답하게 된다. 대충 응답한 항목은 다음에 다시 설문할 경우 다른 것에 응답하기 쉽다. 즉 편안한 분위기에서 설문응답을 하지 않으면 신뢰도가 높아질 수 없는 것이다.

3. 타당도와 신뢰도의 관계

1) 측정의 오류

① 사회조사는 주로 추상적인 것을 개념화하여 측정하기 때문에 측정값은 항상 오차를 가질 수밖에 없다. 측정값 자체가 정확하다는 것은 있을 수 없다.

> 참값 = 측정값 + 오차

② 측정하는 값이 참값에 가까우려면 어떻게 해야 하는가? 오차를 줄여야 한다. 오차가 0에 가까울수록 측정값은 참값에 가까워지게 되기 때문이다.

③ 오차가 나타나게 하는 오류에는 두 가지 있다. 하나는 체계적 오류이고 다른 하나는 비체계적 오류이다.

④ **체계적 오류**는 오류가 일정한 패턴으로 나타나는 것을 의미한다. **측정도구가 잘못**되었을 경우 잘못된 부분에서 체계적으로 오류가 나기 마련이다. 또한 **조사원이 개입**한 경우 조사원이 잘못 개입하는 부분에서 체계적으로 오류가 난다. 체계적인 오류는 결국 설문을 통하여 끄집어내고자 하는 것을 방해한다. 그러므로 **체계적 오류는 타당도에 영향**을 미친다. 결국 타당도의 문제이다.

⑤ **비체계적 오류**는 무작위적으로 나기 때문에 **무작위 오류**라고도 한다. 오류가 일정한 패턴 없이 나타나는 것이다. 즉 응답할 때마다 다른 응답을 하기 때문에 나타나는 것이다. 응답할 때마다 **다른 응답을 함으로써 나타나는** 오류이므로 **신뢰도에 영향**을 미친다. 즉 신뢰도의 문제이다.

2) 타당도와 신뢰도의 관계

출처 : Rubin and Babbie(1993), p.179.

타당도   →   신뢰도
                ↚

① 첫 번째 그림은 맞추고자 하는 것을 맞췄기 때문에 타당도가 높다. 그러면서도 맞출 때마다 같은 자리에 모여 있으므로 신뢰도도 높다.

② 두 번째 그림은 맞출 때마다 제각각이다. 맞추고자 하는 것도 못 맞췄고, 맞출 때마다 다른 곳에 맞았다. 즉 다음에 쏘면 어디에 맞을지 모른다. 따라서 타당도와 신뢰도가 모두 낮다.

③ 세 번째 그림은 일단 중심에 맞추지 못하고 있다. 따라서 타당도는 낮은 편이다. 그런데 맞출 때마다 같은 자리에 맞는 모습이 나타난다. 즉 신뢰도는 높은 편이라고 할 수 있다.

④ 이것을 종합해 보면 가운데를 맞출수록 타당도도 높고 신뢰도도 높다. 가운데를 맞춘다는 것은 내용을 정확하게 묻는다는 것을 의미한다. 즉 타당도가 높은 것을 의미한다. 따라서 타당도가 높으면 신뢰도도 높다고 할 수 있다. 그러나 세 번째 그림에서 보듯이 신뢰도가 높다고 해서 반드시 타당도가 높은 것은 아니다. 그래서 타당도는 신뢰도를 보장하지만 신뢰도는 타당도를 보장하지 못한다고 할 수 있다.

⑤ 연구자들은 **타당도와 신뢰도 모두 신경 써야 하지만 우선적으로 타당도에 먼저 신경을 써야 한다.**

01 신뢰도와 타당도에 관한 설명으로 옳은 것은?

① 타당도가 있다면 어느 정도 신뢰도가 있다고 볼 수 있다.

② 신뢰도가 높을 경우 타당도도 높다고 할 수 있다.

③ 요인분석법은 신뢰도를 측정하는 방법이다.

④ 신뢰도는 측정하려고 의도된 개념을 얼마나 정확하게 측정하는가를 나타내는 것이다.

⑤ 주어진 척도가 측정하고자 하는 내용을 담고 있다고 일련의 전문가가 판단할 때 판별타당도가 있다고 한다.

> **해설** 타당도는 신뢰도를 담보할 수 있으나 신뢰도는 타당도를 담보하지는 않는다. 요인분석은 개념이 어떻게 묶이는지를 보는 것으로 판별타당도와 집중타당도와 연결되어 있다. 개념을 다루는 건 타당도이다. 전문가가 내용이 어떤지 판단하는 건 내용타당도이다. 　　정답 ①

02 내적일관성 방법에 근거하여 신뢰도를 측정하는 방법으로 옳은 것을 모두 고른 것은?

ㄱ. 검사-재검사법	ㄴ. 조사자간 신뢰도
ㄷ. 알파계수	ㄹ. 대안법

① ㄱ　　　　　　　② ㄷ

③ ㄴ, ㄷ　　　　　④ ㄱ, ㄷ, ㄹ

⑤ ㄴ, ㄷ, ㄹ

> **해설** 내적일관법을 측정하는 방법은 크론바알파 계수를 산출하는 것이다.. 　　정답 ②

Chapter

13   질문화

제1절   측정범위의 결정

질문화는 이제 설문을 구성하는 단계를 의미한다. 질문화에 앞서 먼저 고려해야 할 것은 측정의 수준을 어느 정도에서 결정한 것인가 하는 점이다. 측정의 범위 선정에 따라 문항수가 달라지고, 문항수가 달라지는 것은 조사나 분석과 연결되는 것이기에 신중하게 측정범위를 결정해야한다. 연구에 대한 집중력을 잃은 경우 세세한 질문을 많이 하지만 결국 분석에는 활용하지 못하는 질문들을 하는 경우가 있다. 이것 역시 측정범위 선정에 대해서 신중하게 고민하지 않았기 때문이다.

1. 측정범위의 설정

① 연구주제가 설정되면 그 주제에 맞게 가설이 설정되고 가설에 따라 독립변수, 종속변수 등이 설정된다.
② 설정된 각 변수는 결국 질문을 통하여 측정이 이루어져야 한다.
③ 이때 측정범위에 대해서 고민해야 한다. 측정범위는 다음의 그림과 같이 구분해 볼 수 있다.

레벨1	레벨2	레벨3
직장만족도	업무만족도	업무의 전문성 업무의 자율성 업무의 적절성 근무시간의 만족정도
	조직만족도	조직의 권위 의사소통의 민주성 진급기대 조직가치의 만족정도
	조직원관계만족도	상급자와의 만족정도 하급자와의 만족정도 동료와의 만족정도 자신에 대한 만족정도
	복리후생만족도	급여수준 만족정도 각종수당 만족정도 시설에 대한 만족정도 환경의 쾌적성

출처 : 우수명(2008) 변형

④ 연구자의 연구방법과 분석기법에 따라 어느 수준으로 물을 것인지 결정해야 한다. 같은 개념을 측정수준에 따라 한 문항으로, 네 문항으로, 또는 열여섯 문항으로 물을 수 있는 것이다.

2. 측정범위 결정 시 주의사항

1) 하위레벨로 갈수록 갖게 되는 특징

① 같은 개념에 대해서 여러 문항으로 묻게 된다. 즉 문항수가 많아진다.

② 신뢰도에 유리하게 된다.

③ 다만 여러 개의 문항은 내적 일치성을 가져야 한다.

④ 신뢰도가 높아지고 분석을 할 때 여러 분석을 고려할 수 있다.

⑤ 반면 응답자 입장에서 보면 문항이 많아짐에 따라 응답이 어려워질 수 있다. 이는 불성실한 응답으로 이어질 수도 있다.

⑥ 문항수가 많아져서 조사기간 또한 오래 걸린다.

2) 상위레벨로 갈수록 갖게 되는 특징

① 같은 개념에 대해서 질문하는 문항수가 적어진다. 레벨1의 경우 단 한 문항으로 묻는다.

② 문항수가 적다는 것은 응답자 입장에서 보면 편리성이 증가하는 것이다.

③ 조사기간 역시 짧아지는 장점이 있다.

④ 하지만 잘못 응답할 경우 리스크가 크다. 레벨 1 문항의 경우 잘못 응답에 대한 과실률
은 100%가 된다.

⑤ 분석에 있어서 여러 가지를 고려하기가 어려워진다.

※ 측정수준을 어느 정도로 정할 것인가는 결국 연구자가 전체 질문의 정도를 보고 결
정해야 한다. 이때 분석방법을 고려하여 결정하여야 한다.

제2절 질문구성 시 고려할 점

이제 측정수준도 정해져서 직접 질문을 만드는 과정에 이르렀다. 질문을 만들 때 고려할 점은
무엇인가? 흔히 조사자들은 자신이 생각한 것을 질문으로 만들면 조사할 수 있을 것으로 생각하
여 질문을 만들어 조사에 임한다. 이럴 경우 분석단계에 이르면 분석할 질문이 없는 경우가 있
다. 이는 질문이 가져야 할 여러 속성을 제대로 반영하지 못했기 때문에 나타나는 것이다. 질문
은 그냥 하는 것이 아니라 일정한 법칙에 맞게 해야 한다. 특히 구성타당도 측면에서 갖추어야
할 요소를 간과할 경우 분석에 직접적인 영향을 미치게 된다.

1. 구성타당도 측면에서의 내용 결정 요인

1) 포괄성

① 측정하고자 하는 개념이 가지고 있는 내용은 최대한 포괄적으로 다뤄야 한다. 반드시
들어가야 할 내용이 빠져서는 곤란하다.

② 내용이 포괄적으로 제시되어야 조사대상자가 응답할 때 자신이 생각하는 바를 선택할
수 있게 된다. 포괄성이 지켜지지 않으면 응답자가 대답하고 싶은 내용이 없어 응답의
기회를 보장하지 못하게 될 수 있다.

③ 포괄적이지 않을 때 그래서 응답자가 자신이 응답하고자 하는 것이 없을 때는 엉뚱한
응답을 하거나 체크하지 않는 등 불성실한 응답을 하게 된다. 불성실한 응답은 신뢰도
를 떨어뜨려 연구(분석)에도 영향을 미치게 된다.

④ 그렇다고 하여 포괄성을 충족하려고 너무 많은 항목을 세세하게 제시하는 것도 문제가
발생한다. 조사대상자는 응답을 위하여 선택하기에 앞서 응답항목이 너무 많아 질리게
되어 역시 불성실한 응답을 하게 된다. 뿐만 아니라 동일한 것 같은데 서로 구분되어
제시되어 있을 경우 선택에 대한 갈등이 생길 수도 있다.

⑤ 따라서 꼭 들어가야 할 내용을 포괄적으로 다루고 그 외는 '기타'로 처리해도 된다.

2) 배타성

① 배타성은 응답항목 간 서로 배타적으로 구분이 되어야 한다는 것이다.

② 응답항목이 갖는 각각의 속성들이 중복되지 않아야 한다.

③ 이는 분류의 속성을 잘 구현하는 것을 의미한다.

④ 조사대상자는 배타성 곧 속성 간의 구분이 잘 구현되지 않으면 어떤 항목에 응답할지 고민하게 된다. 이런 고민이 많을수록 불성실한 응답이 이루어질 가능성이 높아진다. eg. 흔히 월소득을 물을 때 선택항목으로 다음과 같이 제시하는 경우가 많다.

귀하의 월평균 소득은 얼마인가?

① 200만 원 이하   ② 200~400만 원   ③ 400~600만 원   ④ 600만 원 이상

이 경우 월소득이 400만 원인 사람은 ②로 응답해야 하는가? 아니면 ③으로 응답하여야 하는가? 비록 그런 경우에 해당하는 사람이 적다 하더라도 정확한 측정을 왜곡하게 되는 것이다. 따라서 구분하는 속성을 정확하게 지켜주어야 한다.

3) 단일개념성

① 단일개념성은 질문을 통하여 얻고자 하는 것 이외의 다른 개념이 응답항목에 포함되어선 안 된다는 것이다.

② 질문하고자 하는 것과 관련된 것만 응답항목에 제시되어야 한다.

③ 달리 표현하면 내적 일관성을 구현하는 것이다.

4) 실례를 통한 이해

① 아래의 질문에 대해서 조사응답자라고 생각하고 응답을 해보자.

귀하는 지역아동센터가 다음 중 어떤 일을 하는 곳이라고 생각하십니까? 가장 중요하다고 생각하는 하나만 선택하세요.

① 학습증진을 도모한다.
② 취미활동의 기회를 보장한다.
③ 부진한 학과에 대한 보충학습을 한다.
④ 생활보호대상자 가정에 공공부조를 시행한다.
⑤ 방과후학습을 도모한다.

출처 : 고명석, 이수천(2016), 「사회복지조사론」, p. 168.

② 위의 질문을 살펴보면 우선 ① 학습증신 도모, ③ 부진한 학과 보충, ⑤ 방과후 학습 도모는 동일하거나 비슷한 내용을 담고 있다. 따라서 조금 폭넓게 학습 관련 활동을 생각하는 사람은 어떤 것을 선택할지 고민하게 된다. **이는 배타성에 위배된다.**

③ 또한 ④의 생활보호대상자에게 공공부조를 시행한다는 것은 지방자치단체(시군구)가 할 일이지 지역아동센터가 할 일이 아니다. 응답항목 안에 전혀 다른 개념이 들어와 있는 것이다. **이는 단일개념성에 위배된다.**

④ 정리하면 위 질문은 공공부조 실시(④)는 지방자치단체의 일이므로 제외하고, 학습부분(①, ③, ⑤)을 하나로 합쳐야 한다. 그러면 남는 것은 ② 취미활동의 기회이다. 그렇다면 학습 부분와 취미활동 부분으로 지역아동센터에 대해 묻고 있는 것인데, 그렇다면 지역아동센터에 대해서 포괄적으로 응답할 기회를 주었다고 할 수 있을까? **역시 포괄성에도 위배된다.**

⑤ 이 질문을 다음과 같이 바꾸면 포괄성, 배타성, 단일개념성을 모두 충족한 질문이 된다.

귀하는 지역아동센터가 다음 중 어떤 일을 하는 곳이라고 생각하십니까? 가장 중요하다고 생각하는 하나만 선택하세요.

① 아동의 신체발달을 위하여 고른 영양섭취를 돕는다.
② 아동의 학습발달을 위하여 필요한 부분의 학습을 돕는다.
③ 아동의 전인적인 발달을 위하여 취미활동을 돕는다.
④ 아동의 안전을 위하여 방과후 돌봄활동을 제공한다.
⑤ 아동의 사회성 향상을 위하여 자치활동 및 야외활동을 제공한다.
⑥ 아동의 심리안정과 생활지도를 위하여 상담을 제공한다.
⑦ 아동의 여러 문제에 대응하게 위하여 지역자원을 연계한다.

출처 : 고명석, 이수천(2016), 「사회복지조사론」, p. 170.

---

cf. 실전에서 포괄성, 배타성, 단일개념성을 충족하는 질문 작성 방법

제시된 대로 문항을 하나 만들 때마다 포괄성에 맞는지, 배타성에 맞는지, 그리고 단일개념성에 맞는지 고민하다보면 질문 하나 만드는 데 에너지가 너무 많이 소진된다. 결국 몇 문항을 만들지 못하고 문항 만드는 것 자체를 포기하게 된다. 현장의 경험을 팁으로 제공한다면 일단 물어보고 싶은 문항을 자유롭게 만들어 놓는다. 그런 후에 문항을 하나씩 점검하면서 포괄성, 배타성, 단일개념성이 잘 구현되었는지를 살펴보는 것이 지혜로운 방법이다. 그렇게 조사를 여러 차례 하다 보면 나중에는 문항 하나도 자동적으로 이런 원리들이 반영되도록 만들게 된다.

2. 응답자와 연구자 측면에서의 내용 결정 요인

1) 용이성

① 용이성이란 응답하기 쉬워야 한다는 것이다.
② 응답하기 어려운 형태의 질문은 응답자가 응답을 꺼리거나 불성실한 응답을 하게 된다.
③ 질문은 쉽고 명확해야 한다.
④ 일반적으로 명목형 척도가 수치형 척도보다 응답하기가 쉽다.

2) 무결성

① 무결성은 결측이 없어야 한다는 것이다.
② 결측은 결국 분석에서 제외된다. 열심히 조사한 자료가 분석에 사용되지 않는다면 이처럼 안타까운 일이 없으며, 결측이 많은 설문지는 결국 불성실한 응답으로 분석에서 제거해야 하기에 결측이 많이 나오도록 작성된 설문지는 연구에 좋지 않은 영향을 미칠 수밖에 없다.
③ 민감한 이슈를 다룰 때 주의해야 한다. 연령, 학력, 월수입 등은 대답하기 어려울 수도 있다. 응답자의 입장에서 스티그마를 느끼게 하는 질문들은 대개 결측이 나올 가능성이 높다.

3) 통계적 검증력

① 통계적 검증력이란 연구자 입장에서 분석할 수 있는가에 대한 문제이다.
② 자신이 검증하고자 하는 가설을 검증할 수 있는 형태의 질문을 해야 한다. 측정수준이 검증에 맞는 방법으로 질문을 하여야만 통계를 활용하여 분석을 할 수 있다.
③ 그렇기에 사회복지사는 조사분석능력을 갖추고 있어야 한다. 경우에 따라서는 자신이 분석할 수 있는 방법에 맞는 형태로 질문을 하는 것도 바람직하다.

3. 기타 고려사항

1) 개방형 질문

① 질문유형을 결정해야 한다. 질문유형으로는 개방형 질문과 폐쇄형 질문이 있다.
② 개방형 질문은 흔히 주관식 질문이라고 한다.
③ **주관식**(개방형) 질문은 서술형이어서 응답자가 가지고 있는 생각이나 경험을 풍부하게 끄집어 낼 수 있다.
④ 그러나 통계처리가 어렵고 다른 사람과 피드백하는 데도 일목요연한 방법이 없어서 힘들 수도 있다.
⑤ 분석도 여러 과정을 거쳐서 하게 된다.

⑥ 결정적으로 이런 질문은 응답자가 응답을 기피하는 경우가 많다. 주관식 질문은 응답자들이 대답을 기피하는 것이므로 질문지 앞에서부터 제시될 경우 다른 선택형 문항들마저도 응답을 기피하는 경향이 나타날 수 있다.

⑦ 주관식 질문을 **내용분석**으로 할 경우에는 영적연구와 질적연구를 함께 사용할 수 있다.

2) 폐쇄형 질문

① 폐쇄형 질문은 응답자가 응답항목 중 자신이 생각하는 것을 결정하여 선택하면 된다. 그래서 **선택형 질문**이라고 한다.

② 선택만 하면 되기 때문에 **객관식**(폐쇄형) 질문이라고도 한다. 응답자 입장에서는 선택만 하면 된다. 따라서 응답의 편의성이 높다.

③ 분석도 일목요연하게 통계적 처리를 통하여 할 수 있고, 결과의 제시 역시 서로 이해할 수 있는 방법으로 제시가 가능하다.

④ 하지만 폐쇄형이기 때문에 응답자가 가지고 있는 생각을 깊이 있게 끄집어 내기에는 부족하다.

3) 수반형 질문/딸린질문

① 어떤 질문에 딸려서 나오는 질문이다.

eg.
7. 귀하는 드림스타트 프로그램을 이용해 본적이 있나요?
　　① 있다　　　(①로 응답한 경우에는 아래 박스7-1로 가세요.)
　　② 없다　　　(②로 응답한 경우에는 박스 다음에 나오는 8번으로 가세요.)

> **7-1. 드림스타트 프로그램을 알게 된 경로는 어떠한가?**
> 　　① 자자체에서 연락해 왔다.　　② 지인이 소개해주었다.
> 　　③ 원래 알고 있었다.　　　　　④ 광고를 접했다.
>
> **7-2. 드림스타트 프로그램이 귀하의 삶에 어느 정도 도움이 되었나요?**
> 　　① 매우 도움이 되었다.　　② 대체로 도움이 되었다.　　③ 보통이다.
> 　　④ 도움이 되지 않았다.　　⑤ 전혀 도움이 되지 않았다.

8. 귀하는 ...

② 딸린질문은 해당하는 사람에게서 정보를 추가로 얻어내는 기능을 한다.

③ 응답에 따라 어디로 가야할지 지시가 명확해야 한다.

④ 딸린질문이 많을 경우 응답자는 복잡해서 응답을 기피하게 된다.

4) 기타

① 신뢰도를 묻는 짝으로 이루어진 질문은 가급적 떨어뜨려 배치하는 것이 바람직하다.

② 부정문이나 유도하는 질문을 해서는 안 된다.

③ 모호성 있는 질문을 해서는 안 된다.

④ 이중질문을 해서는 안 된다.

⑤ 스티그마에 주의해야 한다.

⑥ 편집을 통해서 쉽게 읽을 수 있도록 해야 한다. 배열과 배치도 중요하다.

---

01 다음에 제시된 질문의 응답범주에 관한 설명으로 옳은 것은?

> 사회복지사 1급 국가시험 영역 중 당신이 가장 좋아하는 영역은 무엇입니까?
> ㄱ. 인간행동과 사회환경　　ㄴ. 사회복지조사론　　ㄷ. 사회복지실천론
> ㄹ. 지역사회복지론　　ㅁ. 사회복지정책론

① 상호배타적이지 않다.　　② 양적의미를 갖는다.
③ 내적 일관성이 부족하다.　　④ 범주들 사이에 서열이 있다.
⑤ 총망라적이지 않다.

해설 위의 질문은 명목척도이다. 따라서 양적의미를 갖지 않는다. 아울러 항목 간 서열(순서)의 의미를 갖지 않는다. 서로 구분만 해줄 뿐이다. 항목들이 서로 겹치는 부분이 없으므로 상호배타적이다. 모두 사회복지사 1급 시험과목들로만 구성되어 있어서 내적 일관성이 높다. 하지만 전체 과목을 다 포함하지는 않기 때문에 총망라적이라고 할 수 없다. 즉 포괄성에 위배된다.

정답 ⑤

02 설문지 작성에 관한 설명으로 옳은 것은?

① 개방형 질문은 응답률을 높이기 위해 주로 설문지 앞부분에 배치한다.
② 수반형(contingency) 질문이 많아질수록 응답률은 높아진다.
③ 명확한 응답을 얻기 위해 이중(double-barreled)질문을 사용한다.
④ 문항은 응답자의 특성과 무관하게 작성되어야 한다.
⑤ 신뢰도 측정을 위해 짝(pair)으로 된 문항들은 가급적 떨어지게 배치한다.

해설 개방형 질문은 응답자들이 부담을 갖는다. 따라서 질문 가장 뒷부분에 위치하는 것이 일반적이다. 수반형 질문이 많을수록 설문지는 복잡해지고 응답률은 떨어지게 된다. 이중질문은 응답자로 하여금 응답에 대해서 고민하게 만든다. 분석을 할 수도 없게 된다. 질문은 응답자의 특성에 맞게 구성되어야 한다. 신뢰도를 측정하기 위하여 짝으로 된 질문들은 가급적 떨어뜨려 배치하는 것이 바람직하다.

정답 ⑤

표본조사 기초이해

학습Key포인트   Q

○ 전수조사와 표본조사를 구분하여 설명할 수 있다.

○ 표본조사의 장단점을 구분하여 제시할 수 있다.

○ 활률표집과 비확률표집의 개념을 구분하여 설명할 수 있다.

제1절   표본조사와 관련된 개념들

연구자의 관심은 전체에게서 일어난 사회적 현상에 대한 해석이다. 그러나 현실적으로 관심을 갖는 대상 전체를 살펴본다는 것은 쉬운 일이 아니다. 만약 가능하다면 관심을 갖는 대상 전체를 살펴보는 것이 바람직하다. 현상을 부분적으로 보지 않고 전체적으로 보기 때문이다. 아무래도 부분적으로 파악하는 것은 한계를 가질 수 있기 마련이다. 그런데 전체는 너무 단위가 커서 실질적인 조사가 불가능한 경우가 많다. 이럴 경우 어떻게 연구해야 할 것인가? 이 문제를 해결하는 것이 표본조사이다. 표본조사를 하더라도 신뢰도가 높은 결과를 얻을 수 있다면 표본조사를 통하여 의미 있는 개입 지점들을 찾을 수 있는 것이다.

1. 전수조사와 표본조사

1) 기본개념

전수조사와 표본조사에 대한 기본개념은 다음 그림과 같다.

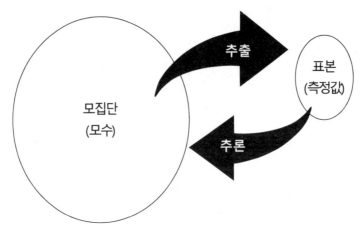

출처 : 고명석, 이수천(2016), 「사회복지조사론」, p. 191.

2) 전수조사

① 전수조사는 모집단 전체를 조사하는 것이다.

② 모집단이 가지고 있는 성질 곧 연구자가 알고자 하는 것이 모수이다.

③ 전수조사는 모집단 전체에 대해 조사해서 모수를 파악하는 것이다.

④ 전수조사가 가능하다면 전수조사를 해야 한다. 왜냐하면 전체에 대한 정보를 직접 얻는 것이기 때문에 전수조사를 통한 수는 일반화할 수 있기 때문이다.

3) 표본조사

① 표본조사는 모집단 전체에서 일정한 표본(sample)만 뽑아서 조사하는 것이다.

② 표본을 추출하는 과정을 표본추출(sampling)이라고 한다.

③ 표본을 조사하여 얻은 값은 표본값이라고 한다.

④ 표본조사는 표본값을 가지고 모수를 추정하기 위한 것이다.

⑤ 또는 모수추정은 하지 않더라도 가설검정 등을 위하여 하기도 한다.

⑥ 모집단이 너무 적은 경우에는 표본조사보다 전수조사가 더 바람직하다. 표본추출에는 절차가 있기 마련이다. 확률로 표집하느냐 비확률로 표집하느냐의 문제가 있다. 모집단이 적은 경우 이런 복잡한 절차를 갖는 것보다는 전수조사를 통하여 더 신뢰할만한 자료를 얻는 게 바람직하다.

2. 표본추출과 관련된 개념들

① 모집단 : 연구하고자 하는 대상 전체를 의미한다. 경우에 따라서 연구모집단을 따로 구분하기도 한다.

② 모수 : 모집단의 성질을 모수(母數)라고 한다. 엄밀한 의미에서 모수는 알 수 없다. 모집단에 대해서 직접 조사할 수 없기 때문이다. 그래서 표본값을 통해서 추론하게 되어있다.

③ 표본추출 : 모집단에서 일정한 수의 표본을 추출하는 것을 의미한다(samlping). 이때 확률적인 원리를 반영하면 확률표집이 되는 것이고 확률적인 원리를 반영하지 않으면 비확률표집이 되는 것이다.

④ 표본 : 모집단의 구성원 중 측정하기 위하여 선출된 사람들을 이른다.

⑤ 표본값 : 표본을 대상으로 측정하여 얻은 값을 표본값이라고 한다. 연구자가 알고자 하는 값은 표본값이 아니다. 연구자가 알고자 하는 값은 모수(母數)이다. 표본값을 통하여 모수를 추정하는 것이다. (추리통계)

⑥ 표집틀 : 표본을 추출할 때 사용되는 표집단위의 실제목록이다. 전화조사의 경우 전화번호부, 각 학급에서 표본을 뽑았다면 출석부 등이 표집틀이 될 수 있다.

⑦ 표집단위 : 표본추출을 통하여 표집되는 최소단위를 의미한다.

⑧ 요소 : 사회조사에서 분석대상이 가지고 있는 최소의 단위로 표집을 할 때 사용한다. 분석의 기반이 된다.

제2절 표본조사의 장단점 및 표본의 적합성

표본조사가 가능하더라도 표본값이 모수와 현격한 차이를 나타낸다면 표본조사의 효용성은 크지 않을 것이다. 표본조사는 전수조사에 비해 시간이나 비용이 적게 드는 데도 불구하고 신뢰도 높은 조사가 가능하다. 이런 장점이 있기 때문에 표본조사를 장려하게 되는 것이다. 그런데 아무리 표본조사가 과학적으로 가능하다 하더라도 표본의 적합성을 생각해야 한다. 적정한 수의 표본과 더불어 확률표집을 강조하는 이유가 여기에 있다.

1. 표본조사의 장단점

1) 표본조사의 장점

① 표본조사는 전수조사에 비해 **경제적인 면에서 장점**을 갖는다. 즉 전수조사에 비해 비용이 적게 든다. 모집단은 크기 때문에 조사에 드는 비용이 많을 수밖에 없다. 하지만 표본조사는 적정한 수만 조사하면 되기 때문에 적은 비용으로도 조사가 가능한다.

② 표본조사는 전수조사에 비해 **시간적인 면에서 장점**을 갖는다. 달리 말하면 신속한 조사가 가능하다. 요즘은 시간도 경제적인 측면에서 이해한다. 표본조사가 시간적인 측면에서 갖는 장점은 결국 경제적인 면에서의 장점과도 연결된다. 그런데 또 다른 중요한 측면이 있다. 조사기간이 길면 조사하는 사이에 변화가 일어난다. 따라서 조사기간이 길면 오차가 클 수밖에 없다. 이런 점에서 조사는 기간이 짧을수록 좋은 것이다. 아무래도 전수조사는 모집단 자체가 크기 때문에 시간이 많이 소요되지만 표본조사는 짧은 시간에 조사가 가능하다. 즉 변화를 최대한 통제한 상태에서 조사가 가능한 것이다.

③ 이미 통계학적으로 표본조사로도 **신뢰성 높은 조사가 가능**하다. 아무리 경제적이고 신속한 조사가 가능하더라도 신뢰성을 보장할 수 없다면 표본조사는 가치가 없을 것이다. 그런데 이미 통계학적으로 표본조사로도 신뢰성 높은 조사가 가능하다는 것이 밝혀졌다. 그렇다면 굳이 전수조사를 하는 것보다 표본조사를 하는 것이 더 바람직하다고 할 수 있다.

④ **전수조사로 해결할 수 없는 것을 해결**하는 기능도 있다. 모집단이 너무 클 경우 사실상 전수조사는 불가능하다. 또한 모집단의 크기는 조사해 볼 만한 경우라도 모집단의 특성이 유동인구가 많은 경우라면 역시 전수조사가 불가능하다. 이럴 경우에 표본조사는 효과성과 효율성을 갖고 조사를 가능하게 한다. 아울러 파괴조사의 경우 전수조사는 불가능하고 표본조사로 할 수밖에 없다.

2) 표본조사의 단점(한계점)

① 전수조사보다 표본조사가 여러 가지 면에서 장점이 있지만 중요한 것은 **표본수가 일정 크기 이상이어야 한다**는 점이다. 표본의 수가 너무 적을 경우 모집단을 제대로 반영하기 어렵기 때문이다. 일반적으로 95% 신뢰수준에서 허용오차를 3%로 할 경우 표본의 수는 1,068 정도로 계산된다.

② 모집단을 반영하기 위해서는 확률표집을 해야 한다. 확률표집을 하지 않으면 모집단에 대한 추정이 불가능하다. 따라서 모집단에 대한 추정 및 일반화를 하려고 하는 연구라면 반드시 확률표집을 해야 한다.

③ 확률표집을 하려고 해도 선정된 조사대상자가 응답을 회피하거나 또는 선정된 조사대상자를 찾을 수 없는 경우도 있다.

　※ 확률표집이 쉽지 않아서 현실적으로 비확률표집이 더 많이 이용되기도 한다. 이 경우 모집단에 대한 추정이나 일반화에는 한계가 있을 수밖에 없다.

2. 표본의 적합성

① 표본이 많을수록 좋은가?　Yes & No

　일단 표본은 많을수록 좋다. 적정수 이상이 되어야 표본의 기능을 하기 때문에 가능한 많이 표집하는 게 유리하다. 그러나 단지 표본수만 많다는 게 좋은 것은 아니다. 한쪽으로 치우쳐진 표본이라면 아무리 많더라도 표본으로서의 제기능을 하기 어려운 것이다. 따라서 표본추출을 할 때 가능한 모집단을 잘 반영하는 표본을 추출해야 한다. 적합한 표본을 추출하는 것이 관건이다.

② 표본의 적합성을 충족하려면 다음 두 가지를 만족해야 한다.

　첫째, 확률표집을 해야 한다.

　둘째, 적정수 이상의 표본이 추출되어야 한다. 표본수는 신뢰도와 표본오차에 따라서 결정된다.

무한모집단 표본오차 $d = \dfrac{z_{\alpha/2} \cdot p}{\sqrt{n}}$

유한모집단 표본오차 $d = \sqrt{z_{\alpha/2}^2 \cdot \dfrac{(N-n) \cdot p(1-p)}{n(N-1)}}$

무한모집단 표본크기 $n = \left(\dfrac{z_{\alpha/2} \cdot p}{d}\right)^2$

유한모집단 표본크기 $n = \dfrac{z_{\alpha/2}^2 \cdot p(1-p) \cdot N}{d^2(N-1) + z_{\alpha/2}^2 \cdot p(1-p)}$

출처 : http://www.statedu.com/QnA/92199

　일반적인 조사는 300~500명이면 표본오차 1%가 되므로 적합하다고 할 수 있다.

제3절　표집의 구분

　표본의 적합성을 이야기할 때 제일 먼저 이야기하게 되는 게 확률표집이다. 확률표집을 하면 모집단의 성질을 그대로 반영하게 되기 때문에 모집단을 추정할 수 있게 되는 것이다. 확률표집이라는 것은 말 그대로 모집단에서 표본으로 추출될 때 동일한 확률로 추출되는 것을 의미한다. 이럴 때 연구자의 의도가 개입되지 않고 모집단을 그대로 반영하는 표본을 추출할 수 있게 된다.

1. 확률표집의 개념

① 확률표집은 모집단에서 조사대상자를 선택하는 데 있어 **확률이론에 근거하여 선택**하는 것을 의미한다. 확률적이라는 말은 모집단에 속해 있는 구성원 모두가 표본으로 추출될 가능성을 동일하게 갖고 있는 것을 의미한다.

② 이 경우 모두가 표본으로 뽑힐 가능성이 동일하기 때문에 **모집단의 특성을 그대로 반영**하는 표본을 추출하게 되는 것이다.

③ 모집단의 특성을 그대로 반영한다는 것은 **표본의 대표성**을 갖게 된다는 뜻이다.

④ 확률표집의 종류에는 단순무작위표집, 계통적표집, 층화표집, 집락표집 등이 있다.

2. 확률표집과 관련된 용어

① 확률적으로 선택하므로 임의적인 선택이 아니다.

> **core   '임의'에 대한 착각**
>
> 사회과학에서는 '임의'라는 말을 정확하게 사용하여야 한다. 일반적으로 누군가가 '임의로 공정하게 뽑을 게'라고 말한다면 듣는 사람은 뽑는 사람의 의도가 배제된 상태에서 대상을 뽑는 것으로 생각한다. 그러나 '임의'라는 말은 뽑는 사람이 마음대로 하는 것이기에 그의 의도가 반영될 수밖에 없다. 따라서 사회과학에서 '임의'라는 말은 연구자의 의도가 반영되었다는 것을 의미하게 된다. 대표적인 비확률표집이 되는 것이다.

② 작위(作爲)가 들어가지 않아야 확률적이다. 즉 무작위로 추출하게 된다는 것이다.

cf. 작위는 어떤 행동을 의도적으로 하는 것이다.

③ 따라서 확률표집이라는 말은 무작위표집, 난선화, 랜덤이라는 말과 동일한 의미이다.

> 무작위 = 난선화 = 랜덤 = 확률표집 (≠ 임의)

01 다음 사례에 해당하는 표집용어와 관련한 내용으로 옳은 것은?

> A종합사회복지관을 이용하는 노인들을 대상으로 노인맞춤돌봄서비스에 관한 설문조사를 위하여 노인 이용자명단에서 300명을 무작위 표본추출 하였다.

① 모집단: 표본추출된 300명　　　② 표집방법: 할당표집
③ 관찰단위: 집단　　　　　　　　④ 표집틀: 노인 이용자명단
⑤ 분석단위: 집단

> **해설** 모집단은 이용하는 노인 전부이다. 표집방법은 무작위 표본추출이다. 관찰단위와 분석단위는 모두 개인이다. 이용자명단을 활용하여 표집하였으므로 표집틀은 이용자명단이다.　정답 ④

02 표본의 크기를 결정하는 데 영향을 미치는 것을 모두 고르시오.

> 가. 신뢰수준　　　　　　　　　나. 보고서 작성
> 다. 분석변수의 수　　　　　　　라. 측정도구

① 가, 나, 다　　　　　　　　　② 가, 다
③ 나, 라　　　　　　　　　　　④ 라
⑤ 가, 나, 다, 라

> **해설** 표본의 크기는 신뢰수준, 허용오차 범위, 변수의 수, 모집단의 수 등에 따라 결정된다. 보고서 작성과 표집크기는 아무런 관계가 없다. 측정도구 역시 표본추출 이후에 조사할 때 사용하는 것이므로 표본크기와는 상관이 없다.　정답 ②

Chapter
15

확률표집

학습Key포인트
○ 단순무작위표집의 개념 및 방법을 설명할 수 있다.
○ 계통적 표집의 활용과 장점을 제시할 수 있다.
○ 층화표집의 개념을 이해하고 비례층화와 비비례층화의 장단점을 제시할 수 있다.

제1절 확률표집의 개념 및 종류

확률표집의 종류에는 단순무작위표집, 계통적표집, 층화표집, 집락표집이 있다. 모두 모집단에서 표본으로 추출될 때 확률에 기반하여 표본으로 추출된다는 특징을 갖는다. 그러면서도 모집단이나 조사의 성격에 따라 적절한 방법을 선택하게 된다.

1. 단순무작위표집

1) 단순무작위표집의 방법

① 단순무작위표집은 확률이론을 가장 잘 반영하고 있다. 확률이론에 대한 원초적인 적용이라고 할 수 있다.

② 확률이론에 근거하여 모든 구성원은 표본으로 선출될 확률을 동등하게 가지고 있어야한다. 이런 상태에서 연구자의 어떤 의도도 배제하고 우연에 의하여 표본을 결정하는것이다.

③ 확률표집의 개념을 가장 잘 드러내고 있다.

④ 모집단으로부터 표본으로 추출될 확률이 구성원 모두 1/n이어야 한다.

⑤ 모집단 전체 사례에 일련번호를 부여한 후 **제비뽑기**, **화살쏘기**, **난수표** 등을 활용하여표본을 추출한다.

2) 단순무작위표집의 단점

① 모집단이 대단위일 경우 현실적으로 적용하기 어렵다.

② 일련번호를 부여하는 것이 쉽지 않다.

③ 제비뽑기의 경우 대규모에는 적용할 수 없다.

2. 계통적표집

1) 계통적표집의 방법

① 계통적표집은 단순무작위표집을 할 경우 매번 같은 방법을 반복해야 하는 번거로움을 최소화하면서도 무작위로 추출하고자 할 때 사용한다. 즉 단순무작위방법이 현실적으로 불가능할 때 편리하게 단순무작위 효과를 볼 수 있다.

② 모집단 전체 사례에 대해서 단순무작위표집과 같이 일련번호를 부여하는 것은 같다.

③ 그 번호 중 하나만 단순무작위로 표집한다. 눈 감고 아무 번호나 찍는 식으로 해도 된다.

④ 그 후 미리 정한 일정 간격에 따라 해당하는 번호를 추출해 나가면 된다.
이때 일정한 간격대로(systemic) 뛰어넘으면서 표집하게 되므로 계통적표집(systemic sampling)이라고 하는 것이다.

⑤ 어느 정도 간격(systemic)으로 뛰어넘는가는 모집단의 수와 추출할 표본의 수에 따라 결정할 수 있다. 가령 5천 명 중에서 100명의 표본을 추출할 것이라면 1~50번 중에서 눈 감고 하나의 수를 정한 후 이후로는 그 수로부터 50번 째에 해당하는 수들을 표본으로 추출하면 된다.

⑥ 한 번만 단순무작위 선정을 하면 나머지 표본은 자동적으로 추출된다. 따라서 단순무작위표집보다 간편성/편리성이 있다.

⑦ 아파트 지역과 같이 일정한 구조와 번호가 이미 부여되어 있는 경우에 활용하기 좋은 표집방법이다.

2) 계통적표집의 단점

① 단순무작위표집과 마찬가지로 모집단 구성원 전체에게 일련번호를 부여해야 한다는 점에서 어려움이 있다.

② 일련번호에는 어떤 특성이 반영되어서는 안 된다.
가령 매 10번마다 키 큰 사람이 배열되어 있는데 처음 뽑은 수가 10이고 그로부터 10씩 계통적으로 뛰어넘으면서 표집한다면 키 큰 사람만 표집하게 되는 것이다. 이럴 경우 모집단의 특성을 제대로 반영했다고 할 수 없다. 아파트 지역 같은 경우 일정한 구조를 갖고 있기 때문에 계통적표집을 활용하기에 편리하다.

③ 아파트 표집에서 사용하기 좋지만 아파트 구성 자체에 일성한 패턴이 있으면 사용하기 곤란하다.

가령 1호 라인은 모두 대형 평수가 위치하는데 우연찮게 1호 라인이 표집되었다면 대형 평수의 가정만 표집되기 때문이다.

이런 경우에는 다른 표집방법과 함께 사용해야 한다.

3. 층화표집(Stratified sampling)

1) 층화표집의 필요성

① 다음 예에서 나타난 문제가 무엇인지 파악해 보자.

> eg. 모집단이 100명인데 그중 남자는 70명, 여자는 30명이었다. 이들 중 10명을 표집하여 모집단의 성질을 파악하고자 하였다. 특히 모집단을 잘 반영하기 위하여 단순무작위로 표집하였다. 표집하여 모집단의 성질을 파악한 결과 일반적으로 여성들에게서 나타나는 성질이 드러났다면 어디서 문제가 생긴 것인가?

이 경우 비율로 보았을 때는 남자가 더 많지만 실제 표집에서는 여자가 더 많이 표집된 경우라고 할 수 있다.

더욱이 극단적으로 보면 100명 중 10명 모두 여자로 뽑힐 확률도 분명히 존재한다.

이런 표집이 이루어졌다면 확률표집을 했다고 해서 모집단을 잘 대표하는 표본이 추출되었다고 할 수 있을까?

이와 같이 남자와 여자 두 개의 층이 분명할 때는 각 층으로 나눠 층에서 확률표집을 하는 것이 바람직하다.

② 이것은 표본과 모집단의 동질성을 확보하고 그러면서도 표본의 대표성을 높이기 위함이다.

③ 즉 모집단은 어떤 동질성을 가질 때 표집오차가 줄어든다.

④ 모집단이 가지고 있는 일정한 성질을 이용하여 동일집단군으로 판단되는 부류를 하위집단으로 구분하고, 그 가운데서 확률표집방법으로 표본을 추출하면 모집단의 특성을 잘 반영할 수 있다.

⑤ 하위집단으로 구분하는 기준은 성별, 교육수준, 동일한 질병, 이용 프로그램 등 모집단의 특성에 따라 다양하게 적용할 수 있다.

⑥ 이때 중요한 것은 각 층에서 확률적으로 표집을 해야 한다는 것이다. 즉 최종단계에서 단순무작위표집이나 계통적표집을 해야 한다.

⑦ 모집단의 비율을 어떻게 반영하는가에 따라 비례층화표집과 비비례층화표집으로 구분한다.

2) 비례층화표집

① 모집단을 층화한 후 층화된 각 모집단의 크기를 반영하여 표본을 추출한다.

가령, 위의 예에서 제시한 것을 기준으로 한다면 남자와 여자를 층화한 후 남자가 70% 이므로 남자층에서 7명을 확률적 방법으로 추출하고, 여자가 30%이므로 여자층에서 3 명을 확률적으로 추출한다. 이 둘을 합쳐 10명의 표본을 선정하면 모집단을 잘 반영하게 된다.

② 이때 중요한 점은 층화된 각 모집단 안에서 추출할 때 확률적인 방법을 사용해야 한다는 것이다. 즉 단순무작위표집이나 계통적표집을 활용해야 한다.

③ 비례층화표집은 전체 **모집단의 성질을 그대로 반영하고자 할 때** 사용한다. 따라서 각 층화된 집단이 비슷한 규모일 때 사용하기 좋다.

3) 비비례층화표집

① 층화된 집단의 크기보다는 표집된 표본의 수에 더 관심을 가질 때 사용한다.

② 층화하여 분포를 보았을 때 일정 계층이 너무 적은 경우 비례방법으로 층화하면 너무 적은 특성이 반영되지 않을 수 있다. 즉 적은 층을 무시하는 결과를 도출할 수 있다.

③ 이럴 경우 극히 적은 분포를 가진 층의 수를 더 뽑음으로써 문제를 해결할 수 있다.

④ 위의 예를 들어 설명하면, 모집단이 남자가 70%이고 여자가 30%이므로 이를 반영하여 표본을 추출했을 경우 여자보다는 남자의 특성을 더 많이 반영되게 된다. 그런데 이번 조사에서 남녀에 대해 비슷한 수준으로 반영하고 싶다면 남자는 비록 70%이지만 10% 줄여 60%에 해당하는 만큼, 즉 6명을 추출하고, 여자는 비록 30%이지만 10% 늘려 40% 에 해당하는 만큼, 즉 4명을 추출하여 합하여 표본으로 선정한다면 비교적 남자와 여자를 비슷하게 반영하게 된다.

⑤ 비비례층화표집은 **소수의 특성까지 반영하려고 할 때** 유용한 표집방법이다.

⑥ 다만 이를 전체에 대해서 분석/적용하려면 가중치를 두는 작업이 필요하다.

⑦ 또한 이때도 역시 각 층에서 표본을 추출할 때는 확률적인 방법, 즉 단순무작위추출이나 계통적추출방법을 사용해야 한다.

4. 집락표집(Cluster sampling)

1) 집락표집의 방법

① 모집단이 이미 여러 집락으로 구분이 되어 있을 경우 사용한다.

> **cf. 집락(cluster)**
>
> 집락표집은 교과서에 따라 군락표집 또는 군집표집 등으로 사용되기도 한다. 모두 영어 Cluster sampling을 해석한 것이다. 클러스터(cluster)는 '덩어리'라는 의미이다. 표집을 할 때 연구자가 생각을 하여 어떤 요소로 층화하지 않더라도 이미 덩어리가 존재하고 있어 이를 활용하는 표집이다. 가장 대표적인 cluster는 행정구역 단위이다. 우리나라는 주소나 지번체계가 비교적 잘 이루어졌다. 따라서 지역조사를 할 때는 이를 이용하면 편리하다.

② 집락들 중 단순무작위로 일정 집락을 선정한다. 이런 과정을 필요한 만큼 단계적으로 한다.

③ 최종적으로 선정된 집락들 안에서 정해진 만큼씩 표본을 추출한다. 이때도 역시 확률적인 방법을 활용해야 한다.

④ 단계를 차례로 밟아가기 때문에 단계표집이라고도 한다.

⑤ 행정구역, 지번, 주소 체계 등과 같이 집락이 이미 잘 이루어진 경우 활용하기 좋다.

2) 집락표집의 단점

① 이미 존재하는 클러스터를 활용한다는 점에 활용성은 높지만 이미 존재하는 클러스터는 이질성을 전재로 하는 경우가 많다.

② 아무리 단계적으로 단순무작위로 선정해 나가더라도 집락(cluster) 자체가 이질적인 성격을 갖고 있기 때문에 표본의 대표성은 다소 낮다고 할 수 있다.

가령, 서울 시민 중 5천 명을 표집하기 위해서 행정체계 구역을 활용하여 집락표집을 한다고 하자. 이때 첫 번째 단계에서 25개 자치구 중 5개를 단순무작위로 뽑는다고 하자. 단순무작위로 뽑은 5개의 구(區)가 모두 강남 쪽에 있는 것이라면 나머지 단계를 아무리 단순무작위로 뽑는다 하더라도 5천 명은 모두 강남의 특성만 반영하게 된다. 이럴 경우에는 강남과 강북을 층화하여 추출한 후 그 안에서 집락표집을 하는 것이 바람직하다.

제2절　확률표집 시 주의점

용어상 확률표집은 모집단에서 표본으로 추출될 때 확률에 기반한다고 하지만 모집단의 성격에 따라 차이가 나타날 수 있다. 그렇기에 모집단을 잘 반영하는 표본을 추출하기 위하여는 확률표집을 사용하더라도 적절한 방법과 절차를 따라야 한다.

① 여러 확률적 표집방법 중 하나만 사용하는 것이 아니라 모집단이 가지고 있는 성질에 따라 여러 개를 조합하여 사용하는 것이 바람직하다.
② 일반주택 지역의 경우 주소지(지번)를 이용하여 집락표집을 하는 것이 유리하다.
③ 아파트 지역은 동, 호수 등이 일정하게 배열되어 있다는 점을 이용하여 계통적표집을 하는 것이 유리하다.
④ 아파트 지역과 일반주택이 같이 있는 지역이라면 아파트 지역과 일반주택 지역으로 층화한 후 아파트 지역에는 계통적표집을 활용하고, 일반주택 지역에서는 집락표집을 활용할 수 있다.
⑤ 층화할 성질(기준)이 있는지에 따라 적절하게 층화하는 것이 바람직하다. 생활보호대상자와 일반주민, 기관 이용자와 비이용자, 프로그램 참가자와 비참가자 등은 사회복지조사에서 층화하는 데 고려하는 요소들이다.
⑥ 어떤 조합을 사용하든 **최종적인 부분에서 반드시 확률적인 방법을 활용**해야 확률표집으로서 대표성을 주장할 수 있다.
⑦ 층화하다가 층화된 **집단이 너무 적을 경우에는 전수조사**를 하는 것이 바람직하다.

01 다음에 해당하는 표집방법은?

> 성인의 정치의식을 조사하기 위해 소득을 기준으로 최상, 상, 하, 최하로 구분한 다음, 각각의 계층이 모집단에서 차지하고 있는 비율에 맞추어 1,500명의 표본을 4개의 소득계층별로 무작위표집하였다.

① 층화(stratified)표집　　　② 군집(cluster)표집
③ 할당(quota)표집　　　④ 체계적(systemic) 무작위표집
⑤ 단순(simple) 무작위표집

해설 소득을 기준으로 층화하고 있다. 각 층에서 단순무작위로 추출하였으므로 층화표집이다. 더 엄밀하게 구분한다면 각 층이 차지하고 있는 비율을 반영하여 표집하고 있으므로 층화표집 중에서도 비례층화표집이라고 할 수 있다.　　　정답 ①

02 변수를 중심으로 집단 내에서 추출한다. 다음에 해당하는 표집방법은?

> 가. 층화표집　　　나. 집락표집
> 다. 할당표집　　　라. 임의표집

① 가, 나, 다　　　② 가, 다
③ 나, 라　　　④ 라
⑤ 가, 나, 다, 라

해설 집단을 활용하여 표집하는 것으로는 층화표집, 집락표집, 할당표집이 있다. 층화표집은 모집단에 있는 어떤 특성으로 나누어지는 집단을 활용하여 확률적으로 표집하는 것이다. 집락표집은 이미 존재하고 있는 집단(cluster)을 활용하여 확률적으로 표집하는 것이다. 할당표집은 층화표집과 성질이 같은데 확률이 아니라 임의로 표집하는 것이다. 즉 비확률표집방법이다. 그런데 집단을 기반으로 추출한다는 점에서는 공통점을 갖는다.　　　정답 ①

Chapter 16 비확률표집

제1절 비확률표집의 개념 및 종류

표본조사를 하는 이유는 모집단을 대표하는 표본을 추출하기 위해서이다. 그러기 위해서는 확률적인 방법으로 표본을 추출해야 한다. 하지만 실제 연구에 임하다 보면 확률표집하는 것이 쉬운 일이 아니다. 연구자들은 어쩔 수 없이 확률을 반영하지 못하고 표본을 추출하게 되는데 이런 경우를 비확률표집이라고 한다. 비확률표집은 모집단을 대표하는 성질은 갖지 못하기 때문에 모수에 대한 추정이나 일반화에 적용할 수는 없다. 하지만 간주관성이 있기 때문에 비확률표집으로 조사한 것 역시 과학적인 방법으로 조사한 것으로 인간과 사회에 유용한 자료가 된다.

1. 비확률표집의 개념

① 모집단에서 표본을 추출할 때 개념적으로 확률적인 방법이 아닌 다른 방법으로 표본을 추출하면 모두 비확률표집이라고 한다.
② 확률적인 방법을 활용하지 못했기 때문에 추출된 표본은 **모집단을 대표할 수 없다**. 따라서 연구결과를 모집단에 **일반화를 할 수도 없다**.
③ 그럼에도 불구하고 **간주관성(Inter-subjectivity)이라는 성질** 때문에 **연구가치**가 있다. 실제로 사회복지연구는 비율적으로 볼 때 비확률표집을 통한 조사가 훨씬 더 많다.

| core | 간주관성(inter-subjectivity) |

'간주관성'은 원래 현상론 학자인 후설(Edmund Husserl)에 의하여 주장되었다. 일반적으로 인간들 개인이 가지고 있는 것을 주관이라고 하여 객관적인 것에 반하는 것으로 이야기한다. 하지만 객관적이라는 것도 결국은 인간들의 주관적 합의에 의해서 이루어지는 것이다. 이런 점에서 주관적이라는 것은 단지 주관적인 것에만 머무는 것이 아니라 그것들 사이에서 또 다른 요소, 즉 공통의 요소들이 발견될 수 있으며 이것들은 학문의 대상이 될 수 있는 것이다. 이를 간주관성(Inter-subjectivity)이라고 하며, 상호주관성이라고도 한다. 사람들 사이에서 면면히 흐르는 공통적인 것이라고 볼 수 있다.

④ 따라서 비확률표집으로 조사를 하더라도 연구자는 최대한 모집단과 비슷하게 표집하려는 노력을 해야 한다. 연구자의 의도가 가미된 표본은 연구를 왜곡할 수 있기 때문이다.

⑤ 대표적으로 편의표집, 판단표집, 할당표집, 눈덩이표집이 있다.

2. 비확률표집의 종류

1) 편의표집

① 연구자 상황에서 손쉽게 선정이 가능한 대상자를 표집하는 것을 편의표집이라고 한다.

② 연구자가 자신의 입장에서 임의로 표집하는 것으로 **임의표집**이라고도 하며, 우연히 표집되어서 **우연표집**이라고도 한다. 단, 이때 우연이라는 것은 무작위의 개념이 아니다. 어떤 목적하에 표집된 게 아니라는 의미이다.

  cf. '나는 어떤 의도도 가지지 않고 임의로 표집했어!'는 무슨 뜻인가? 이는 표집은 편하게 비확률표집으로 했다는 의미이다.

  cf. '임의로 무작위표집을 하였다'는 말은 어떤 의미인가? '임의'와 '무작위'라는 말은 함께 사용할 수 없다. '임의'라는 말에는 알게 모르게 '작위'라는 개념이 들어있기 때문이다. 따라서 '임의로 무작위표집을 하였다'고 하는 경우 표집에 대한 이해가 없이 사용하는 말이다.

③ 사례연구를 하거나 모집단에서 확률로 표집을 하기 어려울 때 사용한다.

④ 시간표집, 공간표집, 이용자표집 등이 있다.

  시간표집은 일정한 시간에 표집했다는 의미이다. 가령 출근시간에 사람을 만나기 가장 쉬워서 출근시간에 표집했다면 시간표집이다.

  공간표집은 일정한 공간을 기준으로 표집했다는 의미이다. 가령 지하철 역 앞이 사람이 가장 많이 모이기 때문에 지하철 앞에서 표집을 했다면 공간표집이다.

  이용자 표집은 말 그대로 기관이나 프로그램의 이용자를 대상으로 표집했다는 의미이다.

2) 목적표집

① 연구자의 **연구의도에 적합한 대상을 선정**하여 표집하는 것을 목적표집이라고 한다.

② 가령 그룹홈청소년을 대상으로 연구한다면 청소년 전체를 표집할 필요가 없다. 그룹홈에 거주하고 있는 청소년만 찾아가서 표집을 하면 된다. 굳이 전체 청소년을 표집한 후 그 중에서 그룹홈에 사는 청소년만 따로 구분하는 번거로움을 가질 필요가 없다.

③ 여러 대상자 중 연구자가 연구하고자 하는 것을 잘 반영하는 표집으로 **유의표집**이라고도 한다.

④ 또한 연구자가 생각할 때 연구에 맞는다고 판단하고 표집하기 때문에 **판단표집**이라고도 한다.

⑤ 통상 탐색적인 조사에 많이 활용된다.

⑥ 또한 타당성을 조사하는 조사의 사전조사로 많이 활용한다.

3) 할당표집

① 이 표집은 확률표집의 층화표집과 유사한 성격을 갖는다.

② 모집단 안에서 나타나는 어떤 성질에 따라 분류하여 집단을 구분하고 그 안에서 표집하는 것이다.

③ 다만 이때 층화표집처럼 확률적인 방법이 아니라 할당된 만큼만 표집하면 된다. 할당된 만큼을 표집할 때는 임의로 표집한다.

④ 할당된 만큼을 표집하기 때문에 할당표집이라고 하는 것이다.

⑤ 표집하다가 할당된 수가 넘으면 표집을 멈추면 된다.

⑥ 이는 모집단 속에 있는 어떤 특성을 표집에 반영하고자 할 때 사용할 수 있다.

4) 눈덩이표집

① 눈덩이 표집은 연구자가 **연구대상자를 선정하기 어려울 때** 사용한다. 즉 연구자가 조사대상자에게 접근하기 어려운 경우 사용하는 방법이다.

② 연구자는 일단 아주 적더라도 연구목적에 맞는 대상자를 찾아내 조사를 실시한다. 조사가 끝난 후 **대상자가 가지고 있는 관계망을 활용**하여 표집하는 것이다.

③ 즉 조사를 마친 사람에게 다음 조사할 사람을 소개받는다.

④ 이렇게 해서 샘플수를 점점 늘려나간다. 마치 작은 눈덩이를 굴려서 큰눈덩이가 되게 하는 것 같다고 하여 눈덩이표집이라고 한다.

⑤ 또한 연속적인 소개를 통하여 표집을 하므로 **연쇄소개표집**이라고도 한다,

⑥ 양적연구에서 사용이 불가능한 것은 아니지만 양적연구보다는 주로 질적연구에서 많이 사용하는 표집방법이다.

제2절 비확률표집 시 주의사항

비확률표집이라고 해서 아무렇게나 표집하는 것으로 착각해서는 곤란하다. 확률표집을 하기가 어려워서 비확률표집을 하지만 어쨌든 과학적인 조사이다. 따라서 비확률로 표집하더라도 최대한 모집단을 잘 반영하기 위한 노력을 해야 하는 것이다.

① 표본조사를 할 때는 표본이 대표성을 갖도록 가능한 확률표집을 하는 것을 원칙으로 해야 한다.
② 사정상 비확률표집을 하게 되더라도 최대한 모집단과 비슷한 표집을 하려고 노력해야 한다. 편향된 대상자를 통하여 얻은 정보나 분석결과는 아무리 간주관성이 있다 하더라도 편향된 성격을 갖기 때문이다.
③ 특수한 계층의 사람을 대상으로 할 경우 전수조사를 하는 것도 고려해 보아야 한다. 특수한 계층의 경우 수가 적은 경우가 많기 때문이다. 수가 적을 경우에는 확률이든 비확률이든 표집절차를 밟는 것보다는 전수조사를 하면 표집문제에서 벗어날 수 있다. 전수조사는 표본의 대표성 논란이 일어나지 않기 때문이다.
※ 확률표집이든 비확률표집이든 표본추출의 생명은 최대한 모집단과 동일하도록(비슷하도록) 표집하려고 노력하는 데 있다.

01 표집에 관한 설명으로 옳지 않은 것은?

① 의도적표집(purposive sampling)은 비확률표집이다.

② 할당표집(quota sampling)은 동일추출확률에 근거한다.

③ 눈덩이표집(snowball sampling)은 질적연구나 현장연구에서 많이 사용된다.

④ 집락표집(cluster sampling)은 모집단에 대한 표집틀이 갖추어지지 않더라도 사용 가능하다.

⑤ 체계적표집(systematic sampling)은 주기성(periodicity)이 문제가 될 수 있다.

해설 할당표집은 비확률표집이다. 따라서 동일추출확률에 근거하지 않는다.　　정답 ②

02 다음 사례에 해당하는 표집방법은?

> 서울의 지역사회복지관에 근무하는 종사자의 직무만족도를 조사하기 위하여 설문조사를 실시하였다. 표본은 서울시 각 구별 복지관 종사자 비율에 따라 결정된 인원 수를 작위적으로 모집하였다.

① 할당표집　　　　　　　　　② 군집표집

③ 계통적(systemic random) 표집　　④ 비비례층화표집

⑤ 눈덩이표집

해설 각 구별로 종사자 비율을 반영하였다. 따라서 서울시 전체에서 뽑은 게 아니라 그 안에 있는 구라는 집단(층)을 활용한 것이다. 그런데 작위로 뽑았다고 한다. 작위로 뽑았다는 것은 확률을 사용하지 않았다는 의미이다. 결국 할당표집을 가리킨다. 만약 무작위로 뽑았다면 층하표집이라고 할 수 있으며, 더 구체적으로는 비율을 반영했으므로 비례층화표집이라고 할 수 있다.　　정답 ①

Chapter 17 설문조사의 방법

제1절 조사방법의 결정

사회조사는 결국 어떤 방법으로 조사하는가에 따라서 자료를 수집하게 된다. 따라서 각 조사방법에 대해서 숙지할 필요가 있다. 특히 대별되는 조사방법에 대해 그 장단점을 파악하고 조사내용과 조사대상자에 맞는 방법을 결정해야 한다.

1. 질적조사 vs 양적조사

1) 질적조사와 양적조사의 결정

① 질적조사와 양적조사는 이미 연구의 패러다임이 다르다는 것을 학습했다.
② 따라서 어떤 것이 더 과학적인가라는 것은 의미가 없다.
③ 조사하고자 하는 내용의 특성에 따라 연구방법을 결정해야 한다.

2) 양적조사의 특성

① 통계적인 기법을 활용한다.
② 일반적으로 연역법적인 방법을 활용한다.
③ 양적조사는 가설을 세우게 되며 **변수 간의 관계에 대해서 밝히는 연구가 주를 이룬다.**
④ 양적연구는 일반적으로 **일반화를 추구**한다. 따라서 자신의 연구를 **보편적으로 적용**하고자 한다면 양적연구방법을 선택해야 한다.

⑤ 당연히 양적연구에서 다루는 정보는 **계량적인 정보**이다.

⑥ 계량적인 정보이기에 통계프로그램을 활용하여 분석하게 되며, 계량적인 정보에 대해서 **일목요연하게 자료를 정리**할 수 있다는 특징이 있다. 또한 **통일성 있는 자료의 정리**가 가능하다.

⑦ 그러므로 다른 사람과 의견을 교환할 때 비교적 수월하게 교환할 수 있다. 즉 **피드백이 용이**하다. 통계적인 정보는 어떤 학문분야, 어떤 연구자가 다루더라도 동일하기 때문이다. 또한 분석의 결과가 제공되는 정보도 서로 이해하기 쉽다.

⑧ 양적연구는 연구설계와 자료수집이 다소 어렵지만 자료가 수집된 이후에는 분석이 일사천리로 진행되는 특징이 있다. 그래서 **비교적 짧은 기간에 연구**가 가능하다.

3) 질적조사의 특성

① 질적조사는 특정 사안에 대하여 **심층적인 연구**를 하게 된다.

② 질적연구는 일반화 자체를 목표로 하지 않는다.

③ 질적연구는 **임상적 특성이 반영**된 연구라고 할 수 있다. 즉 실천현장을 들여다보는 연구이다.

④ 질적연구에서 다루는 **자료는 계량적인 것이 아니라 질적인 것**이다. 질적자료는 여러 과정을 통하여 다양하게 창출될 수 있는데 보통 질적연구에서 자료를 생성하는 방법으로 사용하는 것은 **인터뷰(면접)와 관찰**이다.

⑤ 질적조사는 연구설계 자체는 양적조사보다 비교적 간략하다. 양적설계는 직선적인 반면 질적연구설계는 인터뷰하면서 방향이 정해지기도 하는 등 **나선형적인 구조**를 갖고 있다.

⑥ 질적연구는 **일목요연한 자료 정리가 이루어기 어렵다.** 왜냐하면 연구자마다 저마다의 방법으로 분석을 하기 때문이다. 통계프로그램은 자료를 일정한 방법에 의해서 처리하지만 질적연구는 질적연구자 자체가 분석도구가 되기 때문에 독특한 분석을 하게 된다.

⑦ 그러므로 질적연구는 **연구자 자체가 연구에 참여하는 성격**을 가진다.

⑧ 질적연구는 자료를 분석하는 과정에서 **시간이 오래 걸린다.** 관찰하는 대상(인물, 행동, 현상)에 따라서 관찰기간이 오래 걸리기도 한다. 따라서 일반적으로 양적연구보다 오래 걸리는 특성을 갖는다.

⑨ **자료분석과 자료수집이 동시에 이루어지는 특성**이 있다. 즉 인터뷰한 다음 바로 분석이 들어가고, 동시에 다음 인터뷰를 진행하게 된다.

⑩ 동일한 자료라 하더라도 **연구자마다 다르게 해석할 수 있다.** 즉 어떤 현상에 대해서 모두가 수긍하는 통일된 결론을 내릴 수 있는 연구방법이 아니다. 그보다는 심층적인 내용을 다루는 것이다.

⑪ 질적연구는 변수 간 관계를 연구하는 것이 아니다.

2. 자기 기입식 vs 조사원 기입식

① 자기 기입식이란 조사대상자가 직접 기입하는 것이다.

② 조사원 기입식이란 조사원이 조사대상자의 의견이나 행동을 보면서 대신 기입하는 것을 의미한다.

③ 자기 기입식과 조사원 기입식은 다음과 같은 특성을 갖는다.

	자기 기입식	조사원 기입식
조사시간	짧다	길다
투입인력	적다	많다
조사비용	적게 든다	많이 든다
응답자 편의	가능성이 높다	가능성이 적다
조사성공율	낮다	높다
신뢰성	떨어진다	높은 편이다
질문가능성	없는 편이다	질문이 가능하다
조사원개입	가능성이 적다	가능성이 높다
주대상	청소년, 성인	아동, 노인

3. 직접조사 vs 2차 자료 분석 vs 내용분석

1) 직접조사

① 군이 구분하자면 1차 자료를 조사하는 것이다.

② 이는 연구자가 직접 자료를 생성하여 분석하는 것이다.

③ 연구자가 직접 자료를 생성하기 때문에 연구자의 의도에 맞는 자료를 생성할 수 있다는 장점이 있다.

④ 반면 자료를 생성하는 데 드는 시간, 비용, 노력이 필요하다.

⑤ 따라서 세운 가설을 검증하는 데 실패할 경우 연구자에게 데미지가 클 수밖에 없다. 그만큼 자료생성에 들어가는 노력이 크기 때문이다.

2) 2차 자료분석

① 1차 자료는 연구자가 연구를 위하여 자료를 직접 생성하는 것을 말한다. 흔히 사회과학에서는 서베이를 통하여 자료를 생성하게 된다. **2차 자료는 기존에 있는 자료들을 취합**하여 분석에 활용하는 것을 의미한다.

② 설문조사보다 **자료수집이 용이**하다. 사람을 만나서 조사하는 것은 결코 쉬운 일이 아니다. 반면 2차 자료는 대부분 기존 문헌에 나타난 자료들을 취합하여 재가공하는 것이므

로 자료수집 자체는 어렵지 않다. 요즘은 웬만하면 자료를 인터넷으로 찾을 수 있기 때문이다.

③ 설문조사는 체계적 오류 등에서 자유로울 수 없으나 2차 자료조사는 그런 위험이 거의 없다. 즉 대상자에게 영향을 줄 여지가 없다.

④ 자료수집에 있어 **비용이 크게 들어가지 않는다.**

⑤ 하지만 기존의 자료들은 **연구자가 원하는 형태대로 있는 게 아니다.** 이것이 최대의 단점이다.

⑥ 어떤 방법이든 데이터를 가공해야 하는데 이는 쉬운 일이 아니다.

⑦ 예를 들어 이해하면 보건복지백서, 청소년백서 등 자료를 활용하여 복지의 경향을 파악할 수 있다.

⑧ 패널데이터의 경우 자신이 만든 게 아니라는 입장에서는 2차 자료라고 할 수 있지만 이는 분석을 전제로 데이터를 수집한 것이기 때문에 1차 자료라고도 할 수 있다. 즉 어떤 관점에서 보는가에 따라 다르게 볼 수 있다.

3) 내용분석

① 내용분석은 주로 이미 발표된 자료들에 나타난 언급에 대해 분석하는 것이다.

② 가령 우리나라에서 '사회복지'라는 용어를 어떤 의미로 사용했는지를 연구하기 위해서 일제시대, 해방기 및 미군정, 1960년대, 1970년대, 1980년대 이후 언론에 보도된 사회복지와 관련된 용어들을 수집하여 분류하여 그 의미를 제시할 수 있다.

③ 이미 있는 언급을 활용하는 것이므로 **2차 자료와 같이 체계적 오류가 개입될 가능성이 없다.**

④ 내용분석의 가장 큰 장점은 **양적연구와 질적연구를 병행**할 수 있다는 점이다. 앞의 예에서 각 시기별로 특정 단어가 사용된 빈도를 카운트하면 양적자료가 된다. 그런가 하면 그 말이 어떤 의미로 사용되었는지 맥락을 보게 되면 질적연구가 된다.

제2절 서베이의 여러 방법

서베이로 조사할 경우 여러 방법이 가능하다. 가장 대표적인 우편조사에서부터 시작해서 면접조사, 방문조사, 전화조사, 인터넷조사 등 다양한 방법이 있다. 그리고 각 조사방법이 갖는 특성이 있다. 이에 대해서 장단점을 잘 구분하여야 조사설계 및 조사실행에 활용할 수 있다.

1. 서베이의 개념

① 원래 서베이(survey)라는 말은 '조사하다', '연구하다'는 의미이다.

② 그런데 연구방법에서는 일반적으로 설문조사를 하는 경우를 특정하여 서베이라고 표현한다.

③ 즉 질적연구를 할 경우 서베이한다고 하지 않는다.

④ 이는 서베이(survey)라는 단어는 '측량하다'라는 의미와 함께 '어떤 것을 알아보기 위하여 같은 질문을 여러 사람에게 물어본다'는 의미로 파악하기 때문이다.

⑤ 따라서 서베이는 일정한 틀이 있는 조사지를 바탕으로 여러 사람에게 동일한 것을 묻는 것을 의미한다.

⑥ 일정한 틀이 있어서 통계적으로 정리하는 데 효율적인, 양적인 연구방법이라고 할 수 있다.

2. 서베이의 방법

1) 면접조사

① 가장 널리 사용되는 방법이다. 연구자 또는 조사원이 조사대상자를 직접 만나 정해진 질문을 하는 것이다.

② 가장 큰 장점은 조사대상자가 조사과정에서 **궁금한 점을 언제든지 질문할 수 있다**는 점이다. 즉 서로 상호작용을 할 수 있다.

③ 그러나 이것은 단점이 될 수도 있는데 조사원이 영향력을 미칠 경우 자료가 왜곡될 수도 있다. 이 경우 체계적 오류가 발생한다.

④ 따라서 조사원을 활용하는 경우 조사원에 대한 관리가 필요하다.

2) 전화설문조사

① 전화를 이용하여 설문조사를 하는 것이다.

② 통화료가 비교적 저렴하기 때문에 **저렴한 비용**으로 조사가 가능하다.

③ **확률표집**을 할 수 있는 장점도 있다.

④ **많은 양의 질문을 실시할 수 없다**는 단점이 있다. 전화조사는 한정된 질문밖에 할 수가 없다.

⑤ 정책, 선거 등과 같이 **이슈가 되는 사안에 대한 조사**에 유용하다.

⑥ 이때 중요한 것은 편향되지 않은 표집을 하는 것이다. 그래서 요즘은 RDD방식, 임시번호부여 방식 등이 활용되고 있다. 또한 핸드폰과 일반전화의 비율을 고려하여 조사하기도 한다.

⑦ 현재 선거나 정책 등에 대해서 발표되는 전화조사 결과는 그 신뢰도가 높다.

⑧ 초기 라포형성이 중요하다.

3) 우편조사

① 가장 보편적으로 사용되는 조사방법이다. 설문지를 우편물로 발송하고 설문 후 우편으로 반송을 받는 것이다.

② 회수율이 낮다는 단점이 있다. 따라서 회수율을 높일 수 있는 방법을 강구해야 한다.

③ 신뢰성이 떨어질 수 있다. 조사대상자가 응답하는지 다른 사람이 응답하는지 연구자는 알 수가 없다.

④ 연구자나 조사원이 앞에 있는 것이 아니기 때문에 조사대상자가 질문을 할 수 없다.

4) 배포 후 수거조사

① 설문지를 배포해 놓고 일정 기간이 지난 후 회수하러 가는 방법이다.

② 또는 여럿이 모여 있는 곳에 설문지를 배포하고 그 자리에서 회수하는 방법이 있다. 이 경우 청소년 조사에 많이 활용된다.

③ 배포 후 수거조사는 설문지 회수율을 높일 수 있다.

5) 인터넷조사

① 전국단위 조사가 가능하다.

② 짧은 시간에 조사가 가능하다.

③ 분석 프로그램과 연동할 경우 분석결과를 실시간으로 파악할 수 있다.

④ 인터넷 인프라가 발달되어 적은 비용으로 조사가 가능하다.

⑤ 다만 인터넷 활용에 대한 기술력이 있어야 한다.

⑥ 또한 인터넷을 활용하지 않는 대상층에 대해서는 조사가 어렵다. 즉 조사에서 배제되기 쉽다. 그러므로 표본의 대표성에 문제가 제기될 수 있다.

⑦ 스마트폰을 활용하여 조사하는 경향이 높아지고 있다.

01 내용분석에 관한 설명으로 옳지 않은 것은?

① 반응적(reactive) 연구방법이다.
② 서베이(survey) 조사에서 사용하는 표본 추출방법을 사용할 수 있다.
③ 연구과정에서 실수를 하더라도 재조사가 가능하다.
④ 숨은 내용(latent content)의 분석이 가능하다.
⑤ 양적분석과 질적분석 모두 적용 가능하다.

> **해설** 내용분석은 직접조사는 것이 아니기에 비반응적 연구이다.　　　　　　　　정답 ①

02 2차 자료분석에 관한 설명으로 옳은 것을 모두 고른 것은?

> ㄱ. 비관여적 방법이다.
> ㄴ. 관찰대상에 대한 연구자의 영향이 크다.
> ㄷ. 통계적기법으로 자료의 결측값을 대체할 수 있다.
> ㄹ. 신뢰도와 타당도에 관한 문제는 발생하지 않는다.

① ㄱ　　　　　　　　　　　　　② ㄱ, ㄷ
③ ㄱ, ㄷ, ㄹ　　　　　　　　　　④ ㄴ, ㄷ, ㄹ
⑤ ㄱ, ㄴ, ㄷ, ㄹ

> **해설** 2차 자료분석은 기존에 있는 자료들을 모아서 연구자가 재가공하여 분석하는 것이다. 따라서 연구자가 대상자에게 관여하지 않는 연구방법이다. 연구자가 관여하지 않기 때문에 연구자의 영향이 미치지 않는다. 통계적기법으로 결측값을 대체할 수 있는 경우는 연구자가 직접적으로 1차 자료를 생성했을 경우이다. 신뢰도와 타당도의 문제는 2차 자료에서도 중요하다.
> 　　　　　　　　　　　　　　　　　　　　　　　　　　　　　　　　　　정답 ①

조사원 모집과 관리

학습Key포인트

○ 비표집오차의 개념을 설명할 수 있다.
○ 비표집오차에 가장 큰 영향을 미치는 요인을 제시할 수 있다.
○ 조사원 활용의 장점과 주의점을 설명할 수 있다.

제1절   조사원 모집

사회조사를 실행할 때 연구자 혼자서 자료를 생성하는 데는 시간적인 한계가 있다. 이때 연구자는 조사원을 활용하여 자료를 수집하게 된다. 그런데 조사원의 자질에 따라서 자료의 생성은 여러 면에서 영향을 받게 된다. 생성된 자료가 정확하여야 그 자료를 가지고 분석한 결과를 사회복지실천에 적용할 수 있는 것이다. 따라서 어떤 조사원을 모집하여 운영할 수 있는가가 사회복지사의 자질이 되기도 한다.

1. 조사원의 중요성

① 비표집오차에 가장 크게 영향을 주는 두 가지 요소는 설문지와 조사원이다.

core   오차의 종류

- 오차의 종류는 크게 표집오차와 비표집오차로 구분할 수 있다.
- 표집오차는 말 그대로 표집하는 과정에서 나타나는 오차로 통계적인 오차라고 할 수 있다. 표집오차에 대한 조정은 통계적으로 이루어진다. 즉 신뢰수준을 낮추거나 아니면 샘플수를 늘리는 등의 방법으로 조정할 수 있다.
- 비표집오차는 통계 외적인 부분에서 나타나는 오차이다. 주로 설문지가 잘못 구성되었을 때나 조사원이 개입하여 오차를 만드는 경우가 여기에 해당한다. 문제는 비표집오차는 통계적인 방법으로 조정할 수 없다는 데 있다. 그러므로 아예 발생할 수 있는 상황 자체를 만들지 않아야 한다. 즉 설문지에 오류가 없게 하거나 조사원이 오류를 범하지 않도록 하는 것이 중요하다.

② 설문지는 연구자가 얼마나 신경을 쓰고 주의를 기울이는가에 따라 정확성을 기할 수 있다. 설문지 오류로 생성하는 자료 자체가 오류를 담지하게 해서는 곤란하다. 조사하겠다는 마음만 앞서다 보면 설문지 자체에 오류가 있는 것을 발견하지 못할 때가 많다. 철저한 설문지 작성 과정을 거치는 게 필요하다.

core   **설문지 작성 과정으로서의 사전조사**

사전조사는 설문지 작성을 모두 마친 후 최종적으로 점검하는 과정이다. 이때 소수의 조사대상자 및 조사대상자와 비슷한 사람들에게 사전조사를 통하여 설문지 오류를 최종적으로 걸러내는 작업을 해야 한다. 연구자가 볼 수 없는 문제들이 사전조사하는 가운데 질문 등으로 드러나게 되는데 이를 잘 수정하고 반영하여 설문지의 완성도를 높여야 한다.

③ 조사원이 미치는 영향은 연구자가 통제할 수 없는 경우도 있다. 엄밀히 말해 조사원은 조사현장에서 연구자를 대신하기 때문이다. 조사원이 의도적으로 조사대상자와 상호작용을 주고 받는 것에 따라서 조사결과에 특정한 패턴으로 오류가 나타날 수 있다. 따라서 조사원이 미치는 영향에 대해서 가볍게 생각해서는 곤란하다.

④ 반면 경험 많고 유능한 조사원은 객관적인 자료를 수집해 온다. 그러므로 유능한 조사원을 계속 활용하는 것은 연구자에게 중요한 문제가 된다.

⑤ 조사원은 소진되기가 쉽다. 사람을 대상으로 하기 때문에 그렇다.

⑥ 이런 점들을 고려하면 조사원에 대해서 모집과 관리에 관심을 가져야 한다.

2. 조사원 모집과 교육

1) 조사원 모집

① **유급조사원**을 활용한다면 여러 가지 장점이 있다.

유급조사원은 조사에 대해 비용을 받기 때문에 **조사에 대한 책임감이 강하다.**

유급조사원은 또한 **조사에 대한 경험**이 있기 때문에 유급으로 활동하는 것이다. 조사에서 경험이 있다는 것은 객관적이 자료를 만들어 내는 데 중요한 요소가 된다.

따라서 유급조사원을 활용할 경우 **조사과정이 무리 없이 진행될 가능성**을 높여준다.

② 현실적으로 사회복지를 담당하는 시설이나 기관은 재정적으로 유급조사원을 활용하기 어려운 경우가 많다. 대개 자원봉사자를 조사원으로 활용하게 된다. 자원봉사자의 경우 열정은 남다르지만 조사에 대한 기본지식이 없을 수 있다. 따라서 조사에 처음 투입되는 자원봉사자의 경우 조사대상자에게 불편을 주거나 주어진 상황에서 유연하게 대처하지 못하는 경우가 있을 수 있다. 따라서 되도록 자원봉사자를 활용하더라도 **조사경험이 있는 자원봉사자를 모집하는 것이 필요**하다. 아울러 조사원에 대한 교육 또한 필수

적이다.

③ **아주머니 조사원**의 경우 무급이더라도 유급조사원만큼 조사를 실행하는 특성이 있다. 이는 아주머니들이 갖는 독특한 친화적인 분위기 때문에 가능한 것 같다. 즉 아주머니들은 독특하게 가지고 있는 라포형성 능력이 있다.

④ **사회과학 분야를 전공하는 대학생**을 조사원으로 활용하는 경우 학과특성으로 인하여 비교적 조사에 높은 성공률을 보이기도 한다. 사회과학 분야의 학과에서는 대개 사회조사에 대한 학과목이 개설되어 있다. 따라서 학생들은 다른 학과 학생보다 조사에 대해서 관심이 있다. 사회과학 분야의 학생들은 조사환경에 보다 친밀한 경우가 많기 때문에 도움이 되기도 한다.

⑤ 유급이든 자원봉사자이든 유능한 봉사자 조사원이 지속적으로 참여할 수 있도록 하는 것은 결국 **관리(management)**에 달린 것이다. 사회복지사가 어떻게 조사원을 관리했는가에 따라 그 사회복지사나 또는 그 사회복지사가 속한 기관에서 실시하는 사회조사에 참여하고자 하는 생각이 마음에 남기 때문이다.

2) 조사원 교육

① 조사를 성공적으로 완수하려면 **조사원에 대한 교육은 필수적이다.** 설령 유급조사원이나 경험이 많은 조사원이라 할지라도 조사원에 대한 교육은 반드시 참여하도록 해야 한다.

② 교육을 통하여 조사원들이 조사현장에서 조사대상자를 만났을 때 적어도 조사하는 것이 무엇인지는 알고 있어야 한다. 조사원이 무엇을 조사하는지 알고 있을 때 조사대상자들은 조사원을 신뢰하고 솔직한 응답을 하게 된다. 반면 조사원이 무엇을 조사하는지 잘 모를 경우 조사에 응하는 대상자들 역시 대충 응답하기 마련이다. 적어도 조사원이 이번에 실시하고 있는 조사가 무엇인지를 충분히 숙지하도록 해야 한다.

③ 그렇다고 해서 **조사원이 조사에 영향을 미치도록 해서도 곤란하다.** 조사에 대한 설명을 너무 세세하게 할 경우 조사원은 연구자가 바라는 결과를 만들어 주고 싶은 마음을 갖게 된다. 이렇게 될 경우 조사원은 현장에 나가서 은근히 그런 결론이 나오도록 유도를 하게 된다. 이렇게 조사한 결과는 유도한대로 결과가 나오지도 않을 뿐만 아니라 체계적 오류가 개입되어 자료가 오염되는 특징만 갖게 된다. 따라서 조사원에게 조사에 대한 교육을 하는 것은 필요하지만 조사원이 조사내용 자체에 그 어떤 영향도 미치지 않도록 교육하는 것도 중요하다. 즉 조사원이 조사에 영향을 미치도록 해서는 안 된다.

④ 조사과정에서 **조사대상자가 질문하는 것 등에 대해서 대처할 수 있도록 교육**해야 한다. 사전조사과정에서 질문이 많았던 문제는 되도록 질문이 나오지 않을 정도로 수정하는게 바람직하지만 경우에 따라서는 수정을 할 수 없는 경우도 있다. 이때 본조사에서도 이런 부분에 대해 또 질문이 나오기 마련이다. 따라서 연구자는 질문이 나올 문항들에 대해서 어떻게 대답해야 하는지 사전에 교육할 필요가 있다.

⑤ **안전사고에 대한 교육**을 해야 한다. 지역조사를 하다보면 사고가 자주 발생하는 지역이 있을 수 있다. 이런 지역이나 지형에 대해 교육을 통하여 숙지하도록 한다. 이렇게 사고에 대해서 예방하는 것이 필요하다. 아울러 부득이하게 사고가 일어났을 경우 어떻게 대처해야 하는지에 대해서도 교육하여야 한다.

⑥ 교육방법 중 효과적인 방법으로는 경험 있는 유능한 조사원과 신입조사원을 한 조가 되게 하여 일정기간 조사하게 하는 것이다. 이렇게 함으로써 자연스럽게 조사에 대한 현장교육이 이루어질 수 있다. 어느 정도 교육이 이루어지면 각각 분리하여 따로 조사를 실행하게 한다.

제2절　조사원 관리

조사원이 자료생성 과정에서 중요한 역할을 하는 것은 이미 언급했다. 그러므로 좋은 조사원을 모집하는 것도 중요하지만 이미 모집된 조사원을 어떻게 관리하는가도 사회복지사에게는 주요한 과업이 된다. 조사관리에는 반드시 조사원 관리가 들어가야 하기 때문이다. 또한 조사원을 어떻게 관리하는가에 따라서 조사원이 지속적으로 조사원으로 참여하게 되는가도 주요한 부분이다. 사회복지기관은 늘 조사를 하여야 하고, 조사할 때마다 조사원을 활용하여야 한다면 경험 있는 유능한 조사원을 활용하는 것이 바람직하기 때문이다. 경험 있는 유능한 조사원은 모집보다는 관리를 통하여 확보되는 것이다.

1. 조사일정 및 조사량 관리

① 조사일정에 따라 조사량이 계획한 대로 적절하게 들어오는지 관리해야 한다.

② 조사량을 관리하지 않을 경우 조사일정에 차질을 빚을 수 있다.

③ 조사원은 자신 때문에 조사가 늦어지나 싶어 자책감으로 조사원으로서의 활동을 포기하기도 한다. 조사량과 조사일정 관리는 원활한 조사진행을 위해서도 필요하지만 조사원이 조사기간 내내 봉사할 수 있도록 관리하는 차원도 되는 것이다.

④ 조사량이 조사일정에 비추어 보았을 때 확연하게 적은 지역(팀)에 대해서는 조사원을 더 투입해야 한다. 아울러 매일 확보해야 할 조사량이 완수되지 않을 경우 차라리 개인별 할당된 조사량을 줄여주고 조사원을 더 투입하는 것이 바람직하다.

⑤ 조사원은 봉사자이기 때문에 부득이한 일로 조사일정을 맞추지 못하는 경우가 있다. 이럴 경우 역시 조사원을 재조정 하는 등 긴급하게 대처해야 한다.

2. 스트레스 관리

① 조사현장에서 여러 사람을 만나다 보면 소진을 경험하게 된다. 특히 조사원이 현장에서 받는 스트레스는 소진의 원인이 된다. 따라서 스트레스를 해소할 수 있도록 적절한 보상이 주어져야 한다. 가장 좋은 보상은 **금전적인 보상**이지만 여러 가지 문제가 있을 수 있다.

② **상품권**은 현금과 같이 활용할 수 있다는 점에서 금전적 보상만큼이나 효과가 크다. 그러나 상품권 구입에 대한 비용이 고스란히 조사비용에 포함되어야 하는 문제, 즉 비용의 증가가 발생할 수 있다.

③ **우수조사원을 시상**하는 경우 사기가 진작될 수 있다. 조사원 중에는 조사에 재치가 있는 경우가 있다. 어려운 과정을 잘 대처한 경우 조사에 나가기 앞서 전체가 모이는 자리에서 간단한 시상을 하면 조사원은 스트레스를 이길 탄력성을 갖게 된다.

④ 조사원을 모집한 이후 조사가 끝날 때까지 조사원에게 맡겨놓는 것이 바람직한 것은 아니다. 너무 잦은 모임으로 조사원들이 불편해서도 안 되지만 조사기간 중 적절하게 전체가 모여서 **조사에 대해서 피드백을 나누는** 시간을 갖는 것도 중요하다.

⑤ 이때 **차를 마시는 시간**을 가져도 효과적이다. 조사원 전체를 대상으로 지역에 위치한 외부 카페에서 만나 차를 한 잔 하는 경우 연구원(사회복지사)과 조사원(자원봉사자) 간에 사적인 만남을 갖는 것 같은 느낌을 갖게 된다. 이럴 경우 친밀감이 더욱 높아지고 사회복지사가 부탁하는 일에 대해서 더욱 성실하게 하고 싶은 마음이 생기게 된다.

⑥ 조사원들의 활동을 **기관 소식지나 지역신문에 알리는 것**도 조사원에겐 뿌듯함을 주는 기회가 된다. 대개 조사원들은 자원봉사자들이다. 자원봉사자들의 경우 자신의 활동이 소식지나 지역신문에 알려질 경우 자신이 의미 있는 일에 쓰임 받는다는 생각을 갖게 되며, 사실이 그렇다. 이런 긍정적인 생각은 조사과정에서 쌓인 스트레스에 대해서 이겨나갈 내성을 갖게 해줄 것이다.

⑦ 조사원 중 리더십이 있는 사람을 선정하여 **조사평가회의에 참여할 기회**를 부여한다. 평가는 기관 내적인 일이다. 따라서 자원봉사자인 조사원이 참여할 자리는 아니다. 그런데 조사과정에서 실질적으로 대상자들을 직접 만난 사람은 조사원이다. 따라서 조사원 중 리더십이 있는 사람의 경우 평가에 참여하게 하여 실질적인 이야기를 평가에 담을 수 있도록 한다. 기관 내부 사람들끼리 모여야 하는 자리에 초대받아서 발언을 할 수 있다는 자체는 그 기관에 관심을 갖고 자원봉사하는 사람에게는 지속적인 봉사를 하게 되는 동인이 될 수 있다.

01 측정의 무작위오류(random error)에 관한 설명으로 옳은 것은?

① 응답자가 자신에 대한 이미지를 좋게 만들기 위해 응답할 때 발생한다.
② 타당도를 낮추는 주요원인이다.
③ 설문문항이 지나치게 많을 경우 발생하기 쉽다.
④ 연구자가 응답자에게 유도성 질문을 할 때 발생한다.
⑤ 일정한 양태와 일관성을 갖는 오류이다.

> **해설** 무작위오류는 비체계적 오류이며, 통계적으로 나타나는 오류이다. 이는 조사환경이 안정적이지 않을 때 발생한다. 설문문항이 많을수록 비체계적 오류는 줄어든다. 하지만 지나치게 설문문항이 많을 경우에는 오히려 집중하지 못하게 되어 무작위오류가 나타나게 된다. 연구자나 조사원이 응답자에게 유도성 질문을 할 때 발생하는 것은 체계적 오류이다. 또한 설문지 자체가 잘못 구성되어 같은 부분에서 오류가 나오는 것도 체계적 오류이다. 　　정답 ③

02 표집오차(sampling error)에 관한 설명으로 옳지 않은 것은?

① 표본의 선정과정에서 발생하는 오차이다.
② 표집방법에 따라 달라질 수 있다.
③ 동일한 조건이라면 표본크기가 클수록 감소한다.
④ 모집단의 크기와 표본크기의 차이를 말한다.
⑤ 동일한 조건이라면 이질적 집단보다 동질적 집단에서 추출한 표본의 표집오차가 작다.

> **해설** 표집오차는 모수와 표본값의 차이를 말한다. 이는 확률표집을 할 경우 동일확률추출의 원리에 따라 줄일 수 있다. 동질적 집단에서 표본이 추출될 때 차이가 적다는 걸 응용한 표집이 층화표집과 할당표집이다. 표본이 많아지면 그만큼 오차가 줄어드는 걸 의미한다. 　　정답 ④

자료의 분석

학습Key포인트 🔍

○ 추리통계와 기술통계를 구분하여 설명할 수 있다.
○ 영가설(귀무가설)을 설명할 수 있다.
○ 일종오류에 대해서 설명할 수 있다.

제1절   자료분석의 기초이해

설문지를 작성하여 조사대상자로부터 일정한 정보를 측정해 내면 이젠 분석을 할 준비가 된 것이다. 분석을 원활하게 진행하기 위해서는 분석과 관련된 기본적인 것들을 이해하여야 한다. 기술통계를 할 것인지 추리통계를 할 것인지, 추리통계를 하더라도 모수를 추정할 것인지 가설을 검정할 것인지 등을 알아야 분석을 실행할 수 있다. 아울러 분석에 필요한 통계적인 기술도 습득해야 한다.

1. 기술통계와 추리통계의 이해

1) 통계의 종류

① 기술통계(Description Statistics)

자료를 있는 그대로 기술(記述)하는 분석이다. 특히 인구학적 특성을 밝힐 때 있는 모습을 그대로 표현하기 위하여 기술통계가 사용된다.

빈도분석, 기술통계분석, 교차분석이 여기에 해당된다.

모든 분석을 할 때 기본적으로 하게 되는 분석이다.

척도와 관련하여 빈도분석은 명목형 척도, 기술통계는 수치형 척도에 해당된다. 교차분석은 명목형 척도와 명목형 척도를 교차테이블을 구성하여 분포를 알아보는 것이다.

② 추리통계(Inferential Statistics)

자료를 통하여 모집단을 추정하거나 가설을 검증하는 분석이다.

카이제곱 검정, t-test, ANOVA, 상관관계분석, 회귀분석 등이 여기에 속한다.

척도는 각 분석에 따라 다르게 설정된다. 가설을 어떻게 설정하는가에 따라 척도의 구성과 분석의 방법이 결정된다.

모수적 추리통계는 표본값으로 모수를 추정하게 되고, **비모수적 추리통계**는 모집단을 추정하지는 않고 통계적 유의성 검정을 통하여 가설을 검정한다.

2) 추리통계의 조건

① **모수적 추리통계**는 여건이 까다롭다.

확률표집을 하여야 하고 척도의 구성은 **등간척도 이상**이어야 한다. 수집된 자료 또한 **정규분포곡선**을 이루어야 한다. 이는 모집단을 추정하는 분석이기 때문에 까다로운 조건을 만족해야 한다.

② **비모수적 추리통계**는 모수적 추리통계처럼 까다로운 조건을 만족시키지 않아도 되며, 굳이 확률표집이 아니어도 가능하다. 또한 등간척도 이상이 아니어도 분석이 가능하다. 정규분포성도 원칙적으로는 요구되지만 모수적 추리통계처럼 엄격하게 요구되지는 않는다.

2. 정규분포곡선과 중앙값

1) 정규분포곡선

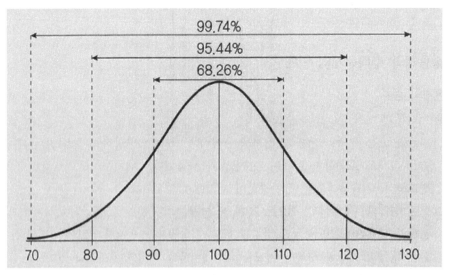

출처 : 고명석, 이수천(2016), 「사회복지조사론」, p. 258.

① 수집된 자료의 분포형상이 종을 거꾸로 엎어 놓은 것과 같은 모양이 된다.

② 봉우리를 기준으로 좌우가 대칭된다.

③ 이론적으로 완벽한 정규분포곡선을 이루면 중앙값들이 모두 일치한다.

④ 왜도와 첨도로 정규분포곡선을 평가한다.

⑤ 왜도(Skewness)는 좌우로 기운 정도를 의미한다. 기준이 0이기 때문에 0이 나오면 왜도는 가장 안정적인 것이다. 0을 기준으로 +값을 가지면 왼쪽으로 치우친 분포가 되고, -값을 가지면 오른쪽으로 치우친 분포가 된다. 절대값을 기준으로 보통 3안에 있으면 왜도를 만족한 것으로 본다.

⑥ 첨도(Kurtosis)는 뾰족한 부분의 높낮이 정도를 의미한다. 역시 기준은 0이다. +값을 가지면 뾰족한 정도가 날카로워지고 -값을 가지면 뾰족한 정도가 완만한 형태를 이룬다. 절대값을 기준으로 7안에 있으면 첨도를 만족하는 것으로 본다.

⑦ 표준정규분포를 이루었을 때 1표준편차 안에 68.26%가 분포하게 된다. 2표준편차 안에는 95.44%가 분포하게 된다. 3표준편차 안에는 99.74%가 분포하게 된다.

⑧ 이를 조정하여 표준값으로 1.96 안에 95%가 분포하게 되고, 2.58 안에 99%기 분포하게 된다. 이는 모수를 추정할 때 신뢰수준을 어느 정도에서 추정하는가에 사용된다.

2) 중앙을 나타내는 값들(중앙치)

① 평균(Mean): 더해서 n으로 나눈 값이다. 가장 일반적으로 사용하는 중앙값이다.

② 중위수(Median): 일렬로 나열했을 때 가장 가운데 있는 값이다.

③ 최빈값(Mode): 가장 빈도수가 많이 나타나는 값이다.

④ 완전한 정규분포곡선을 이루게 되면 이 세 값은 동일한 값으로 일치한다.

⑤ 평균을 나타낼 때는 항상 표준편차(sd.)와 함께 나타낸다. 표준편차는 평균으로부터 떨어져 있는 값을 의미하는데 표준편차가 적을수록 자료의 밀도가 높다고 할 수 있다.

eg. 다음의 두 반은 모두 평균이 50이다. 그렇다면 어느 반의 성적이 더 높은가?

A반	B반
100	51
0	49
100	49
0	51
Mean 50	Mean 50

겉으로 볼 때 평균은 모두 50이므로 동일한 수준의 학습능력을 가졌다고 할 수 있다. 그러나 분산의 정도를 보면 A반은 50, -50, 50, -50이 된다. 이를 제곱하여 더한 후 4로 나누고 다시 제곱근을 벗기면 50이 된다. 즉 표준편차(sd.)는 50이다. 반면 B반은 1, -1, -1, 1이 된다. 역시 제곱을 하여 더한 후에 4로 나눈 값의 제곱근을 벗기면 1이 된

다. 표준편차(sd.)는 1인 것이다.

결국 A반은 50점의 널뛰기를 하고 있고 B반은 1점의 널뛰기를 하고 있다. 따라서 평균 50의 의미가 더 정확한 것은 B반이라고 할 수 있다. 즉 표준편차가 작을수록 자료의 밀도가 높아 평균값을 그대로 적용하는 것이 가능하다는 것을 보여주고 있다.

3. 여러 분석들의 적용

1) 빈도분석

① 명목형으로 된 측정에 대해서 빈도와 %로 기술해 준다.

② 가장 일반적으로 자료를 기술하는 분석이다.

③ 인구센서스 같은 경우 빈도분석을 주로 사용한다.

2) 기술통계분석

① 수치형 곧 등간척도나 비율척도로 측정된 값에 대해서 평균(mean)과 표준편차(sd.)로 기술해 준다.

② 역시 가장 기초적인 기술방법이다.

③ 평균 월수입 비교와 같이 숫자적인 의미를 갖는 것을 비교할 때 사용한다.

3) 교차분석/카이스케어(x^2)분석

① 명목형 척도 두 개를 교차하여 분석하는 것이다. 교차테이블을 사용해서 교차분석이라고 한다.

② x^2값으로 가설을 검정하여 카이스케어분석이라고도 한다.

③ 교차분석에서부터 가설검증이 이루어진다.

core	가설

- 연구에서 밝히고자 하는 주된 내용이다.
- 잠정적으로 내린 결론이다.
- 반드시 두 개 이상의 변인 간의 관계로 서술한다.

④ 교차분석은 명목형 척도와 명목형 척도로 이루어진 가설을 검증한다.

eg. 출신 지역에 따라 선호하는 정당이 다를 것이다.

⑤ x^2값의 유의도가 충족되지 않으면 그냥 기술통계로서의 기능을 한다. 그래서 기술통계로 구분되어 있는 것이다.

4) t-test

① 집단은 명목형으로 구성되고 검정은 수치형으로 구성된 변인 간의 관계를 분석한다.

② 2개의 집단만 비교한다.

③ t값으로 유의도를 파악한다.

④ 흔히 집단 간 차이를 검정하는 방법이다.

⑤ 가설은 집단에 따른 수치의 차이가 있을 것이라고 설정되어야 한다.

    eg. 성별에 따른 월평균 수입은 집단 간 차이가 있을 것이다.

    eg. 남북한에 따른 행복감은 집단 간 차이가 있을 것이다.

⑥ 서로 다른 독립된 집단의 비교도 가능하지만(독립표본 t-test) 동일집단의 시간적 차이를 검증할 수도 있다(대응표본 t-test).

    eg. 실험집단에서 자아존중감 프로그램을 실행하기 이전과 이후는 집단 간 차이가 있을 것이다.

5) ANOVA

① Analysis of Varience를 줄인 말이다. 분산분석 또는 변량분석이라고도 한다.

② 세 집단 이상의 집단 간 차이를 분석할 때 사용한다.

③ 따라서 집단은 명목형 척도가 되어야 하고, 검증변인은 수치형 척도가 되어야 한다.

④ 가설은 t-test와 동일하나 집단은 반드시 세 집단 이상이어야 한다.

    eg. A, B, C 세 반의 수학성적 점수는 차이가 있을 것이다.

⑤ 사후분석이 필요하다. 두 집단의 비교는 평균값의 크기를 보면 비교가 가능하지만 세 집단 이상인 경우에는 어떤 집단과 어떤 집단이 서로 다른지에 대한 검증이 필요하다. 이것을 살펴보는 것이 사후검증이다.

6) 상관관계분석

① 두 변인 간의 상관관계 정도를 파악하는 것이다.

② 두 변인은 모두 수치형으로 측정이 되어야 한다.

③ 상관계수(r)와 상관계수의 유의도로 판단한다.

④ 가설을 세울 때 인과관계처럼 시간성까지 엄밀하게 따질 필요는 없다.

⑤ $-1 \leq r \leq 1$ 이다. 즉 절대값 기준으로 1이 되면 완전자기상관이라고 할 수 있다.

⑥ +와 -는 상관의 방향을 의미할 뿐이다.

7) 회귀분석

① 인과관계에 대해서 분석하는 분석기법이다.

② 따라서 변인을 설정할 때 인과관계의 3요소를 반영하여 설정해야 한다.

| core | 인과관계 3요소 |

- 시간성(선후성) - 원인은 결과보다 항상 앞서 일어난다.
- 상관성(공변성) - 서로 관련이 있어야 원인과 결과로 묶일 수 있다.
- 비허위성(참관계성) - 의사관계가 되어서는 안 된다.

③ 독립변수와 종속변수 모두 수치형 척도로 측정해야 한다.

    eg. 청소년의 자아존중감은 행복감에 영향을 미칠 것이다.

    eg. 가구 월평균 수입은 행복감에 영향을 미칠 것이다.

④ 독립변수가 하나일 경우를 단순회귀분석이라고 하고 독립변수가 여럿일 경우를 다중회귀분석이라고 한다. 회귀식을 구할 수 있으며, 회귀식에 따라 예측도 가능해진다.

8) 신뢰도분석

① 신뢰도는 반복측정해도 동일한 결과가 나오는가에 대한 것이다.

② 측정방법으로는 4가지가 있다.

| core | 신뢰도 측정방법 |

- 재검사법 : 신뢰도의 개념을 그대로 반영한 것이다. 동일한 검사지로 다시 검사한다. 검사효과가 있을 수 있는 단점이 있다.
- 반분법 : 검사효과를 배제하기 위하여 조사는 한 번만 한다. 다만, 척도를 반으로 나눠 서로 상관관계를 조사한다. 이렇게 함으로써 두 번 조사한 것 같은 효과를 볼 수 있다. 척도의 문항수가 충분해야 하며, 반분할 때 어떤 조합을 갖는가에 따라 결과가 다를 수 있다.
- 복수양식법 : 척도를 둘로 나눌 때 개념의 변화가 일어날 수 있다는 점을 고려하여 조사는 두 번 한다. 다만 서로 다른 척도로 조사함으로써 검사효과를 배제한다. 서로 다른 척도이지만 최대한 비슷한 개념을 가진 척도로 다시 조사하여 상관관계를 조사한다. 검사효과 및 척도 분할 시 나타나는 구성개념의 문제를 해결할 수 있지만 과연 동일한 개념을 측정한 것인가라는 의문을 가질 수 있다.
- 크론바알파법 : 문항 간 상관관계를 계산한 것으로 내적일치의 정도를 보는 것이다. 한 번 조사하여 신뢰도를 파악할 수 있다.

③ 신뢰도분석은 위의 네 가지 중 크론바알파(Cronbach's α)법을 활용한다. 문항간 일치도를 파악하여 .60 이상이면 신뢰도를 확보한 것으로 판단한다.

※ 제시된 분석기법들은 계산기가 계산을 하는 기능 외에는 없다. 따라서 가설을 세울 때 논리적으로 타당한지에 대해서는 선행연구 등을 통하여 확보해야 한다. 타당하지 않은 가설이 통계적으로 의미가 있게 나왔다고 하여 그것이 옳다고 주장하는 것은 맞지 않다. 타당성이 확보된 이후 분석의 결과를 주장하거나 적용할 수 있는 것이다.

제2절   연구가설과 귀무가설

검증을 하기 위해서 나온 개념이 귀무가설이다. 귀무가설은 영가설이라고도 하는데 검증에서 기각영역을 따지기 위하여 사용하는 개념이다. 결국 통계에서 유의도와 신뢰수준이라는 것은 바로 귀무가설이 일어날 확률을 의미하는 것이다. 따라서 연구자는 귀무가설에 대한 개념과 쓰임에 대해서 정확한 이해를 필요로 한다.

1) 연구가설과 귀무가설

① 연구하여 드러내고자 하는 가설을 '연구가설'이라고 한다. 연구자는 대개 '집단 간 차이가 있다'와 같이 다른 것을 연구하고자 한다. 따라서 연구가설은 일반적으로 '다르다', '같지 않다', '0이 아니다' 등으로 설정된다. H_1으로 표기한다.

② 연구가설을 검증하기 위하여 그에 반대되는 가설을 세우는데 이를 '귀무가설' 또는 '영가설'이라고 한다. 보통 '동일하다', '같다', '0이다' 등으로 설정된다. H_0로 표기한다.

③ 귀무가설이 틀렸음을 증명하여 대립하는 가설을 채택하게 되는데 이렇게 귀무가설에 대립되는 가설을 대립가설이라고 한다. 그런데 영가설이 연구가설을 반대로 표현한 것이기에 결국 대립가설은 연구가설과 같은 성질의 것이라고 할 수 있다.

④ 귀무가설을 설정하는 이유는 계산력 때문이다.

$$H_1 : \mu_1 \neq \mu_2$$
$$H_0 : \mu_1 = \mu_2$$

μ = 평균

연구가설(H_1)의 경우 서로 다른 경우는 무수히 많다. 이를 일일이 찾아내는 건 불가능하다.

귀무가설(H_0)의 경우 $\mu 1 = \mu 2$이기 때문에 $\mu 1 - \mu 2 = 0$인 경우는 오직 하나이다. 따라서 검증이 가능하고 편리하다.

결국 검증을 할 때는 귀무가설을 검정하여 귀무가설이 거짓일 때 이를 기각하고 대립가설 곧 연구가설을 채택하게 되는 것이다. 물론 귀무가설이 참일 경우에는 연구가설을 기각하고 귀무가설을 채택하여야 한다.

각 분석프로그램은 바로 귀무가설로 설정되어 있다.

2) 1종 오류와 2종 오류

① 귀무가설(영가설)을 검증하여 참이면 귀무가설을 채택하고 연구가설을 기각해야 한다.

② 귀무가설(영가설)을 검증하여 거짓이면 귀무가설을 기각하고 연구가설을 채택해야 한다.

③ 그런데 귀무가설(영가설)이 참이면 귀무가설을 채택하고 연구가설을 기각해야 하는데 반대로 귀무가설을 기각하고 연구가설을 채택하게 되면 오류가 발생하게 된다. 이런 오류를 **1종 오류**라고 한다.

④ 반대로 귀무가설이 거짓이면 귀무가설을 기각하고 연구가설을 채택해야 하는데 귀무가설을 채택하고 연구가설을 기각하는 것 역시 오류이다. 이것을 **2종 오류**라고 한다.

⑤ 1종 오류와 2종 오류는 모두 오류이기 때문에 발생할수록 좋은 것은 아니다. 또한 이들은 서로 상보적인 관계에 있어 하나를 낮추면 다른 하나가 높아지기도 한다.

⑥ 통계학에서는 2종 오류를 고정한 상태에서 1종 오류를 최소화하는 것이 관건이다.

---

cf. 1종 오류와 2종 오류 중 어느 것이 더 심각한가?

• 귀무가설이 참이면 채택해야 하는데 기각하는 것은 '연구가설'이 거짓인데 채택하는 결과를 가져온다. 즉 1종 오류는 연구가설이 거짓인데 채택하는 것이다.

• 귀무가설이 거짓이면 기각해야 하는데 채택하는 것은 '연구가설'이 참인데 기각하는 것이다. 즉 2종 오류는 연구가설이 참인데 기각하는 것이다.

• 연구가설이 거짓인데 참으로 인지될 경우(1종 오류) 연구자는 자신의 연구가설이 맞다고 자랑하게 될 것이다. 그래서 이를 널리 알리게 될 것이다. 이 경우 틀린 것을 맞다고 알리는 게 된다.

• 반면, 연구가설이 실제로는 참인데 거짓으로 인지될 경우(2종 오류) 연구자는 자신의 연구가설이 맞지 않다는 결론을 내리고 왜 맞지 않은지를 더욱 고심하게 된다. 그래서 더 연구하게 된다.

• 따라서 1종 오류가 더욱 심각한 오류가 된다.

---

3) 1종 오류와 유의도(유의수준) 그리고 신뢰수준

① 1종 오류가 일어날 경우를 확률로 표시하는 것이 유의도이다. 1종 오류가 일어날 확률이 5%라면 유의도(α)는 .05인 것이다. 이를 유의수준으로 이야기하면 $p < .05$가 되는 것이다.

② 유의수준을 반대로 이야기하면 신뢰수준이 된다. 1종 오류가 일어날 확률이 5%라는 것은, 즉 $\alpha = .05$라는 것은 신뢰할 만한 정도가 95%라는 것을 의미한다.

③ 분석을 할 때 $p < .05$인 경우를 통계적으로 의미가 있다고 하는 이유는 1종 오류가 일어날 확률이 5% 이하이기 때문이다. 즉 연구가설이 거짓인데 채택할 확률이 5% 미만이라면 반대로 연구가설이 참인데 채택할 확률은 95%라는 말이 되는 것이다. 그래서 유의수준이 .05 이하일 경우 통계적으로 의미가 있다고 결론을 내리는 것이다.

④ 95%의 신뢰수준이라는 말은 100번 조사하면 오차가 나올 경우가 5번 정도 된다는 것이다. 이를 다르게 표현하면 모수가 도출된 신뢰구간의 평균값에 들어갈 확률이 95%라는 것이다.

01 영가설(null hypothesis)과 연구가설(research hypothesis)에 관한 설명으로 옳은 것은?

① 연구가설은 연구의 개념적 틀 혹은 연구모형으로부터 도출될 수 있다.

② 연구가설은 그 자체를 직접 검정할 수 있다.

③ 영가설은 연구가설의 검정 결과에 따라 채택되거나 기각된다.

④ 연구가설은 수집된 자료에서 나타난 차이나 관계가 표본추출에서 오는 우연에 의한 것으로 진술된다.

⑤ 연구가설은 영가설에 대한 반증의 목적으로 설정된다.

> **해설** 연구가설은 연구의 개념적 틀이나 연구모형으로부터 도출된다. 연구가설을 검증하기 위하여 영가설을 세우고, 영가설을 검정하여 기각하면 연구가설을 채택하는 것이다(이럴 경우를 대립가설이라고 한다). 모수와 표본값의 차이가 표본추출의 우연에 의하여 나타나는 것을 표집오차라고 한다.
>
> 정답 ①

02 통계적 가설검정에 관한 설명으로 옳지 않은 것은?

① 신뢰수준을 높이면 1종 오류를 줄일 수 있다.

② 유의수준을 낮추면 1종 오류가 늘어난다.

③ 유의확률이 유의수준보다 낮으면 영가설이 기각된다.

④ 2종 오류가 증가하면 통계적 검정력은 감소한다.

⑤ 2종 오류는 실제로는 참이 아닌 영가설을 기각하지 못하는 것을 말한다.

> **해설** 1종 오류가 나타날 경우를 확률로 표시한 것이 유의도이다. 따라서 유의수준을 낮추면 1종 오류는 줄어든다. 신뢰수준은 유의수준과 반대개념이므로 신뢰수준을 높이면 1종 오류를 줄이는 것이 된다. 유의확률이 유의수준보다 낮은 영가설을 기각하고 연구가설을 채택하는 것이다. 2종 오류는 영가설(귀무가설)이 거짓인데 기각하지 못하고 채택한 경우이다.
>
> 정답 ②

Chapter

20

보고서 작성과 연구평가

학습Key포인트

○ 보고서에 들어갈 내용을 나열할 수 있다.

○ 보고서 작성할 때 주의점을 설명할 수 있다.

○ 보고서 작성할 때 나타날 수 있는 윤리적 문제를 제시할 수 있다.

제1절 보고서 작성

연구는 결국 보고서로 이야기하게 된다. 보고서는 연구결과에 대해서 살펴봐야 할 사람들이 보고 판단하게 하는 기능을 한다. 따라서 보고서는 되도록 쉽게 작성하는 것이 바람직하다. 보고서의 작성은 결국 글(문장)로 이루어지기 때문에 평소 글에 대한 관심을 가질 필요가 있다. 우리가 일상생활에서 쓰는 구어체는 서로 눈과 행동을 보면서 말로 하기 때문에 의사소통에 아무 문제가 없다. 그러나 이것을 그대로 문장으로 남겨서 의사소통을 할 경우 전혀 의사소통이 이루어지지 않는다. 글은 문장구성이 정확해야 하는 것이다. 또한 보고서 작성에서 주의해야 할 것은 연구윤리가 강화되면서 표절에 대한 기준이 엄격해지고 있다는 점이다.

1. 보고서 작성의 필요성 및 특성

1) 보고서 작성의 필요성

① 연구결과는 결국 보고서를 통해서 제시되는 것이다. 아무리 좋은 연구를 했다고 하더라도 이것이 세상에 드러나지 않으면 아무 소용이 없다. 연구자 혼자 알고 있기 위해서 연구하는 것은 아니다.

② 연구보고서는 연구자나 연구기관의 연구결과에 대해서 기관장에게 어떤 결과가 나왔는지 정보를 제공하는 기능을 한다. 기관장은 이 정보를 바탕으로 새로운 사업이나 정책에 반영할 수 있다.

③ 사회복지현장에서 연구보고서는 자원을 제공하는 사람에게 제시되는 측면이 있다. 사회복지기관은 여러 자원을 유치하여 프로그램을 실시하게 된다. 이때 자원을 제공한 입장에서는 자신이 제공한 자원이 어떻게 활용되는지 알고 싶은 욕구가 있다. 연구보고서 특히 프로그램에 대한 평가보고서는 자원을 제공한 사람에게 자원제공이 의미 있었다는 것을 느끼게 해주는 기능이 있다. 이 경우 자원의 재투입 결정이 이루어지기도 하므로 자원개발이라는 입장에서도 보고서 작성은 꼭 필요한 작업이다.

2) 보고서의 특성

① 결국 보고서는 다른 사람과 **소통하기 위한 도구**이다. 보고서를 통하여 다른 연구자, 기관장, 자원을 제공한 자 등과 소통하여 연구의 결과를 알리게 된다.

② 그러므로 보고서는 연구내용과 결과에 대해서 **쉽게 써야 한다.** 연구자만 알아볼 수 있는 전문용어가 가득한 보고서는 그 연구에 대해서 알고자 하는 다른 사람에게 어려움을 줄 수 있다. 따라서 꼭 필요한 경우가 아니라면 전문용어를 사용하는 것도 가급적 자제해야 한다. 보고서는 소통하고자 하는 것이기에 독자가 편하게 읽을 수 있도록 작성해야 한다.

③ 보고서는 **재미있게 써야 한다.** 보고서의 기능은 연구결과를 전달하는 것이다. 따라서 재미있게 쓰인 보고서가 연구결과에 대해 더 잘 전달될 수 있음을 알아야 한다. 다만 재미있게 써야 한다는 것을 **유머를 사용하여 재미있게 써야 한다는 것으로 착각해서는 안 된다.** 보고서는 학술적인 글쓰기이므로 유머를 사용하는 것은 바람직하지 않다. **논리적인 글쓰기**가 이루어지면 읽는 사람도 흥미를 느끼게 된다. 서론, 본론, 결론이 일관되게 쓰여야 읽는 사람은 연구자가 무엇을 이야기하는지 파악할 수 있고, 재미있게 읽게 되는 것이다. 반면 서론 따로, 본론 따로, 결론 따로 쓰여진 글은 도대체 연구자가 무엇을 이야기하려는 것인지에 대해 알 수가 없다. 이런 글은 읽으면서 짜증이 나기 마련이다.

④ 전문적인 보고서일지라도 필요이상으로 **전문용어를 남발하는 것은 바람직하지 않다.** 보고서는 연구자들끼리만 읽는 게 아니다. 그것을 활용하여 정책에 반영하고자 하거나 프로그램화하고자 한다면 정책 입안자, 프로그램 실행자 등 다양한 사람이 읽게 된다. 따라서 필요한 부분에서는 어쩔 수 없지만 필요 이상으로 전문용어를 사용하는 것은 바람직하지 않다. 전문용어를 사용한 경우에도 가능하면 그 용어에 대한 설명을 각주 등에 남기는 것이 바람직하다.

⑤ 아규먼트(argument, 논증)가 맞아야 한다.

⑥ 단어 선택은 **명확성, 구체성, 보편성**을 이루어야 한다. 명확하고 구체적인 단어를 사용해야 의미가 분명하게 전달될 수 있다. 또한 보편적인 단어를 사용해야 모두가 이해할 수 있게 된다.

⑦ **표나 그림을 적절하게 활용**하여 보고서를 작성하는 것이 바람직하다. 이미지는 긴 글보다 전달력이 더 강하다. 표나 그림을 적절하게 사용할 경우 연구에 대해서 일목요연하게 파악할 수 있을 뿐만 아니라 연구결과를 보다 쉽게 이해할 수 있다.

⑧ **연구결과의 취사선택을 잘 해야 한다.** 보고서의 지면은 한정되어 있다. 그러므로 모든 연구 결과에 대해 제시할 수는 없다. 여러 가지 분석결과 중 연구주제나 가설을 중심으로 하여 꼭 제시하여야 할 자료를 선택하여 제시하는 것이 바람직하다.

⑨ 이때 연구자에게 불리할 것이라는 판단이 서는 자료는 제외하고 연구자에게 유리할 것이라고 판단이 되는 자료는 선택하는 것은 바람직하지 않다. 보고서는 연구주제와 관련된 주요분석들을 제시하는 것이 원칙이다. 연구는 연구자에게 유리하든 불리하든 **있는 그대로를 보여주는 것**이 되어야 한다.

2. 보고서의 구성

1) 보고서의 형식

① 기관마다 보고서의 형식이나 틀은 전부 상이하다. 따라서 보고서에 대한 통일된 양식을 제시하는 것은 가능하지 않다.

② 일반적으로 학위논문의 경우 다음과 같은 형식이다.

연구제목	
국문초록	보통 감사의 글이 들어가는데 요즘은 쓰지 않는 추세이다.
목차 Ⅰ. 서론 1. 연구의 필요성 2. 연구의 목적	
Ⅱ. 이론적 배경 1. ..... 2.	이론적 배경에는 연구와 관련된 이론이나 설정된 변수에 대한 설명이 자세하게 나와야 한다. 학위논문에서는 이론적 배경이 차지하는 비중이 크다. (선행연구라고 하기도 한다.)
Ⅲ. 연구방법 1. 조사대상자 2. 도사도구 3. 분석방법	
Ⅳ. 결과 1. 인구사회학적 특성 2. ...... 3.	결과에서는 인구사회학적인 것에서부터 주요 분석까지 분석에서 중요한 것들이 들어간다.

V. 논의 및 결론	논의 및 결론에서는 이 연구가 다른 연구와 어떤 점에서 의미가 있는지를 밝히게 되고, 사회복지실천적 제언을 하게 된다.
영문초록	
부록	부록에는 본문에서 제시하지 않았으나 필요한 분석에 대해서 제시할 수 있다. 대개 설문지를 여기에 제시한다.

③ 학위논문에 비하여 분량은 적지만 학술지 아티클은 대개 다음과 같은 형식을 갖는다.

연구제목	
초록	
1. 연구의 필요성	경우에 따라서 연구의 필요성에 이론적 배경이나 선행연구가 다뤄지기도 한다.
2. 이론적 배경	이론적 배경에서 학위논문과 동일한 내용들을 다루되 집약적으로 다룬다.
3. 연구방법 　　1) 조사대상자 　　2) 도사도구 　　3) 분석방법	
4. 결과 　　1) 인구사회학적 특성 　　2) ...... 　　3)	
5. 논의 및 결론	

④ 기관보고서는 학술적인 보고서보다 더 약식이 될 수도 있다. 즉 이론적 배경에 대해서 다루지 않을 수도 있다. 초록도 필요한 경우가 아니라면 생략할 수 있다. 기관 내에서만 보는 자료라면 기관에서 약속된 형식으로 보고서를 작성하면 된다. 다만 기관 내 자료라도 연구결과를 보고함에 있어서 위의 양식들을 참고하여 보고하는 것이 바람직하다.

⑤ 그럼에도 불구하고 보고서에 반드시 들어갈 요소는 다음과 같다.

제목, 연구의 필요성(연구목적), 조사방법, 분석방법, 조사대상, 연구결과, 논의

이런 것들은 연구에 있어서 가장 기초적이면서 핵심이 되는 것들이다. 따라서 보고서 형식에 따라 분량이 많고 적음은 있을 수 있지만 반드시 들어가야 할 내용은 들어가야 보고서로서의 기능을 하게 된다.

2) 보고서에서 다뤄야 할 내용

① 초록

초록은 연구에 대한 전체적인 소개를 간략하게 하는 것이다. 따라서 연구주제, 연구방법, 연구결과에 대해서 가장 핵심적인 부분을 소개해야 한다. 독자는 긴 글을 읽기에 앞서 초록을 통하여 이 연구가 자신에게 필요한지를 파악하게 된다. 따라서 연구보고서에서 초록은 연구에 대해서 소개하는 얼굴과 같은 역할을 하게 된다.

② 서론

서론에서는 연구하는 이유가 선명하게 드러나야 한다. 보고서를 읽는 사람은 서론을 읽으면서 연구자가 가진 의문이나 관심에 대해서 동의할 경우 보고서의 나머지 부분도 읽게 된다. 반면 서론에서 독자가 아무런 흥미를 느끼지 못하면 그 이후는 읽지 않게 된다. 따라서 연구자는 서론에서 이 연구가 왜 필요한지 그리고 이 연구를 함으로써 어떤 이로운 점이 있는지를 선명하게 부각시켜야 한다. 즉 **연구의 필요성과 목적이 선명하게** 드러나야 한다.

③ 이론적 배경/선행연구

연구의 타당성을 드러내는 부분이다. 연구자가 세운 가설이나 연구주제가 이론적 배경이나 선행연구를 통해서 충분히 드러나야 독자는 이 연구가 가치가 있다고 판단하게 된다. 반면 이론적 배경이나 선행연구가 논리적이지 않고 허술하면 독자는 연구에 대해서 타당성을 인정할 수 없게 된다. 타당성이 없는 연구는 아무리 좋은 결론이 나왔다 하더라도 그 주장을 할 수가 없다. 이 부분에서는 종속변수를 선정한 이유와 독립변수를 선정한 이유가 제시되어야 한다. 그래야 분석에서 드러내고자 하는 것에 대한 논리적 가능성을 나타내게 되는 것이다.

간략한 보고서에서는 연구의 필요성을 이야기할 때 이 부분을 다루기도 한다. 학술지 아티클의 경우 학회에 따라 다른데 이론적 배경 없이 연구의 필요성에 이론적 배경을 포함하기도 한다.

④ 연구방법

연구방법은 분량의 문제로 **어떤 보고서나 반드시 들어가야 할 부분**이다. 조사대상자의 선정이 어떻게 이루어졌는지, 분석은 어떤 기법을 활용하는지, 측정도구는 신뢰할 만한지에 대해서 밝히는 부분이다. 연구설계는 바로 이 부분에 관련된 작업이라고도 할 수 있다. 다뤄야 할 내용으로는 조사대상자, 표집방법, 분석기법, 가설, 연구과정 등 다양하다.

⑤ 연구결과

분석결과가 제시되는 부분이다. 연구주제나 가설을 밝히는 것을 중심으로 하여 결과를 제시한다. 연구자는 여러 분석을 시도하게 된다. 이런 모든 분석에 대한 결과를 제시하는 것은 지면적인 문제로 허락이 되지 않기도 하지만 설령 지면을 늘려 실을 수 있다

하더라도 다 싣는 것은 바람직하지 않다. 연구결과에서 중요한 것 그리고 유용한 것에 대한 판단을 내려서 제시하는 것이 바람직하다. 다만 연구자에게 불리하다 싶은 것을 고의로 누락하는 것은 바람직하지 않다.

⑥ 논의 및 결론

이 부분에서는 연구결과에 대한 정리를 한 후 연구결과가 어떤 의미를 갖는지 논의한다. 보통 다른 연구와의 공통점과 차이점 등을 논하게 되며, 이번 연구에서 독창적인 것이 있을 경우 그에 대해서 강조하는 역할을 하게 된다. 이런 논의를 거쳐 연구결과로부터 사회복지실천에 대한 제언을 도출해 낸다. 또한 연구의 의의를 제시하기도 한다. 또한 연구의 한계성과 후속연구를 위한 제언도 포함시킬 수 있다.

⑦ 참고문헌

참고문헌의 기능은 독자가 본문을 읽다가 제시된 인용에 대해서 원자료를 찾아보고 싶은 마음이 들 때 찾아볼 수 있게 하는 기능을 한다. 따라서 본문에 인용된 것에 대해서는 반드시 참고문헌에 정리되어 있어야 한다.

※ 연구자가 연구에 참고한 문헌이라도 본문에서 인용되지 않은 것은 제시하지 않는다.

⑧ 부록

부록은 연구 본문에는 싣지 않았으나 독자의 관심에 따라서는 제시할 만한 것들을 정리한다. 분석을 하다보면 요인분석과 같은 경우 본문에서 생략하는 경우가 많다. 그런데 이에 대해서 혹시 참고할 필요가 있다면 부록에 정리하게 된다. 또한 검사지에 대해서도 대부분 부록 부분에 싣게 된다.

3. 보고서 작성 시 주의할 점

① 보고할 내용은 **중요성과 유용성에 따라 취사선택**을 해야 한다. 제한된 분고서 분량에 맞게 연구취지에 합당한 것 중심으로 중요한 것을 제시하는 것이 바람직하다. 분량 때문에 잡다한 것을 다 실어선 곤란하다.

② 편집과 배치에 대한 고려를 해야 한다. 눈으로 읽어서 피곤함을 주지 않는 편집이 이루어져야 한다. 또한 내용을 배치함에 있어서도 어떤 순서에 의해서 보고하는 것이 바람직한지를 판단하여 배치한다.

③ 보고서는 글로 쓰이므로 글만 있으면 읽기 어렵다. 표나 그림과 같은 시각적 이미지 활용을 하는 것이 좋다. 이때 중요한 것은 주요한 내용에 대해서 시각화하는 것이 바람직하다는 점이다. 별로 중요하지도 않은 것을 이미지로 표현할 경우 지면할애 문제도 제기되지만 독자는 정보를 얻고자 하는데 이미지에서 정보가 없으면 보고서를 가볍게 여기게 된다.

④ 자세하고 일관된 해석을 부여해야 한다. 해석이 일관되지 않으면 독자는 읽으면서 분석에 대해 계속 의심을 품게 된다. 따라서 일관된 해석을 부여함으로써 독자에게 신뢰성을 주어야 한다.

⑤ 필요한 경우 요약을 통한 정리를 제공한다. 특히 분량이 많은 보고서는 필수적이다. 분량이 많은 보고서는 읽는 도중 자신이 지금 무엇을 읽는지 모를 경우가 많다. 이럴 때 중요한 부분에 대한 요약이 들어있으면 독자가 내용을 파악하는 데 도움이 된다.

⑥ 조사에 대한 실패와 어려움을 기록해 두면 좋다. 보통 조사보고서에는 의미 있는 결과들만 제시하는데 발상을 바꾸면 의미가 있을 것으로 판단했는데 왜 의미가 없도록 나왔는지 등이 새로운 연구의 아이템이 될 수 있다. 또한 조사에 대한 실패 경험은 다음 조사에 귀중한 정보가 된다. 그러므로 성공한 것뿐만 아니라 실패한 것과 조사과정의 어려움에 대해서도 정리해서 보고서에 포함하는 것이 바람직하다.

⑦ 꼭 필요한 문헌자료는 활용을 해야 한다. 이는 인용과 참고문헌의 문제이다. 이론적 배경에서는 물론 논의를 하는 부분에서도 다른 사람의 자료를 인용할 경우에는 반드시 인용처리를 해야 한다. 그리고 이런 것이 필요한 때에는 반드시 문헌자료를 활용하여 자신의 연구와 비교하는 것이 바람직하다.

⑧ **표절에 대한 생각을 철저히 해야 한다.** 현재 연구윤리가 매우 강화되는 추세이다. 따라서 다른 사람의 글을 가져올 때는 반드시 인용처리를 해야 한다. 인용도 직접인용인지 간접인용인지에 따라 인용방법에 맞도록 처리해야 한다.

> 연구윤리가 엄격해지고 있다. 표절뿐만 아니라 사회과학분야에서도 기관생명윤리심사위원회(IRB)의 심사를 거쳐서 연구하게 하고 있다. 따라서 윤리적인 이슈에 대해서는 항상 예민해져 있어야 한다.

제2절 연구평가

조사설계과정, 조사과정, 분석과정, 보고서 작성 과정이 끝나면 말 그대로 연구에 대해서 최종 종결을 하게 된다. 연구에 대한 최종 종결은 조사평가로 마쳐야 한다. 일반적으로 현장에서는 조사에 대한 평가자료를 남기지 않는 경우가 많다. 조사하기도 바빴기 때문에 평가까지 하기에는 여력이 부족한 것이다. 그런데 조사에 대한 평가를 해두어야만 다음 조사가 더욱 발전할 수 있는 것이다. 사회복지기관은 늘 조사를 해야 하는 기관이므로 조사평가에 대해서 분명한 철학을 가질 필요가 있다.

1. 연구평가의 필요성 및 내용

1) 연구평가의 필요성

① 연구에 대한 평가는 **연구에 대한 반성**을 하는 작업이다. 연구과정과 절차에 대해서 잘못된 부분이나 부족한 부분을 발견하면 할수록 앞으로 연구에서 연구 질을 높일 수 있기 마련이다. 따라서 연구에 대한 평가를 통하여 연구 전반에 대하여 반성하는 작업이 필요하다.

② 다음 조사에서 **시행착오를 최소화**할 수 있다. 사회복지기관은 늘 조사연구를 하기 마련이다. 욕구조사, 평가조사를 비롯하여 필요한 경우마다 조사를 통하여 새로운 사실들을 드러내야 한다. 그런데 연구과정에서 있었던 잘못된 일들을 되짚어보지 않으면 매번 똑같은 일로 실수를 범하게 된다. 이런 시행착오가 줄어들지 않으면 연구의 신뢰성 자체가 위협받을 수도 있다. 따라서 연구에 대한 평가와 더불어 평가자료를 다음 조사에 활용함으로써 시행착오를 줄여 나가는 것이 중요하다.

③ 연구에 대한 평가는 **연구능력을 배양**시킨다. 연구능력은 직접 연구를 시행해 봄으로써 향상된다. 이때 연구에 대한 평가는 자신이 간과하고 있는 연구과정이나 절차에 대해서 들여다보게 함으로써 연구능력에 대해서 성장하는 기회를 제공해 준다.

2) 연구평가의 내용

① 예산편성이 적절했는지 평가한다.
② 연구가설을 적절하게 밝혔는지 평가한다.
③ 연구과정에서 인력배치를 제대로 했는지 평가한다.
④ 연구과정이나 절차에 잘못이 없었는지 평가한다.

2. 연구평가의 종류

1) 성과평가

① 이번 조사로 어떤 성과를 거뒀는지를 평가하는 것이다.
② 조사결과로 드러난 것들이 무엇인지를 살펴보면 된다.
③ 아울러 조사결과에 대한 만족은 어느 정도인지 파악하고 평가하는 것도 필요하다.

2) 과정평가

① 좋은 보고서만 나온다고 해서 좋은 연구라고 할 수는 없다. 조사과정에서 원활한 진행이 이루어졌을 때 그 연구가 바람직하다고 할 수 있다.
② 조사원이나 연구자에게서 심각한 소진(burn-out)이 일어나지는 않았는지 파악한다.

③ 조사과정에서 불필요하게 누수된 비용은 없는지 파악한다.

④ 조사과정이나 절차가 과학적으로 이루어졌는지 파악한다.

3) 총괄평가

① 총괄평가는 연구 전체에 대해 총괄적으로 평가하는 것이다.

② 가장 중요한 것은 조사의 목표달성이 얼마나 실현되었는지를 평가하는 것이다.

③ 아울러 의도된 방향으로 충분한 결과를 파악했는지 평가한다.

④ 조사목표의 조작적 정의가 구체화되었는지 평가한다.

⑤ 이때 조사원들과 함께 총괄평가를 하는 것도 조사원의 사기진작이라는 측면에서 바람직하다. 특히 조사과정에 대한 부분은 조사원의 평가를 반영하는 것이 바람직하다. 아울러 이를 통하여 조사원은 자신이 특별한 존재로 대우받고 있다는 느낌을 가질 수 있기 때문에 지속적인 조사원으로서의 봉사로도 이어지게 된다.

01 다음 중 조사보고서에 반드시 들어갈 기본구조에 해당하지 않는 것은?

① 표제와 목차
② 개요
③ 결론 및 제언
④ 참고문헌
⑤ 연구비 결산내역

해설 연구비 결산내역은 조사평가에 대한 것이다. 조사평가에 대한 보고서는 따로 작성하는 것이 바람직하다. 조사보고서에는 제목, 초록, 연구의 필요성, 연구방법, 결론, 제언 등이 들어가면 된다.

정답 ⑤

02 조사보고서 작성에 있어서 옳지 않은 것은?

① 정확하고 체계적으로 기술해야 한다.
② 독자들이 충분히 이해할 수 있는 수준으로 기술해야 한다.
③ 서론에는 연구목적, 연구결과의 함의가 기술되어야 한다.
④ 본론에는 이론적 배경, 연구방법, 연구결과가 제시되어야 한다.
⑤ 결론에는 본문의 핵심내용, 후속 연구에의 제안이 제시되어야 한다.

해설 서론에는 연구의 필요성과 연구의 목적이 들어가야 한다. 연구결과에 대한 함의는 결론에서 제시하게 된다.

정답 ③

Chapter

21 욕구조사와 평가조사

학습Key포인트 🔍

○ 욕구조사의 필요성에 대해서 설명할 수 있다.
○ 욕구조사 방법으로서의 초점집단면접을 설명할 수 있다.
○ 평가조사의 기준을 구분하여 설명할 수 있다.

제1절 욕구조사

사회복지조사 중 대표적인 것이 욕구조사이다. 욕구조사는 말 그대로 지역주민이나 대상자들이 가지고 있는 욕구가 무엇인지 파악하는 것이다. 사회복지실천은 이러한 욕구를 기반으로 이루어져야 한다. 그렇지 않을 경우 기관마다 프로그램은 많지만 실질적으로 주민의 욕구를 해소하는 데는 실패할 수밖에 없기 때문이다. 아울러 욕구를 정확하게 파악하고 그에 맞는 프로그램으로 개입할 때 과학적인 사회복지실천이 이루어지는 것이다.

1. 욕구조사의 필요성

① 욕구조사는 **클라이언트에게 욕구에 기반한 서비스를 제공**하기 위하여 필요하다. 그동안 사회복지현장에서는 클라이언트에게 필요하다고 여겨지는 여러 서비스를 제공해 왔다. 과거 복지가 발전하지 않았을 때는 이렇게 제공되는 서비스가 이용자들에게 많은 유익을 준 것이 사실이다. 그러나 사회가 발전함에 따라 사회복지현장에서도 꼭 필요한 서비스를 개발하여 제공할 필요성이 대두되었다. 욕구조사는 지역주민이나 대상자들이 가지고 있는 욕구를 파악함으로써 사회복지기관이 어떤 서비스를 제공해야 하는지를 알게 한다.

② 이를 통하여 **사회복지실천이 보다 과학적이고 객관적인 서비스가 될 수 있다.** 욕구조사를 과학적으로 진행할 경우 그 결과에 기반한 서비스는 과학성을 갖게 되는 것이다.

③ 한정된 자원을 사용해야 하는 사회복지분야에서 욕구조사는 **자원을 효율성** 있게 사용하게 하는 나침반이 된다. 사회복지자원은 공공재 및 준공공재이다. 따라서 무한정 있는 것이 아니다. 그렇다면 효율성 있게 활용해서 자원의 낭비를 막아야 한다. 욕구조사는 지역주민이나 대상자의 욕구를 파악하여 그에 기반한 서비스를 제공하기 때문에 자원을 효율적으로 활용하게 하는 방안이 된다.

④ 클라이언트 입장에서도 자신에게 필요한 서비스를 받을 수 있는 방법이다. 즉 **효과성** 있는 개입이 이루어진다. 많은 서비스가 있어도 자신에게 맞는 것이 없다면 아무 소용이 없다. 사회복지기관에서 욕구조사를 바탕으로 서비스를 창출하여 제공할 경우 결국 소비자가 되는 클라이언트는 자신에게 필요한 프로그램을 찾게 된다. 기관에서 그냥 프로그램을 만든 것이 아니라 욕구조사를 통해 드러난 욕구에 대해서 충족한 서비스를 만들기 때문이다.

2. 욕구조사의 문제점

① **과거 욕구조사는 선호도 조사에 머무는 경우가 많았다.** 선호도 조사는 기관에서 실시하는 프로그램을 나열한 후 어떤 것이 좋았는지를 묻는 것이다. 선호도 조사도 클라이언트가 좋아하는 것을 표시하게 되기 때문에 일정부분 욕구조사의 기능이 있다고 할 수 있다. 그러나 클라이언트는 제시된 항목에서 단지 좋은지 싫은지만 표시할 수 있을 뿐이어서 진정한 의미에서의 욕구조사라고 할 수는 없다.

② **클라이언트에게 잠재되어 있는 욕구를 파악해 내야 한다.** 클라이언트가 가지고 있는 욕구를 겉으로 드러내는 것이 욕구조사이다. 따라서 클라이언트 내부에 잠재되어 있는 욕구를 끄집어 내서 서비스로 그 욕구를 해결할 때 비로소 진정한 행복을 느낄 수 있는 것이다. 욕구조사를 통하여 드러나는 욕구를 **인지된 욕구**라고 한다.

③ **욕구의 강도를 파악할 필요가 있다.** 클라이언트에게 잠재되어 있는 욕구를 파악하여 그에 맞는 서비스를 기획했는데 참가자가 저조하다면 무엇이 문제일까? 분명 욕구로 드러난 것에 대한 프로그램이므로 참가자가 많아야 하는데 말이다. 욕구조사가 잘못된 것인가? 그렇지 않다. 욕구에는 강도가 있기 마련이다. 강도가 큰 욕구에 대해서는 클라이언트가 항상 그 욕구해결에 대해서 갈망하고 있다. 따라서 이런 경우에는 서비스를 기획하면 바로 참가자들이 많아질 수 있다. 반면 욕구로 드러났지만 욕구의 강도가 작은 경우도 있다. 이럴 경우에 클라이언트는 여유가 있다면 그 욕구의 해소를 위하여 노력하겠지만 그렇지 않을 경우엔 간과하면서 생활하게 된다. 따라서 프로그램이 기획된다 하더라도 반응이 신통치 않을 수 있다.

이때 사회복지사는 전문가적 판단을 해야 한다. 대부분 욕구의 강도가 작은 것은 클라이언트에게 그다지 중요하지 않은 것일 수 있다. 이럴 경우에는 사회복지기관에서도 중요하지 않게 여길 수도 있다. 그런데 경우에 따라서는 비록 욕구의 강도는 작을지라도 인생에 있어서 필요한 욕구가 있을 수 있다. 이때는 비록 욕구의 강도는 작지만 중요하다고 판단하여 개입을 기획해야 한다. 따라서 욕구조사에서 드러난 강도만으로 중요하다 또는 그렇지 않다고 판단을 할 수 없다. 오히려 사회복지사는 전문가적인 판단으로 욕구의 강도가 낮음에도 중요한 욕구라고 판단될 때에는 이에 맞는 프로그램을 기획한 후 사람들이 참여할 수 있도록 홍보에도 관심을 가져야 하는 것이다.

④ **조사도구가 적정해야 한다.** 욕구조사에 대한 일률적인 측정도구가 개발되어 있지는 않다. 따라서 욕구조사를 할 때마다 적정한 검사지를 개발하여야 한다. 이때 다른 기관에서 사용한 검사지를 사용하는 경우가 있다. 이럴 경우 조사하는 기관의 특성이 반영되지 않아 문제가 될 수 있다. 따라서 기관특성에 맞는 욕구를 적절하게 드러내는 검사지 개발에 관심을 가져야 한다

⑤ **표본수가 적정해야 한다.** 표본조사는 항상 적정한 표본수를 확보해야 한다. 적어도 지역주민을 대상으로 욕구조사를 하는 것이라면 지역주민의 인구비례에 맞는 적정한 수의 표본을 추출하여 조사하여야 한다. 일반적으로 350샘플 이상을 권장한다.

⑥ **프로그램 개발과 연결한 욕구조사를 해야 한다.** 욕구조사의 목적은 단지 지역주민의 욕구를 파악하는 데 있지 않다. 파악된 욕구를 기반으로 욕구를 충족할 수 있는 프로그램의 제공이 목적이 된다. 그렇다면 욕구조사를 할 때 프로그램 개발과 연결이 되어야 한다. 프로그램 개발로 연결이 되지 않으면 욕구조사는 아무 소용이 없는 것이다. 따라서 조사기관이 담당할 수 있는 정도의 범위를 설정하고 욕구조사를 하는 것도 현실적으로 필요하다. 이는 **규범욕구**를 반영한 것이라고 할 수 있다.

core   **브래드쇼의 욕구이론**

- 브래드쇼는 욕구를 규범욕구, 인지된 욕구, 표현된 욕구, 비교욕구 등 네 가지로 제시했다.
- 규범욕구는 전문가가 욕구라고 규정하는 것이다. 욕구조사를 할 때 기관은 기관역할에 맞는 욕구를 규정하고 욕구조사를 할 수 있다.
- 인지된 욕구는 욕구로 드러난 것을 의미한다. 욕구조사로 드러난 욕구가 인지된 욕구라고 할 수 있다.
- 표현된 욕구는 그 욕구가 필요하여 자신에게 제공해 달라고 표현한 것을 말한다. 어떤 프로그램에 대해서 대기자 명단에 이름을 올렸다면 이것은 표현된 욕구이다.
- 비교욕구는 다른 사람과 비교하며 느끼는 욕구이다.

3. 욕구조사 방법

1) 일반주민 욕구조사

① 가장 일반적으로 사용하는 욕구조사이다.

② 일반주민을 대상으로 욕구조사를 실시한다.

2) 표적대상 설문조사

① 이번 조사에서 꼭 조사해야 할 대상만 표적대상으로 하여 조사하는 욕구조사이다.

② 가령, 재가장애인의 활동보조에 대한 욕구조사라고 한다면 장애인 그것도 재가장애인만 표적대상으로 조사하면 된다.

3) 주요정보제공자 설문조사

① 일종의 인적자원을 통한 설문조사라고 할 수 있다.

② 지역사회에서 여론을 주도하는 사람들이나 해당분야의 전문가 또는 관련된 업무에 종사하는 공무원을 통해서 욕구를 파악한다면 주요정보제공자를 통한 욕구조사라고 할 수 있다.

③ 다만, 이 경우에는 주요정보제공자 역시 자신의 의도를 가질 수 있다는 점을 고려하여 해석해야 한다. 즉 원래 욕구의 주체자와 의견이 다를 수 있다.

4) 2차 자료를 통한 욕구조사

① 사회지표나 통계연보 등을 활용하여 욕구를 파악할 수 있다.

② 이 경우에는 조사대상자와 직접 만나지 않아도 되므로 조사 자체는 보다 수월할 수 있다.

③ 그러나 2차 자료는 연구자가 조사하고 싶은 형태로 존재하는 경우가 드물다. 즉 자료를 가공해야 하는 번거로움이 있다.

5) 이용률 또는 제공 프로그램 통계 활용

① 기관 이용자의 이용률을 분석하는 것 역시 욕구조사의 한 방법이 될 수 있다.

② 다만 이 경우 제공된 프로그램에 대해서만 욕구를 파악하게 된다는 한계가 있다.

6) 지역주민 공청회나 공개토론회

① 지역주민을 대상으로 공청회를 열거나 공개토론회를 갖는 것 역시 욕구조사의 한 방법이 될 수 있다.

② 다만 이 경우 목소리 큰 사람의 의견이 욕구로 반영되기 쉬운 경향이 있다.

7) 사례분석

① 특수한 사례에 대해 사례분석을 하는 것 역시 욕구조사의 한 방법이 될 수 있다.

② 특수한 대상에 대한 욕구파악에 유리하다.

③ 일반적으로 그리고 전체에 대해서 활용하기에는 적절하지 않다.

8) 델파이기법

① 델파이조사는 전문가 집단을 대상으로 의견을 수렴해 나가는 조사방법이다.

② 조사를 한 후 극단치를 제거해 나감으로써 의견을 수렴한다.

③ 이것은 전문가 집단에게 욕구를 물어보는 것이 된다.

9) 초점집단 면접

① 초점집단 면접은 대상자가 되는 소수를 한 자리에 불러 모아 주어진 주제에 대해서 이야기를 나누는 것이다.

② 서로 의견을 주고받으면서 의견조정이 일어나기도 한다.

③ 소규모 집단으로 진행되므로 집단역동이 일어나기도 한다.

④ 이런 방법으로 욕구조사를 할 경우 보다 심층적인 자료를 얻을 수 있다는 특징이 있다.

⑤ 반면 전체적인 이야기가 아닐 수 있다는 점을 염두에 두어야 한다.

10) 네트워크 분석

① 주로 자원의 분포에 대해 조사할 때 사용한다.

② 주로 관계형 변수를 사용한다.

③ 네트워크가 어떻게 이루어졌는지 파악하게 한다.

core   델파이기법의 핵심

- 전문가 집단의 의견수렴
- 전문가 집단은 서로 대면하지 않음
- 극단치를 제거해 나감
- 피드백의 기회가 주어짐

core   네트워크 분석의 핵심

- 관계형변수를 사용한다.
- 네트워크를 구조화한다.

※ 여러 가지 욕구조사 방법이 가능하다. 그런데 이런 조사방법은 반드시 욕구조사에만 한정

되는 것이 아니다. 다른 조사에도 동일하게 적용되는 것이다. 따라서 욕구조사의 종류로만 한정해서 생각하면 안 된다. 조사의 여러 방법으로 이해하는 것이 바람직하다.

제2절 평가조사

사회복지조사 가운데 대표적인 것 중 하나가 평가조사이다. 사회복지자원은 한정적이다. 한정적인 자원을 효율적으로 사용하려면 과학적인 평가를 통하여 프로그램의 지속 및 변화 여부를 결정하여야 한다. 실천가의 감에만 의존해서는 과학적이지도 않지만 자원을 효율적으로 사용할 수 없기 때문이다. 따라서 평가조사에 대해서 사회복지사와 사회복지기관은 보다 더 과학적인 평가를 위해 노력해야 한다.

1. 프로그램 평가의 필요성 및 특성

1) 프로그램 평가의 필요성

① 사회복지에 투입되는 자원은 공공재이다. 따라서 공공재가 적절하게 사용되었는지를 파악하기 위해서는 반드시 프로그램 평가를 해야 한다.

② 평가를 통해서 사회복지사의 전문성, 책무성을 드러낼 수 있다.

③ 사회복지기관은 프로그램 평가를 통해서 프로그램의 지속/중단 및 변화에 대해서 계획을 세울 수 있다.

④ 프로그램 평가는 자원을 제공한 사람에게 자원제공의 의미를 일깨워 줄 수 있다. 이는 자원의 재제공으로 이어질 수 있는 사안이다.

2) 프로그램 평가의 특징

① 프로그램 평가는 사업계획서 이후부터 시작된다. 일반적으로 평가라고 하면 사후에 하는 것만 생각한다. 그것은 총괄평가에 해당하는 것이며, 평가 그 자체는 수시로 이루어지는 것이다.

② 프로그램을 평가할 때는 여러 가지 요소를 준거점으로 하여 평가하게 된다.

2. 프로그램 평가방법

① **질적평가와 양적평가**를 사용할 수 있다. 양적평가는 주로 효과가 있는지 없는지에 대한 결론을 보게 되고, 질적평가는 그런 결과가 나오는 과정에 대해서 어떤 모습이 있었는지를 나타내 준다.

② **실험설계평가와 비실험설계평가**를 사용할 수 있다. 만약 프로그램의 효과성을 평가하는 것이라면 실험설계를 통하여 평가할 수 있다. 그렇지 않을 경우 비실험설계로도 평가가 가능하다. 따라서 목적이 어디에 있는가에 따라 실험설계를 응용하는 것이 바람직하다.

③ **형성평가와 총괄평가**가 있다. 형성평가는 프로그램을 형성하기 위하여 하는 평가이다. 반면 총괄평가는 프로그램 실행이 끝난 후 전체적인 평가를 하는 것이다. 따라서 형성평가를 통하여 프로그램을 변화 또는 완성해 나갈 수 있다.

④ **프로그램 구성체계에 따른 평가**가 가능하다. 프로그램은 프로그램 자체, 참여하는 클라이언트, 서비스를 제공하는 사회복지사, 서비스 제공의 장(場)이 되는 사회복지기관 등으로 구분할 수 있다. 이런 구성체계에 대해서 평가할 수 있다.

⑤ **프로그램 진행과정별 평가**가 가능하다. 준비과정에 대한 평가, 진행과정에 대한 평가, 종결과정에 대한 평가, 사후과정에 대한 평가 등으로 프로그램을 평가할 수 있다.

⑥ **평가기준별 평가**가 가능하다. 일반적으로 평가는 이와 같은 기준을 적용하여 이루어지게 된다. 프로그램 평가에서 주요 기준이 되는 것은 효과성, 효율성, 품질, 대응성, 노력성, 형평성, 적법성, 접근성, 적절성 등이다.

3. 평기기준

1) 효과성

① 결과에 대한 평가이다.

② 가령, 금연교육에 참가한 사람이 100명인데 이 중 80명이 금연에 성공했다는 효과성을 80%라고 할 수 있는 것이다.

2) 효율성

① 결과에 이르기까지 투입된 비용에 대한 평가이다.

② 비용에 따라 나타난 이익을 평가하면 비용편익분석이 되고, 투입된 비용으로 효과를 나누면 비용효과분석이 된다.

③ 효과비용을 산출하게 된다.

eg. 100명을 대상으로 금연프로그램을 진행하는 데 비용이 200만 원 들어갔다면 단위당 효과비용은 2만 원이 되는 것이다.

3) 품질

① 프로그램의 질이 좋은지를 평가하는 것이다.

② 현실적으로 프로그램의 질은 직접적으로 평가하기 어렵다.

③ 따라서 **품질은 만족도로 평가하게 된다.**

④ 만족도에는 여러 요소들이 포함될 수 있다. 가령 프로그램 자체에 대한 만족도, 프로그램을 진행하는 사람에 대한 만족도, 프로그램 진행 환경에 대한 만족도 등 다양한 만족도가 있다.

4) 대응성

① 클라이언트의 문제나 욕구에 대해서 얼마나 적절하게 대처했는가를 평가하는 것이다.

② 가령 물질적인 어려움을 겪는 대상자에게 정신건강 프로그램을 제공했다면 대응성 측면에서 어떻게 평가할 수 있을까? 물질적인 어려움을 겪는 사람은 정신적인 어려움도 겪을 것이라는 가정 아래 정신건강 프로그램을 제공할 수 있지만 직접적인 도움이 되지 않는다는 점에서 높게 평가할 수 없는 것이다. 그보다는 바우처 등과 같이 물질은 아니지만 물질과 같은 기능을 하는 프로그램을 제공해야 대응성을 높게 평가할 수 있다.

5) 노력성

① 프로그램 수행이나 목표달성을 위해서 얼마나 많은 노력을 했는가를 평가하는 것이다.

② 가령 동일한 규모와 동일한 대상에 대한 지원금으로 각 50만 원이 지급되었는데 A기관에서는 이 비용으로만 프로그램을 실시하였고 B기관에서는 이 기금에 자원개발을 50만원 더해서 100만 원으로 프로그램을 실시했다면 B기관의 노력성을 더 높이 평가할 수 있다.

③ 실제로 공동모금회 등에서 프로포절을 받을 때 기관의 자구책이 반드시 들어가게 되어 있다. 이는 일종의 노력성을 보는 것이다.

6) 형평성

① 분배가치에 초점을 맞추 평가 기준이다.

② 프로그램 과정에서 클라이언트에게 미치는 영향력이 편중되지는 않았는지 또한 대상자 선정기준과 결정과정이 공개되어 있는지 등에 대한 평가이다.

③ 기관은 프로그램 참여자 선정에 대한 자료를 가지고 있어야 한다.

7) 적법성

① 프로그램을 실시하는 데 있어서 법적으로 위배된 사항이 있는지를 평가하는 것이다.

② 이때 기관의 정관에 위배된 여부를 파악하는 것도 포함된다. 정관에는 목적사업이 명시

되어 있다. 이를 잘 순수하였는지 평가하는 것이 바로 직법성 평가이다.

8) 접근성

① 클라이언트가 프로그램에 접근하는 데 있어 장애가 있는지에 대한 평가이다.

② 과거에는 지리적 또는 교통적 편리성을 접근성이라고 했지만 현대사회에서는 접근을 여러 가치 차원에서 파악하게 된다.

③ 절차가 까다로우면 접근성이 떨어지는 것으로 본다.

④ 현대사회는 정보의 접근성도 중요하게 여긴다.

9) 적절성

① 프로그램이 클라이언트의 상황이나 특성 그리고 제공하는 기관의 특성을 고려하여 적절하게 제공되고 있는가를 평가하는 것이다.

② 보통 대응성과 유사한 개념이지만 대응성이 욕구나 문제에 즉응하는 대응을 했는지를 본다면 적절성은 클라이언트의 상황뿐만 아니라 사회복지사나 기관의 상황도 본다는 점에서 좀 더 포괄적이라고 할 수 있다.

③ 가령 대상자는 1년 넘게 실직상태에 머물 수밖에 없는데 지원은 3개월에 한정되었다면 적절성에 대해서 문제를 제기하게 된다.

01 프로그램 평가연구에 관한 설명으로 옳지 않은 것은?

① 종속변수는 프로그램이다.
② 유사실험설계를 사용하여 효과를 측정할 수 있다.
③ 외생변수에 대한 고려가 필요하다.
④ 투입된 비용에 대한 효과를 평가할 수 있다.
⑤ 결과를 해석할 때 정치적 관점이 개입될 수 있다.

해설 종속변수는 프로그램에 의한 효과이다. 프로그램 자체는 독립변수가 된다. 유사실험설계는 결국 비동일통제집단 비교설계이다. 프로그램의 효과성을 측정할 수 있는 설계법이다. 외생변수가 효과에 영향을 미치는지 고려해야 한다. 투입된 비용에 대한 효과를 평가하는 것이 비용효과분석이다. 프로그램 평가는 결과를 해석할 때 정치적 관점에 개입될 수 있다.　　정답 ①

02 집단조사 방법에 관한 설명으로 옳은 것은?

① 초점집단조사에서 집단역학에 관한 것은 분석대상이 될 수 없다.
② 델파이기법은 대면집단의 상호작용을 중요시한다.
③ 델파이기법은 일반인을 대상으로 한 일반적 주제에 대한 견해를 도출하는 데 유용하다.
④ 네트워크분석은 조직 간 전달체계분석에 부적절하다.
⑤ 네트워크 구조분석에는 관계형 변수를 주로 사용한다.

해설 초점집단조사에서 집단역동 자체도 분석의 대상이 될 수 있다. 델파이기법은 전문가 집단에게 의견수렴을 위하여 실시하는 조사이다. 우편으로 실시하므로 직접 대면할 필요는 없다. 네트워크분석은 조직 간 체계를 분석하기에 적합한 것으로, 주로 관계형 변수를 활용한다.

정답 ⑤

Chapter 22 질적연구와 질적연구자

학습Key포인트 🔍

○ 양적연구와 비교하여 질적연구를 설명할 수 있다.
○ 질적연구자의 참여정도를 구분하여 제시할 수 있다.
○ 질적연구자가 주의해야 할 자세나 상황을 설명할 수 있다.

제1절 　질적연구에 대한 기본이해

　그동안 질적연구에 대해서 여러 차례 언급이 있었다. 질적연구는 양적연구와 패러다임 자체가 다르기 때문에 두 연구방법을 비교하여 설명하면서 질적연구에 대해서는 어느 정도 선이해가 되었을 것이다. 질적연구에 대한 심도깊은 이해는 질적연구라는 과목으로 따로 이루어져야 한다. 사회복지조사론에서는 조사방법으로서 질적연구에 대한 전반적인 이해를 도모하는 정도에서 제공하게 된다.

1. 질적연구의 개략

① 질적연구는 일반화를 목적으로 하는 연구가 아니라 **특정한 것에 대해서 심도 깊은 연구**를 할 때 사용하는 연구방법이다. 그래서 일반적으로 질적연구에는 '심층적'이라는 말이 붙기도 한다.

② 질적연구는 검증방법적인 측면에서 **귀납법적인 방법**을 활용한다. 즉 있는 자료를 먼저 들여다보고, 이를 분류, 비교, 통합하는 과정에서 새로운 결론을 맺게 된다. 단 질적연구의 여러 방법 중 하나인 **근거이론은 지속적 비교과정에서 연역법도 활용**한다. 귀납법을 활용하기 때문에 과학적인 검증방법을 사용하는 것이다. 연역법과 귀납법 중 보다 과학적인 방법은 무엇인가라는 질문이 성립되지 않았던 것처럼 양적연구와 질적연구 중 보다 과학적인 연구방법은 무엇인가라는 질문 역시 성립하지 않는다.

③ 양적연구가 계량화된 자료를 사용한다면 질적연구에서 사용하는 자료는 계량적이지 않다. 그래서 이런 자료를 **질적자료**라고 하며, **정성적 자료**라고도 한다. 자료의 수집은 여러 가지 방법으로 이루어지지만 **인터뷰와 관찰**이 대표적인 질적연구의 자료수집 방법이다.

④ 질적연구의 종류는 무수히 많다. 흔히 분석자의 수만큼이나 종류가 다양하다고 한다. 이는 질적분석은 분석하는 자에 따라 다르게 나타나는 것을 반영하는 것이다. 그럼에도 불구하고 일반적으로 근거이론, 현상학, 생애사, 문화기술지, 사례연구 등으로 구분한다.

⑤ 양적연구는 연구설계에서 보고서 작성까지 직선적인 구조를 갖는다. 반면 질적연구는 직선적이기보다는 **나선형적인 연구구조**를 갖는다. 즉 인터뷰한 후 분석하면서 동시에 인터뷰를 하고, 그 과정에서 질문이 변화되기도 한다. 단 연구주제가 변하는 것은 아니다.

⑥ 질적연구와 관련된 용어들은 다음과 같다. 이 용어들은 결국 통계치가 아니라 의미를 추구하는 연구방법이라는 것을 보여준다.

심층적 연구, 맥락적 이해, 의미이해, 개방코딩, 범주화

2. 질적면담의 종류

질적연구의 주된 자료수집방법 중 하나는 인터뷰이다. 양적조사에서도 면접으로 설문조사를 하지만 질적조사에서의 면접은 연구참여자가 자신의 깊은 생각을 이야기한다는 점에서 양적조사에서의 면접과는 다르다. 그래서 이를 질적면담이라고 하는데 그 종류를 살펴보면 다음과 같다.

1) 구조화된 지침면접

① 면접 시 질문할 것을 세세하게 정리한 면접지침서를 가지고 면접하는 것이다.
② 면접지침 자체가 구조화되어 있어서 **면접진행자는 부담을 줄일 수 있다.** 그대로 차례차례 면접만 진행하면 되기 때문이다.
③ 하지만 정해진 것만 묻고 대답하는 형식이 되기 때문에 질적연구가 본래 의도하는 **심층적인 내용을 끄집어 내는 데는 한계**가 있다.
④ 따라서 질적연구에 구조화된 면접지침은 잘 사용하지 않는다.

2) 비구조화된 지침면접

① 면접을 할 때 면접을 진행하는 자가 아무런 면접지침도 갖지 않는 것이다.
② 진행자는 제약을 전혀 받지 않고 질문을 한다.
③ 특히 면접대상자의 대답에서 연구주제에 적절한 어떤 내용이 나타나는 경우 이를 발현이라고 한다. 그것을 질문의 재료로 삼는다. 즉 면접응답자의 대답이 다른 질문의 자료

가 되는 것이다.

④ 그러므로 **심층적인 내용을 끄집어 내기에 적합한 면접방법**이다.

⑤ 다만 면접자(인터뷰어)가 능숙하지 않으면 심도 깊은 내용을 끄집어내는 데 한계가 있다. 또한 면접 자체가 엉뚱한 방향으로 흘러갈 수 있다.

⑥ 따라서 연구자(인터뷰어)가 **철저하게 훈련**이 되어 있는 상태에서 사용할 수 있다.

3) 반구조화된 지침면접

① 면접을 할 때 완벽하게 구조화된 것은 아니지만 질문을 할 중요한 포인트 등을 준비하여 면접을 진행한다. 흔히 중요 질문들을 작성한 지침서를 갖는다.

② 면접진행 과정에서 되도록 참여자(인터뷰이)의 응답 속에서 질문거리를 찾아 질문을 한다. 그러다가 방향성이 모호해지거나 주제에서 멀어진 경우 지침서에 있는 질문으로 돌아와서 질문을 한다.

③ 반구조화된 면접지침은 면접과정에서 방향을 잃는 것을 막아주는 기능을 한다.

④ 비구조화된 면접지침에 익숙하지 않을 경우 보통 반구조화된 면접지침을 활용하게 된다.

> **core**   **심층적인 면접 ≒ 비구조화된 면접**
>
> 심층적인 면접이란 인터뷰이가 가지고 있는 내면 깊은 것을 끄집어 내는 것을 의미한다. 사람은 정해진 틀에 따라서 질문하고 대답을 하다 보면 내면 깊은 곳에 있는 것을 이야기하기가 어렵다. 따라서 심층면접을 하려면 비구조화된 질문지침으로 면접을 해야 한다. 참여자(인터뷰이)가 밝힌 내용에서 질문을 함으로써 더 깊숙이 들어가게 되는 것이다. 반구조화된 면접지침은 주로 비구조화된 면접지침에 익숙하지 않았을 때 비구조화된 면접을 할 수 있는 능력을 키우는 일환으로 활용된다. 따라서 심층적인 면접이 이루어지기 위해서는 비구조화된 면접지침을 활용하여야 한다. 한발 물러나 반구조화된 면접지침을 활용하더라도 심층적인 것을 끄집어 낼 수는 있다. 그런데 구조화된 면접지침으로는 심층적인 것을 끄집어 내기 어렵다고 보아야 한다. 따라서 심층적인 면접은 다음과 같은 면접지침 구분을 가능하게 한다.
> 비구조화된 면접 〉 반구조화된 면접 〉 구조화된 면접

제2절 　질적연구자와 참여정도

　연구자들은 과학적인 연구를 한다는 점에서 모두 동일하다. 그런데 양적연구를 하느냐 혹은 질적연구를 하느냐에 따라서 연구자의 태도나 기질은 달라야 한다. 양적연구는 주로 연구자가 객관적인 입장에서 자료를 다루게 되지만 질적연구는 연구자 자신도 연구에 포함시키는 특성이 있다. 즉 연구자도 연구현장에 일정 부분 참여하는 성격인 것이다. 그러므로 질적연구자는 자신에 대해서 정확하게 아는 것이 중요하다.

1. 질적연구자와 참여정도

1) 질적연구자

　① **질적연구자는 관찰이나 인터뷰에 대해 활용능력을 가져야 한다.** 질적연구의 주된 자료 수집방법이 인터뷰와 관찰이기 때문이다. 인터뷰를 할 때 참여자의 언명 속에서 연구주제와 관련된 내용이 나오는 지점을 놓치지 않아야 한다. 이를 질문 재료로 삼을 때 심층적인 인터뷰가 되는 것이다. 관찰도 마찬가지이다. 여러 가지 일어나는 사건들 속에서 어떤 것이 의미가 있는지를 파악할 수 있는 능력이 있어야 한다. 그래야 드러나는 맥락을 잘 연결할 수 있다. 똑같은 사건이라도 무엇을 어떻게 보는가는 연구자마다 다른 것이다.

　② **질적연구자는 글쓰기에 대해서 재능을 가지고 있으면 좋다.** 양적연구는 보고서를 작성할 때 주로 통계치를 활용하게 된다. 따라서 사람에 따라 다르긴 하지만 대체로 제시하는 자료는 일정한 형태를 갖게 된다. 따라서 양적연구의 글쓰기는 일정 부분 정해진 틀이 있다. 하지만 질적연구는 연구자가 어떻게 표현하는가에 따라 그 내용의 전달이 완전히 달라지게 된다. 따라서 질적연구자는 글쓰는 것에 대해 흥미와 재능을 가지고 있으면 도움을 받을 수 있다.

　③ 질적연구자는 **연구참여자를 편안하게 해주는 인상을 가지고 있어야 한다.** 인터뷰가 자료수집의 중요한 역할을 하는데 인터뷰어가 인상이 좋지 않으면 인터뷰이와 인터뷰의 접점을 잡기가 힘들어진다.

　④ **질적연구자는 결과에 대해 미리 선입견을 가지고 있으면 안 된다.** 이는 비단 질적연구 뿐만 아니라 양적연구도 마찬가지이다. 검증을 하기 전까지 결과에 대해서 예단을 하는 것은 금물이다. 이런 예단이 깊어지면 결국 연구자도 사람이기에 보고 싶은 것만 보게 된다. 즉 자신이 생각하는 방향으로 결론을 유도하게 된다. 이럴 경우 객관적인 연구가 사라지게 되는 것이다. 특히 질적연구는 인터뷰를 통해서 자료를 얻는 경우가 많기 때

문에 연구자가 어떤 방향성을 갖고 있으면 인터뷰 자체가 그 방향으로 치우치게 된다. 그러면 결론도 역시 이미 생각한대로 내리게 된다. 연구자는 어떤 일이 있어도 결과에 대해서 '아직 모른다'는 중립적인 태도를 가지고 있어야 한다.

⑤ **질적연구자는 연구참여자들 속에 들어가서 생활할 수 있는 마음가짐을 가지고 있어야 한다.** 질적연구는 관찰을 할 때 참여자들 속으로 들어가는 만큼 내밀한 것을 볼 수 있기 때문이다. 관찰은 참여자들의 가장 내밀한 것을 볼수록 그 가치가 높아진다. 연구자가 겉으로 보는 것과 그들의 실상은 다를 수 있다. 따라서 질적연구자는 참여자들 속에 들어가려는 노력을 해야 한다. 따라서 질적연구는 연구자의 역할이 중요하다고 할 수 있다.

2) 질적연구자의 역할: 참여정도

① 질적연구자가 연구대상자, 즉 연구참여자 속으로 얼마나 들어가는가에 따라 다음과 같이 구분될 수 있다.

구분	개념	장점	단점
완전참여자 complete participant	참여자의 삶에 완전히 들어가서 참여, (×)	내밀한 것까지 경험	원주민화
관찰참여자 participant as observer	연구자임을 밝히지만 그들의 삶에 깊게 참여, (△)	비교적 자세한 경험	원주민화
참여관찰자 observer as participant	연구자임을 밝히고 참여하지만 실제로는 관찰만 함, (○)	객관적으로 볼 수 있음	감출 수 있음
완전관찰자 complete observer	관찰자로서만 역할, (○)	객관적으로 볼 수 있음	피상적일 수 있음

cf. ○ = 연구자임을 밝힘
△ = 연구자임을 밝히는 것도 숨기는 것도 아님
× = 연구자인 것을 숨김

② 완전참여자

완전참여자는 자신이 연구자라는 것을 숨긴 채 연구대상자 속으로 완전히 들어가서 원주민처럼 살아가는 것이다. 그러다보니 원주민들의 내밀한 것까지 속속들이 볼 수 있다는 장점이 있다. 그런데 원주민과 똑같아지다 보면(원주민화) 연구주제와 관련된 것을 보는 데 장애를 갖게 된다. 원래 사람들이 자신의 문제를 자신은 제대로 못보는 것과 같은 현상이 나타난다. 즉 연구주제로 중요한 것이 그냥 흘러가는 것이 되는 경우가 있을 수 있다.

③ 완전관찰자

완전관찰자는 완전참여자와 반대되는 개념이다. 연구대상자 속으로 전혀 참여하지 않는다. 자신은 오직 관찰자(연구자)로서의 기능을 충실히 이행한다. 이럴 경우 일어나는 일에 대해서 가장 객관적으로 볼 수 있는 특징을 갖는다. 뿐만 아니라 연구주제와 관련하여 중요한 것을 잘 찾아내어 그 부분을 더 들여다 볼 수도 있다. 다만 연구대상자들이 누군가 자신을 살펴보는 것에 대해서 불편함을 느껴 자신들의 내밀한 모습을 보여주지 않을 수가 있다. 즉 보여주기 위해서 행동할 수 있으며 피상적인 것만 관찰할 가능성이 있다.

④ 관찰참여자

관찰참여자는 자신이 연구자라는 것을 굳이 숨기지 않는다. 물론 일부러 자신이 연구자라고 밝히는 것은 더욱 아니다. 그리고 되도록 원주민들의 생활에 함께 참여하는 것이다. 자신이 연구자라는 것을 숨기지 않기 때문에 필요에 따라서는 관찰에만 집중할 수도 있다. 완전참여자 정도는 아니더라도 비교적 상세한 관찰이 가능하다. 다만 완전참여자와 같이 원주민들 속에 참여하는 모습이 있기 때문에 원주민화되어 보아야 할 중요한 것을 보지 못할 수도 있다.

⑤ 참여관찰자

참여관찰자는 자신이 관찰자(연구자)라는 것을 분명히 밝힌다. 그리고 활동도 주로 관찰을 중심으로 한다. 다만 그러다가도 필요한 경우에는 원주민들의 삶속으로 참여하기도 한다. 이런 경우 원주민화되어 보아야 할 것을 보지 못하는 일은 줄어든다. 그러나 관찰자라는 것을 밝혔기 때문에 그리고 관찰을 주로 하기 때문에 원주민들이 자신들의 내밀한 것을 보여주는 것처럼 속일 수도 있다.

2. 질적연구자의 자세

① **자신의 주관성을 제대로 파악해야 한다.** 연구자 자신을 도구로 사용하기 때문에 자신의 주관성에 대해 제대로 파악하지 않은 경우 연구에 자신의 주관이 반영될 수 있다. 연구는 어디까지나 객관적으로 진행되어야 하는 것이다.

② **사회적 관계 속으로 들어가야 한다.** 질적연구는 결국 연구참여자들의 내밀한 것을 보아야 가치가 있는 것이다. 사람은 아무런 관계가 없는 사람에게 내밀한 것을 보여주지 않는다. 따라서 질적연구자는 연구참여자들 속으로 들어가는 모습이 있어야 한다.

③ **헌신적인 자세를 가져야 한다.** 질적연구는 연구기간을 기약할 수 없는 경우도 많다. 양적연구처럼 정해진 기간 내에 서베이하여 분석을 하는 것이 아니라 연구참여자들 속으로 들어가 오랜 기간 관찰을 하여야 한다. 뿐만 아니라 필요에 따라서는 연구참여자들 속으로 들어가서 생활을 해야 한다. 그러므로 헌신적인 자세를 갖지 않으면 연구를 할 수가 없다.

④ **관점 유지하기를 해야 한다.** 연구참여자 속으로 들어가다 보면 자신이 연구자라는 것을 잊을 때가 있고 또한 연구주제에 대해서 제대로 인식하지 못할 때가 있다. 따라서 질적

연구자는 연구참여자들 속으로 참여를 하더라도 항상 연구에 대한 관점을 유지하는 능력이 있어야 한다.

⑤ **경계 내 돌기를 해야 한다.** 연구자는 연구참여자 안에 있는 관계들이나 연구참여자들 외부에 있는 관계들과 소통을 해야 한다. 연구와 관련하여 이런 관계가 흐트러지지 않도록 그래서 연구에 집중할 수 있는 모습이 되도록 의사소통하는 것이 경계 내 돌기이다.

---

cf. 연구참여자

보통 양적연구에서는 응답하는 사람들을 조사대상자라고 한다. 그런데 질적연구에서는 조사대상자라는 말을 사용하지 않는다. 이보다는 연구참여자라는 말을 사용한다. 질적연구는 연구참여자들이 중요 자료가 된다. 그러므로 객관화하여 대상자라고 하기보다는 연구 안에 들어오는 개념인 참여자라는 관점을 사용하는 것이다.

---

cf. '참여'

질적연구는 양적연구와 달리 연구자도 연구의 일부라는 관점을 갖고 연구대상자를 '연구참여자'라고 하여 참여를 강조한다. 이는 심층적인 것을 보기 위한 방법이기 때문에 나타나는 모습이다.

01 완전참여자(complete participant)에 관한 설명으로 옳은 것은?

① 연구대상이 관찰된다는 사실을 알기에 자연적인 상태에서의 관찰이 불가능하다.

② 관찰대상과 상호작용 없이 연구대상을 관찰할 수 있다.

③ 관찰대상의 승인을 받고 관찰대상과 어울리면서도 객관성을 유지할 수 있다.

④ 관찰대상의 승인을 받지 않고 관찰한다는 점에서 연구윤리문제가 제기될 수 있다.

⑤ 관찰 상황을 인위적으로 통제한 상황에서 관찰을 진행할 수 있다.

> **해설** 완전참여자는 자신이 연구자(관찰자)라는 걸 밝히지 않고 참여자(연구대상자) 속으로 들어가서 그들의 삶에 참여하는 것이다. 가장 내밀한 것을 관찰할 수 있지만 원주민화되는 문제가 있고 자신이 연구자라는 걸 밝히지 않는 윤리적 문제를 배제할 수 없다.. 정답 ④

02 질적연구에 관한 설명으로 옳은 것은?

① 변수중심의 분석이 이루어진다.

② 논리실증주의적 관점을 견지한다.

③ 인간행동의 규칙성과 보편성을 중시한다.

④ 모집단을 대표할 수 있는 표본을 추출한다.

⑤ 관찰로부터 이론을 도출하는 귀납적 방법을 활용한다.

> **해설** 질적연구는 양적연구와 달리 변수 중심의 연구가 아니다. 논리실증주의적 전통은 양적연구와 연결된다. 질적연구는 보편적인 것을 찾아가기 보다는 특수한 것과 심층적인 것을 탐구한다. 모집단을 대표하는 연구는 양적연구이다. 질적연구는 관찰로부터 이론을 도출하는 귀납적 방법을 활용한다. 정답 ⑤

Chapter

23

질적연구의 종류와 분석방법

제1절 질적연구의 종류

질적연구의 종류는 무수히 많다. 흔히 연구자 수만큼이나 분석방법이 있다고 한다. 또한 연구자들도 자신이 주로 사용하는 학문분야의 관련성과 연결하여 연구방법을 사용하는 경우가 많다. 수많은 질적연구가 있지만 사회복지학 연구에서 주로 사용하는 질적연구방법은 근거이론, 현상학, 문화기술지, 생애사연구, 사례연구로 구분할 수 있다. 각 연구방법은 연계된 학문근거가 있으며, 밝히고자 하는 것에 따라 그 연구방법이 결정되기도 한다.

1. 질적연구와 사회복지실천

① 사회복지실천은 특정 클라이언트를 대상으로 하기 때문에 그 사람의 맥락적인 이해가 필수적이다. 맥락적인 이해라는 것은 그 사람의 삶의 자리에서 이루어지는 이해를 의미한다.

② 어떤 실천기술을 적용하더라도 실천 자체는 과정이기 때문에 그 맥락을 중요하게 보지 않을 수 없다.

③ 질적연구 역시 맥락을 보는 연구이다.

④ 질적연구는 실천현장을 기반으로 맥락적인 연구를 하기 때문에 **사회복지실천과 긴밀한 관계**를 가질 수밖에 없다.

---

core　　실천현장 자체가 연구의 장(場)이 되는 연구법

- 양적연구에서는 **단일사례연구**가 실천현장에서 행동수정과 같은 연구에 활용된다는 점을 이미 제시했다.
- **질적연구** 역시 현장에서 자료수집과 분석이 이루어진다는 점에서 실천현장과 긴밀한 관계에 있다고 할 수 있다.

---

2. 질적연구의 여러 전통

1) 근거이론

① 1960년대 말 스트라우스와 글래서에 의해 개발되었다.

② 주로 이론을 도출하는 과정에서 사용하는 방법이다. 아직 이론이 없는 사안에 대해서 잠정적인 이론을 도출하되 현실에서 자료를 찾아 그 자료를 기반으로 하여 이론을 도출한다고 하여 현실기반이론(grounded theory)이라고도 한다.

③ 상징적 상호주의적 관점에서 사람, 사건, 현상 등 사회현상을 연구하고, 경험적 자료로부터 이론을 도출하고자 할 때 사용한다.

④ 일반적으로 면접을 통하여 얻은 자료를 질적분석에 따라 분석하여 결론에 이른다. 즉 귀납법적인 방법을 주로 사용한다.

⑤ 다만, 분석과정에서 연역법적인 방법을 사용하기도 한다. 지속적인 비교과정에서 경험으로부터 임시가설을 세우고, 다시 경험적인 관찰을 통해 이것이 맞는지 살펴본다. 다른 질적연구와 다른 점이 바로 이 부분이다.

⑥ 질적연구 중 가장 정교한 분석방법을 갖는다. **개방코딩, 축코딩, 선택코딩이라는 절차**를 기계적으로 밟는다. 즉 다른 질적분석과 달리 일정한 분석방법을 갖는 특징이 있다.

⑦ 샘플수도 양적연구에 비하면 적은 편이지만 다른 질적연구에 비하면 많은 편이다. 그래서 질적연구 중에서 양적연구와 가까운 연구로 통한다.

> **cf. 근거이론의 분석과정**
> 개방코딩 - 의미단위로 나열, 범주화
> 축코딩　 - 범주를 연결함. 중심현상을 중심으로 원인적 조건, 맥락적 조건, 중재적 조건, 상호작용, 결과로 연결한다.
> 선택코딩 - 연결된 것들을 통하여 이야기를 구성한다. 이때 취사선택도 이루어진다.

2) 민속지학/문화기술지

① 주로 문화인류학에서 발달한 학문(방법)이다.

② 부족, 특정한 구역 내에 공동거주하는 주민 등 특정문화집단에서의 군중행위와 상호작용을 그 구성원처럼 참여 관찰함을 통하여 문화적 관점에서 내용을 도출해 낸다.

　　eg. 길모퉁이의 남자들(Elliot Liebow. TALL'S CORNER: a study of Negro streetcorner men)

3) 현상학

① 대표적인 학자는 후설이다.

② 경험의 본질(itself)을 이해하기 위해서 진행하는 연구이다.

③ 어떤 경험이 그 경험을 한 사람에게 어떤 의미가 있는지를 밝히는 연구이다.

④ 현상학은 모든 이론 등 정형화된 일정한 틀을 일체 부인한다.

⑤ 경험을 있는 그대로 이해하기 위해서는 현상학적 환원(epoche)를 해야 한다고 주장한다. 이는 괄호치기로 할 수 있다. 괄호치기란 자신이 가지고 있는 주관적인 것이나 선입견들을 모두 괄호침으로써 나타나는 현상을 있는 그대로 보기 위한 작업이다.

4) 생애사연구

① 전기연구라고도 한다.

② 역사연구의 한 방법이다. 어떤 사건, 현상의 변화, 발전과정 등을 살펴봄으로써 특정 시대나 상황과 연결하여 설명한다.

③ 개인 또는 특정한 집단의 생애적 역사에 대해서 시간적 혹은 순서대로 기록하고, 유추하며, 분석하는 방법이다.

5) 사례연구

① 일반대상과 구별되는 사건이나 특별한 행위를 갖되 시간과 장소에 분명한 한계를 가진 특정사례를 연구대상으로 한다.

② 이때 사례는 경계지어진 체계(bounded system)를 의미한다.

③ 어떤 사건이나 현상에 대해서 심층적이고 다각적인 이해를 하고자 할 때 사용한다.

6) 기타연구방법

① 참여행동연구

참여행동연구는 지식이라는 것이 권력집단의 이해를 대변하고 그들의 위치를 사회에서 더욱 공고하게 하는 데 그 역할을 해 온 것에 대해 문제제기하는 데서 시작되었다.

연구과정에서 모든 관계자들을 평등하게 포함시킨다.

연구과정은 모두에 의해서 민주적으로 진행된다.

연구자가 연구참여자보다 우위에 있다는 암묵적인 가정에 도전한다. 연구참여자들은 자신의 문제와 해결책을 스스로 정의내리고, 연구설계과정에서도 주도적 역할을 수행한다.

② 내러티브연구

이야기를 통해서 현상을 이해하는 것이다.

| 제2절 | 질적연구의 분석과정 |

질적연구의 분석과정에 대해서 확정된 방법을 제시할 수는 없다. 그것은 각 연구전통에 따라 고유한 분석패턴이 있기 때문이다. 또한 연구자에 따라서 분석하는 과정은 얼마든지 다를 수 있기 때문이다. 그럼에도 불구하고 질적연구가 갖는 공통된 과정은 존재한다. 모든 질적연구는 대부분 이런 과정을 공유하고 있다.

1. 질적연구의 자료수집

① 질적연구의 자료수집 방법은 주로 인터뷰나 관찰을 통해서 얻어진다.

② 질적연구의 표본추출은 주로 눈덩이표집을 하게 된다. 이는 특수한 사례에 대한 연구이기 때문에 연구자 자신이 관계망을 갖기 어려운 경우가 많다. 따라서 연쇄소개를 통하여 샘플수를 늘려가는 게 일반적이다.

③ 할당표집을 활용할 필요도 있다. 어떤 집단에 대해서 심층적인 연구를 할 때 그 집단 안에는 어떤 특별한 요소에 의해서 구분되는 층이 있을 수가 있다. 이럴 경우에는 이것을 반영하여 표집하는 것이 전체적인 특성을 파악하는 데 도움이 된다.

　eg. 동성애에 대한 사회복지사의 인식을 심층적으로 연구하고자 할 때 사회복지사들이 크게 대학 출신과 대학원 출신으로 구분된다면 이 두 층을 분리하여 표집하는 것이 필요하다. 그래야 사회복지사의 동성애에 대한 인식을 제대로 드러낼 수 있다.

④ 예외적 사례표집도 필요하다. 예외적 사례는 일어나는 어떤 규칙에 대해서 반대되는 사례를 표집하는 것이다. 이런 예외적 사례를 분석함으로써 일어나는 어떤 규칙에 대해서 더욱 선명하게 드러낼 수 있는 것이다.

2. 질적연구의 분석과정

1) 개방코딩

① 개방코딩은 기록된 자료를 읽으면서 의미가 발현되는 부분에 밑줄을 긋거나 표시를 하는 것이다.

② 필요한 경우에는 연구자의 생각을 메모할 수도 있다.

③ 개방코딩은 한 번 실행하고 마는 것이 아니라 여러 번 실행하여 발견하지 못한 의미나 내용이 없도록 한다. 즉 개방코딩은 더 이상 새로운 자료가 나오지 않을 때까지 반복되는 과정이다.

2) 범주화

① 범주화는 개방코딩으로 드러난 내용이나 의미들을 같은 종류별로 묶는 과정이다.

② 범주화 역시 지속적인 과정이다. 한 번에 끝나는 것이 아니라 계속 수행하면서 범주화가 가장 잘 이루어졌다는 판단이 들 때까지 하는 것이다.

③ 개방코딩에서 드러난 의미 중에는 범주화과정에서 버려지는 것도 나타날 수 있다.

④ 범주화는 단계적으로 진행된다. 경우에 따라서는 한 단계로 범주화할 수 있다. 그렇게 범주화한 것을 또다시 범주화하여 보다 상위의 범주를 구성할 수도 있다. 이것 역시 의미가 잘 묶이는 정도에 따라 진행되는 것이다. 즉 범주화는 몇 단계로 진행되어야 한다는 법칙이 있는 것은 아니다.

3) 주제화

① 주제화는 몇 개의 범주들을 묶어서 하나의 주제로 도출하는 것이다.

② 경우에 따라서 이 주제화는 가장 상위의 범주화라고도 할 수 있다.

4) 결론도출

① 주제로 묶인 것들 또는 가장 상위의 범주로 묶인 것들을 통하여 전체 연구결론을 내리는 것이다.

② 이때 맥락적인 이해가 중요하다. 즉 전체를 관통하는 맥락과 그에 따른 각 범주의 내용이 서로 긴밀하게 연결되어야 한다.

3. 질적연구의 엄격성

1) 신뢰도와 엄격성

① 양적연구에서는 신뢰도라는 개념이 있다. 이는 반복측정해도 똑같은 결론이 나오는 것을 의미한다.

② 그러나 질적연구는 자료수집이 측정이라는 방법이 아니라 인터뷰나 관찰을 통해서 얻어지기에 신뢰도라는 개념을 가질 수 없다. 똑같은 사람에게 똑같은 질문을 반복해도 똑같은 이야기가 나오지 않는다.

③ 그래서 질적연구는 신뢰도라는 말 대신에 엄격성, 엄밀성 등으로 표현한다. 즉 연구가 누가 보더라도 수긍할 수 있도록 연구과정 자체를 엄밀하게 만드는 것을 의미한다.

2) 질적연구 엄격성의 방법

① 장기간에 걸친 관계형성

연구자는 연구참여자들과 장기간에 걸친 관계형성을 통하여 연구하고자 하는 것을 솔직하고 있는 그대로 보여 줄 수 있도록 해야 한다. 연구자와 연구참여자 사이에 관계가 형성되어 있지 않으면 연구참여자들은 자신의 속 깊은 것을 보여주기보다는 보기 좋은 것만 보이고자 할 것이다.

② 다원화(삼각화, triangulation)

삼각화(triangulation)는 측량에서 나온 개념이다. 장애물이 있어 직접 측량할 수 없는 경우라도 다른 지점에서 거리와 각도만 가지고 있으면 거리를 계산할 수 있다. 여기에서 다른 지점이 있을 경우 측정이 가능하다는 점에서 삼각화 또는 다각화의 개념이 나온 것이다.

일단 **연구자를 다각화**할 수 있다. 연구과정을 다른 질적연구자와 공유하면서 피드백을 받아가며 연구를 진행하면 그만큼 엄밀한 연구가 이루어졌다고 할 수 있는 것이다.

자료의 다각화도 가능하다. 여러 자료를 수집하여 분석하다 보면 보다 더 그 현상에 대해서 정확하게 접근해 갈 수 있는 것이다.

③ 동료집단의 조언 및 지지

연구자의 다각화와 같은 개념이다.

④ 연구대상을 통한 확인

분석을 하는 과정에서 연구참여자에게 자료를 보여주면서 이런 분석내용이 자신들의 모습과 동일한지에 대해서 피드백을 받는 것이다.

⑤ 예외적 사례분석

분석을 하다 보면 어떤 유형이 나타나는데 동시에 그것과 맞지 않는 사례도 나타난다. 이럴 경우 이것을 지나치기보다는 보다 더 심도 깊게 파고들어 감으로써 본래 분석이 타당하다는 것을 나타내는 것이다.

예외사례를 연구함으로써 예외사례에 대한 이해를 높이고자 하는 것이 아니라 발견된 원칙이나 법칙을 보다 더 이해하고자 하는 것이다.

⑥ 감사자료 남기기

연구나 연구과정에 대한 감사를 받을 필요가 있으며, 감사를 받은 경우에는 자료를 남김으로써 연구과정 자체가 엄밀했음을 증명하는 것도 엄격성을 높이는 하나의 방법이다.

※ 질적연구와 양적연구를 혼합한 연구방법도 가능하다. 다만 이런 경우는 연구필요성에 의하여 선정되어야 한다. 단지 두 개의 방법을 혼용했다는 자체로 더욱 고차원적인 연구라고 할 수 있는 것은 아니다.

01 혼합연구방법론(miwed methodology)에 관한 설명으로 옳지 않은 것은?

① 질적연구 결과와 양적연구 결과는 일치해야 한다.
② 양적연구와 질적연구에 대한 전문적 지식이 모두 필요하다.
③ 연구에 따라 양적연구와 질적연구의 상대적 비중이 상이할 수 있다.
④ 질적연구의 결과에 기반하여 양적연구를 시작할 수 있다.
⑤ 상충되는 패러다임들도 수용할 수 있어야 한다.

> **해설** 양적연구와 질적연구를 함께 사용한 연구를 하려면 두 연구방법에 대한 전문적 지식을 모두
> 갖추고 있어야 한다. 또한 상충되는 패러다임을 수용할 수 있어야 한다. 연구에 따라 비중을
> 달리할 수 있으며 어느 한 연구를 먼저 시행한 후 다른 연구를 시행할 수도 있다. 그런데 연구
> 결과는 연구 패러다임 자체가 다르기 때문에 반드시 일치한다고 볼 수는 없다. 이럴 경우에는
> 서로 일치하지 않는 것이 어떤 의미가 있는지를 밝혀주면 좋은 연구가 된다.   정답 ①

02 다음은 어떤 연구에 관한 설명인가?

> • 연구자가 연구대상자보다 우위에 있다는 암묵적 가정에 도전한다.
> • 연구대상자는 자신의 문제와 해결책을 스스로 정의한다.
> • 연구대상자는 연구설계에 주도적 역할을 수행한다.

① 현상학(phenomenology)
② 문화기술지(ethnography)
③ 근거이론(grounded theory)
④ 참여행동연구(participatory action research)
⑤ 내러티브연구(narrative inquiry)

> **해설** 평등하게 참여해서 민주적인 절차로 연구하는 것은 참여행동연구이다. 따라서 연구대상자가
> 연구설계에 주도적인 역할을 하고, 문제나 해결책도 스스로 정의한다.   정답 ④

✅ 참고문헌

고명석 · 이수천(2016), 사회복지조사론. 동문사.

곽기영(2014), 「통계데이터분석」, 경문사.

금기윤 · 김병찬 · 배은영 · 윤춘모 · 최성철(2012), 「사회복지조사방법론」, 공동체.

김영종(2010), 「사회복지조사방법론」, 학지사.

박용순 외(2012), 「사회복지조사론」, 퍼시픽북스.

성숙진 · 유태균 · 이선우 공역(2001), 「사회복지조사방법론」, 나남출판.

우수명(2008), 「TP사회복지조사」, 인간과복지.

원석조(2018), 「사회복지조사론」, 공동체.

유기웅 · 정종원 · 김영석 · 김한별(2018), 「질적 연구방법의 이해」, 박영스토리.

이봉재(2016), 「사회복지조사론」, 신정.

이수천(2011), 그룹홈 청소년이 갖는 대리양육자와이 애착관계가 심리사회적응에 미치는 영
향: 낙관성의 매개효과를 중심으로, 서울기독대학교 대학원 박사논문.

이수천 · 박재학(2015), 「논문작성을 위한 자료분석실전: spss 코딩에서 회귀분석까지」, 사회복
지통계연구소.

최현철(2007), 「사회통계방법론」, 나남.

퍼시픽북스 학술편찬국(2014), power 사회복지조사론. 퍼시픽북스.

Bengtson, V.L., Acock, A.C., Allen, K.R., Dilworth-Anderson, P., and Klein, D., 2005.
Sourcebook of Family Theory and Research. Sage Publication, Inc.

Rubin, A., & Babbie, E., 1993. *Research Methods for Social Work* (2nd ed.). Brooks/Cole

Rubin, A., & Babbie, E., 1997. Research Method for Social Work. Cole Publishing
Company.

Shaughnessy, J. J., Zechmeister, E. B., & Zechmeister, J. s.. 2014. Research Methods in
Psychology(10th ed.), 조영일 옮김(2016), 「사회과학에서의 연구방법론」, 시그마프레스.

2026 사회복지사1급 기본 핵심이론서
1교시 사회복지기초
인간행동과 사회환경 / 사회복지조사론

편 저 자   이수천
제작유통   메인에듀(주)
초판발행   2025년 04월 01일
초판인쇄   2025년 04월 01일
마 케 팅   메인에듀(주)
주   소   서울시 강동구 성안로 115, 3층
전   화   1544-8513
정   가   27,000원

I S B N   979-11-89357-82-5